国家社科基金后期资助项目
出版说明

后期资助项目是国家社科基金设立的一类重要项目，旨在鼓励广大社科研究者潜心治学，支持基础研究多出优秀成果。它是经过严格评审，从接近完成的科研成果中遴选立项的。为扩大后期资助项目的影响，更好地推动学术发展，促进成果转化，全国哲学社会科学工作办公室按照“统一设计、统一标识、统一版式、形成系列”的总体要求，组织出版国家社科基金后期资助项目成果。

全国哲学社会科学工作办公室

国家社科基金
GUOJIA SHEKE JIJIN HOUQI ZIZHU XIANGMU
后期资助项目

宋代地方民事审判研究

Study on Local Civil Trial in Song Dynasty

张文勇　著

法律出版社
LAW PRESS·CHINA
——北京——

图书在版编目(CIP)数据

宋代地方民事审判研究 / 张文勇著. -- 北京 : 法律出版社, 2024
ISBN 978-7-5197-8885-8

Ⅰ. ①宋… Ⅱ. ①张… Ⅲ. ①民事诉讼－审判－研究－中国－宋代 Ⅳ. ①D925.118.22

中国国家版本馆 CIP 数据核字(2024)第 039885 号

宋代地方民事审判研究
SONGDAI DIFANG MINSHI SHENPAN YANJIU

张文勇 著

责任编辑 韩满春
装帧设计 李 瞻

出版发行 法律出版社
编辑统筹 学术·对外出版分社
责任校对 张翼羽
责任印制 胡晓雅 宋万春
经 销 新华书店

开本 710 毫米×1000 毫米 1/16
印张 22 字数 365 千
版本 2024 年 6 月第 1 版
印次 2024 年 6 月第 1 次印刷
印刷 三河市兴达印务有限公司

地址:北京市丰台区莲花池西里 7 号(100073)
网址:www.lawpress.com.cn
投稿邮箱:info@lawpress.com.cn
举报盗版邮箱:jbwq@lawpress.com.cn

销售电话:010-83938349
客服电话:010-83938350
咨询电话:010-63939796

书号:ISBN 978-7-5197-8885-8
定价:98.00 元

凡购买本社图书,如有印装错误,我社负责退换。电话:010-83938349

基金项目
国家社会科学基金后期资助项目，项目批准号：18FFX058

目　录 Contents

导 论

一、本书的选题及选题意义

(一)问题的提出

民事审判是通过国家司法审判机关进行的,带有强制性,是国家解决民事纠纷的最高形式。① 民事审判对解决纠纷、维护社会的稳定和谐具有重要的作用。由于时代的变化,中国各个历史时期的民事审判也具有不同的特色。那么,本书为什么选择宋代州县的民事审判作为研究对象呢?

这是因为,宋代地方民事审判在中国法律史上具有重要的意义。我们知道,宋代处于中国历史上的变革时期,政治、经济、文化、思想各个领域都发生了具有深远意义的变革②;而民事审判作为国家最重要的纠纷解决机制,当然也必须适应社会的变迁,进行相应的变革才能满足社会的需要。但关于宋代地方的民事审判,学界尚缺乏系统深入的论述③。

实际上,宋代社会发生了历史上前所未有的深刻转变。商品经济的发展,土地私有制的确立,必然导致民事纠纷的增多;阶级结构上,奴婢、佃户也是国家的"编户齐民",具有相应的法律地位,从而导致民事权利主体的扩大;民众思想观念也由重义轻利向义利并重、重利轻义转变,讲求务实、重功利成为普遍的风气。④ 这一切转变使传统宗法关系纽带趋于断裂,而物质利益的滔天巨浪与随手可触的私欲潮水,冲击着传统伦理道德的堤坝,使这道防线日益堪忧。宋代判词中,关涉家族伦理的案件,如儿子告继母、母诉子、侄告叔、甥告舅、兄弟互讼之类可谓层出不穷。汉唐以来以伦理为中心的审判传统受到了巨大的挑战。面对民间汹涌的诉讼浪潮,作为"亲民官",与民众接触最为密切的地方官们,必须在自己的职责范围内努力处理好这些日益复杂的纠纷与诉讼,使利益失衡的社会秩序恢复并维持

① 参见杨荣新:《论民事程序法》,载《中国法学》1985 年第 1 期。

② [美]包弼德:《斯文:唐宋思想的转型》,刘宁译,江苏人民出版社 2001 年版,第 15 页。

③ 屈超立的《宋代地方政府民事审判职能研究》(巴蜀书社 2003 年版)一书涉及宋代州县民事审判,但在研究方法上是从行政管理的角度来探讨宋代地方政府的民事审判职能,即考察宋代地方各级政府及其组成人员的司法职责、民事审判活动以及社会各种因素对地方政府民事审判职能的影响。

④ 史籍记载,北宋就已出现为了财产"兄弟启交争之患,父子有相怨之家"的情形。(见《续资治通鉴长编》卷三九七"哲宗元佑二年三月辛巳")

和谐与稳定。因此,宋代地方民事审判再也不能固守汉唐以来的伦理型审判,它必须适应社会的要求进行变革。宋代地方的民事审判是如何进行的呢?

在这一论题上,马克斯·韦伯(Max Weber)认为,中国传统司法审判是更接近于专断随意的“卡迪审判”。① 日本学者滋贺秀三等认为中国古代的民事审判是“教喻式的调停”,即一种带有强烈调解色彩的审判。② 中国学者也大多在不同程度上,至少部分地接受了上述的观点,认为,中国古代审判是“父母官”型审判,没有依法判决,而是根据情理寻求个案的正义,缺乏确定性。

那么,宋代地方官在民事审判中,是不是轻忽法律的规定而偏向道德的训诫,审理民事案件时的角色是否不像一个法官,而更像一个调停者呢?立基在宋代民事审判的经验研究上,我们可以发现上述论断都是令人怀疑的。本书认为,就宋代地方的民事审判的研究来说,必须深入到地方官的文化背景,于其固有的审判理念与审判运作机制中才能寻求历史的真相。

宋代社会的转型与变迁,直接导致宋代民事审判与汉唐有着明显的不同。绝大多数的州县官在任职前必经的科举考试和学校教育使他们具有深厚的儒学知识,而宋代严密的法律考试和严格的考课监督制度,又促使地方官为应对处理日益复杂的民事争讼而必须学习和掌握丰富的法律知识,地方官既明习儒家经典,又通晓法律,形成了“通经明法”的复合型知识结构。这种复合型知识结构必然影响着地方官在民事审判中的思维方式和行为模式③,进而使地方形成了适应实际社会生活需要、具有很强合理性的民事审判运作机制。就案件受理来看,该机制规定了案件受理的时限,颁布了标准的诉状格式,规范了受状程序,使案件的受理有章可循;就案件的审理来看,案件的审理一般遵守一定的流程,而审理案件的依据不再是纯粹的“经义决讼”,而是更为注重在事实清楚、是非分明的基础上,灵活运用“情、理、法”,并以“情、理、法”圆融作为审理案件的价值标

---

① 参见林端:《论中国传统法律——韦伯比较社会学的批判》,台北,三民书局2003年版。

② 参见[日]滋贺秀三等:《明清时期的民事裁判和民间契约》,王亚新、梁治平编,法律出版社1998年版。

③ 美国社会学家帕森斯的话对本书有一定的启示:“行动者受各种价值观、规范和其他观念的支配。即这些价值观、规范和观念影响着目标的确立和实现目标的手段的选择。”同时,他还提出:“文化价值观和其他模式可以内化于人格系统,从而影响那一系统的需要结构,这种需要结构反过来又决定了行动者在社会行动中扮演角色的意愿。”参见乔纳森·H.特纳:《社会学理论的结构》,吴曲辉等译,浙江人民出版社1987年版,第71、77页。

准;就案件的判决来看,必须按程序制作并发给当事人书面的判决文书,判决的结果也以“监还”“备偿”等民事处理方式为主,出现了非刑罚化的趋势。凡此种种,都显现出了宋代地方民事审判已经由伦理理性型审判向知识理性型审判转变。

总而言之,宋代地方民事审判的变革是前所未有的,并具有承上启下的重要意义。本书试图通过对宋代史料、判例、文人文集、官箴等的梳理,从作为审判官的地方官员的知识背景出发,揭示宋代地方实际的民事审判运作机制和民事审判理念。而对于处于转型期的当代中国进一步推进法治建设,也具有一定的理论意义和现实意义。

本书尝试从宋代地方官的出身来源、知识结构等内在考察的角度切入,就地方官的知识、兴趣、抱负、思维习惯等因素对地方民事审判的可能影响进行分析,进而以地方民事审判从受理、审理到作出判决的整个过程为脉络,从地方审判的实态出发,分析了宋代民事审判的依据及“情、理、法”的关系及其在审判实践中的运用。最后,对宋代地方的民事审判的特点和意义进行了总结和评价。宋代地方官员在民事审判中,努力使案件的审判处理与变革的社会秩序相协调,向理性化发展,适应了社会的要求,是两宋能够维持稳定统治达三百多年的重要原因。具体来说,本书的章节架构是:

第一章是时代背景。宋代经济、政治、社会思潮乃至民众的诉讼观念都发生了重大转变,社会变革对宋代民事审判提出了新的公平和效率的要求,促使宋代地方民事审判展现出独具特色的时代风貌。

第二章阐述了宋代州县的组织结构。宋代在州县建立了组织严密的民事审判组织机构,并形成了严整的民事审判队伍,如在与民众关系最为密切的州就形成了知州领导,判官、推官、录事参军、司理参军、司户参军、司法参军协助的民事审判团队。

第三章分析宋代州县官员的知识结构与民事审判,提出了宋代州县官员多数为科举出身,科举考试的内容和他们所受的学校教育,使州县官员的基本知识储备是儒学知识;同时,宋代对法律考试的重视和严格的考课制度,又使州县官员具备履行审判职务所必需的法律知识。所以,宋代州县官员具有“通经义、晓法律”的复合型知识结构。州县官员民事审判的过程,也是其情趣伸展、知识运用和抱负实现的过程,是其习惯的思维模式的外化。“通经明法”的复合型知识结构或知识系统是宋代地方民事审判文化之根。主审官员努力使州县民事审判与宋代变革的社会秩序相协调,维持社会秩序的和谐与稳定,可以说,州县官员的民事审判也就是他们实践“治国平天下”理想的成就过程。随后本书第四、五、六章探讨宋代州县民事审判受理、审理和判决的过程。

第四章是有关宋代州县对民事案件的初步审查与受理。面对大量的民事争讼，宋代州县官员对民事案件的受理有向理性化发展的趋势，规定了受理民事案件的时限、受案方式，并向民众颁布起诉状的模板——状式，以提高受理案件的效率。

第五章是州县审理民事案件的过程与审理案件的依据。宋代州县对民事案件的审理，往往必须经过面审两造、追证会实、审阅案卷等步骤。主审的州县官员秉持“原情定罪，援法据理”的理念，既要依据国法审理案件，也要考虑因时制宜的“情理”，依据“情、理、法”对案件进行审理。能否做到“情理法”圆融已经成为州县官员审理民事案件的价值标准。

第六章是关于州县审判民事案件的结案与判决。凡经州县处理的民事案件，朝廷规定应该发给当事人判决文书。宋高宗制定新法，发给打民事官司者一份判决结案的“断由”，以此作为继续上诉的证明文件。官员的判决文书，要遵守具备“情与法”的形式要件，即任何一位主审官员在拟判时，必须详究案情与娴熟相关法令。判决的结果，除少数处以笞、杖刑罚之外，更多地通过“监还”“赔偿”“赔礼道歉”等多种非刑罚方法来救济人身、财产权利受到侵害的当事人。

第七章是宋代监司对民事审判的复审与监督。宋代监司是中央派到地方的监察单位，有提刑司、转运司、提举司等。监司对民事审判有比较明确的职能分工。杖罪以下的“词讼”案件，在县衙结案之后，当事人若不服判决，可以向州衙上诉，如果是县衙的判决有问题，县衙承办案件的官吏必须受到处分。若是州衙处理不当，当事人可以向转运司递状陈诉，由转运司派员到诉讼当地了解案情，除非情节重大的案件，否则依规定完成结案。转运司是主要的受理机关，提刑司则只在“念其取使司遥远”以及“前政追人到司，久留不经”等特殊情况下，才可以对民事上诉案件作出判决。在这一过程中监司对州县审判的民事案件有权进行复审和必要的监督。

第八章归纳了宋代地方民事审判的特点和意义。宋代地方民事审判具有以下几个特点：一是审判官员具有较高的法律素养，有向专业化发展的趋势；二是从审判运作机制来看，民事审判与刑事审判已经明确分离；三是审判理念开始由伦理型向知识型转变。宋代地方民事审判的意义有两方面：一方面，宋代地方的民事审判，以“情、理、法”断案，弥补了由于中国古代传统“重刑轻民”价值观所造成的民事立法不完善所产生的缺失。另一方面，民事案件虽然被官方称为“细故”，事实上却事关民众的生存与发展,因此对社会的和谐稳定影响重大。地方官员努力使民事案件得到公平、公正的处理,缓和了社会矛盾,平衡了有关各方利益,对宋代社会维持长期的稳定起到了很大的作用。

(二)关于"民事审判"概念的界定

本书使用了"民事审判"的概念,就不能不谈到中国古代有无"民法"的问题。"民法"一词是舶来品,它最初渊源于罗马法中与万民法、裁判官法及官吏法相对应的"市民法"一词。其后在罗马法及受罗马法影响的欧洲大陆,民法的含义演变得十分复杂,而最具有价值也是影响最广泛的含义是与刑法和行政法等通常属于公法相对应的含义,即调整人们一般相互关系中的行为的法称为民法。在此含义上,民法也被称为私法。

民法根植于特定的社会政治经济和文化条件,是特定社会政治经济文化的表现。民法产生和存在于"商品生产者社会",是建立在所有权绝对、契约自由、过失责任三大原则上的,由此民法具有私权神圣、身份平等和意思自治三大理念,保护权利、维护自由乃是其根本价值取向。中国古代一直是自然经济占有主导地位,以皇权为中心的中央集权专制制度是中国古代的政治基础,而中国古代文化则是以追求社会和谐与秩序为出发点,以科举出身的知识分子为代表的儒家文化认为在国家与个人及社会之间存在本质上的和谐。因此,从这个角度说,中国古代没有西方意义上的民法①。

但是,中国古代没有西方意义上的民法并不意味着中国古代没有田土、钱债、婚姻等民事关系,更不意味着中国古代没有民事审判。从人类历史的不同阶段和不同时空来看,"审判"的概念具有不同内涵和外延。"审判"最原始的内涵,是对是非的评价和裁决。在人类发展史上,曾经出现过氏族审判(中国的宗族审判)、长老审判、君主审判及教会审判,甚至还有水审、火审、热油审等所谓"神的审判"。而现代意义的审判则是与立法、行政相对立的概念,指审理和判决。具体而言,审判是指国家专门机关以国家名义依照法律对刑事、民事、行政等案件进行审理和裁判的活动。而中国古代行政司法合一的传统社会政治体制下的审判,则是指各种国家机关及其相关人员调整和解决诉讼纠纷的活动。所以,民事审判是通过国家

① 日本学者戒能通孝认为,尽管中国古代的土地所有权和商业关系中的功利主义具有接近西方近代的性质,但古代中国社会不存在真正的近代意义的私法秩序。而如滋贺秀三、寺田浩明等学者,在考察了中国古代特别是清代的民事纠纷的解决途径及契约的运作以后,一致认为,虽然存在一些解决纠纷的惯例或惯行,但主要的解决途径是通过对"情理"的理解和平衡,而不是依据某种客观的规范,"能够作为一套具有具体内容且在程序上得到了实定化的规则而被予以适用的实体规范本身,无论在国家还是在民间,都是不存在的"。

司法审判机关及其相关人员进行的,带有强制性的,解决民事纠纷的最高形式。毫无疑问,在中国古代,现代法理念中权利所体现的利益以及由此引起的诉讼纷争,也常常在中国人的生活中发生,人的财产及身体健康、生命受到了损害,同样需要法律的保护和救济,要诉诸国家审判。如早在西周晚期青铜器鬲攸从鼎的铭文中,就已经记载有一起因土地租金而引发的民事案件审判的过程和结果。从铭文记载来看,该案大意是:

"周厉王三十二年三月壬辰这一天,厉王在周康宫的夷王太室,鬲从来控告攸卫牧。告辞是:攸卫牧租种我的土地,却不付我租金。周厉王命令要对此案详察审理,并让史官南立即将他们带到虢旅那里去处理。虢旅裁决攸卫牧败诉,并让他起誓:'我如果再不付给鬲从全部田租,感谢他租给我土地,就处我流放的刑罚。'攸卫牧按虢旅的要求起了誓。"①

值得注意的是,这一时期已经对民事审判与刑事审判有了初步的区分。《周礼·秋官·大司寇》记载:"以两造禁民讼,入束矢于朝,然后听之;以两剂禁民狱,入钧金三日,乃致于朝,然后听之。"郑玄注:"讼,谓以资财相告者;狱,谓相告以罪名者。"

秦汉以降,历代王朝所制定的具有代表性的法典,如《北齐律》《隋律》《唐律疏议》《宋刑统》等,专门辟有"斗讼"门,作为程序法的专章。在法典之外,还以令、式等法律形式制定了一些程序规范;另外,还从行政法的角度制定了为数不少的有关司法审判的法律规范,如有关司法审判组织、法官的选拔与责任等。以上几方面的审判程序规范,有的是民刑审判共同适用,有些则只是单独适用于民事审判。但总体来讲,两宋以前民事审判制度的发展还是相当缓慢的,这和当时中国社会等级制度森严、人身依附关系强烈、土地不能自由流通、商品经济格外冷落的现实密切相关。

历史发展到宋代,中国社会经济结构发生了深刻的变化。土地私有制完全确立,土地可以自由买卖、出典、租佃,由此推动了农业生产的发展和封建商品经济的高度发展,加之随着传统宗族模式的崩溃,经济关系更多地代替了人身关系,导致了民众"健讼""好讼"现象大量产生,颇有几分类似于"诉讼爆炸"。如宋代官员翁德广在漳州龙溪县任知县时,"理诉之牒,日百余纸,巧伪诋谰,奸诈百出"②;王必成任福州宁德县县令时,"前后积弊,民冤莫告。公至,竞来求直,讼牒日不下二百余"③。温州平阳县"土广人稠,词诉极多,每引放,不下六七百纸",知县舒璘曾说,"只阅视太

① 胡留元、冯卓慧:《夏商西周法制史》,商务印书馆2006年版,第574页。

② 《朱文公文集》卷一九《荐知县翁德广状》。

③ 《复斋先生龙图陈公文集》卷二一《知县王公墓志铭》。

多,两目若眩耳”①。宋孝宗时,扬州一带,“人户交易田土,投买契书,及争讼界至,无日无之”②。

面对大量的民事纠纷,如果国家不妥善处理,将会使民事关系处于不稳定状态,导致矛盾的进一步恶化,影响社会发展和稳定。所以,虽然宋代将田宅、债负、婚姻、继承之类案件称为“细故”,表明不论是从国家关切的程度还是从可以施予的处罚来考虑,它们都是不太重要的,但是,现实的需要却使宋代法律事实上是对此类事务作出了很多规定。《宋刑统》中的“户婚律”主要就是处理这类“细故”的,占了法典全部502条律文中的46条。另外,宋代还有大量的敕、令、格、式、指挥、看详、申明等对民事关系进行有效的法律调整,《名公书判清明集》中的民事案例就大量引用了这些法律条文。③

州县官员作为地方官员,与民众联系最为密切,甚至被称为“亲民官”“父母官”,与民众的切身利益密切相关,而民事审判则是其工作的重要内容,在国家的民事审判制度中扮演着重要的角色。由于州县所处的地位,可以说州县审判是国家民事审判的最重要阶段,因为按照宋代法律规定,所有案件必须先在州县审理,“人户讼诉,在法先经所属,次本州,次转运司,次提点刑狱司,次尚书本部,次御史台,次尚书省”;只有出现州县审理不公或超过法定期限等情形,才允许越级申诉于上级衙门或中央部门。如果违法越诉,将会受到惩罚,“凡诸辞讼,皆从下始,从下至上,令有明文,谓应经县而越向州、府、省之类。其越诉及官司受者,各笞四十”④。

具体来说,宋代州县官必须亲自审判其辖区内的所有案件,包括“刑狱”与“词讼”两大类。“词讼”案件从案件性质来看,大体包括民事案件、轻微的刑事案件和治安案件,主要是民事案件;从处刑来看,这类案件一般不处刑,处刑也只是笞、杖以下,因此县级官员有权作出判决,因为县政府的审判权限只是笞、杖罪,“诸犯罪……杖以下县决之”。对于此类案件的审判构成了州县官员重要的日常工作,主要记载宋代州县官们诉讼判词的《名公书判清明集》共14卷,其中10卷内容都是关于户婚、田宅、钱债、继承等“细故”案件的处理情况。从《名公书判清明集》来看,我们可以大体将这些民事案件分为五类:

---

① 舒璘:《舒文靖集》卷上《答乔世用》。

② 《宋会要辑稿》食货三之一八。

③ 可参见孔学:《〈名公书判清明集〉所引宋代法律条文述论》,载《河南大学学报(社会科学版)》2003年第2期。

④ 《宋刑统·斗讼·越诉》。

1. 田宅类案件。主要是关于耕地和房屋买卖、出典、回赎、租佃事务引起的案件。如“重叠交易合监契内钱归还”一案,江伸由于借钱于绍定四年五月将两块田地以100贯的价钱立契典卖给丘某,但并未离业,只是每年将土地收益交给丘某。随后江伸背着丘某又将田地典卖给徐吉甫,因而双方发生争议,请求官府解决,引起一件田宅案件。①

2. 钱债类案件。主要是指因为合伙经营、借贷等而产生的债务案件。如周子遵出钱270贯交给罗友诚开张质库(即当铺),由罗友诚负责经营管理,8年后,周子遵向罗友诚索取拖欠的本金和利息,罗友诚却无力偿还,因此周子遵告到官府,引发一件钱债案件。②

3. 继承类案件。主要包括因为立继、绝户、分家析产引起的财产继承案件。如“命继与立继不同”一案,江东老有三子,分别名刘员、齐孟、齐戴。江齐戴身死无子,族兄弟、连襟江渊欲以子江瑞为之立嗣,但族人认为江渊曾以子继齐孟之嗣,而不能孝养,反对立江渊之子;而且如立之,则江东老旧产将有2/3为江渊家所占,人所不平。因此发生争端,告到官府,形成一件继承案件。③

4. 婚姻家庭类案件。主要是由于婚约效力、结婚、离婚等婚姻关系引起的案件。如“女家已回定帖而翻悔”一案,谢迪接受了男方的聘财,回复了对方的定亲帖子,同意出嫁女儿,后来却无故翻悔,对方告官,因而酿成一件婚姻案件。④

5. 赋役类案件。主要是与赋税、差役负担有关的案件。如“走弄产钱之弊”一案中,石某以田产已经出卖为理由,认为田产不及法律规定的数额,不应服役,但主审官员认为卖田契约可疑,认为其应该服役,因而引起一件差役案件。⑤

“刑狱”则一般是指人命、强盗、窃盗等应判处徒刑以上的重大刑事案件,县级官员是无权作出终审判决的,但他们必须及时侦查、缉捕、勘验现场、检验尸伤,进行初审,查清案情后,将案犯、卷宗一并报州衙审判,“徒以上及应奏者,并须追证勘结圆备,方得送州”⑥。州级官员的司法权较大,对于民事案件,州级官员有权审理经县衙审判后的上诉案件。对于刑事案件,州级官员可以判决徒、流罪以下的案件,判决死刑的刑事案件则

① 《名公书判清明集》卷五《重叠交易合监契内钱归还》。

② 《名公书判清明集》卷九《领库本钱人既贫斟酌监还》。

③ 《名公书判清明集》卷八《命继与立继不同》。

④ 《名公书判清明集》卷九《女家已回定帖而翻悔》。

⑤ 《名公书判清明集》卷三《走弄产钱之弊》。

⑥ 谢深甫:《庆元条法事类》卷七三《检断》。

需经提点刑狱司审核。

可见,在自己辖区内,宋代州县官有权对所有案件进行审判。国家全部司法审判的胚胎或基础就是由州县审判构成。对于民事案件,州县官员有权力并有职责审理和作出判决,并且构成其日常繁重工作的重要内容。但对于可能判处徒刑以上的刑事案件,县级官员只能进行初审,查清案情后上报州级政府。州级政府对于徒、流以下的案件有权作出判决,但对于死刑案件则要报提点刑狱司审核。

本书以宋代地方民事审判为研究对象,其目的固然是要还原历史的真实。但更为重要的是,我们将会看到,宋代地方官们虽然没有完备的“民法典”,但是他们在具体的案件中通过衡量利益是否受到损害,如果有损害则考虑救济的方法,基本上使宋代社会保持了稳定和最低限度的秩序;而在纠纷解决过程中,他们表现出的法律智慧和经验,绝非熟记一部法典就可以代替的。今天的中国,引进西方法律体系的同时,传统价值观念并未消亡,造成了法律在实践中与传统的冲突和现实中的种种窒碍;因此,宋代地方官员在民事审判中的这种智慧和经验就显得更为宝贵,更值得我们重视和学习。

(三)选题意义

1. 为当代处于转型时期的中国法治社会建设提供历史借鉴

德国法学家萨维尼在其名著《论立法与法学的当代使命》中说:“在人类信史展开的最为远古的时代,可以看出,法律已然秉有自身确定的特性,其为一定民族所特有,如同其语言、行为方式和基本的社会组织体制。不仅如此,凡此现象,并非各自孤立存在,它们实际乃为一个独特的民族所特有的根本不可分割的禀赋和取向,而向我们展现出一副特立独行的面貌。将其联结一体的,乃是排除了一切偶然与任意其所由来的意图的这个民族的共同信念,对其内在必然性的共同意识。”①宋代州县的民事审判,也是中华民族司法传统的反映和实践。而我们今天的法治建设,离不开对中国司法传统的总结、反思与继承,因此,宋代地方民事审判的运作机制和地方官员在审判中展现的智慧与经验都值得我们认真借鉴。

2. 有助于丰富宋代法律史的研究内容

在中国古代社会发展史上,宋代是一个承前启后的重要时期,亦是一个社会变革时期,在众多方面“居于当时世界文明的最前列”。② 关于宋代

① [德]弗里德里希·卡尔·冯·萨维尼:《论立法与法学的当代使命》,中国法制出版社 2001 年版,第 7 页。

② 漆侠:《知困集》,河北教育出版社 1992 年版,第 128 页。

的政治、经济、文化等方面，学界多有论述，但关于宋代民事审判的论著较少；本书大胆地选择了宋代地方的民事审判为研究对象，以有助于丰富宋代法律史的研究内容。

二、研究现状

就宋代地方的民事审判的研究来说，笔者目前所见的仅是一些相关研究成果。其中两本专著的题名与本书题名接近：一本是屈超立教授著《宋代地方政府民事审判职能研究》①，另一本是我国台湾地区学者刘馨珺著《明镜高悬——宋代县衙的狱讼》②。前书通过展示宋代地方政府贯彻执行国家法律的实际情形，来讨论中国传统帝制国家的地方政府职能，以及大一统帝国对地方政府司法的影响。其在研究方法上是从行政管理的角度来探讨宋代地方政府的民事审判职能，研究重心在于宋代（包括北宋和南宋）县、州政府及地方监司之间的民事审判程序制度，包括管辖、审判、判决、上诉、执行等各个环节的流转。后书通过使用大量的史料（包括墓志铭、官箴、奏议等），归纳出宋代县衙的行政、司法角色，县衙狱讼的程序，官吏的组织运作乃至县衙“狱讼”与庶民生活的关联。但这两本书的研究重心与本书都有重大差异：一是其考察对象主要限于县衙，而对州衙较少关注；二是其考察的审判既包括“狱”（刑事审判），又包括“讼”（民事审判），而并未集中关注宋代民事审判的特点和规律。

其他代表性的相关成果有：(1)关于宋代法制，张晋藩先生主编的《中国法制通史》第五卷《宋代法制卷》（该书主要由陈景良、赵晓耕等执笔）、郭东旭的《宋代法制研究》、薛梅卿的《宋刑统研究》；(2)关于宋代司法传统，陈景良先生发表的《试论宋代士大夫的法律观念》《试论宋代士大夫司法活动中的德性原则与审判艺术》《宋代司法传统的现代解读》《宋代“法官”、“司法”、“法理”考略——兼论宋代司法传统及其历史转型》等一系列论文，王志强的《〈名公书判清明集〉法律思想初探》《宋代司法裁判中的价值取向》③，王云海先生主编的《宋代司法制度》④；(3)关于中国古代诉讼与审判的通论性专著，张晋藩的《中国司法制度史》、陈光中与沈国峰的

---

① 屈超立：《宋代地方政府民事审判职能研究》，巴蜀书社 2003 年版。

② 刘馨珺：《明镜高悬——宋代县衙的狱讼》，台北，五南图书出版公司 2005 年版。

③ 王志强：《宋代司法裁判中的价值取向》，载《中国社会科学》1998 年第 6 期。

④ 该书为多人完成的作品。通过丰富翔实的史料，对中国宋代司法制度进行了比较全面的研究和阐述，具有很高的参考价值；但该书由于按照现代诉讼法的分类和概念来进行编排，侧重于静态的法律制度层面的研究，因而并未从法律文化的角度进行深层次的挖掘和分析。

《中国古代司法制度》、汪世荣的《中国古代判词研究》、李交发的《中国诉讼法史》;(4)关于中国古代有无“民法”问题的争论,易平的《日美学者关于清代民事审判制度的论争》①、俞江的《关于“古代中国有无民法”问题的再思考》②、彭诚信的《“观念权利”在古代中国的缺失》③;(5)涉及宋代官员选任与考课,苗书梅的《宋代官员的选任与管理制度》④、陈秀宏的《科举制度与唐宋士阶层》⑤、王炳照主编的《中国古代科举制度研究》等。

三、材料与方法

本书的研究材料来源除《资治通鉴长编》《宋会要辑稿》《文献通考》《建炎以来系年要录》《宋史全文》《建炎以来朝野杂记》等正史和典章文献以及《宋刑统》《庆元条法事类》等法典律令外,还注重运用宋人撰写的判例资料、官箴、文集与传记资料,如《名公书判清明集》《黄氏日抄》《秋崖集》《攻媿集》等,还希望从中可以更为深入地了解作为州县官员的宋代士大夫的审判理念与审判实践。

本书的研究方法以法律社会学和实证的判例分析方法为主。

法律社会学是通过具体的社会问题来研究法律的实行、功能与效果。法律是社会的产物,一切法律现象都是社会现象。中国古代的民事审判也是一种社会现象。本书的主要目的就是要考察在宋代秩序变革的社会大背景下,宋代州县官的知识结构与民事审判之间的联系及宋代州县官员的知识结构对民事审判的影响。因此,法律社会学“通过法律研究社会,通过社会研究法律”的研究方法为本书的研究提供了很好的视角。

判例是在法律实践中产生的,最能全面真实地反映法律在实际社会生活中的实行状况。在实际生活中,法律规定与法律实施往往并不完全一致。如瞿同祖先生就专门强调“(法律)条文的规定是一回事,法律的实施又是一回事。某一法律不一定能执行,成为具文。社会现实与法律条文之间往往存在一定的差距”。张晋藩先生也认为,“想要完整地了解某一特定时期国家行政与司法的历史,尤其是想要了解当时国家法制与社会的关系,仅从国家法典或以敕令表达的法令层面出发从事研究,有着很大的局限性。而必须重视对地方政府司法实践的研究,才能深入了解某一历史时

① 易平:《日美学者关于清代民事审判制度的论争》,载《中外法学》1999 年第 3 期。

② 俞江:《关于“古代中国有无民法”问题的再思考》,载《现代法学》2006 年第 6 期。

③ 彭诚信:《“观念权利”在古代中国的缺失》,载《环球法律评论》2004 年秋季号。

④ 苗书梅:《宋代官员选任和管理制度》,河南大学出版社 1996 年版。

⑤ 陈秀宏:《科举制度与唐宋士阶层》,东北师范大学 2004 年博士学位论文。

期政府贯彻国家法令的实际状况，以加深我们对古代政治制度史和法制史的认识”①。因此，作者在理解和关注宋代成文法律的规定的同时，也不应忽视大量源于宋代社会现实的判例。判例源于审判实践，蕴藏着丰富的法律信息；借助于分析丰富而生动的诉讼案例，在某种程度上，可以准确地描述出宋代州县民事审判实践的实态和揭示其中蕴含的审判理念及运作机制。

① 张晋藩先生为屈超立《宋代地方政府民事审判职能研究》一书所作序言。

第一章　宋代地方民事审判的时代背景

史学界一般认为,宋代是中国历史发展中的一个变革时期。近代思想家严复说:“古人好读前四史,亦以其文字耳!若研究人心政俗之变,则赵宋一代最宜究心。”①宋代社会的变革,对士大夫司法产生重要影响的主要在于社会经济结构、社会政治结构、社会思潮的变化与理学兴起和民众诉讼观念的变迁。正是上述方面社会发生了深刻的变革,使宋代士大夫司法得以产生并形成了自己独特的时代风貌。

第一节　宋代经济结构的变化

恩格斯说过,“每一时代的社会经济结构形成现实基础,每一历史时期由法的设施和政治设施以及宗教的、哲学的和其他的观念形式所构成的全部上层建筑,归根到底都应由这个基础来说明”。② 宋初,面对的是经过长期战乱、遭到严重破坏的社会经济,急需恢复,在统治者采取的一系列变革措施下宋代社会经济获得了长足的发展,而与之相随,宋代社会经济结构也发生了深刻变化。

首先,在土地所有权方面,宋代发生了重大变化。土地是农业社会中最主要的财富。宋太祖开国之初,实行“杯酒释兵权”时,劝告武将石守信等放弃兵权去多置良田,“择便好田宅市之”③,并没有像前代那样按军功授田。而北宋名臣范仲淹,也亟亟以买田为事。其家书有云:“所置田如何?若买得一庄,须是高田,则久远易为照管,若在水渎附近,则只典买田段变得。”④值得指出的是,宋代的高官显宦虽然仍有“采邑”,但实际上乃一荣衔,并无真正的田土利益。如宋代名臣晁迥封南安郡开国公,有食邑4300户、食实封600户;但《宋史·职官志》载:“唐室,但食邑者,率为虚设,言实封者,岁入有差”,迨至宋仍依唐制,但已是“空有食采之称,其同

① 严复:《严复集》,中华书局1977年版,第668页。

② 《马克思恩格斯选集》(第3卷),人民出版社2012年版,第40页。

③ 司马光:《涑水记闻》卷一,邓广铭、张希清点校,中华书局1989年版,第11页。

④ 《范文正公尺牍·家书》,文渊阁四库全书影印本。

画饼之妄”①,因此晁迥实际上并无实际上的土地收益。

恩格斯说:“完全的、自由的土地所有权,不仅意味着毫无阻碍和毫无限制地占有土地的可能性,而且也意味着它出让的可能性。”②而宋代一般的田地买卖,除了亲邻享有一定的优先购买权之外,几乎没有任何的限制,是“有钱则买,无钱则卖”,民谚甚至有“千年田换八百主”的说法。史料记载,北宋末年,有人指出“国家承平日久,田野滋辟,下民售易不常”③。南宋时期,土地的买卖更加盛行,宋孝宗初年,扬州一带,“人户交易田土,投买契书,及争讼界至,无日无之”④。

这一切表明,宋代平民拥有与前代相比更为完全的、自由的土地所有权;而土地的频繁、快速流转,标志着宋代土地私有制已较前代大为发展,而成为宋代占统治地位的土地所有权制度。

其次,与“不立田制”的土地私有制的确立相伴随,在这一时期,封建商品经济不但得以恢复,并且获得了高度发展,商业、手工业甚至海外贸易都日益繁荣。据史料记载,河北路“商贾贸迁,刍粟峙积”⑤,苏州是“东南大州,地望犹重”,“井邑之富,过于唐世。郭填溢,楼阁相望,飞杠如虹”⑥。《东京梦华录》(卷二)描写北宋开封商业贸易之盛:“御街一直南去过州桥两边皆居民,街东车家炭、张家酒店,次则王楼山洞梅花包子,李家香铺、曹婆婆肉饼、李四分茶至朱雀门街西……”⑦,令人叹为观止。《梦粱录》记载南宋临安“寄寓之人多为江商海贾,穹桅巨舶安行于烟涛渺莽之中,四方百货,不趾而集”⑧。温州“廛肆派列”,就是地处浙南山区的处州也是“通衢列肆,鳞差栉比”。宋代社会还出现了人数众多的富商大贾。宋真宗时,大臣王旦曾对皇帝说:“京城资产,百万者至多,十万而上,比比皆是。”⑨徽宗皇帝时,都城汴京(今开封)的金银丝绸等奢侈品“每一交易,动即千万,骇人闻见”⑩。当时汴京(开封)的富商大贾,利用自己雄厚的钱财,大肆兴建商业设施。史载:“(他们)于水次起造塌房(仓库之谓)数十所,为屋数千

---

① 《宋史·职官志》。

② 恩格斯:《家庭、私有制和国家的起源》,人民出版社1972年版,第164页。

③ 许景衡:《横塘集》卷一九《方文林墓志铭》,文渊阁四库全书影印本。

④ 《宋会要辑稿》食货三之一八。

⑤ 《宋史·地理志》。

⑥ 朱长文:《吴郡图经续记》卷二,文渊阁四库全书影印本。

⑦ 孟元老:《东京梦华录》卷二。

⑧ 《梦粱录》卷十八。

⑨ 《续资治通鉴长编》卷八五,大中祥符八年十一月己巳。

⑩ 《东京梦华录》卷二。

间，专以假货与市郭间铺席、宅舍，及客旅寄藏物货并动具等物”①，以此获取厚利，或开设房廊（用作仓库、商店或市面店铺等）与民争利。如当时人笔记所载：“江宁上元两县，有房廊之家，少者日掠（收入之谓）钱三、二十千。”②而杭州“府第富豪之家质库，城内外不下数十处，收解以千万计”③。宋孝宗隆兴元年四月七日，有臣僚言：“近来风俗多靡，日甚一日。民间混金饰绸，竞为奇巧，衣服器具，皆雕缕粉缀，极其华美。”④显然，奢侈品的交易非常繁盛。宋代都城临安金银装饰店有几百家，宋宁宗嘉定八年正月臣僚言：“京城内外，有专以打造金箔及铺翠销金为业者，不下数百家，列之市肆，藏之箧篚，通贩往来者，往往至数千人。”⑤有士大夫说当时社会风气是经商之人“非独不知羞耻，而又自号材能，世人耳目既熟，不以为怪”⑥。伴随商品经济的发展，纸币已成为真正通用的货币；而在西方，到 17 世纪末之前，纸币尚不为人所知。宋代政府财政收入也大幅增加，并且货币所占比例大为提高。如宋代治道末年总收入 35,591,730 贯；其中货币收入 15,389,900 贯，占 43%。而到熙宁年间总收入 70,739,350 贯；其中货币收入 50,724,207 贯，已占 71.7%。

随着社会经济的发展和同时相伴发生的统治阶级经济思想的嬗变，中国的社会经济结构在宋代发生了巨大的变化。韦伯谈到中国古代社会时曾说：“进入历史时期的中国已无赋役制的束缚，虽然在过去可能曾经有过（或至少曾经企图采用），这点或许可以从传统所遗留下来的一些制度推测得知。不管如何，实际上的迁徙自由与职业选择的自由，在进入历史时期后，似乎即不再有（长时期的）限制，虽然这种自由从未得到官方的正式认可。某些世袭的贱业的确存在，然而，除此之外我们找不到任何种姓制度、其他身份或世袭特权的痕迹，除了一种无关紧要的爵位贵族制（受赠者可保有数代）之外。”宋代社会，可以说是韦伯这个说法的写照。宋代作为权利主体的范畴比前代大为扩大。

首先，租佃制取代了部曲奴婢制，原来作为地主“私属”的部曲转变为客户。宋代的客户是指“佃人之田，居人之地”的无地农民，其与“主户”之间的关系只是契约上的平等关系，主户与客户的权利义务关系以租佃契约

① 《梦粱录·塌房》。
② 《景定建康志》卷四一。
③ 吴自牧《梦粱录》卷一三《铺席》，《宋会要·食货三七市易》。
④ 《宋会要辑稿》刑法二之一五六。
⑤ 《宋会要辑稿》刑法二之一三九。
⑥ 《宋会要辑稿》刑法二之一三九。

为准，而不具有任何的人身依附关系。开宝四年（971 年），宋太祖下诏通检全国丁口，将主户、客户一并抄入版籍。客户被正式列入国家户籍，成为国家的编户齐民，意味着国家对客户作为法律上权利主体的承认。正如北宋中期司马光所说，主户与客户“皆编户齐民，非存上下之势”①。南宋初期的胡宏也认为：“虽天子之贵，而保民如赤子，况主户之于客户，皆齐民乎。”②

从《名公书判清明集》中可以看到一则《主佃争墓地》的案例，也可以说明主户与佃户之间基本是平等的，因为二者可以相互提起民事诉讼，该案如下：

> 吴春、吴辉兄弟之祖乃卓清夫家佃人，以祖父无地可葬，卓遂以大广坟山右畔一穴与之，明约不许丈尺侵占。但后世吴春却执出契约一纸，说是用钱两贯足，买得江彦山一片，土名大广北坑口陇头，且称山上安葬祖墓五穴，已经五十余年，栽插茂盛。主审官亲自到地头，唤集邻保、两词，同登山究实，得见大广之北山望南有吴家墓一穴，东去不出十丈，则却有古墓一穴，卓清夫所开新穴，正在古墓之右，去吴家墓凡六丈许，旁下别无五穴来由，亦无填塞之处。再三审问，众口一辞。吴春复以四邻尽被卓家买嘱，独有切邻魏七七可证，引上一问，又复如是。吴春兄弟相顾羞然骇汗。吴春最是欺罔者，东、西、南、北，天地不易之位，吴春经县画出山图，敢以南为北，以西为东，地头众证，，糊涂指射，且有移步换形之说，决以地罗，其诈遂穷。并就案情分析认为：果如吴春所供，祖充保正，非卓之佃，自山自葬，非卓之地，安厝果有五穴，经历五十余年，则以契考之，吴家与江彦交易，自系嘉定十六年税契，在法，典卖年月只凭印契，岂有未到官，未交业，而预卜葬于他人山之理？借使私下批鉴，年月可据，则自淳熙十年至嘉定十六年，凡经四十载，藏匿白契，果法邪？最后判决：所有大广北山头分水而南，牛路为界，除卓县尉元克为吴家安葬一地外，尽合还卓宅承分子孙管业。吴春、吴辉殴人拦丧，不顾名分，变易南北，烦惑官司，欲各勘下杖六十，照监元责偿钱入官。

此案中，主审官员虽然从道德评判角度指责了吴氏兄弟，“世降俗

---

① 江少虞：《宋朝事实类苑》卷一五《顾问奏对》。

② 胡宏：《五峰集》卷二《与刘信叔书》。

薄,名分倒置,礼义凌迟,徒以区区贫富为强弱也。卓清夫先世儒者,佃人求葬,割地与之,仁人君子之用心也。再传而后,子孙衰弱,主佃易势,吴春、吴辉不念旧恩,嚣然吠主,得陇望蜀,敢觊吞并”①,但此案双方当事人分为主户、佃户,却可以进入诉讼程序,对簿公堂,并且从案情来看,主审官员基本上是在充分证据的基础上,依据事实和法律对此案作出了公正的处理,可见宋代主佃关系法律上是平等的。

其次,随着封建商品经济的发展,宋代商人的法律地位实际提高。秦汉以降,历魏晋至隋唐,历代都颁有侮辱工商业者的法令。但中国传统“重本抑末”的思想,在宋代却受到了冲击,而重视工商、同情工商、保护工商则成为士大夫的普遍意识。范仲淹就是典型的代表人物之一,他在《四民诗》中对工商业者表示了深切的同情。他说:“尝闻商者云,转货赖斯民。上以利吾国,下以利吾身。周官有常籍,岂云逐末人。”而抑商政策及历代律令都困辱商人,造成了“鬼神为之劳,天地为之贫”的恶果。于是他愤然喊道:“此弊已千载,千载犹因循。……吾商则何罪,君子耻为邻。”②欧阳修作为北宋杰出的士大夫及文学家,在思想上,对抑制商人的政策明确表明反对态度,他主张“不惜共利而诱大商,此与商贾共利,取少而致多之术也”。南宋功利学派代表人物陈亮则认为,农商应互相补充,互为依存。他说:“古者,官民一家也,农商一事也,上下相恤,有无相通。民病则求之官,官病则资诸民。商籍农而利,农赖商而行,求以相补,而非以相病。”叶适则公然批判和否定“重本抑末”的传统教条,他说:“夫四民交致其用,而后教化兴,抑末原本,非正论也。”③还有学者则对“农本商末”的概念进行了彻底的修正:“古有四民,曰士,曰民,曰工,曰商。士勤于学习则可以爵禄,农勤于田亩则可以聚稼穑,工勤于技巧则可以易衣食,商勤于贸易则可以积财货,此四者,皆百姓之本业也。”④在指导思想转变以后,士大夫在司法实践中对商人不再歧视,而是给予理解和同情,并对他们的利益予以切实的保护。如下面“质库利息与私债不同”一案:

黄公才初以百千与李四二作解,而其子李五三、李五七止供认五十千,知县遂以为信。谓是当时果只五十千,不知以何为照,而可证单词之非妄?是不凭文书以考察虚实矣。李四二领钱之初,约每岁纳息

---

① 《名公书判清明集》卷九《主佃争墓地》。

② 范仲淹《范文正公文集》卷一《四民诗》。

③ 叶适:《习学记言序目》卷一九《史记一》。

④ 陈耆卿:《嘉定赤城志》。

二分，以十四年计之，该息二百八十贯。据黄公才供，曾支去二十七贯，通本息合存三百五十三贯。此乃是积年留下息钱在库，不曾支拨，初非以财物出举，而回利为本者。知县乃引用积日虽多，不过得一倍之法以断之，岂犹未见淳熙十四年申明之敕乎，其说曰：若甲家出钱一百贯，雇倩乙家开张质库营运，所收息钱虽过于本，其雇倩人系因本营运所得利息，既系外来诸色人将衣物、金帛抵挡之类，其本尚在，比之借贷取利过本者事体不同，即不当与私债一例定断。今李四二所欠黄公才之钱，正系质库利息。知县乃以私债定夺，是又不依条法以剖判曲直矣。然则何以息讼哉？佥厅再唤两词，於黄公才名下索出李四二领钱文约，以验其实欠钱若干。如见得别无未尽情节，则与照条追理监还，何必更追干证。①

此案中，主审官胡石壁丝毫没有歧视出钱开质库（即当铺）的商人黄公才，而是依据法律，将质库经营应得的利息与民间私人借贷区别开，纠正了知县错误的判决，保护了商人黄公才的合法收益权利。而在“治牙侩父子欺瞒之罪”一案中，胡石壁则对商人寄予了深切的同情。该案中，商贾颜文龙不远千里，兴贩货物，经常将货物寄存于牙侩李四父子处，但李四父子完全不讲信用，竟不承认颜文龙手中的契券。胡石壁因此感叹：“大凡求利，莫难于商贾，莫易于牙侩。奔走道途之间，蒙犯风波之险，此商贾之难也，而牙侩则安坐而取之；数倍之本，趋锥刀之利，或计算不至，或时月不对，则亏折本柄者常八九，此又商贾之所难也，而牙侩则不问其利息之有无，而己之所解落者一定而不可减。故曰：莫难于商贾，莫易于市侩。”②

以上社会生产关系的变化，导致宋代社会经济结构中的权利主体大为扩大，从而使法律关系日益复杂。宋代士大夫面对这种变化了的社会经济结构，要实现社会秩序的治理，必然要在司法活动中作出与之相适应的发展，从而使宋代士大夫司法显现出与前代不同的风貌。

第二节　宋代社会政治结构的变化

早在宋立国之初，宋太祖与宰相赵普就有一段这样的对话：

① 《名公书判清明集》卷九《质库利息与私债不同》。
② 《名公书判清明集》卷一一《治牙侩父子欺瞒之罪》。

初,一日,召赵普问曰:“天下自唐季以来,数十年间,帝王凡易八姓,战斗不息,生民涂地,其故何也?吾欲息天下之兵,为国家长久计,其道何如?”普曰:“陛下之言及此,天地人神之福也。此非他故,方镇太重,君弱臣强而已。今所以治之,亦无他奇巧,惟稍夺其权,制其钱谷,收其精兵,则天下自安矣。”语未毕,上曰:“卿无复言,吾已喻矣。”①

显然,宋代在立国之初,就确立了强化中央集权的大政方针。而要强化中央集权,就要扩大统治基础,取得文人的支持,需要大批具有经世治民才能的文官。而经历了五代多年的战乱,六朝以来的士族势力早已被摧垮,这就为平民出身的普通文人进入宋代政治统治阶层成为国家官员提供了机会。宋代选取官员的主要途径就是科举制度。而宋代科举制度较前代大为完善,除了采用糊名、誊录的办法,还有锁院(即隔离考官)、别头试、殿试等一整套严格的规定,因此断绝了唐代科举“主司得以采取誉望”“权幸之托,亦可畏也”的情况发生,基本保证了科举考试的公平、公正。如史载北宋仁宗朝诗人郑獬,因事得罪了后来担任殿试考官的礼部主司,其断定一份试卷是郑獬所作而加以斥逐。后来拆封,郑獬却赫然居于榜首。哲宗时,苏轼以翰林学士权知贡举,得一试卷大喜,认定是自己的学生李某,遂列为魁首,及拆号,却是一个叫章援的人,而李某却名落孙山。宋代这种严格的考试制度,使出身中下阶层的平民获得了前代所没有的机会。如洛阳布衣子蔡齐得中状元,宋真宗问宰相王旦有没有人听说过此人的姓名,皆答曰:“人无知者,真所谓搜求寒俊也”,以至宋真宗有“男儿欲遂平生志,六经勤向窗前读”之语。

有人从《宋史》有传的1953人的材料中统计,两宋布衣入仕者占55.2%,这些人中有一部分在史传中没有谱系记载的人物,不一定都是布衣,但至多出身于低级品官,都属于没有家世背景的“孤寒之士”。如名臣范仲淹二岁而孤,随母改嫁,年少读书时“块粥碎齑”度日;欧阳修幼年“家贫,至以荻画地学书”;张方平家贫无书,“尝就人借三史”。但是,他们都成为了宋代名臣。

由于宋代科举制度的发展,取士不问门第,经科举考试而进士及第者,便可按考试成绩授予不同的官职。大量饱读诗书、受到儒家经典熏陶教育的知识型文官充实到各级政府,使宋代官僚队伍的结构发生了前所未

---

① 吕中:《大事记讲义》,文渊阁四库全书影印本。

有的变化。士大夫成为社会统治的主流阶层,并形成了人数众多的科举文官集团,宋代民谚甚至有"百万生灵,五十学士"的说法,足见宋代士大夫在宋代社会政治结构中的地位。在皇帝的诏书中,"士大夫"也常被认为是依靠对象,像"士大夫者,朕之所恃以共理""共治者,惟吾士大夫而已"之类的话就屡见于诏书。

不但皇帝这样认为,士大夫自己也具有这样的自觉意识。如宋神宗变法时说:"更张法制,于士大夫诚多不悦,然于百姓何所不便?"文彦博回答:"为与士大夫治天下,非与百姓治天下也!"显然,"与士大夫共天下",已经成为宋代士大夫的共同意识。

同时,与"同治天下"的意识相适应,宋代士大夫作为一个群体,与前代已大为不同,他们具有兼擅经术、文章与吏干的复合型特点。王安石概括宋代士大夫的特点时就说:"以今准古,今之进士,古之文吏也;今之经学,古之儒生也。又曰:所谓文吏者,不徒苟尚文辞而已,必也通古今,习礼法,天文人事,政事更张,然后施之职事,则以详乎政体,有大议论使以古今参之是也。所谓诸生者,不独取训习句读而已,必也习典礼,明制度,臣主威仪,时政沿袭,然后施之职事,则以缘饰治道,有大议论则以经术断之是也。"①随着士大夫成为宋代政治结构中的中坚力量,在古代行政、司法合一的中国传统体制下,士大夫就成为宋代司法中的主流阶层,从而成为宋代司法传统的承传者和缔造者,在中国法律史上留下了浓墨重彩、难以磨灭的印迹。

第三节 宋代社会思潮的变化与理学的兴起

两宋时期,商品经济的发展,使传统的道德观念受到了相当程度的震撼,正统的儒家伦理受到了极大的冲击。

首先是功利思想的冲击。由于商品经济的发达,社会上形成了以李觏、陈亮、叶适等为代表的反传统的义利观。他们在与理学的争辩中,公然言利,或称"利欲可言",或主张"义利双行"。北宋李觏(1009—1059 年)说:"人非利不生,曷为不可言? ……欲者,人之情,曷为不可言?"他认为孟子"何必曰利"的说法太偏颇,仁义与利欲并不对立。就连政治上十分保守的司马光也主张满足商贾求利的要求,赞扬边市及海外贸易,强调追求物质利益的合理性。这样的认识在宋代士大夫之中颇具代表性。如苏

---

① 王安石:《王文公文集》卷一《上皇帝万言书》。

洵就主张对百姓“利而诱之”。他在《利者义之和论》中说:“利在则义存,利亡则义衰。义利、利义相为用而天下运诸掌矣。”①王安石变法时,更是提出一系列鲜明反对传统重义贱利思想的主张,以促进改革的发展。在他看来,理财之利就是义,义与利是统一的,“利者义之和,义固为利也”②。他还指出:“政事所谓理财,理财乃所谓义也。一部《周礼》,理财居其半,周公岂为义哉”,“盖聚天下之人,不可以无财,理天下之财,不可以无义”③。到了宋代,讲求功利是事功学派的基本主张。在陈亮看来,不计功利,哪里还有道德仁义的存在,他本人甚至曾“欲为陶朱公调度”,即打算经商。故陈傅良把他的思想概括为“功到成处便是有德,事到济处便是有理”。叶适则集功利主义之大成,对传统的“重义轻利”思想进行了深刻的批判,他明确指出:“古之人未有不善理财而为圣君贤臣者也”④,“既无功利,则道义者乃无用之虚语耳”⑤。在功利思想的影响下,宋代甚至很多高官显宦也纷纷投入商业经营活动。《宋史·王化基传》提到宰相曾公亮“殖货至钜万”⑥。赵普“营邸店规利”,几天的收入就相当于一般官员一年的官俸。枢密使王德用选择从事贩马生意,工部尚书王素则“市木河东”。驸马都尉柴宗庆、石保吉、魏咸信,左卫上将军张永德等近臣戚里竟然私自打着朝廷旗号公然做木材生意,“遣人市竹木秦陇间,联巨筏至京师,所过官渡,矫称制免算;既至,厚结有司,悉官市之,倍收其值”⑦。熙宁年间,官员王伯瑜到地方上办公时,也顺路做买卖,“贩京东、河北帛入京师,复以京师帛贸于滨、棣间,往往与本部公人、秤子交市”⑧。宋代功利主义思想的发展,毫无疑问是商品经济的繁荣发展在宋人价值观念上的折射。

在这种思想的冲击下,甚至身为地方官员的士大夫在审理案件时,传统的儒家伦理也受到了一定的冲击,如下面“嫂嫁小叔入状”一案:“阿区以一妇人,而三易其夫,失节固已甚矣!但李孝德乃其小叔,岂得以制其命?纵使以其背兄而嫉恶之,则当其改嫁李从龙之时,便合声其罪,陈之有司,如此则其名正而其言顺矣。今阿区既久为李从龙之是适,则是阿区已为李从龙之妻,而非李孝标之妻,是不为李孝德之嫂矣。李从龙既死之

① 苏洵:《嘉祐集》卷九《利者义之和论》。
② 《续资治通鉴长编》卷二一九。
③ 王安石:《王文公文集》卷八《答曾公立书》。
④ 叶适:《水心别集》卷一《财计上》。
⑤ 叶适:《习学记言序目》卷二三《汉字三》。
⑥ 《宋史·王化基传》。
⑦ 《宋史·王仁瞻传》。
⑧ 《续资治通鉴长编》卷二四七,“熙宁六年九月壬戌”条。

后，或嫁或不嫁，惟阿区之所自择，可也，李孝德何与焉？况阿区之适梁肃也，主婚者叔翁李伯侃，送嫁者族叔李孝喆，初非钻穴隙相窥，踰墙相从者比。李孝德其又何辞以兴讼乎？小人不守本分，不务正业，专好论诉，以称雄于乡里，异时破家荡产，陨命丧生，皆因于此。若不勘断，何以息争？李孝德杖一百，余人并放。"①此案中，妇人阿区先后三次嫁夫，法官并未如其前小叔之诉惩处阿区不为其亡夫守节的行为，而是入情入理地分析后，认为兴讼之人李孝德是无理嚣讼，毫无依据，并对他处以"杖一百"的处罚，保护了阿区改嫁的权利。

可见，宋代法律实际上已根据社会思潮的变化，不论是主动还是被迫，作出了相应的调整。对于符合人情但与传统伦理有一定冲突的案件，承认其合理性而予以法律保护。

不但民间社会对儒家传统视若生命的一些伦理道德观念发生弱化，其实儒家文化本身也面对着佛、老等大量的异端社会思潮。北宋儒者孙复就说："汉魏而下，则又甚焉，佛老之徒，横于中国，彼以死生祸福虚无报应为事……于是其教与儒齐驱并驾，峙而为三。吁！可怪也。去君臣之礼，绝父子之戚，灭夫妇之义，儒者不以仁义礼乐为心则已，若以为心，得不鸣鼓而攻之乎！"关学门人范育为张载的《正蒙》作序时也说："自孔孟没，学绝道丧千有余年，处士横议，异端间作，若浮屠、老子之书，天下共传，与六经并行。"宋代时，陆游记述："予游四方，凡通都大邑，以至遐陬夷裔，十家之聚，必有佛刹。"宋代时朱熹也说："今老佛之宫遍满天下，大郡至逾千计，小邑亦不下数十，而公私增益，其势未绝。"

除了佛老思想，还有各种异端思想也冲击着儒家思想的统治地位。传习妖教行为在民间时有发生。如宣和二年，大臣奏"温州等处狂悖之人自称明教，号为行者，今来明教行者各于所居乡村建立屋宇，号为斋堂，如温州共有四十余处，并是私建无名额佛堂，每年正月内取历中密日，聚集侍者、听者、姑婆、斋姊等人建设道场，鼓扇愚民，夜聚晓散"②。《名公书判清明集》中也记载士大夫蔡久轩审理过的一"妖教"案件中，有一名张大用者"传习魔教，诈作诵经，男女混杂""自称尊长，自号大公，聚众罗拜，巍然高作""布置官属，掌簿掌印，出牒陛差，无异官府""假作御书，诳惑视听，以此欺诈，多取民财""甚至撰为魔术，阴设奸谋，疾病不得服药，祖先不得奉祀，道人于不孝，陷人于罪戾"③。在异端思想的冲击下，民间甚至有将先

① 《名公书判清明集》卷九《嫂嫁小叔入状》。
② 《宋会要辑稿》刑法二之七九。
③ 《名公书判清明集》卷一四《莲堂传习妖教》。

贤诸葛亮与妖神厉鬼错杂而祭祀的情况发生："然今观道旁所立之祠，嚣尘湫隘，岂足以为高卧之草庐，所塑之像，龌龊庸陋，又绝无长啸之英气，加以妖神厉鬼，错杂先后，田夫野老，裸裎左右，假令牲牷肥腯，粢盛丰洁，祝史矫举以祭，虽马医夏畦之鬼，亦将出而吐之矣，谓孔明享之乎？"①

《名公书判清明集》记载，士大夫胡石壁在湖北一带任职时，当地巫风甚盛，他就惩处过一批巫师："黄六师者，乃敢执迷不悟，首犯约束。观其所犯，皆祀典之所不载，有所谓通天三娘，有所谓孟公使者，有所谓黄三郎，有所谓太白公，名称怪诞，无非魑魅魍魉之物，厌胜咀呪，作孽兴妖，若此者，真所谓执左道，假鬼神，乱政疑众者矣。"②

最后，儒家道德受到冲击更加具体的表现就是社会风气的败坏，尤其是"士风"的日益下降。"士"是读书人的统称，他们本应成为道德的典范，但我们却常常可以看到宋代士人做出种种为道德所不容的行为。有的士人竟娶官妓为妻，地方官认为此举"岂不为名教罪人？岂不为士友之辱？"因此，"不可！不可！大不可！"③再如儒生王桂，"登名于天府，号乡曲之英"，竟然与邻墙之彭氏女发生不正当关系，王桂"不能以礼自防，钻穴踰墙，靡所不至"，二人"初隔篱以道其消息，既开户以通其往来。抱布贸丝，彼固有意，投梭折齿，此岂无尤。辗转踰年，竟成久假，及其怀孕，其事方露"④。甚至有的士人竟因争夺情人而大打出手，酿成官司，如陈宪、王木二人皆为士人，乃"宦家之后，家世业儒"，竟先后与一名叫阿莲的妇人奸通，先是陈宪顽赖无耻，霸占阿莲，还殴打阿莲丈夫，后来王木又与阿莲宣淫，并"溺爱不忘，竟收其归家，妄以为乃父婢使"。后一日，阿莲与生母出游，陈宪故意"遮道嘲谑，遂至成争"，王木"一时发忿，却使阿莲之子傅廿六将陈宪拖归本家，关闭门户，从而殴击，损折一齿，又沃之以不净之物"⑤。可见二人已全无士人的基本道德素质。士风日下，有些官宦人家之后竟然将妻子雇给别人以图利，如在"官族雇妻"一案中，陈氏女本是名相之后，嫁与官宦之后吴子晦为妻，吴家不能自立，家道扫地，与妻寄寓于陈氏之叔陈季渊家中，吴子晦竟因贫困将妻子陈氏雇与雷司户，并立下契约，由陈季渊着押雇契，法官认为"此岂复有人心"⑥。

面对这种情势，传统儒家不甘于没落，朱熹就将上述社会思潮及"乱

---

① 《名公书判清明集》卷一四《先贤不当与妖神厉鬼错杂》。
② 《名公书判清明集》卷一四《巫觋以左道疑众者当治士人惑于异者亦可责》。
③ 《名公书判清明集》卷九《士人娶妓》。
④ 《名公书判清明集》卷一二《贡士奸污》。
⑤ 《名公书判清明集》卷一二《士人因奸致争既收坐罪名且寓教诲之意》。
⑥ 《名公书判清明集》卷十《官族雇妻》。

象”产生的原因归结为自孟子以后，儒学道统无人继承，“其书虽存，而知者鲜矣”，而其后果就是“异端虚无寂灭之教，其高过于大学而无实。其他权谋术数，一切以就功名之说，与夫百家众技之流，所以惑世诬民、充塞仁义者，又纷然杂出乎其间。使其君子不幸而不得闻大道之要，其小人不幸而不得蒙至治之泽，晦盲否塞，反复沈痼”①。因此，他们将儒家学说针对宋代社会实际理论化、系统化，从而产生了理学这一指导统治的思想。

理学，又称“道学”，也有学者称其为“新儒学”。《辞海》解释说：“东汉以来，治经专重训诂，宋儒则以义理为主，故有理学之称。又以其兼谈性命，故也称性理学。《宋史》为周敦颐、程颐、朱熹等人特立《道学传》，故也称道学。”学术大家陈寅恪曾说：“中国自秦以后，迄于今日，其思想之演变历程，至繁至久。要之，只为一大事因缘，即新儒学之产生，及其传衍而已。”可以见理学对中国传统文化的巨大影响。

被奉为理学开山之人的是周敦颐。他以儒家伦理道德为核心，吸收佛、道的哲学思想，援佛、道入儒，为建立理学体系提供楷模，为构筑与统一的中央集权相适应的意识形态辟出蹊径。而“二程”则从不同方面对“理”“气”等重要范畴进行了多层次的论证，为理学家追求自然、社会、人生的理想奠定了基础。宋代的朱熹则是理学的集大成者，他认为“大学始教，必使学者即凡天下之物，莫不因其已知之理而益穷之，以求至乎其极。至于用力之久，而一旦豁然贯通焉，则众物之表里精粗无不到，而吾心之全体大用无不明矣”。

理学家认为，“理”是一种绝对精神，万物都是“理”的体现，由“理”而生，这个“理”在人世间就是“三纲五常”，“盖三纲五常，天理民彝之大节而治道之本根也。故圣人治之以为教，明之以为刑”。礼义规范、国家法律也都是“理”的产物，都是圣人为了教化、管理和治理民众而设，是“理”的体现：“礼者，天理之节文，人事之仪则”，“法者，天下之理”，“礼字、法字，实理字，日月寒暑往来屈伸之常理，事物当然之理”。因此，在理学家看来，司法应“必原父子之亲、君臣之义以权之”。

理学由于适应当时统治者现实政治和重整伦常的需要，因此虽然经历了一些波折，最终仍取得了儒学正宗的地位，成为官方的统治思想。《宋史》专列《道学传》，而理学圣人更可从祀于孔子庙。史载：“周敦颐、邵雍、张载、程颢、程颐、朱熹七人列于從祀，不报。淳祐元年正月上视学，手诏以张周二程及熹从祀孔子庙。”而对理学的儒学正宗地位，朱熹门人黄榦则作

① 《四书章句集注》。

了定论："道之正统，待人而后传。自周以来任传道之责者，不过数人，而能使斯道章章较著者，一二人而止耳。由孔子而后曾子，子思继其微，至孟子而始著。由孟子而后，周、程、张子继其绝，至熹而始著。"①

理学作为对现实社会影响深远的世界观和方法论，对宋代士大夫司法必然产生深刻的影响。

第四节　宋代民众诉讼观念和诉讼手法的变化

中国传统法律文化中确有"贱讼""息讼"的一面，宋代民间诉讼观念当然仍不可避免地受到了官方"贱讼""息讼"思想的影响，宋时也有人作《戒讼诗》云："些小言语莫若休，不须经县与经州。衙头府底陪茶酒，赢得猫儿卖了牛。"②

但随着社会经济的发展和社会思想的开放化，宋代民间诉讼观念已经不再视"田宅细故"为小事，如泉州"豪民巨室，有所讼愬，志在求胜，不吝挥金，苟非好修自爱之士，未有不为诬涞者"③；袁州之民，"锥刀必争，引条指例而自陈，讦私发隐而相报，至有讼一起而百夫系狱，辞两疑而连岁不决"④；宜春之民，公庭之上能够"从容应辩"。广南海丰之民，"刚悍嚣讼，五尺之童庭白是非无端恐"⑤；广州妇女"凶悍喜斗讼，虽遭刑责而不畏"⑥。浙江仙居之民，"乃相扇炽，构讼成狱，自以为能"。淳安则是"吏奸民隐，百出无穷。文书讼牒，牵连纷纠，日惟不暇"⑦，新昌民亦是"健讼轻生"，"投官司者不可禁"。福建邵武百姓是"健讼而耻不胜"⑧，龙溪百姓亦是"巧避法网""讼牒充庭"⑨。会昌之民"善匿情成状"；太和之民"喜构虚讼"；赣州之民"轻生敢死"；瑞昌之民"不畏法律"；宁国之民"尤轻犯法"。士大夫李元弼说："顽民以欺诈为心，不顾败露之祸，冒耕田土，侵占地界，藏家财以瞒骨肉，寄产业以避差役，撰造语言，扇摇人众，虚装词讼，烦紊官方，不惟祸速其身，亦为子孙之患。汝宜省己以务诚实"。⑩ 虽

① 《宋史·朱熹传》。

② 范公偁：《过庭录·范弇学究诗》，中华书局 2002 年版，第 328 页。

③ 《名公书判清明集》卷一《谕州县官僚》。

④ 《袁州府志》卷一三。

⑤ 《惠州府志》。

⑥ 《鸡肋篇》。

⑦ 《淳安县志》卷一三。

⑧ 《邵武府志》卷一。

⑨ 《龙溪县志》卷一。

⑩ 《作邑自箴》卷六《劝谕民庶榜》。

然是劝诫民众之词，却从侧面反映了宋代民众诉讼观念的巨大转变。再从参与到诉讼中的人员身份来讲，范围也甚广，有接脚夫、小商贩、牙侩、说书人、和尚、尼姑、道士，甚至政府官员也参与诉讼，如辰溪知县陈敏学就为争夺财产与族人打起了官司：

刘氏以为其夫宁乡知县陈郃于甲寅年在漳州抱养同官遗弃之子，立名志学，经今十六年，即非今方立嗣。辰溪知县陈敏学及陈如椿却称知县不曾立外人为嗣。今考陈如椿之辞，以为知县癸丑年离任，志学甲寅年始生，则是在潭州时犹未生此收养之子。据刘氏赍出印纸，陈知县乃是癸丑年冬十一月方满，亦安知非其尚留潭州两月间收养志学为子乎？又考陈如椿之辞，以为知县但有庶生子六三哥，即无收养之子。据刘氏却称六三哥亦是收养之子。及再令陈如椿供对，却是收养吴博士之子。其言词又自反复。则其所告志学非收养之子，亦是虚妄可知。①

这一时期，随着人们财产权利观念的增强，民间还出现了大量亲族之讼，如曾氏兄弟因家庭矛盾不和争讼不已，甚至“兄或资人以窘其弟，弟或使人以害其兄，无非以横逆相加，以阴诡相陷。以天伦之厚，而疾视如仇雠；以骨肉之亲，而相戕几豺虎。纷纷诉牒，曾无虚月”。而在“甥舅争屋”一案中，张诚道虽为舅父，却利用其亲姐为免受欺负，而托其名所立之契约，意图霸占外甥钟家房屋，主审的士大夫为此感叹“世风浇薄”；甚至有不顾亲族刚刚故去，尸骨未寒，竟“假伪遗嘱以伐丧”：“范瑜放荡无籍，乘范大佑神朝奉不禄，妄起觊觎，既教唆族人，使于范朝奉垂绝之际，登门伐丧，骗去钱会，今又敢恃其破落，自行诈赖。鞫之囚圄，理屈词穷，即无所谓遗嘱，特凭空诬赖，为骗取钱物之地耳。”②

再就民众诉讼手段、方法而言，也出现了令人注意的变化。时人就说当时“每见词讼，动涉诈欺，……本因喧争，便称被打，本因讨索，便称打劫。情态万状，虚伪百端，皆是自欺其心，以欺他人”③。具体来说，宋代民众往往会采取以下诉讼策略：

一、自残

自残身体是极为痛苦之事，对身体的毁伤必然能耸动官府，引起官方的重视，从而更有机会使自己的诉讼要求得到处理或解决。在宋代民众诉

---

① 《名公书判清明集》附录二《勉斋先生黄文肃公文集·陈如椿论房弟妇不应立异姓子为嗣》，中华书局 1987 年版，第 582 页。

② 《名公书判清明集》卷八《假伪遗嘱以伐丧》。

③ 应俊：《琴堂谕俗编》，文渊阁四库全书影印本。

讼中,经常出现以自残手段来诉讼的现象。宋真宗大中祥符七年,忻州有平民"诣检院钉手诉田",皇帝听说后对宰臣提到:"朕顷莅京府,有蕲州女子诉父经县理田产被杖,千里而来,不为田而为父也。此事或有枉挠,即伤和气。"①自残甚至惊动了皇帝,并使其回想起过去讼冤民众,可见自残之事造成的冲击。宋孝宗乾道四年门下省也曾上言:近来"健讼之人,往往妄自毁伤"②,请求朝廷加以约束。

为了遏制这种现象,宋代甚至有专门立法惩处。如《宋刑统》规定:"邀车驾以下,诉人所诉非实,辄自毁伤者臣等参详:应有割耳,及诸自毁伤而诉事者,先决臀杖十下,然后推鞫。"③但民间以自残作为诉讼手段者仍层出不穷,有的甚至根本没有事实和法律上的依据,却以自残手段希求能够胜诉,如《名公书判清明集》就记载一以"钉脚"的自残方式以求胜诉的案件:"兰溪县方明子立牌钉脚,有词称为圣寿寺僧行本率众持杖,抢夺苗谷,经县陈论,其兄方子政,并担谷人五名,反为本县各讯腿荆二百,因之县圄,张皇其说,殊为骇闻。窃意百里之政,平心处之,不应有此过举之事,不然,胡为至于钉脚自伤,声冤庭下,乃如是之愤切乎?疑信未决,且帖县具因依供申。寻具本县发到案牍,考其发觉之词,乃是寺僧义昌先经县陈论同徒逐出僧祖祥等,夤夜到来本寺盗谷,夺下六檐,解县方始追证间,初不曾有讯掠囚系之事。参之方明子所陈,茫无形影。县庭之下,十目共视,凡所举动,毫发不容掩庇,此或可以厚诬,其他暧昧不明之讼,何往不得以逞其私乎?寻引上方明子取问,情词穷窘,无以藉口,复驾其说而归之行本,其为欺诞,抑又甚焉。此风不可长也。方明子勘杖一百,枷项押下州前,示众半月,本县十日,仍送邻州编管,姑以为健讼不根者之警。"④

对于自残,士大夫们认为:"民之抱负冤屈,不能自伸,至于自残其躯,求直于官府,盖迫于其情之不能已而。若曰嚣讼之人澜翻其词,自假毁伤,撼动一时之听,此或不察,必堕其计。纷纷追逮,岂不重州县之扰乎?"从中可以看出,士大夫们对自残行为还是本着案件事实为根据来处理,认为"州家持千里之平,凡听民讼,惟理之行,何待其为锁喉钉脚之举?"因此,士大夫对于以自残方法来诉讼之人持反对态度:"自今以后,应有此自残之人,例不受理,仍备榜州前与诸县晓谕。"⑤

① 《宋会要辑稿》刑法三之一六。
② 《宋会要辑稿》刑法三之三三。
③ (宋)窦仪:《宋刑统》卷二四《邀车驾挝鼓上表自诉事》,中华书局1984年版,第378页。
④ 《名公书判清明集》卷一三《钉脚》。
⑤ 《名公书判清明集》卷一三《钉脚》。

二、伪证

《名公书判清明集》中记载有士大夫感叹当时“窃见退败之家，物业垂尽，每于交易立契之时，多用奸谋，规图昏赖，虽系至亲，不暇顾恤，或浓淡其墨迹，或异同其笔迹，或隐匿其产数，或变易其土名，或漏落差舛其步亩四至”①，生动而全面地描述了当时民众诉讼时存在大量作伪证的情况。在人身侵害案件中，伪证情况也是大量存在。荆湖地区（今湖南、湖北），民之诉讼常以榉柳叶涂肤伪造伤表，以惑视听。司马光《涑水记闻》卷十四记载：“李南公知长沙县，有斗者，甲强乙弱，各有青赤，南公召使前，自以指捏之，曰：‘乙真甲伪也。’诘之，果服。盖南方有榉柳，以叶涂肤，则青赤如殴伤者，剥其皮，横置肤上，以火熨之，则如棓伤者，水洗不落。南公曰：‘殴伤者血聚为内硬，伪者不然，故知之。’”②在田土争讼中，伪证情况更是比比皆是，屡见不鲜。有的当事人伪造契约，意图占有别人田业。如寡妇阿宋有三男，长黄宗显，次黄宗球，次黄宗辉。户下物业除三分均分外，克留门前池、东丘谷园，又池一口，充阿宋养老。后黄宗球将东丘谷田三分中之一分，典卖于黄宗智，此项契约有母亲阿宋及牙人知押，是正常交易。但黄宗智却称另外三分之二也已一并买到，并出示嘉熙元年契约一纸，上有弟兄黄宗辉、黄宗显押字，但无牙人押字，也无母亲阿宋知押。主审官员对后契经过仔细考察，发现两处疑点：第一，黄宗显的笔迹与供状上的笔迹“已绝不同”；第二，据阿宋称，黄宗辉乙未年身死，今上件契书乃在黄宗辉已死之后，这显然不合事理。据此，主审官翁浩堂认为“此皆是黄宗智用心不仁，欺阿宋一房孤寡，因得黄宗球一分之业，遂假立弊契，欲包占三分”③。还有的当事人涂改契约文字，以图获得利益，“照得及与之研穷契勘乃是续于干照内增益亩数，更改字书，浓淡疎密，班班可考”④。

三、缠讼

在宋代史料、判牍中，我们经常可以看到宋代民众累月经年，向各级官府告状甚至进京告状的记载。成都府路绵州有讼田十年不能决者。《折狱龟鉴》载：王罕任职潭州时，民有与其族人争产者，屡断屡讼，十余年不绝。宋宁宗嘉定五年二月二十日臣僚们也指出：“州县之间，顽民健讼，不顾三

① 《名公书判清明集》卷五《物业垂尽卖人故作交加》。

② 司马光：《涑水记闻》卷一四，邓广铭、张希清点校，中华书局1989年版，第288页。

③ 《名公书判清明集》卷九《买主伪契包并》。

④ 《名公书判清明集》卷五《揩改文字》。

尺。稍不得志，以折角为耻，妄经翻诉，必欲侥幸一胜。则经州、经诸司、经台部。技穷则又敢轻易妄经朝省，无时肯止。甚至陈乞告中惩尝未遂其意，亦敢辄然上渎天听。语言妄乱，触犯不一。”①如南宋时期，建阳县民妇傅氏在丈夫去世后，立同宗之侄陈兴老为嗣，并经官除附，完全是一种合法的收养行为。因傅氏亡夫生前家产颇丰，而有同宗族人陈鉴者，“乃垂涎资财，见利忘义，欲以己子搀继”，于是无端兴讼，并反复上诉，“自县而州，自州而监司，自监司而省部，滚滚二十余年，词讼始绝。其所以苦傅氏者，可谓酷矣”，后又“讼之于县，已责退状，又复翻讼。讼之于州，已行结绝，又复兴词。今又上烦监司听受，下送本厅审定”。主审官认为“原陈鉴之心，不过欲洗荡陈兴老，至于无立锥之地而后已”②。而士大夫胡石壁审理曾仕珍父子侵用已检校财产的案件时，曾氏父子则反复无理呈控，“本府未及结断，而遽经漕司；漕司方为索案，而又经帅司；帅司方为行下，而又经宪司”，“首尾不及两月，而徧经诸司者”③，还对胡石壁本人进行诬陷。还有的当事人甚至到京城中央部门去告状，如刘克庄审理的桂节夫诉潜彝侵占田产一案，前后已经饶州及路提刑司判决，潜彝已败诉，但其仍以“健讼”为能事，竟然“辄用干人，越经内台”上控，刘克庄谓其“可谓小人之无忌惮者”④。

四、诬告

为了求得诉讼的胜利，宋代民众甚至不惜以诬告方法取得诉讼中的优势地位。如在“妄论人据母夺妹事”一案中，朱千三子报牌经县，控告祝千二、祝万五据其母阿孙，夺其妹寿娘，气死其父朱元乙。其控告之事“骇人听闻”，但官府经过调查取证，发现事实是“阿孙系出嫁祝千二，而非据也。寿娘系嫁郑廿九，再出嫁祝万五，而非夺也。其父朱元乙，自系吐血而亡，非祝千二、祝万五之罪也”⑤，也就是说朱千三所诉全是诬告，所控之事全是虚妄。

亲族之间也为争夺财产而以诬告手段报复的。如在“叔告其侄服内生子及以药毒父”一案中，士大夫认为“虽父子之间且有责善则不祥之惧，况叔侄乎？责善且以为不祥，况暴扬其恶而讼之于官乎？”推其动机，“非果

① 《宋会要辑稿》刑法二之一三七。
② 《名公书判清明集》卷一三《挟仇妄诉欺凌孤寡》。
③ 《名公书判清明集》卷八《侵用已检校财产论如擅支朝廷封桩物法》。
④ 《名公书判清明集》卷四《干照不明合行拘毁》。
⑤ 《名公书判清明集》卷一三《妄论人据母夺妹事》。

以爱兄之道来也，不过见其家稍厚，不甘归之螟蛉之子，故从事于告讦，以行骗胁之计耳”①。

在利益的驱动下，宋代社会甚至有人专门以诬告方法作为牟利的方式。如，士大夫蔡久轩说当时江东地区风俗，“专以亲属之病者及废疾者诬赖报怨，以为骗胁之资”②。还有的士大夫描述当时的情形是：“奸民无知，动以撰造公事，欺骗善良为生。见人家烹犬，则曰本家失犬。见人家牵牛，则曰本家失牛。见人家女使病死，则曰原系本家转顾，恐有连累。见人家仆死，则曰系是本家亲族，不曾走报。凿空入词，文引才出，则计会公吏、耆长之类，追扰执缚，殆同重囚。又使一等游手之人，从旁打合，需求酒食，乞取钱物，饱其所欲，而后和对。里俗相传，谓之裨补。田里被害，含冤茹苦，无所赴诉。此何等气象，乃见于清明之时邪！”③

综上所述，我们可以看出，一方面，宋代民众的诉讼观念虽然仍不可避免地受到了官方贱讼、息讼思想的影响，但平民百姓对诉讼是深怀畏惧和深知其中艰辛的。但是，另一方面，宋代民众一旦真实地面对田土、房宅等官方所谓的“细故”纠纷时，似乎又并未完全听从官方话语中的种种劝诫，而是施展各种手段、作出百般努力去争取自己认为应得的利益。这种情形仿佛印证了功利学派“苟不言利，仁义亦无用之虚语”④的说法。我们从中可以看出一个为士大夫所回避的问题，那就是财产争讼是与传统的“礼义”分不开的。人们争讼财产，也意味着争取财产背后所代表的“礼义”；如果争讼失败，意味着个人名誉、能力、资格的下降和社会地位与社会评价的降低。

因此，视民间争讼为“鸡虫得失”“田宅细故”，很大程度上是官方的话语，正如徐忠明教授所说，“‘无讼’思想实际上主要体现在中国传统文化的大传统里面，它主要代表着官方与士人阶层的宇宙观念和政治社会理想。在某种意义上，它是官方与士人阶层‘话语’建构的一个反映”。⑤ 而在宋代民众的诉讼观念中，争讼已经是与他们的生存、发展以及生活状况密切相关的、不可忽视的重要问题，为此他们甚至努力去学习法律知识（如桂万荣《棠阴比事·虔校邓贤》中载：“今吉、筠等府书肆有刊行《公理杂

① 《名公书判清明集》卷一三《叔告其侄服内生子及以药毒父》。

② 《名公书判清明集》卷一三《以死事诬赖》。

③ 《名公书判清明集》卷一三《骗乞》。

④ （宋）叶适：《习学记言序目》卷二三《汉书下》，中华书局 1977 年版，第 324 页。

⑤ 徐忠明：《从明清小说看中国人的诉讼观念》，载《中山大学学报（社会科学版）》1996 年第 4 期。

词》,民童时市而诵之。"①)、寻求法律帮助(如雇请讼师)、使用力所能及的各种诉讼手段(正当或不正当的),去争取自己认为应得的利益。

从宋代的判词等法律史料中,我们可以清楚地看到宋代民众诉讼观念与中国传统法律文化相比已然发生了重大转变。而民众诉讼观念的这一重大转变,无疑会冲击士大夫传统的司法观念。如杨侃《增修袁州郡厅记》中就对民间争讼提出了不同的看法,认为只有士大夫实现司法的公平、公正,才是解决民风好讼的根本办法:"袁之于江南,中郡也。地接湖湘,俗杂吴楚。壤沃而利厚,人繁而讼多,自皇宋削吏权而责治术,天下之郡,吉称难治,而袁实次之。何者?编户之内学讼成风,乡校之中校律为业,故其巧伪弥甚,锥刀必争。引条指例而自陈,讦私发隐以相报,至有讼一起而百夫系狱,辞两疑而连岁不决。皆谓弊在民知法也。抑法者,民之衔勒,上执之可以御下,下持之可以犯上也。是故子产铸之于鼎,郑国不闻不治;商君令之于市,秦人不闻不畏。且民者,冥也。以其冥然无知,所以难治也。今袁之民,既皆知法,是易治也,非难治也。其由在上者自紊其法,故民得以纷纭于下也。呜呼!政不廉,法不平,虽非良民口不可塞也。既廉且平,袁民其如予何。"②士大夫吴雨岩则认为:"此其(指民讼)有关朝廷上下纪纲,未可以细故视之。"③士大夫应俊甚至拿出自己的官俸印刷普及法律知识的读物,以教化民众:"凡以讼来者随其事示之间有感悟,然犹虑不能家至户晓,乃捐俸刻梓以传,使尔民之于家庭、于族里、于亲戚朋友,递相训告,率而行之,勿狃故习,勿犯非法,但可以迁善而远罪即可以昌门户而益子孙。"④

可见,社会经济发展与民众诉讼观念的转变,造成民众诉讼手法多样化。不管以宋代士大夫为主体的审判官员如何进行道德评判,这种种现象之中反映的民众利益诉求却是宋代士大夫必须客观面对的,由此也不断撼动着士大夫心中传统的儒家传统法律观念,从而使宋代士大夫司法体现出一种传统社会变革期的独特风格。

---

① (宋)桂万荣:《棠阴比事》,文渊阁四库全书影印本。

② 《江西通志》卷六七《建置略·廨宇》,文渊阁四库全书影印本。

③ 《名公书判清明集》卷一二《豪民越经台部控扼监司》。

④ (宋)应俊:《琴堂谕俗编》,文渊阁四库全书影印本。

第二章　宋代州县的组织结构及其民事审判职能

宋代地方政府分为路、州、县三级。在司法审判方面，州与县有直接相统属的关系。刑事案件的审判，如果是杖罪以下，在县衙可以审判终结；若是徒罪以上，则必须将案件上呈至所属州衙。而对于主要指民事案件的"词讼"案件，则是以发生地所属县衙为起点，县衙审判之后，当事人认为判决不公，不服判决才能再诉于州衙。可见，州县在宋代民事审判中的地位十分重要；因为州县一般是案件发生地，最容易了解案情，是民事审判的起点和基础。南宋时多年担任地方官的黄榦曾提出，州县"是亲民最紧底处，每事可以立见底蕴"。本章将概述州县的组织结构及其民事审判职能，并阐述其与上级机关的关系。

第一节　县衙的组织结构及其民事审判职能

宋代的县是最基层的行政区划。北宋有1265县，南宋有704县。县依人口数分等级，1000以上者设知县或县令，其下则有县丞、主簿、县尉等属官。县的长官为知县或县令，宋代选派文臣京朝官担任县的长官，称为"知某县事"，简称"知县"；选派担任小县长官，称为"县令"。其职责是："掌总治民政、劝课农桑、平决狱讼，有德泽禁令，则宣布于治境。凡户口、赋役、钱谷、赈济、给纳之事皆掌之，以时造户版及催理二税。有水旱则受灾伤之诉，以分数蠲免，民以水旱流亡，则抚存安集之，无使失业。有孝悌行义闻于乡闾者，具事实上于州，激劝以励风俗。若京、朝、幕职官则为知县事，有戍兵则兼兵马都监或监押。"①显然，作为基层长官的知县或县令的职责是非常繁重的，正如时人所言，"县令之任为最繁重，催税劝率，民讼刑禁，凡朝廷所行之政多在焉"。② 李元弼所作《作邑自箴》则在开篇序言中则将县令比作汉代的郎官，承担着"民社之重"："尝谓子男之任，实难其人。汉之郎官，出宰百里；圣朝鼎新法度，以达官称荐录之。予滥绾铜

---

① 《宋史·职官七》。

② 《宋会要辑稿》职官四八之三二。

章，才微识隘，何以承流宣化。民社之重，可不勉焉。”因此，面对繁重的工作职责，宋人常感叹知县、县令难做：“当今作吏之难，莫若近民之官。于民尤近者，作县是也。”①在知县的诸多事务中，审判辖区内的刑民案件以维护社会秩序的安定和谐，无疑是其最重要的职责之一。如宋代地方官范应铃知崇仁县时，“夙兴，冠裳听讼，发擿如神，故事无不依期结正，虽负者亦无不心服”②。陆九渊也认为司法审判是县令最重要的职责之一：“守令无暇抚字，以催科为政。论道经邦，承流宣化，徒为空言。簿书、期会、狱讼、财计，斯为实事，为日久矣。”③由此可以看出，县令的主要职责有四，即“簿书、期会、狱讼、财计”，而“狱讼”即审判刑民案件，显然是县令最重要的职责之一。曾多年担任地方官的胡太初则在官箴中对县令不重视司法审判工作的倾向提出了批评：“今之为令者，知有财赋耳，知有簿书、期会耳，狱讼一事，已不皇悉尽其心，抚字云乎哉？教化云乎哉？”④显然，一个合格的县令，必须履行好审判刑民案件的职责。

知县或县令的主要属官有县丞、主簿和县尉。

县丞“掌贰令之职”⑤，地位仅次于知县，在主簿、县尉之上。宋仁宗天圣四年开始设置该官职，但是小县不置。宋神宗熙宁四年，命二万户以上的县增设县丞一员，选差幕职官和县令资序者充当。宋代大致也是万户以上县设置县丞，小县不置，而以主簿兼任。县丞的职责主要是协助知县处理政务，也“受接民讼”⑥。范应铃曾审理一起“女合承分”案件，郑应辰有二女，及一过房养子郑孝先。郑应辰生前立遗嘱，给二女各继承田产一百三十亩，库一座。郑应辰死后，养子郑孝先却不承认遗嘱效力，拒绝分给二女财产。二女因此诉至官府。此案就曾先经县丞审理，范应铃认为：“县丞所断，不计其家业之厚薄，分受之多寡，乃徒较其遗嘱之是非，义利之去就，却不思身为养子，承受田亩三千，而所拨不过二百六十，遗嘱之是非何必辨也。”⑦另一起“婿争立”的案件，也提到县丞审理民事案件，戴赠在弟弟戴盛死后，抚养弟弟的养子陈亚六，并分给其财产。而戴赠的女婿徐文举却对岳父将财产分给陈亚六不满，因此到县丞处提起诉讼，“徐文举萌意

---

① 《宋会要辑稿》职官四八之四九。
② 《宋史》卷四一〇。
③ 《象山先生全集》卷二六《石湾祷雨文》。
④ 《昼帘绪论·临民篇第二》。
⑤ 《宋会要辑稿》职官四八之二九。
⑥ 《宋会要辑稿》职官四八之五八。
⑦ 《名公书判清明集》卷八《女合承分》。

觊觎,辄经丞厅,告论妻族不容次子为戴盛之嗣"①。高元常任嘉兴县丞时,更是代县令审判民事案件,"县令不任事,讼牒如山,暂领其事,一朝剖遣立尽"②。由此可见,县丞也有审理民事案件的职权。

主簿也是协助知县处理政务的属官,其职责主要是掌管稽考簿书、出纳官物,以及协助县令审理民刑案件等事。王禹偁《单州成武县主簿厅记》云:"至于理簿书、课农事、供赋调、求考绩者,固主簿之职。然尔其间有斗讼相高、婚田未决、畜产交夺、契券不明者,在乎察其情伪、正其曲直,助令长详而决之,使刑罚得其中,则百里之人手足知所措矣。"③朱熹《建宁府建阳县主簿厅记》亦云:"县之属有主簿,秩从九品,县一人,掌县之簿书,凡户租之版、出纳之会、符檄之委、狱讼之成,皆总而治之,勾检其事之稽违与其财用之亡失,以赞令治。"④二人皆提到主簿有审理民刑案件的职能。主簿掌一县之簿书,了解全县户口、财产等详细账目,在协助县令审理民事案件中起着重要的作用。

县尉也是县级政府的重要属官,黄榦在《黄氏日抄》中说:"尉,古司寇官。至秦汉,改今名。义取除奸、尉安良民也。"⑤可见县尉主要负责率领弓手追捕盗贼,维护本县治安。但在宋代行政司法合一的体制下,县尉在民事审判中也可以参与一些事务性的工作,如奉命下乡调查证据和负责民事判决的执行等。如程迥(隆兴元年进士)任扬州泰兴县尉时,"训武郎杨大烈有田十顷,死而妻女存,俄有讼其妻非正室者,官没其赀,且追十年所入租。部使者以诿迥,迥曰:'大烈死赀产当归其女,女死当归所生母可也。'"⑥可见,县尉也可以根据长官的委派,审理本县发生的民事案件。但是,县尉是没有权力自行受理民事案件的;如未经长官允许、县尉违法受理和处理民事案件,是要被追究责任的。如马光祖就对未经上司允许、擅自受理案件的县尉进行了批评:"县尉以警逻为职,余与令、丞通行,尉岂得已专行也?"他认为对于一般案件,县尉"自合白之长官,照条区处,固无自受状,自追人之理"⑦。最后对该县尉予以了"对移"的行政处分。

可见,县级属官都有参与民事审判的职权,他们实际上构成了一个审判集体,但知县或县令作为长官对民事审判具有最后决定权。如朱熹在漳

---

① 《名公书判清明集》卷七《婿争立》。
② 《宋史翼》卷二〇《高元常传》。
③ 王禹偁《小畜集》卷一六《单州成武县主簿厅记》。
④ 《朱文公文集》卷一七《建宁府建阳县主簿厅记》。
⑤ 《黄氏日抄》卷八六。
⑥ 《宋史》卷四三七《程迥传》。
⑦ 《名公书判清明集》卷二《县尉受词》。

州任职处理繁多的状牒时，“每听词状，集属官都来，列位于厅上，看有多少均分之，各自判去，到着到时亦复如此。若是眼前易事，各自处断，若有可疑等事，便留在集众较量，断去无有不当”。他还认为这种方法有很多好处，“此非独为长官者省事，而属官亦各欲自效，兼是如簿尉等初官，使之决狱听讼得熟，是亦教诲之也”①。

第二节　州衙的组织结构及其民事审判职能

宋代的州级衙门包括府、州、军、监。州的长官为知州，府、军、监的长官分别为知府、知军、知监，其职责是：“掌总理郡政，宣布条教，导民以善，而纠其奸慝；岁时劝课农桑，旌别孝悌；其赋役、钱谷、狱讼之事，兵民之政皆总焉。”②知州在司法方面职权甚重，“属县事，令、丞所不能决者，总而治之，又不能决，则秉于所隶监司及申省部，凡法令条制，先详意义注于籍而行下所属。有赦宥，则率官吏宣读而班告于治境”。③ 民事审判是州级长官的重要职责之一。如朱熹曾说：“一郡千里，生齿万数，狱讼财计，所系不轻。”④真德秀知泉州时，“决讼自卯至申未已，或劝啬养精神，德秀谓郡弊无力惠民，仅有政平、讼理事当勉”⑤。

知州之外有通判。通判是地位仅次于知州的长官，其职责是“掌倅贰之政，凡兵民、钱谷、赋役、狱讼听断之事，可否裁决，与守臣通签书施行”⑥。朱熹也认为，“通判虽管常平，而其职实管于司法”。吕沆通判婺州时，“朱君章讼争田四十有二年，吴王府争墓二十有九年”，吕沆“皆决之”⑦。卫阒任镇江通判时，其职责也包括审判刑民案件，“令职官不得有私，囚至则上之。公随事断遣，举当于理，由是狱无停囚，庭无滞讼，部使者每按临，无不嘉叹”⑧。

知州的主要属官有7位：判官、推官、兵马都监、录事参军、司理参军、司户参军、司法参军。除兵马都监为军事官员外，判官与推官是为“幕职官”，诸参军则为“诸曹官”。

---

① 《朱子语类》卷一〇六《朱子三·外任·漳州》。
② 《宋史·职官七》。
③ 《宋会要辑稿》职官四七之一二。
④ 《晦庵集》卷二八《与留丞相劄子》。
⑤ 《宋史》卷四三七《真德秀传》。
⑥ 《宋史·职官七》。
⑦ 《宋史》卷四〇七《吕午附吕沆传》。
⑧ 《后乐集》卷一七《先祖考太师魏国公行状》。

幕职官中的长官是签判，被称为“郡僚之长”，地位居其他属官之上。如曾渐签书江西南康军判官时，“政纤巨，一佐其守。值旱饥，沿村劝糶，又决狱问囚，走旁郡，劳苦未辞”①。如果通判有缺，签判甚至可以代理其职务，包括司法审判的业务。如傅瑾调任湖南道州判官时，就曾兼摄通判数月，深受太守的看重，“舂陵郡计悉倚佥幕，公不息不纵而办，狱讼繁剧，尤难剸决，凡经剖析，皆当事情。太守董公，与几览其牍，喜曰：‘非老练何以至此？’於郡有功多矣”②。

幕职官每天需集合议事，其办公场所称为“佥厅”或“都厅”，是幕职官“联事合治之地”③。就民事审判来说，佥厅对州府收接的民事案件先要作初步的审查。如朱熹知潭州时，将州机关收到的诉讼词状分为两类，其中“诉婚田地、诉分析、诉债负、斗打不见血，差役、陂塘，已上都厅引押”④。佥厅对受理的案件，或送到其他相关单位继续处理，或与州级长官商议，并负责传唤当事人询问案情，拟写判决文书。《名公书判清明集》中很多书判都是“佥厅”所拟。如“妄诉田业”一案，江文辉妄称乃江通宝子孙，要求赎回 48 年前江通宝典卖给江朝宗家的田地，佥厅的官员在传唤江文辉审问后发现，其并无充分证据证明其与江通宝有亲属关系，又无书面的典卖契约，因此，判江文辉败诉，并负责拟写了判决。⑤ 佥厅中的判官、推官等幕职官在民事审判中起着重要作用。如黄宗谅任江东信州推官时，“郡多以事委，君几于画诺，君老而益壮，剖析滞讼，案牍积山，推究无遗，据法予夺，不容一毫之私。二年间，类为四册，近五百事”⑥。赵伸夫调任浙东绍兴府观察推官时，知府“尝以休日至都厅，他幕僚无入者，而公独审问两词如常”⑦。而吴革通判临安府时，审判一件“叔侄争”的案件，当事人盛荣诉侄友能“包占古路，侵占祖墓，霸占家中竹地、桑地”，案情复杂，甚难查明，吴革提到“察推谓予夺田地之讼，所据在契照，所供在众证，此说极是”，称赞属下的观察推官对此案提出的判决意见⑧。可见，幕职官在州级政府的民事审判中具有重要的地位。

作为诸曹官的各参军则分管各曹业务，他们不必每日赴长官厅议事

---

① 叶适：《水心集》卷二一《中奉大夫尚书工部侍郎曾公墓志铭》。
② 陈文尉：《克斋集》卷一二《傅县丞墓志铭》。
③ 施宿：《会稽志》卷一《佥厅》。
④ 《朱文公文集》卷一〇〇《约束榜》。
⑤ 《名公书判清明集》卷九《妄赎同姓亡殁田业》。
⑥ 楼钥：《攻媿集》卷一〇四《黄仲友墓志铭》。
⑦ 袁燮：《絜斋集》卷一七《秘阁修撰赵君墓志铭》。
⑧ 《名公书判清明集》卷五《叔侄争》。

与签押公文。录事参军掌管“州院庶务,纠举诸曹稽违”;司户参军掌管“户籍赋税,仓库受纳”;司法参军掌管“议法断刑”;司理参军掌管“狱讼推鞫”①。

录事参军居于其他曹官之首,简称“录参”,由京朝官充任时称“知录事参军”,简称“知录”。录事参军的职责主要是掌管“州院”,以治狱为主要职责,刘克庄曾说“录参以治狱为职,不宜使之催科”②。录事参军也具有审判民事案件的职能。例如李祥(字元德)调濠州录事参军时,就受监司委派,负责审理当地一起民事案件,“安丰守冒民田,讼屡改,监司以委公,还之民”③。又如范应铃审理的一件“争讼盗卖田产”的案件,当事人余焱起诉黄子真“盗买”田产,虽然黄子真有官府“赤契”为证,但案件“由县及州,下佥厅,入州院,送法官,并做违法交易”,州衙各部门一致认为黄子真买田行为不合法律规定,因而强制黄子真接受余焱的赎回价钱,将田业还给余焱。黄子真不服判决,继续上诉至路级转运司。范应铃审阅全案的案卷时,提到“杨权县之说”“厉史君之说”“狱官赵知录之说”④,可见此案曾送到“州院”,当事人黄子真曾接受赵知录的审问。

司理参军主管鞫狱的工作,掌管州级审判机构司理院,审理的案件以盗贼、人命等重大刑事案件为主;但当民事案件事实需要进一步查证时,司理参军也会参与民事案件的审判。如吴革通判临安府时,判一件“遗嘱与亲生女”案,曾千钧有亲生二女,又有曾文明之子曾秀郎过房为己子,千钧临终前亲书遗嘱,拨给两女税钱。后来,曾文明却到府衙告状诉称“遗嘱为伪,县印为私”,否定曾千钧亲生两女的遗产继承权。为查明案情,吴革将此案交司理参军调查。最后,吴革的判决中说:“司理所拟甚明,且免施行,再不知悔,则不孝无父之罪,不可逃矣。”⑤由此可知,曾文明与秀郎曾被送入“司理院”推问案情,所以司理参军拟写案情报告并呈送长官厅,从而决定了案件的最终结果。

司理参军负责民事案件审理时,有时也会有执行判决的功能。如姚立斋判决一件“重叠交易”案时,对司理的审判意见并不赞同,“司理以为赌博与借皆是违法,欲追钱入官,却未为是”,但最后作出生效判决后,仍要求司理参军负责案件的执行,“帖右院押下县,监所认钱、会还丘

---

① 朱瑞熙:《中国政治制度通史》(第六卷),人民出版社 1996 年版,第 308 页。

② 《后村先生大全集》卷一九二《贵池县高廷坚等诉本州知録催理绢绵出给隔眼事》。

③ 叶适:《水心集》卷二四《国子祭酒赠宝谟阁待制李公墓志铭》。

④ 《名公书判清明集》卷四《漕司送下互争田产》。

⑤ 《名公书判清明集》卷七《遗嘱与亲生女》。

某，取领状申”①。

司法参军的主要职能是“检查法条”，以供知州等长官们司法审判中适用法律。作为州府的检法官员，如果“检法不当，出入徒流罪以上者”，必然面临对其不利的责任追究。司法参军的职责就是尽心竭力检出所有与案件有关的法律条文，但不应对案件如何裁判发表自己的个人意见。但案件的审判必然牵涉法律如何规定的问题，所以司法参军在民事审判中的地位当然十分重要。宋代刘宰就曾说：“汉太守自言奉三尺律令从事，今司法参军则奉三尺以与太守，得其人则政平讼理，善劝焉，淫人惧焉。”②《名公书判清明集》中就有一件“户绝争讼”的案子，就是由司法参军拟写的：吴琛有四个女儿及一个养子，其中长女及次女已嫁，二婿皆为吴家赘婿，三女则据称已嫁给许氏，幼女二十八娘年已及笄，尚未出嫁。养子吴有龙于吴琛在世时，已娶妻阿李为室，生一子吴登。在吴有龙身死之后，在室幼女二十八娘到官告状，希望分得应有财产。司法参军检出“诸义子孙被论诉与自陈之法”“异姓养子与除附法”“户绝财产与在室女法”“男女婚嫁年龄之法”等法条规定来分析案情，并提出官司的处理方案应该是“欲责吴登母子迎取其归，曲尽姑侄之礼，日下求偶，毋致迁延”③。

司户参军原本掌管户籍与赋税。民事案件往往要核查户籍婚姻、田产等各种簿书，因此在州府的民事审判中，司户参军往往也参与其中。如庆元六年，周必大认为“户曹掌州帑廪，或行狱讼事”④，显然认为司户参军也是具有民事审判职能的州府官员。《名公书判清明集》中也有判例说明司户参军在民事审判中负责拟写诉讼判决文书的工作。如“寺僧争田之妄”一案中，妙缘院的僧人向官府告诉，要求返还吴承节所占有的田产，此案就由该州的司户参军审理查明，妙缘院所争田产乃93年前（绍兴十三年）因妙缘院违法而被官府没官之田，吴承节从官府手中“承买”得到了田产，合乎法律规定，因此认为妙缘院僧人的争讼请求无理，判其败诉，维护了吴承节的田产所有权。主审的知州方岳（号秋崖）最后作出判决，主要就是依据司户参军拟写的案情处理意见，并认为“章司户所拟特为明允”。⑤ 可见，司户参军在民事审判中具有重要的职能。

---

① 《名公书判清明集》卷五《重叠交易合监契内钱归还》。
② 《漫塘集》卷二二《真州司法厅壁记》。
③ 《名公书判清明集》卷七《立继有据不为户绝》。
④ 周必大：《文忠集》卷四四《吉州司户缓斋箴》。
⑤ 《名公书判清明集》卷四《寺僧争田之妄》。

第三章　宋代州县官员的知识结构与民事审判

宋代州县的民事审判，是由州县官员主持进行的。而宋代州县官员的知识结构必然决定了其司法审判的方式、风格。因此，要考察州县的民事审判，就不能不考察作为宋代州县民事审判的主体——州县官的知识结构。本章就对宋代州县官的出身、知识构成的具体内容进行必要的分析。

第一节　宋代州县官员的出身

宋代州县官员主要源于两种途径：通过科举考试成为国家官员和通过荫补成为国家官员。

一、科举出身的州县官员

宋代建立以后，结束了五代十国皇权更迭、混乱不堪的局面，恢复了中国的统一。鉴于五代藩镇割据、武人跋扈的教训，宋代确立了文官治国的政策，将科举考试作为国家选拔官员的基本途径。宋太祖赵匡胤说："王者虽以武功克定，终须用文德致治。"因此，开国即进行科举考试，以选拔治理国家的人才。继其皇位的宋太宗也说："朕欲博求俊彦于科场，非敢望拔十得五，止得一二，亦可为致治之具矣。"①这明显表达了他希望通过科举考试选拔人才的愿望。宋代不仅继承了隋唐的科举考试制度，还加以改革和完善。终宋之世，科举考试都是多种选官方式中最为主流的方式。

宋代的科举考试从下至上分为三级，即州郡的发解试、礼部主持的省试和朝廷殿试。

发解试，也称解试，是在各州郡进行的考试，目的是将本地考生选拔到朝廷礼部贡院参加省试。发解试是读书人参加科举考试的第一关；考生必须通过发解试，才有资格进京参加省试。

发解试通常在农历八月十五举行，共考三场，本州各官私学校的学生都可以报考，但地方官会对考生家庭背景进行审查；而考生要如实向州府

---

① 《续资治通鉴长编》卷一八，"太平兴国二年春正月丙寅"条。

提交写清楚姓名、乡贯、三代情况等内容的状纸，如果弄虚作假可能会被追究责任。绍兴十九年诏令规定："自今乡贡，前一岁，州军属县长吏定合应举人，以次年春县上之州，州下之学，核实引保，赴乡饮酒，然后送试院。及期投状射保者勿受。"①

举行考试时，宋初发解试的主考官是由州府选派官员担任。宋太祖开宝六年(973 年)四月乙酉，宋廷下诏："诸州考试官，令长吏精选僚属有才学公正者充"②，要求发解试的主考官员由州长官选拔有才学并且为人公正的地方官担任。宋真宗时开始逐渐由各路的转运司负责选拔考官，"试官委转运司于本处及邻州选差清白有文学、通经术之人"③。

南宋时期也非常注意保证考试公平，宋孝宗乾道六年(1170 年)，"始命诸州试官，皆隔一郡差，以绝请托之弊"④。朝廷还专门下诏对转运司选拔封弥、对读等考试业务官员提出了要求，以防范有人从中通同作弊或损毁、破坏考生试卷，周密严格保证考试的公正、公平：

> 绍熙三年六月十八日，诏："诸路转运司考考官，并须依公选差，毋得听受请托，容其有所避就。及诸州试院封弥官，专差幕职官一员，其对读官亦差粗识文理者为之。"以臣僚言："州郡待考官之礼，厚薄不同。嗜利之人计嘱漕臣，乞差优厚去处，知彼州所得之薄，则妄申有亲戚就试以避之。漕臣迫于请托，未免曲从。封弥官不得其人，则吏因缘为奸，取受情嘱，毁匿有名士人文卷。对读官全不晓文理，则程文之详赡者，或为誊录人节略首尾，以至见黜。正缘州郡所差官不过丞簿监当，素不经历，又无事权，不能检束吏奸，遂使士人优长之文暗遭毁弃。"⑤

发解试通常由州判官主持进士科考试，以州之录事参军主持诸科的考试。如果录事参军不懂经义，则需另选考官，但由州判官监考："诸州发解进士，差本判官考试，如判官不晓文章，即于诸从事内选差。诸科差录事参军考试，如录事参军不通经义，即于州官官内抡选，本判官临试。"⑥

考试完毕后，考官要用朱笔批阅每一份考卷，对每一试题写明"通"还

---

① 《宋史》卷一五六《选举二》。
② 《续资治通鉴长编》卷一四，"太祖开宝六年四月乙酉"条。
③ 《宋会要辑稿 · 选举》三之二五。
④ 《朝野杂记》卷一三。
⑤ 《宋会要辑稿 · 选举》二二之一〇。
⑥ 《续资治通鉴长编》卷五。

是“否”，也就是“对”还是“错”，下试官和监考官最后还必须在试卷末尾亲笔签署姓名，以便事后发生问题追究责任。中央的礼部是负责接收取中的考生名单及其试卷的职能部门，地方务必赶在秋天将合解考生相关材料呈报，以免影响下一步省试，“解状内开说当州府元若干人请解，若干人不及格，落下讫，若干人合格，见解。其合申送所试文字，并须逐件朱书通否，下试官、监官仍亲书名。若合解不解、不合解而解者，监试官为首罪，并停见任，举送长言闻奏取裁”①。

宋淳祐九年（1249 年）的新规定更进一步，除了“本贯保明给据”上报礼部外，还须将名单“各州揭以示众，犯者许告”②，也就是将考生情况在本地公示。阳光是最好的防腐剂，由莘莘学子和当地民众监督公示结果，便于举报考试违规和腐败，大大增强了考试的透明度和监察力度。

宋代学子通过当地州郡的解试之后，就可以参加在京城举行的省试。省试是诸州府、转运司及国子监解试合格举人至礼部贡院进行的复试。如《朝野类要》卷二所云：“诸州及漕司解士，就礼部贡院锁试，名曰省试。”③某种意义上，省试是最重要、最关键的考试。正如绍兴三年十月二十七日臣僚所言，“科举之设，实用人材之根本，而省试最为重事”。④ 省试的地点在京城（北宋为汴京，南宋为临安），由礼部主持，每三年举行一次，一般在解试之后的次年二月举行。省试的考场，宋初并未固定；宋徽宗崇宁以后，始有固定的考场——贡院。北宋时贡院在开封府朱雀门外；南宋时礼部贡院的设置，《梦粱录》卷十五《贡院》则有较详细的记载：“礼部贡院，在观桥西……贡院置大、中门。大门里弥封、誊录所及诸司官；中门内两廊各千余间廊屋，为士子试处。厅之两厢，列进士题名石刻，堂上列省试赐知贡举御札，及殿试赐详定官御札，并闻喜宴赐进士御诗石刻。别试院在大理寺之西，专以待贡士之避亲嫌者。”⑤四川由于路途遥远、交通不便，一般由安抚制置司在成都举行与省试级别相当的类省试，亦建有类省试贡院。省试的主考官员一般由朝廷临时选派，称“权知贡举”，负责出题、考试、阅卷、录取及奏名等考试事务，担任“权知贡举”的官员一般由皇帝选派翰林学士、知制诰、中书舍人及六部尚书等官担任。从宋太祖开宝八年（975 年）开始，又选派六部侍郎、给事中、台谏官等为“同知贡举”。“同知贡举”

---

① 《宋会要辑稿 · 选举》一四之一三。

② 《宋会要辑稿 · 选举》一六之三三。

③ 《朝野类要》卷二。

④ 《宋会要辑稿 · 选举》二〇之三。

⑤ 《梦粱录》卷一五《贡院》。

一般为二至三人。有时为一人或四五人,偶尔也有多达八九人者。开禧元年(1205 年)正月,“诏更差同知贡举一员”,以台谏官任之,“付之以纠察之任,不必与议论去取于其间”。嘉定十三年(1220 年)正月,又“将台谏同知贡举一员改作监试,其校文之官有勤惰不一者,察之;执事之吏有内外容奸者,纠之。凡贡闱事不属考校去取者,悉听于监试”①,以便使监试官名正言顺,又使知举官免于亲自处理琐碎事务,而专心考校去取。省试考中者就有资格担任国家官员,因为其后的殿试只是将他们分等而已,并无黜落。

殿试是指省试以后,皇帝亲自考试省试中举的贡士,也称廷对、亲试。宋初本无殿试,但是在由翰林学士李昉主持科举考试的开宝六年,宋太祖赵匡胤接见考生时发现李昉录取的进士中有的素质奇差,“材质最陋,对问失次”,因此产生怀疑。随后落第考生徐士廉击登闻鼓,控告李昉“用情取舍”,宋太祖从考试终场的考生中选出 195 人,与李昉所录取的考生共同复试,结果李昉所录取的有 10 人落榜②,显然李昉有舞弊嫌疑。从此以后,为体现皇帝钦选人才的权威,殿试逐渐成为宋代定制。开宝八年(975 年)宋太祖赵匡胤亲自主持殿试时,强调殿试的公平性:“向者登科名级,多为势家所取,致塞孤寒之路,甚无谓也。今朕躬临亲试,以可否进退,尽革前弊矣。”③殿试由皇帝亲自出题,当日交卷,一般为策论一篇,题目多为时政要事,以便有助于皇帝寻求治国安邦的良策。殿试后,由皇帝根据录取成绩分为五等:一等为“学识优长,词理精绝”;二等为“才思该通,文理周密”;三等为“文理俱通”;四等为“文理中平”;五等为“文理疏浅”,其中一等、二等赐“进士及第”,三等赐“进士出身”,四等、五等赐“同进士出身”,皆为科场中举者。通过殿试后,进士就可以根据考试成绩获取官职。成绩居上等者往往被授予推官、博士、大理评事等官职,如南宋淳熙五年中进士第二名的叶适,就被授予平江节度推官的官职;其他进士一般被授予司户参军、主簿、县尉等官职,如朱熹在绍兴十八年考中进士后,名列第五甲第九十名,被授予泉州同安县主簿的官职。所以,成为进士是科举考试的终点,也是州县官员漫漫仕途的起点。

二、荫补出身的司法官员

荫补出身的司法官员,主要是那些通过父祖、亲属的恩荫而获得官职

---

① 《宋会要辑稿·选举》六之三六。

② 《续资治通鉴长编》卷一六。

③ (宋)李焘:《续资治通鉴长编》卷一六,“开宝八年二月戊辰”条,中华书局 2004 年版,第 128 页。

的士人。宋代的恩荫制度是指根据皇亲贵戚、文武官员的门第或官阶，为其子孙亲属乃至门客仆人等补授官阶的一种选官制度。如《事类备要》说："文武臣入仕及格，即依本身官照格法，遇大礼奏荫弟侄子孙若侍从以上，许降资授异姓，如官虽及而考未及，则身后恩泽。"恩荫入仕并非宋代独有，该制度在秦代称为"葆子"，汉代以后多称任子，宋代则称任子、恩荫、荫补、奏补、恩补、门荫、荫子等。

宋代为了巩固自己的统治，维护官僚的特权，实行恩荫范围广泛、名目繁多的荫补制度。宋初，乾德元年（963 年）六月，就规定了荫补制度："自今台省六品、诸司五品，登朝第二任，方得补荫。五府少尹，不在此限。"《宋史·选举志三》则详细记载了宋代的荫补制度："凡文臣：三公、宰相子，为诸寺丞；期亲，校书郎；余亲（本宗大功至缌麻服者），以属远近补试衔。使相、参知政事、枢密院使、副使、宣徽使子，为太祝、奉礼郎；期亲，校书、正字；余亲，补试衔。节度使、仆射、尚书、太子三少、御史大夫、文明殿学士、资政殿大学士子，校书郎、正字；期亲，寺、监主簿；余亲，试衔。三司使、翰林、资政殿侍讲、龙图阁学士、枢密直学士、太常、宗正卿，中丞、丞、郎、留后、观察使、内客省使子，正字；期亲，寺、监主簿；余亲，试衔及斋郎。两省五品、龙图阁直学士、待制、三司副使、知杂御史子，寺、监主簿；期亲，试衔；余亲，斋郎。诸司大卿、监子，寺监主簿；期亲，试衔。小卿、监兼职者子，试衔；期亲，斋郎。"①

南宋时期，同样实行荫补制度。绍兴四年（1134 年）下诏："文武大中大夫以上及见带两制职名，依旧不限年。内无出身自授官后以及十五年，年及三十、不系宫观责降之人，听依条补荫。"《庆元条法事类》卷一二《荫补·荐举令》也对荫补制度有如下规定：

> 诸中大夫至中散大夫身亡（在寻医、侍养、丁忧中同），听奏补缌麻以上亲，其因罪犯或体量令分司致仕者，须本房见无曾授身亡人荫补者，听奏。诸朝议大夫至带职朝奉郎，虽寻医、侍养、丁忧中身亡，若历任无入己赃，本房见无曾授身亡人荫补者，听奏补缌麻以上亲一名，许本家进状，在外者经所属召保官二员。②

在这种情况下，宋代荫补入仕的人数很多。据张希清先生估算，相对

---

① 《宋史·选举志三》。

② 《庆元条法事类》卷一二《荫补·荐举令》。

于科举每年平均取士约361人的数目，每年通过各种恩荫补官者的人数大得多，平均不下500人。但是在宋代重视科举的导向下，荫补入官者受到很大的限制。首先，补授的官职品阶低，即使宰相任子，往往也是“止授九品京秩”，一般情况下，补文官者，最高可补从八品的将作监丞，依次为太常寺太祝、奉礼郎、将作监主簿等，多数是太庙斋郎、郊社斋郎等长期不理选限的散阶官；其次，做官后升迁缓慢，他们不能直接担任知州、知县、通判等亲民长官。初官一般只能担任远小州县最低级的监当、主簿、县尉等官职，凭功绩和年限积累资格，升为亲民资序，方可担任较重要的官职。北宋仁宗天圣六年（1028年）曾规定：“荫补京朝官，监当及八年，而无私罪者，不以课利增亏，与亲民。”而南宋建炎元年（1127年），也曾经下诏：“宰执子弟以恩泽任待制以上者，并罢。”所以，在这种限制下，荫补出身的官员很难成为中高级官僚。据学者统计，被收入《宋史》列传的人物，荫补出身的官员仅相当于科举出身的官员的四分之一，官至宰执侍从者更少。个别名留青史的官员也大多是有深厚的儒学背景或者名相之后，下面几个例子具有相当的代表性：

张栻，字敬夫，宰相张浚之子。自幼学所教莫非仁义忠孝之实。以荫补官，辟宣抚司都督府书写机宜文字，后历官知抚州，知静江府，经略安抚广南西路，荆湖北路转运副使，改知江陵府，吏部侍郎，出知袁州。

黄榦，字直卿，福州闽县人，朱熹的学生、女婿，以荫补将仕郎，曾通判安丰军，知汉阳军，知安庆府。

第二节　宋代州县官员的知识结构

宋代州县官员大多源于科举，则科举考试科目与内容及其在科举考试前所受的学校教育，就应当是其知识结构的必然构成。

一、从科举考试和学校教育看宋代州县官员的儒学知识

我们可以从“有出身”州县官员入仕前参加科举考试科目和内容以及平时为准备各科举考试所接受的学校教育两方面出发，考察通过科举“有出身”州县官员任职前的知识储备。

1. 从入仕前科举考试的科目及内容来看宋代州县官员的儒学知识

中国科举考试制度肇始于隋而终结于清末，具有长达1300多年的历史，是处于主流地位的古代选拔官员途径。宋代科举考试的科目及内容实现了由多元到一元的变化。

唐代科举考试发达，但科目设置比较繁杂，随时有增加也有减少。其中最常见的科目有12种："有秀才，有明经，有俊士，有进士，有明法，有明字，有明算，有一史，有三史，有开元礼，有道举，有童子。而明经之别，有五经，有三经，有二经，有学究一经，有三礼，有三传，有史科。"①这12科中，又以明经科、进士科最为重要。考试内容因科有别。如"明经"科的具体考试内容是："凡《礼记》、《春秋左氏传》为大经，《诗》、《周礼》、《仪礼》为中经，《易》、《尚书》、《春秋公羊》、《谷梁传》为小经。通二经者，大经、小经各一，若中经二。通三经者，大经、中经、小经各一。通五经者，大经皆通，余经各一。《孝经》、《论语》皆兼通之。"②进士科的考试内容至天宝初年就基本稳定下来，即"天宝元年……进士所试一大经及尔雅，贴既通，而后试文，诗赋各一篇，文通而后试策，凡五条，三试皆通者为第"③。

宋初，承袭唐制，科举考试无论是科目还是内容基本与唐类似，相对较为繁多，"宋之科目，有进士，有诸科，有武举。常选之外，又有制科，有童子举，而进士得人为盛"④。可见，宋代科举有进士、诸科、制科、武举、童子举等科目，制科、武举、童子举所选人数有限，诸科后来被废除，以进士科为最主要的科目。如《宋史·选举志》所说，"宋初承唐制，贡举虽广，而莫重于进士、制科，其次则三学选补"。⑤ 宋初进士承唐及五代之制，进士科试诗、赋、论各1首，策5道，帖《论语》10帖，对《春秋》或《礼记》墨义10条，显然主要是以诗赋作为考试内容来选取人才。因此，当时士人皆以辞章为学，讲求文字雕琢，不务实际，以至宋仁宗时，"朝廷欲选一二良吏而终未能得，其故何哉？盖入仕之初，但取空文，不求实才实行之所致也"⑥。因此，宋仁宗之后，曾经进行了一定的改良，兼以策、论定优劣。熙宁年间，在宋神宗的支持下，王安石变法，进行了彻底改革，以适应宋代变革的社会需要。

首先，废除了只试帖经、墨义的诸科考试，归其名额于进士科，使进士科成为宋代科举中占绝对支配地位的科目。

其次，改革科举考试的内容。对于以前科举考试专门死记硬背儒家注疏的"墨义""帖经"等考试题目，王安石提出明确的反对意见，他认为："课

---

① 《新唐书·选举志上》。

② 《新唐书·选举志下》。

③ 王云五总编：《通典》卷一五，商务印书馆1937年版，第83页。

④ 《宋史·选举志》。

⑤ 《宋史·选举志》。

⑥ （宋）赵汝愚：《宋朝诸臣奏议》卷八〇《上仁宗乞革科举之法令牧守监司举士》，上海古籍出版社1999年版，第865页。

试之文，非博诵强学穷日之工则不能，及至能工时，大则不足以用天下国家，小则不足以为天下国家之用，故虽白首于庠序，穷日之里以师上之教，乃使之从政，则茫然不知其方者皆是也……今复古制则患于无渐，宜先去除声病偶对之文，使学者得专意经术，以俟朝廷兴建学校，然后讲求天下所以教育之法。”①

因此，他为了改变以前不切实际、不适应社会要求的考试内容，大胆地变革贡举考试，“罢诗赋、明经诸科，以经义、论、策试进士”②。其具体内容为：进士科“罢诗赋、帖经、墨义，各占治《诗》、《书》、《易》、《周礼》、《礼记》一经，兼以《论语》、《孟子》”。进士科考试分四场考校：第一场考“本经”，即士人在《诗经》《尚书》等“五经”中选择一种专攻之；第二场考“兼经”及“大义十道，务通义理，不须用注疏”；第三场考论一首；第四场考时务策三道，礼部省试增为五道。

王安石改革从此确定了后世以经义取士的科举考试模式。

南宋时期仍然继承了北宋以经义为主要考试内容的办法。科举虽分为经义、诗赋两科，但都要考试儒家经义的内容。具体说来，考试分为三场：第一场，诗赋进士试诗、赋各一首，经义进士试本经义三道，《论语》《孟子》义各一道；第二场，并试论一首；第三场，并试策三道。绍兴十三年曾经合经义、诗赋进士为一科，改为：第一场，大经义三道，《论语》《孟子》义各一道；第二场，诗、赋各一首；第三场，子史论一首，时务策一道。绍兴十五年(1145 年)，又分为两科，考试内容同建炎法。此后虽在绍兴二十七年合为一科，但只实行了一举，就又分为两科；直至宋代末年，相沿未改，成为永制。

可见，宋代科举考试的科目和内容不同时期有所变化，几经变革，但最终主要内容已经由唐代过于重诗赋，转向以儒家经义为重心和落脚点，“四书”“五经”作为儒学精髓，其内容成为科举考试的核心，“四书”(《大学》《中庸》《论语》《孟子》)和“五经”(《诗经》《尚书》《礼记》《周易》《春秋》)之类儒家书籍成为广大学子案头必备、勤苦诵读的经典，因为儒家经典也是宋代统治者科举取士的宗旨所在。实际上，正是通过科举考试，宋代统治者规训着州县官员将儒家经典通过不断诵读和体悟，内化为其知识结构的基本组成部分，从而使儒家的价值观和思维模式内化于其人格系统，决定了州县官员在国家和社会治理中扮演角色的意愿，进而影响着他们的思

---

① 《荆公全集》卷三九。
② 《文献通考》卷三一《选举四 · 取士》。

想观念和行为方式，并必然影响由他们主持的民事审判，从而对中国传统审判文化产生了深远的影响。

2. 就司法官员入仕前所受的学校教育来说，主要是儒学教育

学校乃是儒学教育育才、养才的重要场所，宋代统治者对此有非常清晰的认识，并且予以一以贯之的重视。史称，“仁宗命郡县建学，而熙宁以来，其法浸备，学校之设遍天下，而海内文治彬彬矣”①。

崇宁元年八月二十二日，皇帝曾下诏说：“学校崇则德义著，德义著则风俗醇。故教养人才，为治世之急务。”②北宋刘挚也提出学校是“育才首善之地，教化所从出”。南宋官员真德秀在泉州任职时，指出学校乃“风化之首”，是“国家育才待用”之地，因此非常重视当地学校的教育，“请主学官立定课程，每旬一再讲书，许士子问难，再讲之日，各令覆说前所讲者。举业之外，更各课以经史，使之细绎义理，讲明世务，庶几异时皆为有用之才，所补非浅”③。可见，学校被当作教育人才的重要场所，而所育之才将是饱读儒家经典的士人，能够恪守“孝悌忠信、礼义廉耻”，并为国家治理而贡献才智。为此，宋代大力兴办学校，把科举考试与办学有机结合，使学校成为最为重要的育才、储才的地方。

宋代的学校既有私学，又有官学。私学有私塾、书院等；官学则地方有州学、县学，中央有太学、国子监。各类学校的教学、考试都以儒家经典为主要教育内容。从学生考试的内容可以清楚地看到这一点。如中央最高学府——太学的考试有私试和公试两种。考试内容就是以经义、策论为主：“凡诸生之隶于太学者，分三舍。斋长、谕月书其行艺于籍，‘行’谓率教不戾规矩，‘艺’谓治经程文。季终考于学谕，十日考于学录，二十日考于学正，三十日考于博士，又三十日考于长贰。岁终取外舍生百人、内舍三十人，校定奏闻，以定覆试，视其校定之数，参验而叙进之。凡私试，孟月经义，仲月论，季月策。公试，初场以经义，次场以论、策。试上舍，如省试法。”④

南宋时，国子司业高闶与皇帝讨论太学教育时的话也说明太学的教育内容主要是儒家的“经义”：

(高闶)曰：“先王设太学，惟讲经术而已。国初犹循唐制用诗

① 《宋史·选举志一》。

② 《宋大诏令集》卷一五七《兴学校诏》。

③ 《名公书判清明集》卷一《劝谕事件于后·崇风教》。

④ 《宋史·选举志三》。

赋，神宗始以经术造士，遂罢诗赋，又虑不足以尽人才，乃设词学一科。今宜以经义为主，而加诗赋。”帝然之。阅于是条具以闻。其法以《六经》《语》《孟》义为一场，诗赋次之，子史论又次之，时务策又次之。太学课试及郡国科举，尽以此为法，且立郡国士补国学监生之制。①

各地州县学的学生在校学习的课程则主要是“九经”等儒家经典，司马光言：“取士之道，当以德行为先，文学为后。就文学之中，又当以经术为先，辞采为后。为今日计，莫若依先朝成法，合明经、进士为一科，立《周易》《尚书》《毛诗》《周礼》《仪礼》《礼记》《春秋》《孝经》《论语》为九经，令天下学官依旧注讲说，学者博观诸家，自择短长，各从所好。《春秋》止用《左氏传》，其公羊、谷梁、陆淳等说，并为诸家。《孟子》止为诸子，更不试大义，应举者听自占。习三经以上，多少随意，皆须习《孝经》《论语》。”②

学校的教员也都是具有丰富儒学知识的人。如庆历四年，诏曰：“其令州若县皆立学，本道使者选部属官为教授，员不足，取于乡里宿学有道业者。由是州郡奉诏兴学，而士有所劝矣。”③

各州县小学考试的内容也主要是儒家经典，如政和四年六月二十五日，礼部言：“新差扬州司户高公粹，乞外州军小学生并置功课簿籍。国子监状：检承小学令，诸学并分上、中、下三等。能通经为文者为上；日诵本经二百字、《论语》或《孟子》一百字以上为中；若本经一百字、《论语》或《孟子》五十字者为下。仍置历书之。欲依本官所请。”从之。④

宋徽宗政和四年十二月四日，大司成刘嗣明等言：“近降小学条制，小学八岁，能诵一大经，日书字二百，补小学内舍下等；诵二经一大一小，书字三百，补小学内舍上等。十岁加一大经，字一百，补小学上舍下等。十二以上，又加一大经，字二百，补上舍上等。即年未及而书诵及等者，随所及等补。今欲季一试，申监定日。欲每一大经挑三十通、小经挑二十通及七分已上为合格。”⑤

南宋时，有的官员还建议对其辖区内州县学内学生学习儒家经典的情况实行考核奖励办法，如提举岭南路学事戴安仁曾上书：“今欲乞立劝沮之法，分为上中下三等，上等为能诵《孝经》《论语》《孟子》及一经略通义理

① 《宋史》卷四三三《高阅传》。
② 《续资治通鉴》卷七九。
③ 《宋史·选举志三》。
④ 《宋会要辑稿》崇儒二之二三。
⑤ 《宋会要辑稿》崇儒二之二七。

者，特与推恩；中等为能诵《孝经》《论语》《孟子》者，与赐帛及给冠带；下等为能诵《孝经》、《论语》或《孟子》者，给与纸笔砚墨之费。”①

至于民间私学校，学童们日常诵读灌注儒家精神的启蒙教材如《三字经》《千字文》《童蒙训》《训蒙绝句》等韵文的琅琅书声不绝于城市与乡村，而《大学》《中庸》《论语》《孟子》等儒家书籍则更是莘莘学子奔赴科举考试的常备经典。

而书院更是理学传播的场所，如景定四年（1263 年），杨允恭在为湖南濂溪书院修复的御书阁作记时提出：“国家之建书院，宸笔之表道州，岂徒为观美乎？岂使之专习文词为决科利禄计乎？盖欲成就人才，将以传道而济斯民也。士之由是路出入是门者，盖亦果确用工希贤希圣，庶不负圣天子立道作人之意。”②

显而易见，由于科举是士人的晋身之阶，他们在学校的阅读范围也只能是所谓科举之学。考试科目的设置，决定了宋代士人在科考生涯中的大致阅读范围。一言以概之，科举考试仿佛指南针，无论是私学还是官学，都必然接受其磁针般的指引，向着成为科举考试预备学校的方向一往无前。

综上可以推知，在科举考试前，这些浸润于家国义理熏陶的儒家学子已经形成了丰富的儒学知识储备，那么他们在通过科考得以“食国家俸禄”后，已经形成的这部分知识结构必然影响他们主持的民事审判。显而易见，宋代州县官在任职前具有丰富的儒学知识，并因而深刻影响着他们主持的民事审判。

二、从宋代的法律考试和考课制度看州县官员的法律知识

宋代州县官员在任职之后，面对的是包括财赋、刑狱、词讼等在内的实实在在的各种专门事务，而具备相关的专业性知识处理这些事务是任何一个合格的州县官员必须做到的。司法审判作为州县官员必须面对的重要职责，更是对他们的法律知识提出了要求。在这种情势下，宋代州县官员的法律知识素养与前代大为不同。前代儒生大多长于经义，往往并不通晓法律，如史称：“明经读书，勤苦已甚，既口问义，又诵疏文。徒竭其精华，习不急之业；而当代礼法，无不面墙。及临人决事，取办胥吏之口而已。所谓所习非所用，所用非所习者也，故当官少称职之吏。”③而宋代商品经济迅速发展，民事主体更为广泛，民众重利观念的增强，使民事纠纷如雨后

① 《宋会要辑稿》崇儒二之一四。

② 《湖南通志》卷二七九，杨允恭：《濂溪书院御书阁记》。

③ 《通典·选举五》。

春笋般大量增加，而且涉及的法律关系日益复杂，面对这些纷繁复杂的民事案件，州县官员如果不具备足够的法律专业知识，是很难应付的，“经生明法，法吏通经”更是成为宋代统治者对官员的基本要求。那么他们的法律知识到底如何呢？下面就从宋代的法律考试和考课监督制度对州县官员的法律知识进行考察。

1. 从宋代的法律考试来看州县官员的法律知识

宋代是一个重视法律考试的朝代，早在宋雍熙二年（985年）九月十八日，宋太宗就下诏说：“夫刑法者，理国之准绳，御世之衔勒，重轻无失，则四时之风雨弗迷，出入有差，则兆人之手足何措？念食禄居官之士皆亲民决狱之人，苟金科有昧于详明，则丹笔若为于裁处，用表哀矜之意，宜行激劝之文。应朝臣京官及幕职司法官员等，今后并须习读法书，庶资从政之方，以副恤刑之意。其知州通判及幕职司法官员等，秩满至京，当令于法书内试问，如全不知者，量加殿罚。”①

由于统治者对法律考试的重视，宋代官员一般都须通过一定的法律考试。首先，宋初科举考试中就有明法科考试，选拔通晓法律之人，其考试内容除法律以外，“亦附小三经”②，即《论语》《孝经》《尔雅》。宋真宗时则规定更为详尽，景德二年（1005年）十二月，礼部贡院上言：“向来明法止试六场，今请依《尚书》例试七场：第一场、第二场试律，第三场试令，第四场、第五场试小经，第六场试令，第七场试律。仍于试律日杂问疏义五道。”后来根据邢昺等人的建议，又增加了经义的内容：“各问疏议六道，经注四道，六通者为合格。”并从之。③ 可见这一时期的“旧科明法”除法律的内容外，还考试儒家经义，体现了儒家思想对法律考试的影响。

宋神宗时，实行变法，对“旧科明法”进行改革，实行“新科明法”考试：“罢明经诸科，诏许曾于熙宁五年以前明经及诸科举人，依法官例试法，为新科明法科。”④“新科明法”考试内容取消了经疏内容，而改试《刑统》大义和断案，并且考试合格者待遇优厚，“新科明法中者，吏部即注司法，叙名在及第进士之上”⑤。由于统治者的重视，士人过去轻忽法律的风气大为转变，时人说：“异时士人未尝知法律也，及陛下以法令进之，而无不言法令。”⑥

---

① 《宋大诏令集》卷二〇〇，中华书局1962年版，第742页。

② 《宋会要辑稿》选举一二之二七。

③ 《续资治通鉴长编》卷六一，“景德二年十二月己卯”条。

④ 《宋会要辑稿》选举一四之一。

⑤ 《宋史·选举一》。

⑥ 《历代名臣奏议》卷一〇六《风俗》。

到了南宋时期，以礼部言："熙宁以来，诏罢诸科，许令曾应明经及诸科举人依法官例，试断案、刑统义。至崇宁元年，上件解省额尽归为进士解额讫，兼见今自尚书省官人许试刑法，其新科明法欲自后举罢之。"①从此"新科明法"即被废罢。但官员在任官前仍必须通过一定的法律考试，这就是"出官之试"。这种考试分为两种，一种是对科举及第者进行的，以考查其法律知识。宋神宗熙宁六年三月诏："自今进士、诸科同出身及授监簿人，并令试律令大义或断案，与注官。如累试不中或不能就试，候二年注官。曾应明法举人，遇科场，愿试断案、大义者听，如中格，排于本科本等人之上。"②《续资治通鉴长编》卷二六六还记载(熙宁八年秋七月辛巳)：

> 又诏进士及第自第一人以下注官，并先试律令、大义、断案。初，自三人以下始令试法，至是，中书习学公事练亨甫言："进士高科任签判、两使职官，通与一州之事，其于练习法令，岂所宜缓！前此习刑名者，世皆指以为俗吏。今朝廷推恩虽厚，而应者尚少，又独优高科，不令就试，则人不以试法为荣，滋失劝奖之意"。故有是诏。

从此以后，科举及第之人在任官前大都必须通过这一考试，具备一定的法律知识，才能担任官职，否则就要推迟授官。

另一种是吏部"铨试"，是对具有任官资格的"选人"进行的考试。"选人"包括低级文臣和任满到京候选的幕职司法官员、官员所荫亲属及宗室子弟，他们必须通过"铨试"，才可以担任官职。"铨试"的考试内容以法律知识为主。宋初"铨试"的内容以经义、诗赋为主，附带考试律令。宋神宗时，"铨试"之法为："应得替合守选幕职司法官员并许逐年春秋于流内铨投状乞试，或断公案二道，或律令大义，各听取便乞试。限二月八日以前投状，至次月差官同铨曹主判官员同试。"③考试内容为"试断案二道，或律令大义五道，或议三道，各听取便。其中试断案者每道不得过七件刑名"④。并对答卷作了具体的要求："试断案者，须明具理断，归著及所引用条贯，断遣刑名逐一开说，其律文大义，即须具因律令，分明条对，如不能文词直引，律令文义对答者亦听。其试义即须援引经典法令，质正是非，明述理

---

① 《宋会要辑稿》选举一四之四。

② 《续资治通鉴长编》卷一四三，"神宗熙宁六年三月丁卯记事"条。

③ 《宋会要辑稿》选举一三之一四。

④ 《宋会要辑稿》选举一三之一四。

趣。”①南宋时“铨试”则增加了诗赋、时议，而法律考试的内容仍然占一半左右。

对于“铨试”屡次不能通过者，宋神宗时规定，必须等到年满30周岁以后才可以注官。宋孝宗时则规定，40岁后才许注官，并且一般也只是“残零官阙”②。

州县官员任职前必须通过“铨试”，保证了州县官员具备一定的法律专业知识，对于他们日后从事司法审判工作无疑是有利的，所以当时士大夫就认为“铨试之法，实作成人才之要术”③，“非中铨试不许出官，此近世之至良法”④。

另外，值得重视的是，地方官员如果想升迁到中央司法机关或迁转到大州担任录事、司法参军等官职，就必须参加专门的法律考试——“试刑法”。这种考试是对现任及任满迁转官员进行的法律考试，目的主要是从中选拔出合格的法官在中央大理寺、刑部任职或到大州担任司法参军、录事参军等，其次是对合格者予以升转官资或减少磨勘年限。早在端拱二年就下诏：“京朝官有明于律令格式者，许上书自陈，当加试问，以补刑部、大理寺官属，三岁迁其秩。”⑤宋真宗咸平六年十二月又规定：“自今有乞试法律者，依元教问律义十道外，更试断徒已上公案十道，并于大理寺选断过旧条律稍繁、重轻难等者，拆去原断刑名、法状、罪由，令本人自新别断。若与原断并同，即得为通。如十道全通者，具状奏闻，乞于刑狱要重处任使。六通以上者亦奏加奖措，五通以下更不以闻。”⑥

宋神宗时则规定得更为详细，熙宁三年三月二十五日诏曰：“（合格选人）试日许赍所习文字就试，每日试一场，每场试案一道，每道刑名约十件以上，十五件以下，并取旧断案内挑拣罪犯攒合为案，至五场止。仍更问刑统大义五道，其所断案具补陈合用条贯。如刑名疑虑，即于所断案内声说。所试人断案内刑名有失，令试官逐场具录晓示错误，亦许试人再经试官投状理诉改正。其断罪通数及八分以上，须重罪刑名不失方为合格。”⑦并且允许公布考试样卷等文件，以供应考人学习之用：“诏试用法官条贯，候法官皆是新法试到人，即依此施行，立定试案铺刑名及考试等第式样一卷，颁

① 《宋会要辑稿》选举一三之一四、一五。

② 《宋会要辑稿》选举二六之六。

③ 《宋会要辑稿》选举二六之一二。

④ 《宋会要辑稿》选举二六之一五。

⑤ 《续资治通鉴长编》卷三〇，“端拱二年九月戊子”条。

⑥ 《宋会要辑稿》选举一五之三三。

⑦ 《长编拾补》卷七，“熙宁三年三月丙辰”条。

付刑法寺及开封府,诸路州仍许私印出卖。"

到了南宋时期,时局刚刚稳定,朝廷就在绍兴三年恢复了"试刑法"考试,朝廷规定:"降敕差试官二员,专撰刑法问题,号为断案。其合格分数,例以五十五通,作十分为率,五分以上入第二等下(系二十七通七厘半),四分半以上入第三等上(系二十四通七厘半),四分以上入第三等中(系二十二通以上)。凡试入二等者,选人改京秩。"①

宋代的法律考试使士大夫在任职时努力学习法律知识,提高了他们的法律素养,完善了他们的知识结构,对保证审判案件的公平、公正起到了很大作用。

2. 从考课监督制度来看州县官员的法律知识

宋代严密的法律考试保证州县官员在进行民事审判时必须具有一定的法律知识,同时,州县官员在任职过程中,严格的考课监督制度也促使他们努力学习、提高自身的法律知识水平,以更好地履行审判职责。

考课,也称为考绩、考功,是国家根据有关法规,对官员的德行、才干、劳绩等定期进行考评,作为奖惩、升降、任免的依据。考课对调动官员治理地方积极性有很大的作用。早在《尚书·舜典》中就有"三载考绩,三考黜陟幽明"②的说法,宋代在继承前代的基础上又有所创新,建立了相对严密的考课制度。宋代州县官员在任职之时,就由有关部门发给用于考课的"印纸历子",上面列明了要考课的项目,吏部铨试注授的幕职官员由吏部南曹发给历子,又称"南曹历子";进士出身担任幕职官或京朝官出任外官,则发御前印纸。各级官员所属长官在"印历"上记录官员任职期间的功过,初定等级,称为"批书"。"批书"在统一的格式中记载了官员的劳绩推赏、请假日期、差出日期、转官起讫时间、应试刑法日期以及审理案件等项目,最后由吏部或宰相府审核,作为官员黜陟的重要依据。考课的标准非常详尽,如熙宁二年(1069年)五月,考课院提出了《考校知县县令课法》,新法以"四善三最"为标准,其中"四善"沿用唐代旧制,即"德义有闻、清谨明著、公平可称、格勤匪懈";"三最"则制定了比较具体明确的内容,其中"在任断狱平允,民无冤滥;赋税及时了办,不烦追扰;及差役均平,并无论诉之人,及虽有论诉之人,而无不当之理",为"治事之最"。南宋时,《庆元条法事类》卷五《考课·考课格》中"知州县令四善四最"条记载了对知州、知县的考课办法,"四善"仍沿袭北宋旧制,"四最"分别为:

① 《建炎以来朝野杂记·试刑法》。
② 《尚书正义》卷三《舜典》。

“一、生齿之最：民籍增益，进丁入老，批注收落，不失真实；

二、治事之最：狱讼无冤，催科不扰；

三、功课之最：农桑垦殖，水利兴修；

四、养葬之最：屏除奸盗，人获安居，赈恤困穷，不致流移，虽有流移，而能招诱复业，城野遗骸，无不掩葬。”

此外，最高统治者还时常派专员以按察使、采访使、察访使等身份，分行各地，按察地方官的善恶能否。

可见，宋代各级官员在任职过程中要面对有关上级机关的层层监督考核，如史书所说，“监司察郡守，郡守察县令，各以其时上其殿最，又命朝臣督治之”①。而刑民案件的审判无疑是监督考核的重要方面。

州县官员对其辖区内发生的一切案件都有权审理，并且对民事案件有权作出终审判决。对需要判处徒刑以上的刑事案件，县衙的职权表明其不能作出“终审”裁判，但其职责要求其必须及时勘验现场、保全证据并对嫌疑人初审，并把初审的案情报告和判决建议上报给上级机关，由上级作出最终判决。因此，县衙官员的职责就使其实际上面对着州级、路级官员的监督。如胡太初在《昼帘绪论》中就提醒州县官员要注意努力处理好各项事务，才能应对上级官司的监督：“令领一邑，太守察之，诸监司察之，所以防污虐，戒旷败也。公正自饬，廉谨自将，固令所当持循，职事攸关，尤合加察。”②而处理好州县审判事务尤为重要：“刑狱，民命攸系，苟有过误，厥咎匪轻。杀伤多委同官验视，安知其无或疏卤乎？罪囚淹禁，动经岁月，安保其无或疾病乎？结解公事，惟凭供款，又安信其果无翻异乎？有一于兹，便罹宪网。故惟在我者，无往不谨、不审，而又得部使者察其忠实，宽其鞭驱，庶乎可以免厥咎也。”

在对民事案件的监督方面，虽然州县官员对“词讼”案件有判决权，但监司等上级官员可以定期或不定期地对州县巡回审察，当巡察到某一州县时，上级官员会审查案件是否依照期限结案，是否存在案件积压的情况，案件审判是否公平、公正、合乎情理。如果发现案件审判有不公正的迹象时，上级官员可以重新审理案件，受理重审与此案件相关的案卷材料，撤销原判或作出他认为适当的新判决。如北宋政和八年闰九月十四日，臣僚就上书请求完善制度，加强监司对州县民事审判的监督：

---

① 《宋史》卷四二六。

② （宋）胡太初：《昼帘绪论》之《事上篇第三》。

伏观州县听讼，其间或有冤滥，即诣监司申诉，而监司多不即为根治，但以取索公按看详为名，久不结绝，或只送下本处，或不为受理，致无所控告。自来非无法禁，盖官吏玩习，恬不介意，虽廉访使者许按实以闻，而讼牒难以悉陈，上渎天听。臣欲乞诏有司立法，诸路监司有能改正州郡所断不当，总其实数，岁终考校，以为殿最，庶几诉讼获申，以副陛下爱民之意。诏臣僚所言，切中今日监司之弊，可措置立法行下。

南宋时张维（字振纲，福建建浦人，绍兴八年进士）在任广南西路提刑时，也曾经对属下州县的民事审判进行监督检查，“（孝宗）俾察部内守令藏否以闻，维请以政平讼理为藏，以政不平、讼不理为否，凡藏之品有三，否之品有二。诏颁其法于诸路，令监司、帅臣岁终各以其实闻于朝。维到部按行郡县，海外荒远，靡不周徧，官吏有望风解印绶去者。还台条上藏否若干人，即日施行”。①

显然，在上级官员严格的考课监督之下，州县官员如果有错判的现象，必然会受到处罚。《宋刑统》“官司出入人罪”规定：

诸官司出入人罪，谓故增减情状足以动事者，若闻知有恩赦而故论决，及示导令失实辞之类。若入全罪，以全罪论；（虽入罪，但本应收赎及加杖者，止从收赎、加杖之法。）从轻入重，以所剩论。刑名易者，从笞入杖，从徒入流，亦以所剩论。（从徒入流者，三流同比徒一年为剩；即从近流而入远流者，同比徒半年为剩；若入加役流者，各计加役年为剩。）从笞杖入徒流，从徒流入死罪，亦以全罪论。其出罪者，各如之。

又云：即断罪失于入者，各减三等；失于出者，各减五等。若未决及放而还获，若囚自死，各听减一等。②

可见，州县官在司法审判中，如果故意作出枉法裁判并且该裁判已经付诸执行，那么州县官可能根据情节轻重被追究相应责任，这是州县官无法避免的风险和不利后果，严重者甚至会面对刑罚的追究和惩罚。如果判决并非完全不公而只是故意有所加重或减轻（故入、故出），那么州县官的惩罚将依该案应当适用的刑罚与实际宣告和执行的刑罚之间的差额来决

---

① 《宋史翼》卷二〇《张维传》。
② 《宋刑统》“官司出入人罪”门。

定。如果一个不公正的判决出于主观过错,并非故意作出或宣告,而仅是由于过错(失入、失出),那么州县官的惩罚会相对减轻。可见,发生错判州县官所面临的责任追究可能是极为严厉的,常见的纪律处分只是针对情节一般的错判官员,而对于情节严重的错判,主审官员甚至可能不得不面对徒刑、流刑乃至死刑等刑罚。

对于一般户婚、田宅等“词讼”案件,州县官能否审判得当,也是考核其施政是否合格的重要标准,朱熹就说:“若不受词讼,何以知得守令政事之当否?全在这里见得,只如入建阳受建阳民户讼,这个知县之善恶便见得。”①官员如果审判不公或造成积压,也会受到降官、免职等行政处分如八月二十一日诏,江东提举周必正被放罢,原因是“以监察御使虞俦言其端居廨舍,按部绝希,民间词讼书判不行”②;再如绍熙元年六月十三日诏,江东提点刑狱吕公进与闲慢州郡,新知洋州陈榛与参议官,原因是“以臣僚言公进人物阘冗,前为棘寺官,断刑轻重失当,榛人物凡俗,在棘寺每断一案,必须饮酒斗余,然后下笔,轻率故也”③;赣州信丰知县赵善蒙被放罢,因守臣林大中言其“上不能律己,次不能决讼,下不能理财,若复付以县寄,必为百里之害”④;绍熙年间知临安府的王厚之被放罢,以臣僚论其“好任私意,肆为异说,闇于听讼,短于治剧”⑤。《名公书判清明集》也记载,吴雨岩在信州任职时,对属下县令不能及时处理民事案件者予以“对移”的处分,并指出:“元僚任一邑之长,不能婉尽而判,终日昏醉,万事不理,至递当职书,语误不可读。以此书拟,何取其能赞贤明太守之政!”⑥

在严格的考课监督之下,州县官员必须努力学习法律知识才能应对日益复杂的民事案件,这既是他们履行职责的需要,也是他们保住官位乃至身家性命的基本要求。在任职过程中,司法官员主要通过以下两种途径获得司法实务知识和技巧。

(1)自学

州县官员可以通过自学来掌握相关的法律知识。实际上,注意自学法律知识是很多宋代官员的自觉意识。例如北宋名臣欧阳修贬官夷陵时,“因取架阁陈年公案反复观之,见其枉直乖错不可胜数,以无为有,以枉为

① 《朱子语类》卷一〇六《漳州》。
② 《宋会要辑稿》职官七三之二。
③ 《宋会要辑稿》职官七三之五。
④ 《宋会要辑稿》职官七三之一七。
⑤ 《宋会要辑稿》职官七三之一八。
⑥ 《名公书判清明集》卷二《汰去贪庸之官》。

直，违法徇情，灭亲害义，无所不有，曰‘在夷陵荒远偏小，尚如此，夫天下固可知矣。当时仰天誓心：自尔遇事不敢忽也’”。因此，他时刻注意自学法律知识，“迄今三十余年，出入中外，忝尘三事，以此自将”①。

又如南宋刘克庄在宝庆元年至宝庆三年做建阳县令时就说：“宝庆初元，余有民社之寄，平生嗜好，一切禁止，专习为吏，勤苦三年。”②而朱熹在漳州任职时，则利用集体讨论疑难案件的机会锻炼下属官员的办案能力：“若是眼前易事各自处断，若有可疑等事，便留在集众较量，断去无有不当，则狱讼如何会壅。此非独为长官者省事，而属官亦各欲自效，兼是如簿、尉等初官，使之决狱听讼得熟，是亦教诲之也。”③

（2）“官箴书”的传播

唐代即有“官箴书”流传，如武则天时期的《臣轨》等，但数量较少，内容也以道德训诫为主。宋代“官箴书”的数量大为增多，内容也变为以司法实务、审案技巧、办案经验方面的“技术性知识”为主。④ 事实上，这些“官箴书”的编撰目的是为官员提供从政指南，因此，其主要内容除了对官员的道德训诫，自然以法律知识和司法技巧为主。这些“官箴书”往往出自富有经验的前辈官员之手，写作风格简明扼要，紧密结合司法工作实际需要，通俗易懂。在内容上，这类“官箴书”也以追求方便和实用为目的。例如，宋徽宗政和年间李元弼编撰的《作邑自箴》，就是对官员们日常公务中不可避免会经常遇到的某些基本问题与常见问题，用寥寥数语乃至只言片语给出简要却实用有效的具体建议和解决方法，从而使刚刚离开书斋的官员可以立竿见影地了解自己要面对的州县的司法和行政的工作范围和案件处置技巧。因此，初出茅庐的州县官员阅读此类著作后，就可以比较快捷地掌握与其履行日常司法审判职责密切相关的法律知识和办案技巧。

宋代州县官员一定程度上对“官箴书”形成了市场需求，因此“官箴书”编撰数量和质量都有明显的增长和提高。同时，在宋代官刻、家刻等多种印刷主体的积极参与下，印刷业的繁荣和发展达到了相当的高度，也便

---

① 《欧阳修正集》，中国书店1986年影印版，第865页。

② 《后村先生大全集》卷一九四《陈敬叟集序》。

③ 《朱子语类》卷一〇六《漳州》。

④ 比较著名的如：宋徽宗政和年间李元弼编撰的《作邑自箴》，吕本中的《官箴》，托名陈襄、实为宋代人所撰的《州县提纲》，南宋初年胡太初的《昼帘绪论》等。如果以宽泛的眼光来看，和凝父子的《疑狱集》、郑克的《折狱龟鉴》、桂万荣的《棠阴比事》等也可以看作宋代地方官员的法律指导用书。

利了传播渠道的丰富与影响范围的扩大。在宋代官场上,“官箴书”流传范围很广,几乎是如武功秘籍一样受欢迎的书籍。“官箴书”已经成为宋代州县官员的重要知识来源,必然大大促进官员学习掌握法律知识和司法技巧。

再者,宋代“官箴书”数量的增多和内容的转变,实际上也反映了州县官员的自觉,他们已经意识到书本知识在大量州县官员履职生涯中应对处理司法实务上的不足,并且有意识地通过编撰此类书籍来弥补同僚实务知识和司法经验上的缺陷。《昼帘绪论·原序》中就针对施政不力的官员说:“邑非果不可为也,或者材与学未之副也。”而“官箴书”的传播过程也促进了法律知识的普遍化,有助于州县官员司法审判工作的顺利进行。

州县官员任官必须通过严密的法律考试,任职过程中又有严格的考课监督,促使宋代州县官员努力学习法律知识,在民事审判实践中表现出较高的法律知识水平。大体来说,主要有以下几个表现:

第一,宋代州县官员在司法审判中对很多专业性很强的法律概念、术语能够熟练掌握并进行明确区分。法律概念、术语对于实现司法的公正具有重要意义,所以是否掌握法律概念、术语是衡量宋代司法官员法律知识水平的重要尺度。例如在“抵当不交业”一案中,州县官员对“抵当”和“典卖”的法律概念、构成要件进行了清晰的分析,从而对案件作出正确的判决:

在法:诸典卖田宅并须离业。又诸典卖田宅投印收税者,即当官推割,开收税租。必依条法,而后为典卖之正。徐子政嘉定八年用会二百八十千,典杨衍田七亩有奇,契字虽已投印,然自嘉定至淳祐二十有六年,徐即不曾收税供输,杨即不曾离业退佃,自承典日为始,虚立租约,但每年断还会三十千。以此观之,杨衍当来不过将此田抵当在子政处,子政不过每岁利于增息而已。杨衍死于宝庆元年,宝庆以前,杨衍岁以租钱还之,徐未尝有词,宝庆以后,杨衍之子王廷亦岁以租钱还之,间有少欠,徐亦未尝有词。至淳祐元年,徐始有词于县,理索王廷等每年租谷一千斤,自宝庆以后,总欠八十年,计一万八千斤,除入钱二百一十贯外,尽索未足谷数。夫子政理索未足租钱可也,一旦变钱为谷,近年荐饥,谷价腾踊,若以谷直计之,不知其几钱矣,何其不仁之甚邪!使当来果是正典,果是取谷,则后来谷价百倍于前,王廷等亦当还谷,而不当还钱。今既不曾受税,不曾管业,所以不曾收谷,其为抵当,而非正典明矣!兼二十六年内,杨衍既还钱于未死之日,王廷等亦还钱于其父既死之后,初未尝一日还谷,何为独无一词？切观子政溪壑之欲，必以近年会价贱，谷价贵，故欲舍贱取贵。又否，则以王廷等尝经官取赎，姑欲张大其欠数，以抑遏之。殊不思有典必有赎，况初不曾过税离业，所典非正典，始不过以二百八十贯抵当，积累二十六年，取息亦不为少，嗜利何时而已。本县取后所断，勒令王廷、王烈除所已还租钱外，再以新会六十千还之，仍照近元年除约束，备三分新旧会二百八十贯，赎回其父典契，已为允当，但起初不合以其抵当为正典，前后累判，并不曾剖析子政不过税，不过业，其为抵当，本非正条，无以杜绝其希觊之心，徐子政尚敢固执己私，紊烦官府。欲帖县，照已断示徐子政治委，再敢妄状，从条施行。①

此案中，主审官吴恕斋明确指出依法律规定，所谓"典卖"，应符合法定要件，即"诸典卖田宅并须离业""诸典卖田宅投印收税者，即当官推割，开收税租"，只有如此，"而后为典卖之正"。但是，徐子政不曾收税供输，杨衍也不曾离业退佃，所以虽立典卖之契，实为"抵当"，因此，驳回了徐子政的无理请求。

又如在"倚当"一案中，法律关系十分复杂，但主审官员凭借对法律专业术语熟练掌握的深厚功底，将案件剖析得十分明白：

照得叶渭叟身故，其家以干人人状，讼宋天锡、李与权脱骗交易钱。所谓脱骗者，非果交易也。李与权之子李正大状称，先父元抵当卅田亩。所谓抵当者，非正典卖也。此邑风俗，假借色物，以田为质，必立两典，一作抵书，一作正典。时移事久，用其一而匿其一，遂执典契以认业。殊不知，抵当与典卖不同，岂无文约可据，情节可考耶！且李与权于嘉定十一年，将田三十三亩典与叶渭叟，计价四百五十贯，有宋天锡为牙保。以契观之，似若正典其无抵当也。大凡置产，不拘多少，决是移业易佃，况三十余亩，关非涉轻，何不以干人收起田土，却以牙人宋天锡保抱租钱。已涉可疑。何况宋天锡亦将自己田契一纸相添抵当，有叶渭叟亲批领条云：宋天锡与李与权为保借钱，将自契为当，候钱足检还，则见原是抵当分明。李与权因入三年租息，恐债负日重，于嘉定十三年冬还前项借钱。又有叶渭叟亲批领云：宋天锡与李兄送还钱共三百贯足。执此为照。书押尤分晓，较之原钱，今犹有未尽。李正大称，续有古书梨雀图章一面、高大夫山水四大轴、唐雀

① 《名公书判清明集》卷六《抵当不交业》。

内竹鹊四轴、潭帖、绛各一部,准还前项未尽之券。虽无叶渭叟批领,据叶之干人供称,系庄干李盛收讫,可见还所借钱、会分明。李与权入还钱、会之后,经今一十五年,已不管业、不收租矣。抵当之说,偿还之约,委为可信。向使李与权与叶渭叟尚皆无恙,必然了绝无争,何至留为子孙之灾。奈何先后一年而租,两家主者各皆亡没,叶渭叟之寡妻当事,幼孙何知,必有主持门户者,往往检出此契,直欲认李正大之业。殊不思抵当之产,昨已还钱,十五年间既无词诉,今方欲管业责租,不亦妄乎!但有一说,原钱计四百五十贯,钱、会中半,李与权虽还三百贯足,揆之半钱,已为过数,若以余钱入半会,方约三分之一,纵一图画、一法帖可以凑还,一欲价贱,一欲价贵,低昂不等,所以李有剩钱之语.叶有不直钱之说,两争终不绝。不若以图画、法帖取还其子李正大。仰自办原会未尽之数,还叶渭叟之家,使其藉以钱、会,还以钱、会,尚何辞乎!①

此案中,关键是要明确当事人叶渭叟与李与权之间是因借债而产生的“抵当”关系,还是确实是物权交易性质的“典卖”关系。主审官员指出,虽然从表面上看,此案“似若正典其无抵当也”,但双方对交易田地33亩并未实际交付,并且叶渭叟有亲批领条证明,“宋天锡与李与权为保借钱,将自契为当,候钱足检还”;又因李与权提前归还部分钱,叶渭叟又亲批领条云:“宋天锡与李兄送还钱共三百贯足。执此为照。”而且李与权还钱之后,至今15年,叶家“已不管业、不收租”,主审官员认为,由此可以认定,李与权是因借债而将田地立契作为担保,“原是抵当分明”,而绝非典卖。因此,最终判决,李与权家只需以会子偿还未尽之数,即可了结。这里,司法官员能够对“抵当”这样的专业性法律概念进行透彻理解并熟练运用于审判实践,说明司法官员法律知识水平已经达到较高水平。

而姚立斋在“重迭交易合监契内钱归还”一案中则对“有利债负”这一法律术语与正当的民间借贷作了清晰的区分:“看详到右院勘到江伸、丘某争田事。见得江伸四三于绍定四年四月,就丘某三三借钱一百贯,五月内将田两段,作一百贯足典契,以成甫命名,代父江唐宗知契还丘某,契内明言,认供苗,不离业。丘某受其欺骗,已收苗六年,而不知江伸将其田重迭与徐吉甫交易讫,彼此互论。江伸却将别项从前已断丘三十、徐乙赌博钱事,衮同诬赖。主簿误以丘三七为丘三三,并将其契毁抹。其实江某将田

① 《名公书判清明集》卷六《倚当》。

还丘三十者，赌钱事也；将田契与丘三三者，借钱事也。在法有禁，毁之则宜，借钱人所不免，毁之过矣！今江伸在右院已供，借丘某钱一百贯足，内见钱五十贯足，官会六十五贯，其实但所写典田一段是实，一段是虚，合引诈欺条定罪。司理以为赌博与借皆是违法，欲追钱入官，却未为是。照得准折有利债负，乃是违法。今江伸于四月内借钱，五月内典田，交易在一月之内，未曾有利，即不同上条法。况丘某受其诈，元不知情，难以追钱入官。其田元未离业，合给还业主。但江伸不合虚写田段，诈欺丘某钱契，欲照条从杖八十，照赦免断。帖右院押下县，监所供认钱、会还丘某，取领状申。"①

此案关键是要对"有利债负"这一法律概念进行界定，因为按法，如果是典卖田地时买主以"有利债负"折抵田价，是法律禁止的，要受到惩罚，应当"追钱没官"。但主审官员指出案中当事人丘三三借钱给典卖田地的江伸还没有一个月，"未曾有利"，所以不是"有利债负"，是正当的民间借贷，应受法律保护，最后判决江伸偿还丘某所借之钱。

第二，宋代州县官员对法律条文的含义有透彻的理解。宋代州县官员对法律条文非常关注，而在司法审判实践中，州县官员也对法律条文有透彻的理解。如方秋崖所判"契约不明，钱主或业主亡者不应受理"一案："读刑台判，洞烛物情，亦既以郑氏为不直矣。然郑氏非，则汤氏是，二者必居一。于此而两不然之，举而归之学官，此汤执中之所以不已于讼也。披阅两契，则字迹不同，四至不同，诸人押字不同，真有如刑台之所疑，谓之契约不明可也。在法：契要不明，过二十年，钱主或业主亡者，不得受理。此盖两条也，谓如过二十年不得受理，以其久而无词也，此一条也。而世人引法，并二者为一，失法意矣。今此之讼，虽未及二十年，而李孟俊者久已死，则契之真伪，谁实证之，是不应受理也。合照不应受理之条，抹契附案，给据送学管业。申部照会。"②

此案中，涉及的最重要的法律条文是"契约不明，钱主或业主亡者不应受理"，州县官员对之作出了正确的理解，即如果契约不明，存在两种情况不应受理，一是过二十年，"以其久而无词也"；二是钱主或业主亡者，因为很难查清事实，如果受理会造成司法资源的浪费。也就是说，如契约不明，上述两种情况只要存在一种，即不应受理。因此，案中钱主李孟俊已死，虽未及二十年，也应照不应受理之条，"抹契附案，给据送学管业"。

① 《名公书判清明集》卷五《重迭交易合监契内钱归还》。

② 《名公书判清明集》卷四《契约不明，钱主或业主亡者不应受理》。

司法官员还专门指出世人引法，认为两个条件须同时具备是错误的，“失法意矣”。

例如州官胡石壁所判“禁步内如非己业，只不得再安坟墓，起造种植从应其便”一案，涉及的法律条文虽较为复杂，但主审的胡石壁指出了初审时知县和推官对法条含义的理解错误，将其剖析得十分明白：“详阅案卷，知县所断，推官所断，于法意皆似是而非。推官所引之法曰：诸典卖田宅，四邻所至有本宗缌麻以上亲，其墓田相去百步内者，以帐取问。李细五于黎友宁所买李二姑陆地，系是墓邻，合听李细五执赎，其说固是矣。然在法：典卖田宅满三年，而诉以应问邻而不问者，不得受理。黎友宁买，系在嘉熙二年之春，李细五入词，系在淳祐二年之秋，相去凡隔五年，虽曰有邻，已不在受理之限。而知县所引之法则又曰：典卖众分田宅私辄费用者，准分法追还，令元典卖人还价；即典卖满十年者免追，止偿其价；过十年，典卖人死，或已二十年，各不在论理之限。若墓田，虽在限外，听有分人理认，钱、业各还主，典卖人已死，价钱不追。遂判令李细五于限外执赎，其说尤为卤莽。盖其法中明言典卖众分田宅辄费用者，则是指未分之产业，已分则不可言众分矣。又言听有分人理认，则是指众分之中有分者，已分则各有所主，众人不复得为有分矣。今此地李氏祖业，然李二姑之父李彦椹于宝庆二年已拨与女作随嫁资，如此则是分析日久，即非众分之业，李细五安得为有分之人？执法而不详其意，宜乎黎友宁之不伏退业也。但在法理年限者，以印契日为始。又绍兴十二年二月二日都省指挥：庶人墓田，依法置方一十八步，若有已置坟墓步数元不及数，其禁步内有他人盖屋舍，开成田园，种植桑果之类，如不愿卖，自从其便，止是不得于禁地内再安坟墓。敕令所看详，四方各相去一十八步，即系东西南北共七十二步。又绍兴十四年十月五日尚书省批下敕令所申：婺州申，墓禁内起造屋宇，合与不合毁拆？及日后听与不听起造斫伐？如是田园，听与不听地主垦种？本所看详，虽在禁步内，既非己业，惟日后不许安葬外，如不愿卖，自从其便，仍不许于步内取掘填垒。又乾道九年七月十五日指挥，亦只令地主不得于墓禁取掘填垒。今合索黎友宁买契，审验投印年月，如李细五入词在三年印契之内，合勒黎友宁交钱退业；如入词在印契三年之外，合听黎友宁仍旧管业，起造垦种，并从其便，即不得于禁步内再安坟墓及取掘填垒。佥厅监照施行。”①

此案中，李细五与黎友宁所买李二姑田地是墓邻，李细五有权赎回，但

① 《名公书判清明集》卷九《争山及坟禁》。

法律规定：典卖田宅满三年，而诉以应问邻而不问者，不得受理。黎友宁买距李细五入词，“相去凡隔五年”，超过时限，不应受理；而知县引据“典卖众分田宅私辄费用者”的法条也是错的，因为李二姑田地是其个人财产，并非“众分之业”，李细五当然不可能是“有分之人”，所以不应适用此条。但李细五有墓禁在黎友宁田内，主审官员又引据绍兴十二年二月二日都省指挥关于墓禁面积的规定和绍兴十四年十月五日尚书省批下敕令所申的有关法律条文的规定，允许黎友宁仍旧管业，“起造垦种，并从其便”，只是不得在李细五家坟墓禁步范围内再安坟墓及取掘填垒。

又如胡石壁所判“亲邻之法”一案，对宋代“亲邻之法”作出了准确的阐释：“照得所在百姓多不晓亲邻之法，往往以为亲自亲，邻自邻。执亲之说者，则凡是同关典卖之业，不问有邻无邻，皆欲收赎；执邻之说者，则凡是南北东西之邻，不问有亲无亲，亦欲取赎。殊不知在法所谓应问所亲邻者，止是问本宗有服纪亲之有邻至者。如有亲而无邻，与有邻而无亲，皆不在问限。见于庆元重修田令与嘉定十三年刑部颁降条册，昭然可考也。今谭亨所欲执赎堂弟出典之田，既是有亲无邻，则是于法有碍，合照佥厅所拟行。”①

在判决中，胡石壁引据法律条文的规定，对“亲邻之法”的含义作出了准确的界定，显现了州县官员对于法律条文含义的透彻理解，即要赎回田地，必须与被赎田地之原主是“本宗有服纪亲之有邻至者”，由此认定当事人谭亨只是与堂弟“有亲”，但不具有相邻关系，所以其诉讼请求是不合乎法律规定的。

第三，州县官员在作出判决时具有较高的拟写判词的能力。书写判词是从事司法审判工作的基本功和必备技能。早在唐代，选拔官员时就从“身、言、书、判”四个方面来评判一个官员是否合格，而“判”就是要求应试者写一道判词，即拟写一个案例，以“取其文理优长”。在宋代“晓法律”的士风之下，具有撰写判词的能力乃是每个从事司法工作的地方官员对自身的自觉要求。如刘克庄描述宋慈撰写判决时说：“博记善览辞令，然不以浮文妨要。惟据案执笔，一扫千言，沉着痛快，哗健破胆。”②《宋史》记载胡石壁也有很高的撰写判词的水平：“为人刚果，博学强记，吐辞成文，书判下笔千言，援据经史，切当事精，读者惊叹。”③而对于不认真撰写书判的官员，上级官员则可能提出批评。如《州官申状不谨》一文就记载胡石壁对

---

① 《名公书判清明集》卷九《亲邻之法》。

② 《后村先生大全集》卷一九五《宋经略墓志铭》。

③ 《宋史·胡颖传》。

下属官员书写书状时错误百出的情形进行了严厉的斥责："何季十一打死何亚愿事，只有张通判与佥厅官佥衔，却无本府申上之文，判府台衔书押。此系大辟公事，非特古来圣贤之所深谨，圣主所警示天下者，尤不轻也。不知此申是通判不敢呈上，初不经本府耶？或已经台览，而不屑佥押耶？每敬其审谨刑名，爱重民命，务存国家体统，而仰奉圣主钦恤盛心者如此。今来庆元虽系侍郎领郡，然审明洞达，必不重爵位，轻民命，循吏谀，废事体，不惟本司不应含糊，亦恐外观窥测相业之浅深，而亦非所以尽诚协恭，相与责善之意。兼所申情理舛缪，而笔划亦十字九乖，想不撤铃阁之览，只凭承吏具文。人命所系，岂应轻率如此。牒张通判监承吏别具申，限一日，仍牒府照会。"①

而具体考察州县官员的判词风格，我们会发现，其具有以下几个特点：

其一，与前代判词辞藻华丽、不切实用的风格不同，宋代司法官员书写的判词将事实与法律有机地结合在一起，使判词完整严密，具有很强的说服力和实用性。

如下面"立继有据不为户绝"一判：

> 照得户婚讼牒，不一而足，使直笔者不能酌情据法，以平其事，则无厌之讼炽矣，家不破，未已也。事到本司，三尺具在，只得明其是非，合于人情而后已。吴琛有女四人，子一人，此宗枝之所备载。长曰二十四娘，即石高之室；次曰二十五娘，乃胡闉之妻；子曰二十六，乃吴有龙也，即今立异姓者，次曰二十七娘，据称已嫁许氏者；幼曰二十八娘，即今陈词未嫁者。雁行之序既陈，药得之讼可折矣。石高、胡闉，赘婿也，义犹半子。倘吴琛以二婿为可托，则生前无由立异姓之男；向立闾丘，以续其传，复娶李氏，以为其室，盖有在矣。绵历寝久，孙枝挺然，一家之中，父父子子，长长幼幼，各安于数年之远，曾无异辞，而一旦遽起讼端，其故何也？得非以有龙非不当为吴琛之子邪？则吴琛之死，斩衰之制，二婿行之乎？有龙行之乎？得非有龙行之邪！得非以有龙非吴二十四娘等兄弟邪？则有龙之死，大功之制，姊妹行之乎？他人行之乎？况有龙既能生事死葬，克尽人子之责，而谓之非子，则不可也。若必欲以有龙非己子，称曰义男，则二十四娘何不诉于吴琛方死，名位不正之时，乃独诉于有龙既死之后？在法：诸义子孙所养祖父母、父母俱亡，或本身虽存，而生前所养祖父母、父母俱亡，被沦

① 《名公书判清明集》卷一《州官申状不谨》。

诉及自陈者，官司不得受理。又准法：异姓三岁以下，并听收养，即从其姓，听养子之家申官附籍，依亲子孙法。虽不经除附，而官司勘验得实者，依法。有龙虽曰异姓之男，初立之时，已异其姓，父死之后，吴琛有词，又给据以正之，如此则不可谓非义男矣。胡闉又称吴氏之产，乃二婿以妻家财物，营运增置，欲析归四女，法则不然。在法：诸赘婿以妻家财物营运，增置财产，至户绝日，给赘婿三分。今吴琛既有植下子孙，却非绝之比，岂可遽称作绝户分邪？徐考其两词之所自凭者，遗言也，县据也。其所谓遗言者，口中之言邪？纸上之言邪？若曰纸上之言，则必呈之官府，以直其事矣。若曰口中之言，恐汗漫无足据，岂足以塞众议之口？所谓县据者，却是本县所给二本，阿涂之据，其载为一岁乳，吴琳之据，其间改为男七岁。若有龙果七岁男，公法不当立，在县司无由给乳一岁之文。若有龙果乳一岁，则法所当立，在吴琳却不当以一为七，以乳为男。是是非非，于斯可见矣。第此讼之兴，必始于吴登母子不能协和上下，二十八娘及时而不以礼遣，众怒难犯，专欲难成，是致二十八娘兴出卖之词。赵知县深烛其情，遂有均分议嫁之判。二十四娘等不重骨肉之义，又从而攻之，殊不思已嫁承分无明条，未嫁均给有定法。诸分财产，未娶者与聘财，姑姊妹有室及归宗者给嫁资，未及嫁者则别给财产，不得过嫁资之数。又法：诸户绝财产尽给在堂诸女，归宗者减半。二十四娘等不念父创业之难，相与抚颠持危，以续吴氏一脉生意，一旦为胡闉所惑，反欲以父之所立为义子，将所有而瓜分之，为人后者，当如是乎？今吴有龙命立一节，却有县据可证，合与照条承分。二十八娘年已及笄，在法：男年十五，女年十三以上，并听婚嫁。亦只照条给与嫁资，但久居吴氏之家，若给以聘财。必为乌有，又失仓台恤孤之意，欲责吴登母子迎取其归，曲尽姑侄之礼，日下求偶，毋致迁延，再惹词诉。胡闉等不得见利忘义，违法干预，摇五寸笔挠官府，以成终凶之讼。至若二十七娘或称已嫁许氏，或称卖为义女，有词以来，不曾根对，又无婚书可凭，欲与移文通城县取会，却作施行。所有案官引用户绝分拨女分之拟，本司难于检断，仍乞备申仓台照应。管见如此，取台判。①

在判决中，州县官员首先将当事人情况及相互关系一一列明，然后着重就吴有龙是否是被继承人吴琛的养子这一关键事实进行了论述。吴有

① 《名公书判清明集》卷七《立继有据不为户绝》。

龙有官方认定的“县据”证明是一岁时收养的，而依法律规定：“异姓三岁以下，并听收养，即从其姓，听养子之家申官附籍，依亲子孙法。虽不经除附，而官司勘验得实者，依法。”因此，州县官员认定吴有龙确为吴琛养子，并非户绝，有权继承吴琛财产。全案将事实与法律融为一体，具有很强的实用性，体现了州县官员较高的法律技能。

其二，在判决中以判决后语强化司法的教化作用。州县官员不满足于仅仅解决当事人纷争，还以判决后语的形式，融教化功能于司法判决之中。如“诉奁田”一案：

> 石居易念其侄女失怙，且贫无奁具，批付孟城田地，令侄石辉求售，为营办之资。为石辉者，自当遵乃叔之命，怜女弟之孤，极力维持之可也。今不遑暇恤，乃以上件田产卖与刘七，得钱四百余贯，多以还在前自妄为之债负。廖万英，其妹婿也，来索房奁，且无所得。今石辉以为得刘七卖田之钱，被其结托曹旺等人胁取之，殊不思节次支拨批帖，皆石辉亲书，欠债还钱，理势然也，奚可诬其罪于刘七邪？以士自称，乃变诈反覆，仿盗贼小人之所为，尚可以士名哉！女弟婚嫁，托孤寄命，非石辉之责，谁之责哉？既无毫发之助，反以乃叔助嫁之田，卖田归己，是诚何心哉？今无以塞万英之请，袛持刘七欺骗之说以自解，以事理观之，刘七欺骗，未之见也，石辉之昏赖，则彰彰矣。本自正当，盖交易得钱而慕还赎，不可以准折债负者并论也。但原来批贴该载，毕竟称办石氏嫁资，即廖万英机上肉，刘七所欠者审思耳。生此历阶，石辉之罪，不可胜诛，决竹篦二十，引监日呈纳上项价钱，交付刘七，赎回田产付廖万英，契仍寄库。虽石辉固失矣，而廖万英亦未为得也。娶妻论财，夷虏之道，大丈夫磊磊落落，肯视妻孥房奁中物为欣戚也。今刻舟求剑，何不广耶，纵使得膏腴沃壤以自丰，尽失亲戚辑睦之义，所得不偿所丧矣。更请思之。①

此案中，主审的州县官员在依法保护了当事人廖万英的合法财产权的同时，在似乎与案件无关的判决后语中指出，“娶妻论财，夷虏之道，大丈夫磊磊落落，肯视妻孥房奁中物为欣戚也。今刻舟求剑，何不广耶，纵使得膏腴沃壤以自丰，尽失亲戚辑睦之义，所得不偿所丧矣。更请思之”②，对当

① 《名公书判清明集》卷六《诉奁田》。
② 《名公书判清明集》卷六《诉奁田》。

事人进行娓娓劝谕，从而更有利于当事人之间日后关系的弥合，体现了主审官员高超的人生智慧。

其三，宋代州县官员的判词还相当注重其语言的文采，以强化判决的说理效果。例如宋代多年担任地方官员的刘克庄，其本身就是宋代著名词人之一，他书写的“兄弟争财”一判，语言风格就极为流畅而富有韵律，并注意结合案情引用典故，使判决既具有很强的说理性，又不乏语言的美学价值。从判词中可以看出，判中引用“鸿雁行飞”“棠棣之华”等文学化语言来比喻兄弟之情，以启发当事人能够珍惜伦理亲情，达成和解。① 其判决的语言风格文理并茂，情透词中，具有很强的说服力和感染力，与现代判决书模式化的、枯燥刻板的语言相比，更显现了地方官员对现实的热切关注和对民生的深厚关怀。

又如“谋诈屋业”一案中，当事人涂适道企图吞并其老师典买的房屋，州县官员叶岩峰在判决中开篇甚至引用了杜甫的诗句：“安得广厦千万间，大庇天下寒士俱欢颜”，又曰：“何时眼前突兀见此屋，吾庐独破受冻死亦足。”随之根据案情事实指责了涂适道不念师生情义，企图诈取陈国瑞父子屋业的企图，最后，判决保护了陈国瑞父子的权利而惩处了涂适道。② 诗歌的引入，既使判决平添几分文学色彩，又强化了对当事人涂适道判决的说理效果。

总之，宋代州县官员虽然深受儒家传统经典文化的熏陶，儒家经典中蕴含的“义理”早已通过反复的诵读和不断的体悟，内化成为其“肉体”的记忆，但宋代社会的深刻变化，又使心中充满“治国平天下”的人文理想的州县官员重视学习法律知识，拥有了丰富的法律知识和娴熟的法律技能。

综上所述，宋代州县官员既具有扎实的儒学功底，又具有丰富的法律知识，可以说具有一种复合型知识结构。正如陈景良先生所说，宋代州县官员是“文吏、儒生合为一体，经术、吏事冶为一炉”③。这种知识结构是他们在长期学习和审判实践中积累起来的，是他们整体素质的重要方面，知识结构形塑着他们的兴趣倾向、思维方向、思维模式和行为模式等。他们这种复合型的知识结构，对其主持的民事审判，在审判的理念、审判的依据、审判的方法和手段等方面，都会具有一定的甚至决定性的影响。

下面本书就在此基础上对宋代地方民事审判展开论述。

---

① 《名公书判清明集》卷十《兄弟争财》。

② 《名公书判清明集》卷六《谋诈屋业》。

③ 陈景良：《宋代司法传统的现代解读》，载《中国法学》2006 年第 3 期。

第四章　宋代州县对民事案件的受理

第一节　州县受理民事案件的范围与种类

一、州县受理民事案件的范围

在传统司法行政合一的体制下，州县官作为“父母官”，职责繁多，而司法审判是其最重要的职责之一。如南宋朱熹在向上级推荐知县翁德广时说，“以县事大要者三察其施为，知其果有可称者，刑狱、词讼、财赋是也”。在“刑狱、词讼、财赋”这三项事务中，朱熹这样评价其处理“词讼”的表现：“漳之四邑，龙溪为大，理诉之牒，日百余纸，巧伪诋谰，奸诈百出，德广乃随事处决，终朝而毕，人服其公，未尝有知责留禁之人，是能百姓无屈抑不伸之讼也。”①

由此可知，宋代州县官对其辖区内的所有刑民案件都有权受理，这些案件包括“刑狱”与“词讼”两大类。“词讼”即主要指民事案件，这类案件官方往往称为“田宅细故”“鸡虫得失”，但这并不意味着民事案件得不到认真审理。从《宋刑统》的五刑来看，此类案件就是笞、杖案件；从审判程序来看，县官对此类案件有权审理并判决，但是对于可能处徒刑以上的刑事案件，县官必须及时进行勘验现场、检验尸体的活动，但是无权判决，只能查清案情后，上报州府；而州府官员也只能对处徒刑和流刑的刑事案件作出判决，对于可能处死刑的案件则须报提刑司论决或报中央奏裁。可见，相对于“刑狱”案件，“词讼”主要指户婚、田宅、钱债等民事案件。

二、州县受理民事案件的种类

由于宋代社会经济的发展，民事案件的种类非常繁多，据《名公书判清明集》目录，已有立继、户绝、归宗、分析、检校、孤幼、女承分、遗嘱、别宅子、义子、取赎、争业、伪冒交易、坟墓、屋业、库本、争财、婚嫁、接脚夫等多项名目。本书大体将其分为四类：

---

① 《朱文公文集》卷一九《荐知县翁德广状》。

（一）田宅案件

宋代商品经济日益发展的冲击和“不抑兼并”政策的执行，促使田宅的买卖和租赁等交易颇为频繁，“庄田置后频易主”①，“千年田换八百主”。毫不奇怪，由于田宅买卖和租赁而引起的民事案件大量产生，如史料记载，当时的情况是“人户交易田土，投买契书，及争讼界至，无日无之”②，“庄宅多有争诉”③。

州县官受理的田宅案件主要是由以下三种情况引起的：

一是由田宅侵界引起的。如聂忠敏与车言可田地相邻，双方对田地的边界发生纠纷，此案被发回县衙重审。知县发觉聂忠敏所称田地四至与原始“砧基簿”所载相吻合，车言可所述田地的四至与其交上来的“干照”所载四至不相符。实地丈量勘察后，发现聂家实际耕种的田地面积与原有契约所载的七亩田产相比要少二亩。根据村民“众论”，可能是聂忠敏之祖聂仕才在世时，其田地被西向田邻张家兄弟侵占耕种，时间久远，其子孙又“不愿陈理，或者亦自经隔年深”，最终各自以现在耕种的田地为准。现在与车言可发生争界纠纷，官员认为可能是聂忠敏担心车言可又要侵占自家田地，“自此愈见侵削”，将来可能连“供输二税”都会成问题。最后，主审官员判决，双方各以原来的“干照”为准耕种田地，“不得妄有争占”。④

二是由田宅买卖引起的。宋代田宅买卖包括典卖和绝卖两种。典卖就是由出典人（也称业主）以一定的价格将土地、房屋转让给典权人（也称钱主），但保留在一定期限内付还典价、赎回产业的权利，典权人则在此期间享有占有、使用该土地、房屋的权利。宋代的田宅买卖多是典卖，围绕典卖而发生的案件为数很多。有些案件是由于订立典卖契约引起的，如寡妇阿宋有三个儿子黄宗球、黄宗辉、黄宗显，除母亲的养老田以外，其余田地分给兄弟三人，每人一分。黄宗球将三分中的一分典卖给黄宗智，该契约有母亲阿宋及牙人知押，是正常交易。但后来黄宗智却拿出一张嘉熙元年的契约，主张其已经买到了其余二分田地，该契约上有黄宗辉、黄宗显的押字，但字迹有伪造的嫌疑，并且黄宗辉已于乙未年身死，而契约却订立于黄宗辉死之后。主审官员由此认定，黄宗智是“因得黄宗球一分之业，遂假立弊契，欲包占三分”，最终惩罚了黄宗智的违法行为，保护了阿宋的合法所

---

① （南宋）刘克庄：《后村先生大全集》卷一《故宅》。

② 《宋会要辑稿》食货六三之一四七。

③ （南宋）李焘：《续资治通鉴长编》卷二四，“太宗太平兴国八年三月乙酉”条。

④ 《名公书判清明集》卷五《田邻侵界》。

有权。①

有些案件是由于取赎等原因引起的。如范鄘的父亲范庚将小郭阪园屋的土地房屋典卖给丁逸，后来几经转典，由丁伯威管业。20年后，范庚已死，范鄘因贫困，要求丁伯威将田地“断骨”，即补偿典卖与绝卖之间的价差，丁伯威却以范庚立契时用的是别名为借口，“拄应官司”，既不为之“断骨”，也不许其收赎或转卖，拖延时间。最终主审官员判决丁伯威等应该为范鄘将田地“断骨”，否则，范鄘就可以依法收赎或转卖，丁伯威不得阻拦。②

三是由房屋租赁或田地租佃引起的。宋代房屋租赁较为普遍，由此引发的纠纷并不鲜见。如黄清道租赁陈成房屋八九间，却不交房屋租金，还打伤陈家僮仆，县衙判决其应该向陈成交纳房屋租金，黄却以豪横手段拒不执行判决，仍然不交纳租金，官府判决其搬出房屋，也不遵从，案件拖延达一个多月。主审官员对黄清道的豪横行为甚为愤怒，又考虑到陈成的房屋“白被锁闭，白折赁钱”，无辜受到损失，最终判决黄清道“责限来日出屋，一窗一户，不得移动，并要齐全，取领足状申”。③

土地租佃也容易引发纠纷。如赵永将被叔叔非法献官的父亲赵宏的田产通过诉讼方式取回，但在该土地上耕种的佃户张椿却为了继续占有耕种获取田地收益，提起诉讼，认为赵永“非赵宏之子”，不是合法的土地所有权人，拒绝交还土地。主审官员驳斥了张椿的无理诉求，要求按照原判将土地归还赵永。④

（二）继承案件

自从人类社会进入私有制阶段，继承就成为社会生活中的复杂问题。中国封建宗法制度讲究“敬宗尊祖”，继承人在继承财产的同时，要上以奉祀祖先，下以延续血统，因此继承包括财产继承与宗祧继承，而实际上，宗祧继承与财产继承是联系在一起的。

由于宋代民众义利观的转变，家族成员在财产继承上的争端也愈益增多，出现了因为继承纠纷而“争锱铢之利，一朝之忿，或斗讼不已，或干戈相攻”⑤，“至于兄弟析产，或因一根芗之微，忿争失欢，比邻山地，偶有竹木在

---

① 《名公书判清明集》卷九《买主伪契包并》。
② 《名公书判清明集》卷九《典主如不愿断骨合还业主收赎》。
③ 《名公书判清明集》卷六《不肯还赁退屋》。
④ 《名公书判清明集》卷四《使州送宜黄县张椿与赵永互争田产》。
⑤ 《家范》卷七《兄弟》。

两界之间，则兴讼连年”①的现象。社会生活中家族成员因家族产业的继承问题而发生纠纷，以至于诉至官府，成为较普遍的现象，由此产生大量的继承案件。这类案件可分以下三种情况：

一是由分家析产引起的。虽然传统儒家的理想是父母和兄弟合家而居，但宋代社会生活的实际使人们很多现实地选择了分家析产，由此不可避免地引发了大量纠纷。如黄居易兄弟本来已经分家，并且在“分书”中载明“私房续置之产，与众各无干预”，但后来黄居易的两个弟弟还是向官府起诉，认为原来的分家方法不公平，要求与黄居易重新分配家庭财产，主审官员认为黄居易很可能在父母在世时，“以父母之财私置产业”，对当事人进行了调解，要求黄居易分给兄弟更多的财产。②

二是由立嗣问题引起的。对于没有亲生男性继承人的家庭，其遗产的继承往往会由于立嗣问题而引发纠纷。如吴升及其妻张氏有田十余种，吴升死后，由张氏照管田产，数月后，张氏也因病身亡，二人没有子嗣，族人吴辰要求官府立其孙镇老为吴升的后嗣，以继承其田产。但官府认为吴辰自为尊长，而以亲孙为人后嗣，不合情理，是为了贪图继承吴升的田产，因此判决不准其立嗣的请求，要求吴氏宗族“于族中从众选立一人承祀”，吴辰家不得干预。③

三是由遗嘱继承引起的。例如郑应辰有二女，及一过房养子郑孝先。郑应辰生前立下遗嘱，给二女各继承田产一百三十亩，库一座。郑应辰死后，养子郑孝先却不承认遗嘱效力，拒绝分给二女财产。二女因此诉至官府，从而造成一件遗嘱继承官司。④

又如柳璟死时立下遗嘱，“以四侄贫乏，各助十千，书之于纸，岁以为常”，但这笔钱才给了几年，柳璟的妻子就违背原约，不再给付，诸侄因而告到官府，要求履约，“意欲取索”。对于此案，主审的范西堂认为约定是当事人亲笔所书，按照法律似可无辞，但是又认为“第探其本情，寓有深意”。最终判决认为：柳璟立遗嘱资助四侄金钱，是因为当时“子在襁褓，知诸侄非可任托孤之责，而以利诱之。观其遗词，初念生事之薄，而助之钱，终以孤儿寡妇之无所托，而致其欺，且言获免侵欺，瞑目无憾”，由此可知，“夫岂得已”。最后判令“元约毁抹，自今以始，各照受分为业，如有侵欺，当行

① 《袁氏世范》卷三《治家桑木因时种植》。
② 《名公书判清明集》卷十《兄弟之争》。
③ 《名公书判清明集》卷八《利其田产自为尊长欲以亲孙为人后》。
④ 《名公书判清明集》卷八《女合承分》。

惩断”，驳回了诸侄的无理请求。①

（三）钱债案件

由于宋代商品经济的发展，民间借贷和商业经营引起的钱债纠纷案件大量增加，由此经常会引发纠纷。为调整此类法律关系，宋代《作邑自箴》甚至已经对此类案件作了一些规范："放债人户切须饶润取债之人，轻立利息，宽约日限，即不得计套贫民，虚装价钱，质当田产及强牵牛畜、硬夺衣物动用之类准折欠钱，其欠债人户，亦不得昏赖失信，须防后来阙乏，全藉债主缓急接济。"但民间钱债案件仍然大量存在。钱债案件大体上可以分为两类：

一类是由于民间借贷产生的案件。如黄公才借给李四二"百千钱"，开张质库，约定每年利息为二分，以 14 年计算，应该归还利息二百八十贯。但李四二及其两个儿子却只承认借出五十千钱，并且除还给黄公才二十七贯以外，并无能力归还其余本息。因此，黄公才告到官府，引起一件钱债官司②。

另一类是由于商业经营引起的钱债案件。如商贩颜文龙为贩运货物方便，将银、会寄放在牙侩李四父子处，李四打了收据，"取守会以为证"。谁知李四父子不讲信用，在颜文龙取钱时竟拒不给付，企图吞没这笔钱，不承认收据的效力，"乃谓保正立双头文字"。因此，颜文龙只好向官府提起诉讼。③

（四）婚姻案件

中国传统封建的婚姻缔结讲究"父母之命，媒妁之言"，是"合二姓之好"的大事，所以婚姻不只是男女二人的结合，也是家族之间的事情。在社会生活中，由于男方家庭和女方家庭之间贫富的差别、男女双方感情的不和、女方的通奸行为以及其他家庭内部原因，围绕订婚、结婚、离婚等而发生的纠纷颇多。例如丘教授之妹丘氏与黄桂结婚并育有五女，后来丘教授考中进士，门户改变，而黄桂由于不善经营，家道凋零，日益贫困，因此丘教授将妹妹接回家中，并要求黄桂写下离书。7 年之后，黄桂又反悔告到官府，要求恢复婚姻效力。最终刘后村判决，如丘氏愿复合，自可回黄桂处；如不可复合，丘家也应出于怜悯，"资助钱物，使之别娶"④。

又如谢迪接受刘颖家的定亲帖子和聘财，同意将女儿嫁到刘家，按照法律婚约已成，"许嫁女，已投婚书及有私约而辄悔者，杖六十，更许他人

---

① 《名公书判清明集》卷八《诸侄论索遗嘱钱》。
② 《名公书判清明集》卷九《质库利息与私债不同》。
③ 《名公书判清明集》卷一一《人品门 · 牙侩》。
④ 《名公书判清明集》卷九《户婚门 · 婚嫁》。

者,杖一百,已成者徒一年,女追归前夫”,但谢迪后来却反悔,不愿将女儿嫁到刘家。刘家因此告到官府,引发一起婚姻案件。①

第二节　州县受理民事案件的时限与受状方式

一、州县受理民事案件的时限

宋代州县官员将民事案件视为“细故”,为避免影响农业生产,朝廷规定农忙时不得受理民事争讼,《宋刑统》卷十三《户婚律》“婚田入务”条规定:“谓论诉田宅、婚姻、债负,起十月一日,至三月三十日检校,以外不合。若先有文案,交相侵夺者不在此例。臣等参详:所有论竞田宅、婚姻、债负之类(债负谓法许征理者),取十月一日以后,许官司受理,至正月三十日住接词状,三月三十日以前断遣须毕。如未毕,具停滞刑狱事由闻奏。如是交相侵夺及诸般词讼,但不干田农人户者,所在官司随时受理断遣,不拘上件月日之限。”②

可见,在“务限”内,除了人命、谋反、盗贼之类的紧急重大案件,朝廷认定为“细事”的户婚、田宅等案件,官府一概不准受理。

南宋绍兴二年颁行的《绍兴令》也规定,诸乡村以二月一日后为“入务”,应诉田宅、婚姻、负债者毋受理。农历十月一日后为“务开”,才可以受理此类案件。③

可见,宋代州县官府只能于农历十月一日至次年农历三月三十日处理相关民事案件,而且真正受理诉状的时间是从农历十月一日至农历正月三十日,而农历二月一日至农历九月三十日为“入务”,一般不受理民事案件。因此,一般农民一年当中只有四个月左右的时间可以“告状”。

宋代实行务限法是为了保护农业生产,防止农民因打官司而耽误农业生产,“为恐追人理对,妨废农业”,有一定的合理性。但是实际生活中,富豪之家往往以“务限法”为借口,拖延时间,侵夺平民小户的田产。如在典田回赎案件中,就出现了富豪之家利用“务限法”侵害农户的情形,“其人户典过田产,限满备赎,官司自合受理交还。形势豪右之家交易,故为拖延至务限,又贪取一年租课,致细民受害”。④ 针对这种情况,朝廷对此类案

---

① 《名公书判清明集》卷九《女家已回定帖而翻悔》。
② 《宋刑统·户婚·婚田入务》。
③ 《宋会要辑稿》刑法三之四六。
④ 《宋会要辑稿》刑法三之四六。

件又作出特殊规定："应人户典过田产，如于入务限内，年限已满，备到元钱收赎，别无交互不明，并许收赎，如有词诉，亦许官司受理，余依条施行。"①

可见，朝廷既要实行务限法，保护对国家至关重要的农业生产，又要防止豪强之家利用"务限法"侵夺平民下户。为更好地保障中下层农户的利益，孝宗隆兴元年（1163 年）四月二十四，大理寺卿李洪上书："务限之法大要，欲民不违农时，故凡入务而诉婚田之事者，州县勿得受理。然虑富强之家来时恣横，豪夺贫弱，于是又为之制，使交相侵夺者，受理不拘务限。比年以州县之官务为苟且，往往借令文为说，入务之后，一切不问，遂使平民横被豪夺者，无所申诉。欲望明饬州县，应婚田之讼，有下户为豪强侵夺者，不得以务限为拘，如违，许人户越诉。"②

这里，李洪认为虽有"务限之法"，但是为了保护贫弱者，当出现"下户为豪强侵夺者"的情况时，州县官员应善体法意，灵活运用"务限法"，对此类案件予以受理，不得"入务之后，一切不问"，使贫民下户有冤无处申。李洪的立法建议得到了朝廷的采纳，"诏从之"。

更有积极的州县官员注意结合当地的具体情况，对务限作出变通的规定，以免"务限法"过于刻板，脱离实际，不适于当地情况。如朱熹知潭州时，在颁布的《约束榜》中规定："照应近据诸县申到人户理诉婚田债负，皆称目今正是青黄不接之际，告示候务开日施行。使司契勘人户互诉婚田争地，多是有力上户之家占据他人物业，或是迁延不肯交钱退赎，或是抗拒不伏赴官理对，只要拖延衮入务限，使下户被苦无能结绝。检准律令：诸婚田入务，若先有文案交相侵夺者，不在此例。况今本州多是禺田，只有早稻，收成之后，农家便自无事，可以出入理对，在田亦少施工未获之利，自可退业以还有理之家。诸县争论田地词诉，可以承行理对，不必须候十月，使司已于六月十八日符长沙等一十二县遵守施行讫。"③朱熹提出潭州当地多种早稻，收成之后，诉讼当事人即有时间打官司，而且这时候农田空闲，没有收获利益可以争执，便于赎田退业。所以，对于"田地词诉"，不必等到农历十月"务开"再处理，在早稻收成之后即可受理此类案件。

在实践中，州县官员在"务开"期间也并非每天都受理民事案件，而是对受理民事案件的时间作了时间限制，规定了固定的"引词日"，如多年担任县级官员的胡太初就说："县道引词，类分三八，始至之日，多者数百，少者亦以百数，令惮其烦，遂有展在后次并引者。不知省讼固又道，若惮烦拖

① 《宋会要辑稿》刑法三之四六。

② 《宋会要辑稿》刑法三之四九。

③ 《朱文公文集》卷一〇〇《约束榜》。

后,积压愈多,虽竭其精神,难理矣。或谓不拘日子,有状即受,可免积压。然县家事多,若每日引词,则讼牒纷委,必将自困。”①

所谓“类分三八”,即受理民事案件的日子以每月的“初三、初八、十三、十八、二十三、二十八”日为准。胡太初认为这种办法容易造成案件的积压,他提出应采用“间日引词”的办法:“不若间日一次引词,却将乡分广狭分搭,遇一则引某乡状,遇三则引某乡状,遇五、遇七、遇九,各引某乡状,不得搀越,庶几事简易了。且彼有一时忿激,便欲投词,需日稍久,怒解事定,必有和劝而不复来者。”②

不但县级官府采用此类办法,州级官府同样采用类似的办法,以提高受理案件效率,减少案件积压。如咸淳七年黄震知抚州时,将其辖区分为六大区,每区都只能在固定的“词讼日分”告状:“自六月为始,每月初三日受在城坊厢状。(六月初三日私忌,改用初四日。)初八日受临川县管下乡都状,十三日受崇仁县郭及乡都状,十八日受金溪县状,二十三日受宜黄状,二十八日受乐安县状。自后月分,周而复始。其后不测紧急事自不拘此限,但常事不许挟紧急为名。”③

综上所述,宋代州县官受理民事案件的时间是有限的,这也体现了州县官借此达到“息讼”的愿望。

二、诉状的格式

为了便于当事人告状和官员审查案情,州县官员对诉状的格式作了一些要求,如《作邑自箴》中,就将县级官府要求的标准“状式”颁给书铺印刷,同时张榜告示广大民众,以便当事人照以书写诉状:

> 某乡某村、耆长某人、耆分、第几等人户、姓某,见住处,至县衙几里(原注:如系客户,即云系某人客户),所论人系某乡村居住,至县衙几里。
>
> 右某,年若干,在身有无疾、荫(原注:妇人即云有无身孕及有无疾、荫),今为某事,伏乞县司施行。
>
> 谨状。
>
> 年　　月　　日　　姓某押状④

---

① 《昼帘绪论·听讼篇第六》。
② 《昼帘绪论·听讼篇第六》。
③ 《黄氏日抄·词诉约束》。
④ 《作邑自箴》卷六《劝谕民庶榜》。

书写诉状叙事文字不能太冗长,“状词并直述事情,不得繁词带论二事”,“不得添借语言,多入闲辞”,字数一般是200字到500字。字体应为真楷,如果有数字的内容时,必须以壹、贰、叁……等大写字表示。① 有的当事人借“新旧官交替之际”,将已经审理过的案件再次投词,造成受理秩序的紊乱,因此也有官员建议新官初任时,当事人必须在状内明确保证:“今来所理会事,即未曾经本县理断,如后异同,甘罪不词。”②

至于州级官府,同样对“状式”作了要求。如朱熹知潭州时,在《约束榜》中向民众公布了州府对诉状格式的要求:

状式

某县、某乡、某里、姓名

年几岁,有无疾、荫,合为状首,堪任杖责,系第几状(一、诉某事合经潭州)

即不是代名虚妄,(无理越诉),或隐匿前状,如违,甘伏断罪号令

右某(入事,明注年月,指涉某人某事尽实,限二百字。)

须至具状披陈,伏(候判府安抚修撰特赐台旨)

年　　月　　日　　姓某押状③

朱熹在“状式”中要求当事人写明“堪任杖责”及“如违,甘伏断罪号令”,这也表明宋代时期民众向官府滥讼、缠讼、任意告讼的现象比较严重,以至于官府要制定统一的“状式”对其规制。“今仰民户经由书铺依式书状,仍于状内分明声说,的于某年月日经县陈诉,已经几日,本县不结绝,以凭行遣。如不明注经县月日,或不候限满、妄称已过所立日限陈述,致追承行人到州,见得元经月日未及,其人户连书铺并行收坐,仍毁劈书铺名印。”④

三、受状的方式

在固定的引状日,当事人持诉状来到官府告状,通常官府受理一般民事案件诉状的情形是由州县官府在固定的“引状日”使用“受状箱”,接纳

① 《作邑自箴》卷八《写状钞书铺户约束》。
② 《作邑自箴》卷六《劝谕民庶榜》。
③ 《朱文公文集》卷一〇〇《约束榜》。
④ 《朱文公文集》卷一〇〇《约束榜》。

诉状,如刘德礼知江西抚州临川县时,其“视事之初,甁筩一日五百纸”①,斛僖知江西隆兴丰城县时,“逮令丰城,乃豫章剧邑,甁筩日四百纸”②,都是以甁筩(“受状箱”)来接受诉状。由于受状箱内的诉状复杂,有的州县官提出采用维持受状秩序的特别办法,即应当面受理诉状,并且规范接受诉状的程序,以杜绝匿名、假名之状:“出箱受状,其间有作匿名、假名状,投于箱中者。稠人杂还,莫可辨认,兼有一人因便投不要紧数状,及代名数人者,要当于受状之日,引自西廊,整整而入,至庭下,且令小立,以序拨三四人,相续执状,亲付排状之吏,吏略加检视,令过东廊,听唤姓名,当厅而出,非惟可革匿名、假名之状。且一人止可听一状,健讼者不得因便投数词,以紊有司。”③即在受词状日,当事人亲自持状到官府,固定由西边的廊堂排队进入到衙门中,并且使其稍待之后,分成三四人一组,陆续把诉状交给负责排状的胥吏,由该吏略作检查后,让告状人通过东廊,等候传唤姓名,再从厅堂离开。这种受状方法可以避免不符合诉讼条件者投状,从而提高受理案件的效率,维护了正常的受状秩序。

还有的州县官则改革烦琐的受状程序,以减轻投诉民众的负担。如乾道二年的进士黄何知岳州时,“本州受牒,例于五鼓投厢,职官检沓,吏胥批朱,所诉未伸,费已不少。公乃于卯时大开谯门,纵其投厢,检沓批朱,一切不用”④。黄何大大简化了受理诉状的程序,被称赞为“仁明”之举。

州县官府为了维持受理诉状的秩序,避免无理缠讼、滥讼加重官府的工作压力,一般是不受理匿名告状的。《宋刑统》规定:“投匿名书告人罪者,流二千里。”⑤《宋刑统·讼律》要求告状人“其所陈书状,或自己书,只于状后具言自书,或雇请人书,亦于状后具写状人姓名,居住去处,如不识文字,及无人雇请,亦许通过白纸”。⑥

至于直接向出巡的官员“遮道陈词”的情况,一般不予受理。如朱熹知潭州时,颁下的《约束榜》中就有一项规定:“契勘人户多有不问事节紧慢,不候行押词状日分,辄行拦轿下状,或投白纸。今立约束:拦轿状词并不受接。并所投白纸止是理诉婚田债负,即非紧切利害事件,亦非贫窭鳏寡孤独无告之人,显无忌惮,紊烦官府。自今后除贫窭、老病、幼小、寡

① 甁筩,就是接受诉状的箱子。参考祝穆《古今事文类聚别集》卷六“甁筩”,“赵广汉教为吏为筩,若今盛钱藏瓶,为小孔,可入而不可出”(见《汉书》卷七六《赵广汉传》)。
② 《诚斋集》卷一三二《故朝请郎贺州斛史君墓志铭》。
③ 《州县提纲》卷二《受状不出箱》。
④ (南宋)程珌:《洺水集》卷一一《母舅故朝议大夫太府寺丞黄公行狀》。
⑤ 《宋刑统》卷二四《讼律·投匿名书告人罪》。
⑥ 《宋刑统》卷二四《讼律·投匿名书告人罪》。

妇,或被劫盗,并斗殴杀伤,事干人命,初词许于放词状日投白纸外,自余理诉婚田债负,或一时互争等事人户,须管经由书铺,依式书状,听引状日分陈理。如有此违法约束之人,定当重行断罪。”①

还有一些当事人以一些令人侧目的方式告状,如坐牌、披纸枷、披布枷,甚至自残、自伤以图达到诉讼目的,官府一般也是禁止的。如北宋绍圣二年规定:“诉事而自毁伤者,官不受理。”但是在州县的司法实践中,仍然会遇到以自伤方式告状之人,如《名公书判清明集》记载,婺州兰溪县有个名叫方明子的人,立牌钉脚,向婺州州府控告圣寿寺僧行本“率众持杖,抢夺苗谷”,县衙不为其主持公道,反而惩罚其兄。经过调查,实际上是其兄夜晚到圣寿寺偷盗谷物,被抓到县衙审问。方明子只是以此企图引起官府注意,达到救人的目的。州府虽然受理了这个案件,但对这种以自残方式告状的行为仍然张榜禁止:“州家持千里之平,惟理之行,何待其为锁喉钉脚之举?……自今以后,应有此自残之人,例不受理,仍备榜州前与诸县晓谕。”②

为了进一步规范受状的程序,有的官员还明确规定了对哪些情况官府不予受理。如黄震《黄氏日抄》卷七八《词诉约束·词诉条画》就向民众公布了其不受理诉状的情形:“不经书铺不受,状无保识不受,状诉两事不受,事不干己不受,告奸不受,经县未及日不受,年月姓名不实的不受,披纸枷布枷自毁咆哮不受,故为张皇不受,非单独无子孙,孤婿,辄以妇女出名不受。”③

可见,州县官受理诉状的程序虽未完全制度化,但官员们还是努力规范受状的程序,以提高官府审判的效率,维护民众的权益。

第三节　州县民事审判中对越诉案件的处理

宋代州县官审判的民事案件,当事人如果不服,还可以上诉到上级机关,但这种上诉必须逐级进行,如果越级上诉,就构成了“越诉”。所谓“越诉”:“凡诸辞讼,皆从下始,从下至上,令有明文,谓应经县而越向州、府、省之类。其越诉及官司受者,各笞四十。”④可见,越诉一般受到法律的严格禁止,被认为是一种犯罪的行为。宋太祖乾德二年(964年)正月十八日

① 《朱文公文集》卷一〇〇《约束榜》。
② 《名公书判清明集》卷一三《钉脚》。
③ 《黄氏日抄》卷七八《词诉约束·词诉条画》。
④ 《宋刑统·斗讼·越诉》。

诏:“设官分职,委任责成,俾郡县以决刑,见朝廷之致理。若从越诉,是紊旧章。自今有论诉人等,所在晓谕,不得蓦越陈状,违者先科越诉之罪、却送本属州县依理区分。如已经州县论理不为施行,及情涉阿曲,当职官吏并当课罪。仍令于要路粉壁揭诏书示人。”①宋真宗咸平六年(1003年)规定:“其越诉状,官司不得与理,若论县许经州,论州经转运使,或论长吏及转运使,在京臣僚,并言机密事,并许诣鼓司、登闻院进状。若类带合经州县转运论诉事件不得收接,若进状内称已经官司断遣不平者,即别取事状与所进状一处进内。”并要求州县,“录此诏,当厅悬挂,常切遵禀”。② 对于越诉者要治罪。“其有蓦越词讼者,所由有司不得与理,本犯人准律文科罪。”③

但在宋代,商品经济更趋活跃,私有制深入发展,民间争讼之风十分盛行,诉讼日益增多。为了更好地保护民众的利益,维护正常的社会秩序,官方允许越诉的范围越来越广。

从宋高宗时期的诏令中,可以发现已经允许民众对“典卖田地”的民事案件越诉,绍兴二十三年诏:“民户典卖田地,毋得以佃户姓名私为关约,随契分付。得业者亦毋得勒令耕田,如违,许越诉。”④另外,宋代敕令、指挥在立法中的地位也很重要,因此,大量敕令、指挥中关于“越诉”的规定也很多。如绍兴二十七年御史周方崇言:“民间词诉,必有次第,经曰:若侥妄蓦越,则坐之以罪。苟情理大有屈抑,官司敢为容隐,乃设为越诉之法,而敕令该载者,止十数条。比年以来,一时越诉指挥亡虑百余件。”⑤

同时,国家还立法保障“依条越诉”者的权利,避免其受到被诉官吏的打击报复。南宋初年,刑部就向宋高宗上书请求对“依条越诉”者,若被诉官吏借故追逮越诉者到官府,则予以“杖八十到徒一年”的惩罚:“诸人户依条许越诉事,而被诉官司辄以他事捃遮追呼赴官者(家属同),杖八十。若枷禁捶拷者,加三等。”⑥这说明朝廷对“依条越诉”的民众,予以法律保护,以免其受到官吏的打压。

由此可知,随着财产流转的加快和民间诉讼的增多,宋代统治者为了更好地调整社会秩序,已经通过诏、敕、指挥等立法形式,向民众广开越诉之门。据学者统计,宋代已经对允许越诉的事项作出了很多规定,如“非法

---

① 《宋会要辑稿》刑法三之一〇。
② 《宋会要辑稿》刑法三之一二。
③ 《宋刑统·斗讼·越诉》。
④ 《建炎以来系年要录》卷一六四。
⑤ 《宋会要辑稿》刑法三之二九。
⑥ 《宋会要辑稿》刑法三之二五。

侵人物业,许人户越诉”“典卖田产不即割税,听人户越诉”“官吏受纳税租不依法,许人户越诉”“采买官物、非理科配,听人户越诉”“私置税场,邀阻贩运,许客商越诉”“官司私自科敛百姓,许人户越诉”“官吏受理词讼违法,许人越诉”①。宋代中期的《庆元条法事类》更记载:“诸奉行手诏及宽恤事件违戾者,许人越诉”②,以极其宽泛的法律规定,使民众可以在官员有违法情形时,据以合法地进行“越诉”。

另外,州县官超过一定审判期限不予审结的案件,当事人也可以越诉,上级官府也可以受理,“自今词诉,在州县半年以上不为结绝者,悉许监司受理”③。朱熹知潭州时,就认为“越诉”的增多与县衙超过审限不能及时审结有关:“往往县道不能结绝,遂至留滞,引惹词诉,兼又有人不候本县照限追会圆备予决,便即先行经州,紊烦官府。”④

面对越诉,州县官员在民事审判中必然受到一定的压力。如胡石壁审理的曾仕珍父子擅自侵用“检校”的财产一案,曾仕殊死后无子,其遗产按照“户绝之法”,应该一半由其女儿曾二姑继承,一半“本合没官”,官府暂时将财产检校,交由被继承人的兄弟曾仕珍代管,但曾仕珍却擅自支用其代管的财产,甚至有转移财产的可能,“擅支已检校钱六百余贯,银盏二十只,又揩改朱契六道”。胡石壁受理此案后,还未对此案作出判决,曾仕珍父子就以“越诉”的方式向上级官府告状,并且控告胡石壁“断狱不当”,以施加压力。胡石壁因此指责其“本府未及结断,而遽经漕司;漕司方为结案,而又经帅司;帅司方为行下,而又经宪司”,并且认为“使其果抱屈抑,亦须候逐处官司施行了当,方可次第经陈,岂有首尾不及两月,而徧经诸司者?”⑤而宋宁宗嘉泰三年,参知政事袁说友在上奏的劄子中,则说明了当时民众“越诉”的风气给朝廷的压力:“今之民讼,外有州县、监司,内有六部、台省,各有次第,不可蓦越。而顽民健讼,视官府如儿戏,自县而之监司,自州而之台部,此犹其小者耳。今州县未毕,越去监司、台部,径诉都省,以至拦马叫号,无所不有。夫以庙廊之重,乃使顽民敢于越诉,轻于干犯,岂不益愿中书之务哉?”⑥

面对这种情况,嘉定三年,有臣僚奏言改进对于“越诉”案件的处理方法:“词诉之法,自本属州县以至进状,其资次辽绝如此。今舍县而州,舍州

① 郭东旭:《宋代法制研究》,河北大学出版社1997年版,第596-609页。
② 《庆元条法事类》卷一六《文书门》“诏敕条制 · 辞讼令”。
③ 《宋会要辑稿》刑法三之三二。
④ 《朱文公文集》卷一〇〇《约束榜》。
⑤ 《名公书判清明集》卷八《侵用已检校财产论如擅支朝廷封樁物法》。
⑥ (宋)袁说友:《东塘集》卷一一《体权劄子》。

而监司，等而上之，至于台省，乃有不候所由官司结绝，而直敢进状，或至伏阙。乞自今进状，如系台省未经结绝名件，许令缴奏取旨，行下所属官司，催趣从公结绝。如所断平允，即从断施行，如尚未尽，却行'一按追究'，即不得径行追会根勘。"①即对越诉的案件，一般并不惩罚越诉的当事人，而是要求官府改善审理的期限，若审判结果仍然有不尽得当之处，就依照原审案牍仔细究理，不得任意将当事人勾追讯问。

可见，对于"越诉"后发回的案件，州县官府一般也必须受理，并在审判后向上级官府作出报告以备案；另外，由于越诉而导致案件的审判既受到上级的压力，也面对着"健讼之人"借"越诉"向州县官施加的压力。

① 《宋会要辑稿》刑法三之四〇。

第五章　宋代州县对民事案件的审理

第一节　宋代州县审理民事案件的流程

一、面审两造

“面审两造”，就是在审理案件时，将原告、被告传唤到庭，通过当面审问，以查清案件真相。面审是审理案件的首要程序，宋代有人就认为听讼时“事无两造之辞，则狱有偏听之惑”①，宋代官箴《州县提纲》也认为，必须通过审问原告、被告双方，才能防止片面，保证案件的公正审理：“讼者之词，大率自掩其过，而归咎于人，甚至凿空撰造，以欺有司。若今日甲讼乙，辄凭偏词以甲为是；明日乙讼甲，又凭偏词以乙为是。迨二词并至，而吾之所判已矛盾矣。故判状勿凭偏词，必得活法。若其词无理者，不加诘问，则投状者必多。一状之出，牵联追逮，未至有司而其扰已甚矣。兼有一等无图人，本欲脱状牵扰良民，觅赂休和，其实不敢对辩，故览其词无理，必反复穷诘，灼无可疑，则勿受。斯妄词者寡，而良民得以安居。未见情实，不若平辞而判。俟二竞俱至，然后剖决未晚。成周大司寇，以两造禁民讼，吕刑：两造具备，而后师听五辞，盖惧其以偏词定曲直也。”②

可见，通过“面审两造”，主审官员可以初步了解案件的真实情况，从而避免偏听偏信，有利于案件的正确审理。

在面审之前，审判官员就要“察词于事”，即从诉状内容中初步了解争讼的事由及争议焦点，大体拟出问案提纲。审问时要围绕告诉的主要事实，而不要被无关的“枝蔓”问题纠缠，以免影响案件的审理，造成滞讼：“词有正诉一事，而带诉他事者，必先究其正诉，外带诉事须别状。盖听讼不宜枝蔓，枝蔓则一事生数事，曲直混淆，追逮必繁，监系必久，吏固以为喜，而民乃以为病矣。若夫枝派异而本同一事者又不可以是论。”③

州县官在审问原告、被告时要保持客观公正的心态，秉持“公心”，“尽心而求”，才不会有偏见，陈造就说，“听讼贵无心，察考其素行”。如陈良

---

① 《州县提纲》。

② 《州县提纲》卷二《判状勿凭偏词》。

③ 《州县提纲》卷二《听讼无枝蔓》。

翰任浙东温州瑞安知县时，其“听讼咸得其情”，于是有人问他有何术。他简单地回答：“吾何术？第公吾心，使如虚堂悬镜，而物之至者，妍丑自别耳。”①魏了翁也指出官员审理案件时应该“尽心而求”，以求得案件真相：“若此人心之本明，实肖之人之听讼也。若尽心而求。则两造五词之来，虽貌稽气听，亦可了然坐判，夫安得而遁。”②

原告、被告到庭后，主审官员首先应该要让原告、被告双方各自陈述自己的意见，使之“各尽其辞”，才能全面了解案情，从而发现案件的真相，排除虚假不实的情节。如有的官员所说：“事有似是而实非，词有似弱而实强，察词于事，始见情伪，善听讼者不可有所偏也。”③

州县官员审问案件时的态度也会影响面审的效果。有的州县官以和蔼的态度面审，以获得案件的实情，如张端礼知常州武进县时，“有狱讼移案，临卮和声康色，询究曲折，必得其情而后已”④。赵彦绳知建宁府崇安县时，“听讼必使两造案前，委曲难问，有如父子，以故事无冤枉”⑤。还有的官员指出，当事人如果是很少与官府打交道的山野村民，打官司时会惊慌失措，所以审问时州县官员应当注意自己的态度，以平和的方式使其减少紧张情绪，才能获得案件的实情：“健讼之民，朝夕出入官府，词熟而语顺，虽譊譊独辩，庭下走吏莫敢谁何。良善之民，生居山野，入城市而骇，入官府而怵，其理虽直，其心战惕，未必能通，若又纵走吏辈诃遏之，则终于泯然受罪矣。凡听讼之际，察其愚朴，平昔未尝至官府者，须引近案和颜而问，仍禁走吏无得诃遏，庶几其情可通。”⑥

由于州县官在面审时还设有胥吏，他们容易索贿受贿，受到豪强之人的操纵，“变乱情节”，影响案件的审理，因此面审还可以防止胥吏对审理的可能干扰：“吏辈责供，多不足凭。盖彼受赂，所责多不依所吐，往往必欲扶同牵合，变乱曲直。山谷愚民，目不识字，吏示读不实，若凭所供辄断而不面诘之，则贫弱之民无辜而受罪矣。凡吏呈所供，必面审其实，如言与供同，始判入案。或言与供异，须勒再责，若供不当厅而令其下司，则豪强之人、教唆之徒，公然据司案而坐，指挥叱咤、变乱情节，善良之人有冤无告矣。”⑦审问当事人时也要注意表明胥吏并不能左右案件的审判：“凡吏呈

① 《朱文公文集》卷九七《敷文阁直学士陈公行状》。
② 《鹤山集》卷五三《送虞仲易赴夔路提刑序》。
③ 《名公书判清明集》卷一四《挟仇妄讼欺凌孤寡》。
④ （宋）李纲：《梁溪先生全集》卷一六九《宋故朝请郎主管南京鸿庆宫张公墓志铭》。
⑤ 《历代名臣奏议》卷一四四，“汝愚又荐部内知县黄谦、林阙、李信甫、赵彦绳”条。
⑥ 《州县提纲》卷二《通愚民之情》。
⑦ 《州县提纲》卷二《面审所供》。

事案，须先引二竞人立于庭下，吏置案于几敛手以退，远立于旁。吾惟阅案有疑，则询二竞人。”①

最后，面审后州县官还应注意将当事人的供述亲自监督记录存档，以备查证：“引到词人供责，必须当厅监视，能书者自书，不能者止令书铺附口为书，当职官随即押过，其事轻理明、不待证会者，自可随手决遣，若涉追证、费勘会，亦只凭此初供，最不可押下案，致令胥曹得以恐胁说诱，而使之变易真情。此其当行者八也”②。

可见，面审是审理案件的重要环节，通过“面审两造”，有的州县官实现了迅速有效地处理案件，如洪秘知绍兴府山阴县时，“用荐者改秩知绍兴之山阴，邑号多讼，异时于省于部于御史者，靡有虚日。吏巽懦无能，孰何视事？微寒暑间，率夜漏未尽，致两造于庭，片言折之，辄得其平以去，虽气力者持之，不为回挠”③。郭叔谊知巴州时，“两造在庭，促席咨访，立为剖决，狱无滞囚，邑无冤民”④。

二、追证会实

在案件审理中，为了更准确查清案情，判明是非曲直，对于较为复杂的案件，往往要进行“追证”。“追证”原意为“勾追证逮”，指追查当事人及证人，而延伸意义为追查与案情相关的证据，包括查找证人、勘查现场等调查工作。追证是审理案件的必经程序，宋人文集中就有“官中受牒，必为追证”⑤的说法，《州县提纲》则认为由于当事人可能变乱证据，因此州县官员必须高度重视调查、收集证据的工作：“斗殴必追证，而证不可凭一人之词，争界必会实，而会不可尽信耆邻之说。盖富者有赂，则可以非为是；贫者无赂，则可以是为非。专凭证会，则凡贫弱者皆无理矣。斗殴之讼，必察其人之强弱，情之是否；争界之讼，须令详画地形，考之契要，反复参究，必得其实，然后可决。”⑥《名公书判清明集》的判词中也提出应抓住案件线索去调查收集证据，才能解决诉讼，如“讼有源有流，有本有末，穷其源而寻其流，揣其本而求其末，则讼可得而决矣”⑦。

追证的首要工作是采集证人证言。证人是对案件情况有一定了解的

---

① 《州县提纲》卷二《示不由吏》。
② 《昼帘绪论·听讼篇》。
③ 《鹤山集》卷七一《知南剑州洪公墓志铭》。
④ 《鹤山集》卷八三《知巴州郭君(叔谊)墓志铭》。
⑤ 《袁氏世范》卷一《收养亲戚当虑后患》。
⑥ 《州县提纲》卷二《证会不足凭》。
⑦ 《名公书判清明集》卷一四《挟仇妄讼欺凌孤寡》。

人，他们的陈述对正确审理案件非常重要。一般是传唤证人到衙门接受询问。但为了减轻由于勾追证人到官给民众造成的负担，也可以采取变通的方式，派人到证人所在地依一定程序取证："差人诣镇、耆长等处，取责人户文状，须呼集邻保对众供写，不能书字，须令代写人对众读示，亲押花字，其代写人及邻保亦须系书，以为证照。"①

州县官传唤证人时，要注意防范里正召集与当事人有利害关系之人作证，因为这样会影响案件的真实情况，妨碍案件的调查，所以最好由州县官员亲自随机地召集证人："里正会实，受赇偏曲，或乞差邻都再会。若凭吏拟差，或受赇再差其亲密，则偏曲如初，卒不得情。故必自我点差使之不测。"②

还有的州县官针对田地争讼案件，指出应该注意防止里正在证人的选择上做手脚："奸民密知人有产无契，若有契未印，若界至不明，辄诈作逃绝乞佃脱判。会实嘱里正、耆邻扶同诬申，案吏利其厚赂，不问是非，遽凭偏词给据，彼既得据，辄争夺交业，固有今日方携据而去，而明日相殴而来，甚至杀伤者。有司追究，问之里正，则曰邻人，问之邻人，则曰里正。其实皆里正受赇，勒其为邻，而彼实不知，又或以佃者为邻，或以亲戚为邻。故必反复得实，仍勒里正结罪保明。俟差邻都再会，如不实或续有人竞，必先抵里正罪，庶知忌惮。"③里正故意让当事人的佃户或亲戚作为邻人为案情作证，由于与当事人有利害关系，主审官员当然很难获得实情，所以必须反复调查，获得实情，并且要求里正写下保证书。

封建司法制度下，证人也可能会被禁留甚至被拷打，所以州县官也认识到追证会给民众造成一定的骚扰和破坏，所以为民着想，他们在追证过程中也努力减轻由此给民众造成的损害。如有的官员提出应尽量限制或减少追证的范围，"婚田暧昧者，只勾近邻、近亲人照证"，"买卖有契要，而辄相昏赖者，不必勾人，稍行根治，便见本情"。还有的州县官为民众生计着想，在勾追多名证人时，要求除十分紧急的案件外，应尽量使其到官府的时间一致，以免造成证人被"关留"，浪费其时间、金钱。"承受引帖人，凡勾追两人以上，须约定时日，齐集出头，即不得先后勾呼，却于所在关留，枉费盘缠及妨营运。（文引上印'火急'字，及引内指定今逐旋勾追赴县者，即不须候足，径仰先到者出头。）"④

① 《作邑自箴》卷五《规矩》。
② 《州县提纲》卷二《再会须点差》。
③ 《州县提纲》卷二《请佃勿遽给》。
④ 《作邑自箴》卷五《规矩》。

宋代官箴《州县提纲》中也告诫州县官不要勾追过多的证人，给民众造成不必要的损失："讼者元竞本一二人，初入词，类攀竞主之兄弟父子，动辄十数人，甚至与其夫相殴而攀其妻为证，与其父相殴而攀其女为证，意在牵联人数，陵辱妇女，辄谓得胜。若不自我点追，而一付之于吏，则吏必据状悉追，亡一人得免。卒辈追一人，则有一人赂。执判在手，引带恶少数辈，名曰家人，骚动乞觅，鸡犬一空，稍不如意，则穿联满道，未至有司而其家已破矣。故必量事之缓急轻重，如大辟劫盗之属，缓则逸去，势须悉追。余如婚田斗殴之讼，择追紧切者足矣。妇女非紧切勿追。"①《昼帘绪论》也指出不应随便追逮证人，以免造成民众的负担："凡与一人竞诉，词内必牵引其父子兄弟七五人，甚至无涉之家，偶有宿憾，亦辄指其妇女为证，意谓未辨是非，且得追呼一扰，费耗其钱物，陵辱其妇女。此风最不可长。令须察其事势轻重，止将紧要人点追一两名，若妇女，未可遽行追呼，且须下乡审责供状，待其紧急，方可引追。此其当行者六也。"②

勘验现场也是追证的重要工作，通过对与案件有直接关系的现场进行勘察，可以对案情获得更为直观的了解，有利于判明是非。勘验现场尤其在田宅争讼中多见。例如"主佃争墓地"一案中，吴春、吴辉兄弟之祖乃卓清夫家佃户，以祖父无地可葬，卓家遂以大广坟山右畔一穴与之，明约不许丈尺侵占。但后世吴春却执出契约一纸，说是用钱两贯足，买得江彦山一片，土名大广北坑口陇头，且称山上安葬祖墓五穴，已经 50 余年，栽插茂盛，因此阻止卓家在此安葬坟墓。为了准确查明案情，于是主审官员亲自到现场进行勘验，"当职自到地头，唤集邻保、两词，同登山究实，得见大广之北山望南有吴家墓一穴，东去不出十丈，则却有古墓一穴，卓清夫所开新穴，正在古墓之右，去吴家墓凡六丈许，旁下别无五穴来由，亦无填塞之处。再三审问，众口一辞"。最后结合其他证据，查明是吴家兄弟意图侵占卓家产业，因此最后判决："所有大广北山头分水而南，牛路为界，除卓县尉元克为吴家安葬一地外，尽合还卓宅承分子孙管业。吴春、吴辉殴人拦丧，不顾名分，变易南北，烦惑官司，欲各勘下杖六十，照监元责偿钱入官。"③又如"争地界"一案中，傅良获得鲍家产业后，与沈百二对双方住宅界至发生争议，主审官员在判词中说，"以地势参之，非但高低不同，鲍家屋侧，古有水沟，直透官街，则一沟直出，皆是鲍家基地明矣"，可见，主审官员曾经到现

① 《州县提纲》卷二《判状勿多追人》。

② 《昼帘绪论·听讼篇第六》。

③ 《名公书判清明集》卷九《主佃争墓地》。

场做过现场勘查勘验工作①。

有的州县官员甚至提出应该专门制作详细的地图，载明本地区的地形、地貌，以便在处理争讼时参考："迓吏初至，虽有图经，粗知大概耳。视事之后，必令详画地图，以载邑井都保之广狭，人民之居止，道涂之远近，山林田亩之多寡高下，各以其图来上，然后合诸乡邑所画，总为一大图，置之坐隅，故身据厅事之上，而所治之内人民、地里、山林、川泽，俱在目前，凡有争讼、有赋役、有水旱、有追逮，皆可以一览而见矣。昔吕惠卿虽不足言观其以居常按视县图，究知乡村地形高下为治县法，盖亦有所见也。"②

由此可见，在审理案件的过程中，往往需要证人出庭作证或提供书面证言，以证实案件的相关情况，必要时州县官还要勘察案件现场情况，以获得第一手证据。因此，"追证会实"是审理案件的必要程序。

三、审阅案卷

案卷包括原告、被告双方的供述及与案情相关的证人证言、勘验笔录等证据材料，记载了案件的全部信息。通过详细审阅案卷，州县官可以更加全面地了解和掌握案情，分清当事人之间的是非曲直，从而使判决公平、公正，避免错判。审阅案卷是州县官审理案件的一项重要活动。《名公书判清明集》的判词中就提到："详阅案卷，考究其事，则于法意人情，尚有当斟酌者。"③《州县提纲》也提出官员审理案件时应该"详阅案牍"，才能避免误判："理断公讼，必二竞俱至，券证齐备，详阅案牍，是非了然于胸次，然后剖决。盖人之所见有偏，若惮案牍之繁，倦于详览，遽执偏见，自以为得其情而辄剖决者，其过误多矣。"④

州县官的判决文书常常使用"拖照"一词，来表示审阅历来的案卷，如《名公书判清明集》中有一"子不能孝养父母而依栖婿家则财产当归之婿"的案件，王万孙不孝养父母，致使父母依靠女婿李茂先生活，养生送死，皆依靠女婿。因此，王万孙之父遗嘱将属于自己的职田交由女婿承佃。王万孙不服，向官府告诉。主审官员判决时"拖照案牍"，即审阅历来的案卷材料，查明了案件的真实情况，驳回了王万孙的无理诉求。⑤

审阅案卷时，首先要仔细阅读当事人第一次告状时的"初词"，因为当

① 《名公书判清明集》卷六《争地界》。
② 《州县提纲》卷二《详画地图》。
③ 《名公书判清明集》卷六《执同分赎屋地》。
④ 《州县提纲》卷二《详阅案牍》。
⑤ 《名公书判清明集》卷四《子不能孝养父母而依栖婿家则财产当归之婿》。

事人初次供述往往很少作假或扭曲案情,最可能反映真实的案情:"讼者初词,姓名、年、月节目必须详览。盖案牍动至数万言,虽若繁伙,然大率不出乎初词。傥后词与前异,前词所无而其后辄增者,皆为无理。若夫狱囚所招则先隐其实旋吐真情又不可例凭初词。"①

审阅案卷应该全面阅读整个案件全部卷宗材料,而不应贪图省事,只阅读由胥吏提供的"节录本","令每遇决一事,案牍纷委,惮于遍阅,率令吏摘撮供具,谓之事目。不知吏受人嘱,其理长者,不为具出,而理短者,反为声说,以此断决,多误。不若令自逐一披览案卷,切不要案吏具单。兼胜者固有理,而负者亦未尝无道理可说,特不若胜者之多耳,令合先述其是而折其非,则负者虽欲番诉,不可得矣。此其当行者十也"②。

《州县提纲》也认为,只有详阅案卷中的当事人全部供词,才能保证案件的公正审理:"二竞者之词,悉见于亲供,或惮案牍之繁,不暇遍览,将结断时,案吏则以案具始末情节引呈,盖欲便于观览也。不知甲乙对竞,甲之赂厚则吏具甲之词必详,乙之词虽要者亦且节去,以此误长官之判多矣。既有元词,自当详览以定曲直。又具情节,适为赘耳。"③这强调了州县官亲自详细审阅案卷的必要性。

审阅案卷还有防止胥吏舞弊的作用,"前辈尝言,吏人不怕严,只怕读。盖当官者,详读公案,则情伪自见,不待严明也"。④

对于累讼不决的案件,通过审阅历年积累的案牍,也可以更好地予以处理。宋人的文集中很多就记载了能干的州县官依靠审阅数量巨大的"案牍",成功清理解决了很多累讼不决的案件。如乾道二年的进士黄何知岳州时:"本州有三年、五年、七年之讼不能决者,公自到官,尽索故牍,反复详视,原情按法,决遣一空,屈者获伸,悍者屏息。"⑤

可见,通过"审阅案卷",州县官可以透过详读案件的卷宗资料,从而全面地了解和掌握案情,对案件作出更为妥当的判决。

第二节　宋代州县官审理民事案件的依据

宋代州县官对民事案件有权作出终局判决。州县官在审理这类案件

① 《州县提纲》卷二《详审初词》。
② 《昼帘绪论·听讼篇第六》。
③ 《州县提纲》卷二《呈断凭元供》。
④ (宋)吕本中:《官箴》,中华书局2019年4月版,第77页。
⑤ (宋)程珌:《洺水集》卷一一《母舅故朝议大夫太府寺丞黄公行状》。

时是依据什么标准来断案的呢？本书认为，宋代州县官在审理案件时既要查明事实，依法判决，这是审判的前提，又要参酌案件的实际情况，依据“情理”，权衡实际，灵活断案，从而达到“情、理、法”圆融的理想境界。

在对此进行论证之前，首先对什么是“情、理、法”进行分析。

一、何为“情”“理”“法”

“情”，也称“人情”，张晋藩教授提到，中国古典文献中就有关于人情的概念，《礼记·礼运》说：“何谓人情？喜、怒、哀、惧、爱、恶、欲，七者弗学而能。”这说明凡是符合人类七种情感所萌发的共同基础的就是人情，亦即通常所说人之常情。对于中国古代的“人情”概念，张晋藩教授指出：“人情也反映了国情、世情的特殊性。中国古代的人情是以浓厚的血缘伦理亲情为基础的，表现为亲族之间根据伦理原则而形成的权利义务关系。但亲情是有社会性的，是社会关系在家庭（族）间的具体化，因此人情也要从社会大视野的角度去认识和掌握，要把亲情扩大为世情，不能只拘囿于一家一族。”进而他以得到中国古代社会公认的血缘伦理关系“亲亲”“尊卑有序”举例说明：“（亲亲、尊卑有序）在宗法盛行的古代社会，凡符合于此的言论与行为，便符合人情，体现人情。但剥下亲亲、尊卑有序的血缘外衣，它又是一种社会关系，即社会成员之间的相互权利义务关系，因为家庭成员同时又是社会成员。因此，亲亲、尊卑有序又是社会认可的存在于广大社会成员之间的人情。”由此张晋藩教授进而强调：“不从血缘伦理亲情着眼去考察人情，便脱离了宗法社会的本体，仅仅是从伦理血缘亲情着眼，又妨碍了揭示人情的社会本质。总之，人情具有伦理性、社会性、时代性，它不是个人的爱恶或少数人的趋向。人情的标准因时代、因阶级、阶层而异，但也有共性，那就是人之常情，亦即人性在正常状态下的反映。”①

日本学者滋贺秀三则认为，“情”字的含义及作用颇具多面性：“情字有指情节、情况等事实关系的含义。在英国人所编的辞典中，被译为circumstance……但这种含义的‘情’，实际上与作为判断基准的规范性的‘情’，有着深刻的联系。也就是说，在判断之际，不能将作为直接对象的事实和现象孤立起来，而必须将其置于与作为背景的各种事实和现象的具体关联中，加以同情的理解和评价，这种要求就体现在‘情理’一词的‘情’中……情本来有‘心’的意思……人们通常可以估计对方会怎样思考和行

① 张晋藩：《中国法律的传统与近代转型》，法律出版社2009年版，第104页。

动，彼此这样相互期待，也这样相互体谅，或许这就是‘人情’所代表的意思。”①显然，“情”的多面性是正确理解其含义的难度所在，也是正确理解“情”的关键所在。在中国人的文化中，“情”绝不能孤立地、单向地、个别地去理解，而必须有联系地、双向地、整体地去理解，必须放在与作为背景的各种事实和现象的具体关联中予以“同情地理解和评价”，这可能也是中国人往往“情理”并称的原因。

范愉教授认为，“情”本身就是一个多义词，大概有四层意思：“第一层意思是指人之常情，即我们通常说的人性、人的本能方面；第二层意思是指民情，即可以把社会舆论，社会的一些基本现实状况，乃至于我们经常说的一些习惯法、大家公认的一些习惯风俗、大家认为天经地义的一些权利等等，都置于‘民情’意义上的‘人情’范畴来考虑；第三层意思是指情节或者情况，即经常所说的‘情有可原’，或指案件的具体的情节，在一般的司法判决中，大家对这样一种事实情节没有什么异议；第四层意思是指情面或者人情，它可能更多涉及一些人际关系、社会关系。可见，第一层意思和第二层意思上的‘情’与情理这个概念基本上是相似的”。

综合上述观点，可以发现，“情”有多方面的含义，可以归纳为四个义项：第一个义项的“情”是事实义项的“情”，就是案件、事件的情节、实情，真实客观情况。这个意义的“情”对审判当然是不可或缺的，却是最容易被民众忽视的，而经验丰富的主审官员在审理案件时会密切关注着这一事实之维意义上的“情”。第二个义项的“情”是价值判断意义的“情”，这个“情”近乎于审判官心中的正义感、公平感，审理案件时在他们心里起作用，如情有可原、人之常情、人情、私情等心理活动。如范西堂审理的“女合承分”案中，郑应辰有亲生二女和一个过继养子，家产非常富有，有田三千亩。其在世时立遗嘱给二女各田一百三十亩。郑应辰去世后养子继承得到了全部家产，却不愿意将遗嘱中确定的田产分割给二女继承，二女诉至范西堂处。范西堂认为，“却不思身为养子，承受田亩三千，而所拨不过二百六十，遗嘱之是非何必辩也”，果断判决“照元遗嘱各拨田一百三十亩，日下管业”②。显然，在主审官范西堂心中，一个父亲出于对于亲生女儿的爱护之情分给女儿合理份额的财产是完全可以理解的“人之常情”，因此毫无疑问应予支持。第三个义项的“情”是指人际关系中的

① ［日］滋贺秀三：《清代诉讼制度之民事法源的概括性考察——情、理、法》，范愉译，载［日］滋贺秀三等著，王亚新、梁治平编：《明清时期的民事审判与民间契约》，法律出版社 1998 年版，第 37 页。

② 《名公书判清明集》卷八《女合承分》。

"情",如情面、人情等。如"掌主与看库人互争"案件中,黎润祖在范雅家做其子范继的家庭教师,两家"人情深熟",后黎润祖因向范雅"借贷钱物,开张店铺",过期却不归还,双方酿成纠纷,主审官员最后却判决"黎润祖斟酌少钱,填还范雅,不必拘以元数,亦俗所谓卖人饶买人之意也"①。主审官如此作判,显然是把双方当事人之间的宾主"人情"作为了审判要考虑的重要因素。第四个义项的"情"是指基于父母子女血缘伦理的家庭亲情而形成的权利义务关系,表现为"父慈子孝、兄友弟恭"的亲情。如《名公书判清明集》"兄弟一贫一富拈阄立嗣"案件中,兄弟两人争抢着为去世的富裕兄弟立嗣,却不愿意为同样去世的贫穷兄弟立嗣。主审官员指出二兄弟"徇利忘义,遂阋于墙而不顾,讼于官而不耻,甚至诬其母以偏爱,人情至此大不美"②。此处所谓"人情"显然就是指被兄弟二人的行为所伤害了的家族伦理亲情。

值得指出的是,"情"是社会公认的情感,而非个人的好恶需求——除非这具有普遍的含义。"情"往往与法并列,成为宋代州县官审理民事案件的重要依据。《名公书判清明集》中就多处有"情"与"法"并举之处,如:"照得户婚讼牒,不一而足,使直笔者不能酌情据法,以平其事,则无厌之讼炽矣,家不破,未已也,事到本司,三尺具在,只得明其是非,合于人情而后已。"③"命继有正条在,有司惟知守法,而族属参之以情,必情法两尽,然后存亡各得其所""揆之法意,揆之人情,无一可者,而李子钦乃欲以口舌争之,其可得乎?"④

"理",古人常用道理、天理来说明,它比"情"抽象。滋贺秀三认为,"理"主要是指当时人们认识到的各种规律和长久形成的关于"包括习惯、风俗在内的比如'欠债还钱''父在子不得自专'等中国文化中未必成文却为人们广泛承认的种种原理、原则"⑤。

范愉教授认为,"理"的概念在过去的应用中,至少有三层意思:"第一层意思是指的天理,我们所说的天道,或者人与社会应共同遵循的一些规律。这种规律可能在冥冥之中对我们起一些作用,对我们的正义感或者对事情的本来面目起一种昭示或者揭示的作用。'理'的第二层意思则是指公理,可以理解为是社会共同的行为规范,比如习惯、传统、共同规则等。

① 《名公书判清明集》卷九《掌主与看库人互争》。
② 《名公书判清明集》卷七《兄弟一贫一富拈阄立嗣》。
③ 《名公书判清明集》卷七《立继有据不为户绝》。
④ 《名公书判清明集》卷四《随母嫁之子图谋亲子之业》。
⑤ [日]滋贺秀三等著,王亚新、梁治平编:《明清时期的民事审判与民间契约》,法律出版社1998年版,第122页。

那么在这样一个意义上，它与前面说的‘人情’的意义大体是相同的。‘理’的第三层意思往往是指公共道德，或者公共利益。”

“理”也是宋代州县官审理案件的重要依据。如常有开在任四川夹江县令时，审理案件就“一折诸理”：“复调夹江县令，安沂公丙宣抚全蜀，有嫠妇挟公书以求直，而妇之辞妄，君一折诸理，两造咨异，沂公亦不以为忤也。”①《名公书判清明集》的判决中更是常常出现“理”与法相提并论的情况，如“昨来官司未欲遽行定夺，谕令对定，亦欲姑全两家情好耳，今据案下笔，惟知有理法耳”②，“公事到官，有理有法”。

综合分析，我们可以发现，“理”的含义有如下几个层面：第一层是指天理、天道，也就是儒家所最重视的伦理纲常。如“兄弟争葬父”的案件，兄弟二人为争夺遗产，主审官员在判决中指出：“私欲既炽，天理益昏，为之亲戚故旧者，所当开明义理，反覆敷陈，良心一还，则百念皆正，岂有天理终于晦蚀者哉！”③这里的“天理”，就是指父子之间的伦理纲常。第二层指的是公理，可以理解为是社会应共同遵循的行为规范，比如习惯、传统、共同规则。如吴恕斋在审理“以卖为抵当而取赎”一案中，陈嗣佑将田地立契断卖与何太应，已经交割完毕。五年后，陈嗣佑却称原来只是抵当，并非断卖，要求赎回，主审官员吴恕斋就此案指出：“富者多怀贪图之私，所当诛心，贫者每有屈抑之事，尤当加念。然官司亦惟其理而已。”④这里的“理”就是这层意思。第三层指的是公共道德、公共利益以及我们思考问题时所遵循的，也是对同类事物普遍适用的道理。

值得指出的是，中国传统的“理”与西方学者讲的“理性”不同，这个“理”与情感是相贯通的。我们常常讲“通情达理”，只有通情才能达理，如果不知“情”为何物而抽象奢谈“理”，当然不可能在审判中“以理服人”，更加不可能让自己信服“理”。

法，一般是指成文规范。按照马克思的观点，法是由国家制定或认可的，由国家强制力保障实施的行为规范。中国古代的法律自汉代开始法律儒家化的进程以来，历经三国两晋南北朝以至隋唐，到了宋代，法律经过长期的历史发展，已经完全实现了与儒家思想的融合，体现着封建统治者的意志，与饱受儒家经典文化熏陶、圣门出身的州县官的价值观应该说是大体一致的，因此，成文法的规定理所当然成为宋代州县官处

---

① 《鹤山集》卷八三《朝奉大夫知巴州常君墓志铭》。
② 《名公书判清明集》卷九《已嫁妻欲据前夫物业》。
③ 《名公书判清明集》卷十《兄弟争葬父》。
④ 《名公书判清明集》卷六《以卖为抵当而取赎》。

理争讼时首先要考虑的。如胡石壁即称“本府之所断,未尝敢容一毫私意己见,皆是按据条令”①;另一州县官蔡杭谓:“国家法禁,一视同仁,岂有所轻重哉”,“官司按法而行”②。宋代的法律渊源颇为繁多,包括律、令、格、敕等。据《宋史·刑法一》载:“宋法制因唐律、令、格、式,而随时损益则有编敕,一司、一路、一州、一县又别有敕。”③可见,宋代的法律渊源有律、令、格、敕、指挥、看详等,法禁可谓详备。

律,即宋代法典《宋刑统》,朱熹明确指出,“律即《刑统》也”④,李心传也认为“国初但有《刑统》谓之律”⑤。《宋刑统》基本沿用《唐律疏议》的法律条文,但也收录了唐律所没有载入的令、式和后周的一些敕文以及宋初现行的敕令。“凡削出令或宣敕一百九条,增入敕十五条,又录律内‘余条准此’者凡四十四条,附于《名例》之次。”⑥

敕,在宋代敕本为皇帝的诏令。由于敕是对特定的事或特定的人所发,并不具备一般法律的性质,这样的敕称为“散敕”。《宋刑统》卷三〇“断罪引律令格式”门规定:“诸制敕断罪,临时处分,不为永格者,不得引为后比,若辄引,致罪有出入者,以故失论。”⑦因此,要使散敕上升到一般法律,则必须通过编敕这一立法程序,即将散敕删其重复,去其抵格,存其可为常法者汇编成册,然后颁行。编敕起源于唐代,但把连续不断的编敕作为主要的立法手段,实始于宋代。至于敕的内容,在宋代则有所不同,宋神宗定义的敕为“禁于已然之谓敕”⑧。在实际编敕中,“丽刑名轻重者,皆为敕”⑨。《名公书判清明集》所引敕条不仅有编敕,而且有散敕。至于何者为编敕,何者为散敕,由于宋代编敕大多散佚,现在已不能严加区分。敕在《名公书判清明集》中,有些标明了是敕,有些则仅标明“在法”“准法”。而所谓的“申明敕”,则是对原来敕的补充说明和解释。

指挥,大致可分为两种:一种泛指皇帝的诏令;另一种则是指朝廷有关部门所下达的指示和命令。而所谓的“申明指挥”则是对原来的“指挥”的解释、补充和说明。

---

① 《名公书判清明集》卷八《侵用已检校财产论如擅支朝廷封椿物法》。
② 《名公书判清明集》卷九《一视同仁》。
③ 《宋史·刑法一》。
④ 《朱子语类》卷一二八《法制》。
⑤ 《建炎以来朝野杂记》甲集卷四《淳熙事类》。
⑥ 《宋会要辑稿》刑法一之一。
⑦ 《宋刑统》卷三〇“断罪引律令格式”门。
⑧ (宋)王应麟:《玉海》卷六六《天圣律文音义》。
⑨ 《宋史》卷一九九《刑法》。

令,本指皇帝的诏令,编而行之,成为一种法律形式。其用途在于“设范立制”,在唐代,“令者,尊卑贵贱之等数,国家之制度也”①,在宋代,宋神宗则把令定义为“禁于未然之谓令”②,在实际的编纂中指的是“约束禁止者”的条文。令规定了人们共同遵守的社会规范和社会制度。宋代州县的民事审判中经常以国家颁布的令为依据断案,如田令、户令等。《宋刑统》也收有前代和宋初的令。

格,唐代的格是“百官有司所常行之事也”③,即官吏处事的规则。宋神宗把格定义为“设于此以待彼之至之谓格”④。在实际的格中指的是有“等级高下者”。格按其内容可分为很多类,如“赏格”“考课格”“吏卒格”等。

看详,是指修敕时对敕文内容修改的说明,如宋神宗元丰七年七月二十五日,御史黄降曾上书:“朝廷修立敕令,多因旧文损益,其去取义则具载看详卷,藏之有司,以备照使。”⑤看详在宋徽宗政和年间所修的《政和重修敕令格式》中开始作为附加项列入,并颁行天下。此书正文有一百三十八卷,而“看详”则有四百一十卷。可见,看详也是宋代重要的法律渊源,在州县的审判实践中被广为引用,如《名公书判清明集》中就多次出现引用“敕令所看详”的案例。

断例,一般认为是具有法律效力的判例。早在熙宁七年,宋神宗就“差官以熙宁以来的得旨改例为断,或自定夺,或因比附辩定结断公案堪为典型者,编为例”。结果编成《熙宁法寺断例》三卷。崇宁、元丰年间编纂《崇宁断例》。乾道元年又编成《乾道新编特旨断例》。此外,还有《绍兴刑名疑难断例》等。

综上所述,在州县官审理民事案件的时候,法是成文的、实定性的审判依据,情与理则是非实定性的,在州县官审理民事案件时被作为“法之本原”的东西来追求,意味着一种法律之上或法律之外的价值,三者共同构成了宋代州县官员审理民事案件的依据。综上所述,宋代法官在司法审判中具有“天理、国法、人情互为圆融的审判艺术”,“在案件的审理过程中,国法强调审理案件的客观性、执法的公平性;天理旨在强调审案是非分明,恰如其分。人情要求司法官员权衡实际,灵活断案”⑥。

① 《新唐书》卷五六《刑法》。
② (宋)王应麟:《玉海》卷六六《天圣律文音义》。
③ 《新唐书》卷五六《刑法》。
④ (宋)王应麟:《玉海》卷六六《天圣律文音义》。
⑤ 《宋会要辑稿》刑法一之一三。
⑥ 《西山文集》卷三《直前奏劄一》。

二、州县官审判实践中情、理、法的运用

(一)情理与法律

"情"与"理"在审判实践中往往合称"情理",它是情与理的辩证统一,是中国式的理性和良心,是古代的道德伦理和常识。"情"与"理"的差别,可能只是在于"理"比"情"更为抽象,更注重体现事物的原理和原则。在宋人心目中,"情理"与法律并不矛盾,往往相提并论,如北宋人张丰就说:"立法常至于沮(阻)而不行者何也?是其立法非人之情故也。何谓非人之治?夫天下之所共恶者而时轻之,天下之所共恕者而时重之,不当恕而强为之仁,不必恶而过为之罚。凡此者,天下之情所不安也。"①南宋范西堂也认为,"祖宗立法,参之情理,无不曲尽。傥拂乎情,违乎理,不可以为法于后世矣","夫法之必本人情,犹政事之必风俗也。为政而不因风俗,不足言善政;为法而不本人情,不可谓良法"。②

在司法审判中,审判官员也常常将法律与"人情""天理"相提并论,如胡石壁认为:"法意、人情,实同一体,徇人情而违法意,不可也,守法意而拂人情,亦不可也。权衡于二者之间,使上不违于法意,下不拂于人情,则通行而无弊矣。"真德秀在《谕州县官僚》中也说:"是非之不可易者,天理也,轻重之不可逾者,国法也。以是为非,以非为是,则逆乎天理矣!以轻为重,以重为轻,则违乎国法矣!居官临民,而逆天理,违国法,于心安乎?雷霆鬼神之诛,金科玉条之禁,其可忽乎?"③

正因如此,在州县的审判实践中,那些在审理案件时能够将案情与法律摆荡平衡,做到"情、理、法允协"的官员往往受到赞赏。例如北宋宣和六年中进士的刘誉,在"考课"担任法曹的官员时说:"法者,礼之防也。其用之以当人情为得,刻者为之,则拘而少恩。前件官以通经举进士,始椽于此,若老于为法者,每抱具狱,必传之经义然后处,故无一不当其情,其考可书中。"④又如宋代江东提刑刘克庄赞赏同僚检法官陈绂:"及览牒诉,察其拟笔,传经而不胶纸上之言,析律而深得法外之意。"而那些在审判实践中没有摆正"情、理、法"的位置,未能将"法意"与"情理"处理妥当,作出不当判决的官员往往会受到严厉的斥责。如黄渐的妻子阿朱犯有奸罪,被县衙判给军人"射射为妻",而其丈夫并不愿意,而且阿朱有孩子,"甫免于襁

---

① 《张右史文集·悯刑论下》。

② 陈景良:《试论宋代士大夫司法活动中的德性原则与审判艺术》,载《法学》1997 年第 6 期。

③ 《清明集》卷一《谕州县官僚》。

④ 《容斋四笔》卷七《考课之法废》。

裸”,最后作出生效判决的范西堂指责其“重其所当轻,而轻所当重,为政如此,非谬而何?”①

那么州县官在审理案件的实践中究竟是怎样运用“情、理、法”,以实现案件的圆满解决呢?

下面就从州县官员审理案件的实态中去考察州县官员是如何运用“情、理、法”的。

(二)宋代州县官依“情、理、法”审案的实态

这里考察的是从州县官审理的浩如烟海的案件中选取的具有代表性的案件。这些案件可以分成五个类型:一是田宅案件;二是继承案件;三是婚姻案件;四是钱债案件;五是亲属间争讼案件。从宋代州县官审理的这些案件中,我们就能深深体会他们是如何依据“情、理、法”来审案的,了解他们如何做到“情、理、法”的圆融,使案件得以圆满解决。

案件类型一:田宅案件。

我们先看吴恕斋审理的一件“执同分赎屋地”案,判词如下:

> 理诉交易,自有条限。毛汝良典卖屋宇田地与陈自牧、陈潜,皆不止十年,毛永成执众存白约,乃欲吝赎于十年之后。本县援引条限,坐永成以虚妄之罪,在永成亦可以退听。今复经府,理赎不已,若果生事健讼之徒,所合科断。详阅案卷,考究其事,则于法意人情,尚有当参酌者。大率小人瞒昧同分,私受自交易,多是历年不使知之,所以陈诉者或在条限之外,此故不论也。永成白约,固不可凭,使果是汝良分到自己之产,则必自有官印干照可凭,今不赍出,何以证永成白约之伪乎?此又不论也。但据永成诉,汝良所卖与陈自牧屋一间,系与其所居一间连桁共柱,若被自牧毁拆,则所居之屋不能自立,无以庇风雨,此人情也。又据永成诉,汝良将大堰桑地一段、黄土坑山一片,又童公沟水田一亩、梅家园桑地一段,典卖与陈潜,内大堰桑地有祖坟一所。他地他田,不许其赎可也,有祖坟之地,其不肖者卖之,稍有人心者赎而归之,此意亦美,其可使之不赎乎?此人情也。使汝良当来已曾尽问,永成已曾批退,则屋虽共柱,地虽有坟,在永成今日亦难言矣。今汝良供吐,既称当来交易,永成委不曾着押批退,则共柱之屋,与其使外人拆毁,有坟之地,与其使他人作践,岂若仍归之有分兄弟乎!今官司从公区处,欲牒唤上毛汝良、陈自牧、陈潜,将屋二间及大堰有祖

① 《名公书判清明集》卷一二《因奸射射》。

> 坟桑地一亩，照原价仍兑还毛永成为业。其余黄土坑山、童公沟田、梅家园桑地，并听陈潜等照契管业，庶几法意人情，两不相碍。陈自牧、陈潜既为士人，亦须谙晓道理，若能舍此些小屋地，非特义举，亦免争诉追呼之扰，所失少而所得多矣。①

此案中，作为主审官的州县官吴恕斋认为毛永成要求赎回屋宇、田地的诉求早已超过法律规定的时限，本应驳回。但笔锋一转，其又指出所卖之屋中有一间“系与其所居一间连桁共柱”，若被对方当事人毁拆，“则所居之屋不能自立，无以庇风雨，此人情也”；而所卖田内有祖坟，“其不肖者卖之，稍有人心者赎而归之，此意亦美，其可使之不赎乎？此人情也”，而且毛永成当年也未曾批退而放弃先买权。因此，综合考虑案件相关事实，主审州县官最终以变通法律的方式作出判决，即准许毛永成赎回共柱之屋和有坟之田，其余屋宇、田地仍归陈自牧所有，“庶几法意人情，两不相碍”，如此判决，显然实现了“实质公平”，恢复了和谐的社会秩序。

同样是吴恕斋所判“已卖而不离业”一案，州县官同样以案件的具体事实情况为由而改变了法律的规定：

> 阿章绍定年内，将住房两间并地基作三契，卖与徐麟，计钱一百五贯。当是时，阿章，寡妇也，徐鼎孙，卑幼也，律之条令，阿章固不当卖，徐麟亦不当买。但阿章一贫彻骨，他无产业，夫男俱亡，两孙年幼，有可鬻以糊其口者，急于求售，要亦出于大不得已也。越两年，徐十二援亲邻条法，吝赎为业，亦既九年，阿章并无一词。今年正月，忽同鼎孙陈词，当来只典与徐麟，不曾断卖，仍欲取赎。本县已令徐十二交钱还业。今徐十二又有词于府，称是徐麟见其修整圆备，挟曩年吝赎之恨，扶合阿章、鼎孙，妄以断卖为典，且缴到赎回徐麟元买赤契三道。切详此讼，阿章既有卖与徐麟赤契，分明该载出卖二字，谓之不曾卖，不可也。经隔十有余年，若以寡妇、卑幼论之，出违条限，亦在不应受之域。向使外姓辗转得之，在阿章已断无可赎之理。但参酌人情，阿章与徐十二为从嫂叔，其可赎不可赎，尚有二说。据阿章供称，见与其孙居于此屋，初不曾离业。倘果如此，则徐十二合念其嫂当来不得已而出卖之意，复幸其孙克自植立，可复旧物，以为盖头之地。楚人亡弓，楚人得之。何忍迫之出外，而使一老二孤无所归乎！此阿

① 《名公书判清明集》卷六《执同分赎屋地》。

> 章所以为尚可赎也。但又据徐十二供，阿章离业已久，只因徐麟挟仇，教唆兴词。若果如是，则又堕小人奸计，以滋无根之讼。大率官司予决，只有一可一否，不应两开其说。但本府未审阿章果曾离业与否，难以遽为一定之论。今两词并不到府，暑天又不欲牵连追对，宗族有争，所合审处。欲牒昌化佐官，更与从公契勘，限五日结绝，申。①

此案中，阿章向官府要求赎回典卖房屋，但经过调查，阿章当年因贫困将房屋出卖，而非典卖，有官方认可的“赤契”为证，并且“经隔十有余年”，已经超过了法定时限，按照法律阿章“断无可赎之理”。但主审官认为此案情况特殊，房屋所有权人徐十二与阿章是叔嫂关系，都是一家人，应是“楚人亡弓，楚人得之”，并且阿章自称仍“居于此屋，初不曾离业”。考虑到这种特殊情况，州县官认为如调查属实，阿章确未离业，可以准许阿章赎回房屋。这里，主审官员显然以案件的具体情况为理由，改变了法律的不二规定，这是一种“权变”的运用，最终是为了保护寡妇阿章的生活稳定，实现和谐的亲情关系，追求的是一种“实质公平”。

案件类型二：继承案件。

例如在“熊邦兄弟阿甘互争财产”一案中，州县官则为了争讼的解决，对法律的规定完全置之不理：

> 熊赈元生三子，长曰邦、次曰贤、幼曰资。熊资身死，其妻阿甘已行改嫁，惟存室女一人，户有田三百五十把。当元以其价钱不满三百贯，从条尽给付女承分。未及毕姻，女复身故。今二兄弟以其子立嗣，而阿甘又谓内田百把系自置买，亦欲求分。立嗣之说，名虽为弟，志在得田。后来续买，亦非阿甘可以自随。律之以法，尽合没官，纵是立嗣，不出生前，亦于绝家财产只应给四分之一。今官司不欲例行籍没，仰除见钱十贯足埋葬女外，余田均作三分，各给其一。此非法意，但官司从厚，听自抛拈。如有互争，却当照条施行。②

此案中，被继承人熊资的家产显然属于户绝财产，州县官也指出“律之以法，尽合没官”，但为了维护和谐的秩序，实现“实质公平”，州县官判决将“余田均作三分”，熊邦、熊贤兄弟和阿甘“各给其一”。这里，法律的规

① 《名公书判清明集》卷六《已卖而不离业》。
② 《名公书判清明集》卷四《熊邦兄弟阿甘互争财产》。

定只是压服当事人接受判决结果的工具，为了实现和谐的秩序，最终实现“实质公平”，所以虽然这样“权变”判决，“此非法意”，但州县官也在所不顾了。

又如下面“诸侄论索遗嘱钱”案：

> 柳璟兄弟四人，久矣分析，各占分籍，素无词诉。三兄俱亡，有侄凡四，璟死之日，家业独厚，生子独幼，以四侄贫乏，各助十千，书之于纸，岁以为常。今才五七年，而璟之妻子乃渝元约，诸侄陈论意欲取索，就其族长索到批贴，系璟亲书，律以干照，接续支付，似可无辞。第探其本情，寓有深意。昔人有子幼而婿壮，临终之日，属其家业，婿居其子之二，继而渝盟，有词到官。先正乖崖以其善保身后之子，而遂识乃翁之智，从而反之，九原之志，卒获以伸。柳璟之死，子在襁褓，知诸侄非可任托孤之责，而以利诱之。观其遗词，初念生事之薄，而助之钱，终以孤儿寡妇之无所托，而致其恳，且言获免侵欺，瞑目无憾。执笔至此，夫岂得已。此与古人分付家业之事，意实一同，其所措虑，可谓甚远。诸侄不体厥叔之本意，历年既远，执券索偿，若果固有。不知璟之子受年日以多，璟之妻更事日以熟，门户之托，既有所恃，则以利人，无嫌诺责。合当仿乖崖之意行之，元约毁抹，自今以始，各照受分为业，如有侵欺，当行惩断。①

此案中，柳璟死时，家业丰厚而儿子年纪幼小，立遗嘱“以四侄贫乏，各助十千，书之于纸，岁以为常”，但这笔钱才给了五七年，柳璟的妻子就违背原约，不再给付，诸侄因而告到官府，要求履约。对于此案，主审的范西堂认为约定是当事人亲笔所书，按照法律似可无辞，但是又认为“第探其本情，寓有深意”。他认为，柳璟立遗嘱资助诸侄金钱，并非自觉自愿，而是因为临死的时候，“子在襁褓，知诸侄非可任托孤之责，而以利诱之。观其遗词，初念生事之薄，而助之钱，终以孤儿寡妇之无所托，而致其恳，且言获免侵欺，瞑目无憾”。由此可知，柳璟是为了防止诸侄欺负自己的妻儿，才无奈立下遗嘱资助其金钱的，“夫岂得已”。最后判令“元约毁抹，自今以始，各照受分为业，如有侵欺，当行惩断”，驳回了诸侄的无理请求。

案件类型三：婚姻案件。

在“定夺争婚”案中，州县官斟酌“情、理、法”，保护了当事人家庭的完

---

① 《名公书判清明集》卷八《诸侄论索遗嘱钱》。

整和稳定，维护了婚姻家庭秩序：

吴重五家贫，妻死之时，偶不在家。同姓吴千乙兄弟与之折合。并挈其幼女以往。吴重五归来，亦幸其女之有所归，置而不问。无几，吴千乙、吴千二将阿吴卖与翁七七为媳妇，吴重五亦自知之，其事在嘉定十三年十一月。去年八月，取其女归家，至十一月，复嫁给李三九为妻，致翁七七经府县有词。追到吴千二等供对，却称先来系谋娶得阿吴为妻，自知同姓不便，改嫁与翁七七之子。同姓为亲，抵冒法禁，离正之可也，岂应改嫁接受财礼？吴千二将阿吴嫁与翁七七之子，固是违法，然后来已自知情，又曾受过翁官会二贯文，岂应复夺而嫁之？合将阿吴责还翁七七之子，但阿吴既嫁李三九，已自怀孕，他时生子合要归着，万一生产之时，或有不测，则吴重五、李三九必兴词讼，不惟翁七七之家不得安迹，官司亦多事矣。当厅引上翁七七，喻以此意，亦欣然退厅，不愿理取，但乞监还财礼，别行婚娶。阿吴责还李三九交领；吴千乙、吴千二、吴重五，犯在赦前，且与免断，引监三名备元受钱、会，交还翁七七。①

从判词可知，此案依照《宋刑统》规定："诸许嫁女已报婚书，及有私约，而辄悔者，杖六十。虽无许婚之书，但受聘财亦是。若更许他人者，杖一百；已成者，徒一年半。后娶者知情，减一等，女追归前夫。"②应该按照法律，"合将阿吴责还翁七七之子"，但案中阿吴既嫁之后已经怀孕，如果如此刻板执行法律，则阿吴与李三九的家庭形将破裂，未来也难免因孩子问题发生纠纷，显然不合人情，因此"权变"在所难免。州县官以调处的手段，使当事人达成妥协，翁家同意不再坚持娶阿吴，主审官员判决吴家返还翁家原来交付的聘礼，维持了阿吴与李三九的婚姻关系。

案件类型四：钱债案件。

在"欠负人实无从出合免监理"一案中，主审的州县官考虑了当事人双方的财产情况：

李五三兄弟欠负主家财本，官司固当与之追理，但其家既素无生业，其父因饥荒而投托于黄公才之家，恐黄公才未必遽然以数百千付

① 《名公书判清明集》卷九《定夺争婚》。

② 《宋刑统》卷一四《户婚律·婚嫁妄冒》。

于其手。必是逆料其如饥鹰附人，饱则逸去，故邀其假立文约领钱，以为羁縻之术耳，不然，则不应如是之轻率也。今本府押其兄弟下县监纳，已数阅月，更无一钱以偿之，啼饥号寒，死已无日，纵使有欠负，亦已无可责偿，况未必是实乎！在法：债负违契不偿，官为追理，罪止杖一百，并不留禁。今观其形容憔悴如此，不惟不当留禁，杖责亦岂可复施？合免监理，仍各于济贫米内支米一斗发遣。①

此案中，李五三兄弟确实没有偿还能力，因为"下县监纳，已数阅月，更无一钱以偿之"，如再以强制手段迫其偿还，则"啼饥号寒，死已无日"，因此州县官根据现实情况变通适用法律，指出欠钱文约可能是假，以此为理由，不但免其偿还债务，并且由于被告人已经"形容憔悴如此"，所以"杖责岂可复施"，又免去法律规定的杖责之罚，最后还支给其济贫米一斗。

在"领库本钱人既贫斟酌监还"一案中，主审州县官同样根据当事人财产情况变通了法律的规定："罗友诚节次领周子遵钱二百七十贯，开张质库，且有文约可凭，今已越八年矣。因主家诉其欠负，乃称所领之钱元不及数，所谓质库，系是柜坊，与文约所书大相矛盾，意在诬赖，不言可知。但小人得钱到手，既是妄用，官司虽有理索，岂能一一如约。幸而周子遵前后已取去钱二百一十六贯，若通本息计之，则所偿仅及息钱之半，若只以本钱论，别所少仅五十四贯而已。事既至此，得本已为幸甚，何暇更计息哉！委任非人，只得认错。若必欲究竟到底，便着追保识人，追檐钱人。岂不扰害邻里。文移来往，动是旬月，淹留城市，出入官府；纵是尽如所欲，想亦得不偿失。况罗友诚一贫如此，断是无所从出，今只得酌情处断。罗友诚勘下杖一百，锢身押下县，还未尽本钱五十四贯外，更监纳息钱一百贯足。如一月不纳，押上照断监还。"②

此案中，债务关系非常明确，但债务人罗友诚已陷入贫困，无充分偿还能力，并且债权人周子遵已经得到一部分清偿，"前后已取去钱二百一十六贯，若通本息计之，则所偿仅及息钱之半，若只以本钱论，别所少仅五十四贯而已"，因此州县官认为周子遵不应再坚持偿还文书约定的本息钱数，"事既至此，得本已为幸甚，何暇更计息哉"。最后，以情理变通了法律的规定，作出判决，只要求被告人偿还一部分债务，"罗友诚勘下杖一百，锢身押下县，还未尽本钱五十四贯外，更监纳息钱一百贯足"。

---

① 《名公书判清明集》卷九《欠负人实无从出合免监理》。

② 《名公书判清明集》卷九《领库本钱人既贫斟酌监还》。

而在“掌主与看库人互争”一案中，州县官则考虑到了双方当事人的人情关系、实际负担能力等综合因素。该案中，黎润祖曾是范雅家的私塾老师，后与范雅人情深熟之时，借贷钱物，开张店铺，后因双方发生纠纷，黎润祖欲席卷而去，范雅得知，遂致拦截，以至酿成官司。依照法律，“欠债还钱”，黎润祖当然应该原数偿还借范雅的本钱，但州县官却并未如此判决，而是变通作出了判决：“当厅勒黎润祖斟酌少钱，填还范雅，不必拘以元数，亦俗所谓卖人饶买人之意也。又况范雅之子范继既得黎润祖训导，其模范已正矣。今范雅责偿于黎润祖者，又能不求其足，是亦阴骘之一助。模范既正，阴骘相扶，异时范继黄卷策勋，青衫入手，黎润祖之澄源正本，与有力焉。”①显然，主审州县官并未限于借贷这一单纯的法律关系，而是考虑到当事人黎润祖曾是范家私塾先生这一人情关系，对法律进行了变通，从而平息了双方的纷争。

案件类型五：亲属间争讼案件。

如下面“母在不应以亲生子与抱养子析产”一案：

> 陈文卿妻吴氏昨来抱养陈厚为子，继而亲生二子，陈谦、陈寅是也。吴氏夫妇若贤，则于有子之后，正当调护均一，使三子雍睦无间言可也。无故自以产业析而三之，文卿既死之后，吴氏又以未分之业析之。陈厚自鬻已产，固为不是，然使吴氏初无偏私之意，未即分开产业，至今同爨而食，母为之主，则陈厚虽欲出卖而无从。陈谦、陈寅挟母以治其兄，至谓陈厚殴母，于状内称十月二十九日陈状判执者，此特谦、寅买填印白纸，栽添讼本而已，不然，二十九日之状簿，何以独无吴氏之名。准法，父母在，不许别籍异财者，正欲均其贫富，养其孝第而已。今观吴氏子母违法析产，以与陈厚者，是欲蹙之使贫也。昔姜氏恶庄公，爱叔段，东莱吕氏云：爱恶二子，乃是事因。今吴氏爱恶何以异此。幸今吴氏母子因陈厚论收诡户，稍肯就和，此当职之所深愿也。唤上陈厚，当厅先拜谢其母，陈谦、陈寅次拜谢其兄，唤乡司克除陈厚、陈谦、陈寅三户之外，其余范从政、陈梦龙、陈氏儿陈堪下黄庚、三姐、陈文卿等五户物业并归陈文卿一户，而使吴氏掌之，同居共爨，遂为子母兄弟如初。他时吴氏考终之后，从条只将陈文卿一户分与三子，陈厚不得再分陈谦、陈寅两户物业，以其已经分析立户，自行卖尽故也。若以法意言之，谦、寅两户亦合归并，但陈厚既已自卖其所受之产，不

① 《名公书判清明集》卷九《掌主与看库人互争》。

> 欲归并，以遂陈厚重叠分业之科，此又屈公法而徇人情耳。仍给据与谦、寅为照。陈厚者，归与妻子改节以事其亲，笃友以谐其弟，自此以后，无乖争凌犯之习，以厚里闾，尤令之所望也。仍申。①

此案中，陈家兄弟为争家产而成讼，依法"父母在，不许别籍异财"，应该将所有家产归并，由家长吴氏掌管，但主审官员为了调和家庭矛盾，没有简单处理，而是以儒家伦理对当事人进行教育，让陈厚"当厅先拜谢其母"，"陈谦、陈寅次拜谢其兄"，使之和好如初，然后保留了陈谦、陈寅两户已经分得的财产，"此又屈公法而徇人情耳"，并且允许陈厚以后有权继承吴氏掌管家产的三分之一。主审官员认为，只有这样，才能使当事人"改节以事其亲，笃友以谐其弟"，最终实现"自此以后，无乖争凌犯之习，以厚里闾"的目的。

吴雨岩则曾经审理过一件"母子兄弟之讼当平心处断"案件：

> 听讼之法，公则平，私则偏。所谓私者，非必惟货惟来也，止缘忿激多而哀矜少，则此心私矣，所以不能作平等观。韩应之、韩闳，均许氏之子也。韩应之妻子之情深，则子之母爱衰。若韩闳则所谓阿奴常在目前者也。母爱小子，恨不衰长益少，韩应之乃不能胜，乃挟阿奴自刎之事以操持之，欲胜弟，是欲胜母也。应之自有罪，然挟母诉兄，谁实先之。为政者但见诬论可恶，锻炼使服，而不知此三人者，母子也，兄弟也，天伦也，奈何而不平心邪？当是之时，兄为官司所囚禁，虽欲哀告其母，拊循其弟，而其辞不得以自致，母与弟又自有哗徒主持，虽欲少贷其子，少全其兄，而其事不得以自由。外证愈急，而狱辞愈刻以深，于是不孝诬告之罪，上闻于省部矣。若使信凭断下，应之死则死矣，许氏杀子，韩闳杀兄，以刃与讼，有以异乎？许氏何以为怀，韩闳又何以自全于天地间。幸而疏驳，当职遂得以选择好同官，俾之引上三人，作一处审问，然后母子得以相告语，兄弟得以相勉谕，而哗徒不得以间隔于其间，融融怡怡，翻然如初，为政者先风化，刑杀云乎哉！财产乃其交争祸根，今已对定，若论韩应之、韩闳之罪，则应之难竟坐以不孝之罪，然亦有不友之罪，若韩闳则亦难免不悌之罪矣，然皆非本心也。最是前申谓应之不合谓其母不是我娘，欲坐以极典，但未审小弁之怨，孟子反以为亲亲。此一段公案又合如阿断。今以应之、闳各

① 《名公书判清明集》卷八《母在不应以亲生子与抱养子析产》。

> 能悔过,均可置之不问。但应之以阿奴自刎资给诬告一节,终难全恕。既全其天伦,合去其人伪,申省取自指挥,所有二据先照给。①

此案中,韩应之以逼人自杀之事诬告母亲,按照法律,“告言、诅詈祖父母、父母”,是不孝重罪,应该予以严惩,但主审官员吴雨岩并未贸然据法断遣,而是考虑当事人之间是母子、兄弟关系,韩应之只是一时“妻子之情深,则子之母爱衰”,才会诬告母亲,并劝导许氏,如果让韩应之因此受重刑,则“何以为怀”,作为弟弟的韩闳又“何以自全于天地间”,因此,面对母子兄弟的“亲情”,“此一段公案又合如阿断”,最终以调处手段处理:韩应之、韩闳“各能悔过”,从而“置之不理”;韩应之诬告母亲一事,则以“小弁之怨,孟子反以为亲亲”为由,予以从轻处罚。显然,吴雨岩认为审理该案不但要考虑法律的规定,更要考虑合乎当事人之间的母子兄弟之“情理”,最终才能使当事人重归于好,“融融怡怡,翻然如初”,以“全其天伦,去其人伪”②。

(三)“情、理、法”圆融——州县官审理民事案件的价值标准

州县官们追求“情、理、法”圆融的价值标准在审判实践中有以下几个表现:

其一,社会生活是复杂多变的,州县官以“情理”变通法律所依据的理由或原则往往并不是单一的。在很多案件中,往往涉及数种价值原则。如“房长论侧室父包并物业”一案:

> 大抵临财之际,欲辱身焉者,虽未必尽私,而已不能掩徇私之迹;凡欲洁身焉者,虽未必尽公,而不失为示公之意。梁太固梁居正之族人也,然一主居正之丧,遂挈家以据居正之室,而日用饮食焉,党套库僧而营运,号召佃户而收支,每於财利之间,动有披襟攘袂之状,纵使於中曾宣微劳,人亦得以利心窥之矣。郑氏固梁居正之侧室也,然一从居正之死,便知遣唤梁太行房长之事,既而见梁太之不足托,遂自求於官,首乞检校,以待二幼之长。但方议梁太之私,而必能自绝其私,招致其父郑应瑞,辄预梁氏家事,安能免于梁太之词。官司徒以其前后陈述,犹能委利权於官,以为他日全身远害之计,遂得以别公私,定是非於梁、郑氏之争也。今梁太乃挽挽然,力诋郑氏为居正之妾

① 《名公书判清明集》卷十《母子兄弟之讼当平心处断》。
② 《名公书判清明集》卷十《母子兄弟之讼当平心处断》。

而非妻，且彼虽耻以妾自名，而至於陈乞检校，则是显然不敢以妻自处，使郑氏自诡以居正之妻，则又奚以检校为哉！梁太果有悼往恤孤之心，而无谋私营利之计，则又何恶於检校哉！佥厅所拟，欲示梁太还归已居，又示郑应瑞不得复登梁氏之门，令郑氏管收租利，以为拊育二幼之资，令两库不得开张，以为夤缘走弄之计，皆切当之论。但居正存日，既有月钱，以赡郑氏之父母，而梁太者目今又有自於库内内月取三千。今合每月分明於郑氏管收租利内，月支钱五贯送梁太，其郑应瑞则照居正在日，给钱三贯五百文足以赡之。田契昨已寄留县库，库本钱三千六百单八贯足，若不与防闲，不阴消於梁太、库僧之侵移，必将潜耗於郑应瑞之搬拽，合并与寄留县库。但官库寄留民钱，岁月推逐，官吏更易，率有攒库移易之弊，虽有官据，徒执虚文。合从本县给据，付二幼收执，静令逐季具状忽县，委收支官同词人入库点视，候出幼日，照数给遗。既有库业，必有在库台架，帖原检校官勒库僧赍簿供具，点对区处呈。此内则有月利三十五贯，岁收谷三十七石、租利钱一百六十三贯，尽可为郑氏、二幼衣服、饭食、教导、税赋之资，及梁太、郑应瑞月给之费。梁太但当时其来往，照拂其门户，不必干预财谷，郑应瑞但当处居正在日借住之屋，享今来照原数给助之资，不当非时登门预事。富当职於孤幼之词讼，尤不敢苟，务当人情，合法理，绝后患，余并从拟行，帖县照应，备榜市曹。①

此案中，主审官员韩似斋对这一颇为复杂的案件处理得合情合理颇值得称道。首先，由于郑氏乃梁居正侧室，无法定权利占有遗产，因此，为了避免财产被侵移，主审官赞同郑氏请求，将争讼财产检校，同时由于房长梁太和侧室父郑应瑞都有可能侵移财产，于是又判决从遗产所收租利中，“月支钱五贯送梁太”，显然并无法律根据，其目的实际是安抚梁太，免其争讼不已；其次，对侧室父郑应瑞则“照居正在日，给钱三贯五百文足以赡之”，并且不许干预梁家事务，这样做既照顾了其赡养之需求，又杜绝了其代管梁家财产的可能；最后，考虑到由于“岁月推逐，官吏更易”，官府检校财产可能遭到侵害，因此变通为将财产交付梁居正二幼子收执，官府逐季核查财产状况以保全财产，“候出幼日，照数给遗”。显然，主审的州县官考虑了当事人之间多方面的因素，运用了多种价值原则，最终将案件处理得相当圆满。

---

① 《名公书判清明集》卷七《房长论侧室父包并物业》。

其二,值得注意的是,宋代州县官以“情理”变通法律所考虑的诸多原则,是相互平衡而有机统一的整体体系。所以,在表面相似的案情面前,这些原则作用的程度也不相同。因此,对表面相似的案件,州县官往往会作出截然不同的判决。

例如下面两个关于检校的案件:

例一:叶岩峰“不当检校而求检校”一判,其判词为:“张文更父亡,张仲寅以堂叔之故,陈理卑幼财产,意在检校。揆之条法,所谓检校者盖身亡男孤幼,官为检校财物,度所须,给之孤幼,责付亲戚可托者抚养,候年及格,官尽给还,此法也。又准敕:州县不应检校辄检校者,许越诉。此又关防过用法者也。今张文更年已三十,尽堪家事,纵弟妹未及十岁,自有亲兄可以抚养,正合不应检校之条,张仲寅仗义入词,公耶?私耶?向尝谗间其母,致与父相离,今复挠乱其家,使不得守父之业,岂非幸灾以报仇,挟长以凌幼,用意何惨哉!法不可行,徒然扰扰,但见心术之险,族义之薄,天道甚还,岂可不自为子孙之虑也哉!今仰张文更主掌乃父之财产,抚养弟妹,如将来或愿分析,自有条法在,余人并不得干预。”①

例二:“检校孤幼财产”的判词为:“方天禄死而无子,妻方十八而孀居,未必能守志,但未去一日,则可以一日承夫之分,朝嫁则暮义绝矣。妻虽得以承夫分,然非王思诚所得干预。子固当立,夫亡从妻,方天福之子既是单丁,亦不应立,若以方天福之子为子,则天禄之业并归天福位下,与绝支均矣。先责王思诚不得干预状,违从不应,为杖断。仍将天福押下县,唤上族长,从公将但干户下物业均分为二,其合归天禄位下者,官为置籍,仍择本宗昭穆相当者立为天禄后。妻在者,本不待检校,但事有经权,十八孀妇,既无固志,加以王思诚从旁垂涎,不检校不可。请本县详判区处讫,申。”②

上述两个案例都是关于检校问题的,但在例一中,州县官叶岩峰认为张仲寅请求检校张文更家财产的请求是居心叵测,其本意是“幸灾以报仇,挟长以凌幼,用意何惨哉”,因此严辞驳回了其要求检校的不正当诉讼

---

① 《名公书判清明集》卷七《不当检校而求检校》。
② 《名公书判清明集》卷八《检校孤幼财产》。

请求，保护了张文更的合法财产权；而在例二中，州县官吴雨岩则考虑到方天禄妻子“十八孀妇，既无固志”，又有名王思诚者“从旁垂涎”，因此在无人请求检校的情况下，官府主动出面进行检校，以便为方天禄以后立继子。

又如下面两个案件，同样是涉及女婿分得妻家财产的问题，州县官根据案情却作出了截然不同的处理：

例三：“女婿不应中分妻家财产”的判词为：“在法：父母已亡，儿女分产，女合得男之半。遗腹之男，亦男也，周丙身后财产合作三分，遗腹子得二分，细乙娘得一分，如此分析，方合法意。李应龙为人子婿，妻家见有孤子，更不顾条法，不恤幼孤，辄将妻父膏腴田产，与其族人妄作妻父、妻母摽拨，天下岂有女婿中分妻家财产之理哉？县尉所引张乖崖三分与婿故事，即见行条令女得男之半之意也。帖委东尉，索上周丙户下一宗田园干照并浮财帐目，将腴好恶匹配作三分，唤上合分人，当厅拈阄。佥厅先索李应龙一宗违法干照，毁抹附案。”①

例四：“子不能孝养父母而依栖婿家则财产当归之婿”的判词为：“拖照案牍，王有成之父王万孙昨因不能孝养父母，遂致其父母老病无归，依栖女婿，养生送死，皆赖其力。继使当时果有随身囊箧，其家果有田宅，尽以归之於女婿，在王万孙之子，亦当反而思曰：父母之於子，天下至情之所在也，今我不能使父母惟我是字，乃惟我是疾，以我之食则不食，以婿之食则食之，以我之室则不居，以婿之室则居之，生既不肯相善以生，死又不肯相守以死，此其意果安在哉？必为子之道有所不至，是以大伤厥考心尔。一念及此，则将抱终天之痛，恨不粉骨碎身，即死於地，虽有万金之产，亦有所不暇问矣。况此项职田，系是官物，其父之遗嘱，其母之状词，与官司之公据，及累政太守之判凭，皆令李茂先承佃。王有成父子安得怙终不俊，嚚讼不已，必欲背父母之命，而强夺之乎！纵日李茂先之家衣食之奉，殡葬之费，咸仰给焉，以此偿之，良不为过。王有成父子不知负罪引慝，尚敢怨天尤人，紊烦官司，凡十余载，合行科断，王有成决竹篦二十。”②

上述两个案例，同样属于女婿继承妻家遗产的问题，但在例三中，作为

---

① 《名公书判清明集》卷八《女婿不应中分妻家财产》。
② 《名公书判清明集》卷四《子不能孝养父母而依栖婿家则财产当归之婿》。

主审官员的州县官认为当事人李应龙身为女婿，却企图获得超过法律规定的财产份额是无理之举，因为“天下岂有女婿中分妻家财产之理哉”，因此，不但谴责了其不法行为，还对遗产重新进行了分配，制止了其多占遗产的企图。而在例四中，由于女婿李茂先与岳父母共同居住，对岳父母尽了主要赡养义务，“养生送死，皆赖其力”，因此变通适用法律，判决女婿李茂先应该获得全部遗产；倒是作为法定继承人的儿子王有成不孝养父母，不但不知悔过，还“怨天尤人，紊烦官司”，因此，不但判决驳回了其诉讼请求，还予以惩罚，“决竹篦二十”。

再如下面两个案件，都涉及对“户绝”财产的处理，但州县官却根据案件的不同细节，作出了可以说截然相反的判决。

例五：胡石壁知潭州时，审理“侵用已检校财产论如擅支朝廷封椿物法”一案：曾仕殊死后无子，只有一个女儿曾二姑，其遗产按照“户绝之法”，应该一半由曾二姑继承，一半“本合没官”，官府暂时将财产检校，交由被继承人的兄弟曾仕珍代管，但曾仕珍却擅自支用其代管的财产，甚至有转移财产的可能，“擅支已检校钱六百余贯，银盏二十只，又揩改朱契六道”，因此，胡石壁作出判决：“曾仕殊一分家业，照条合以一半给曾二姑。今佥厅及推官所拟，乃止给三分之一，殊未合法。大使司箚内明言：兴词虽在已嫁之后，而户绝则在未嫁之先。如此则合用在室女依子承父分法给半，夫复何说。余一半本合没官，当职素不喜行此等事，似若有所利而为之者，姑听仕珍、仕亮两位均分外，仕殊私房置到物业，合照户绝法尽给曾二姑。”①也就是说，胡石壁将依照法律本应该“没官”的财产，交由被继承人的兄弟、女儿分配。

例六：吴恕斋所判“陆地归之官以息争竞”一案：“张清死，无子，有缄塘陆地二亩，朱安礼、张七四互争，自县至府，展转二年。朱安礼陈词不已，张七四自刑至再。安礼之说曰：嘉熙四年二月内，用会八十贯，典到上件陆地，当年十一月投税讫。张七四之说曰：张清过房为其子，张清死於嘉熙四年十月，安礼印契於嘉熙四年十一月，张清当年三月内，委将上件地抵当在安礼处，续於五月内已弄还本利，但未取得契书，所有典契，系安礼逼其已死男张百三伪书。今将县府案卷反覆看详，照得张清陆地，张七四、朱安礼皆不当得之，只合作绝户产归官。

① 《名公书判清明集》卷八《侵用已检校财产论如擅支朝廷封椿物法》。

何以言之？张清将地抵当，所在乡例有之。只缘本利虽已还足，契簿未曾取回，安礼因张清身死，遂启吞谋之心，乃作正行典契投印。殊不知作伪心劳，如见肺肝，今详二契皆是旋填年月，又非出於一手，其为伪一也。既是二月立契，乃越十月投印於张清死后，其为伪二也。安礼交易不明，虽得此地，固无此说。张七四乃欲垂涎，亦为不可。盖张七四乃张六一嫡子，张清乃其叔也。张清未死，张七四自异居而各都，张清死，张七四始窜身而入室，此其非张清之子，一也。若日过房，何为尊长、邻里不敢指证，经官除附，并无明文，而安礼执出本县嘉熙二年别事断由，明指张清为张七四之叔，此其非张清之子，二也。纵曰果曾过房，在法，为人后者不以嫡。张七四画列宗派圆，其本生父只生七四一人，实为嫡子。为人嫡子，乃自绝其本生父母之嗣，而过房於其叔，於理可乎？此是张七四因张清死而无子，又知安礼交易不明，亦起吞并之心，故创过房之说，以为占据产业之计明矣。利之所在，虽微必争，遂使安礼伪写契书而不顾，张七四冒为人子而不恤，倘非尽伐其奸，何以转移薄俗。欲将朱安礼缴到伪契毁抹，行下本县，并契勘张清但於物业，益照绝户条法拘籍入官，或为县学养士之助，仍将张七四押归本生父张六一家，承续香火。其所争陆地至微，官司非有所利也，但欲使嗜利小人稍知忌惮，不至冒法而悖理耳。”①

从例五可知，显然州县官对官府为了财利而将户绝之产没官并不完全赞成，将依法“本合没官”的财产交被继承人的亲属继承；但在例六中，州县官吴恕斋则认为当事人对户绝之财产，不顾礼义诚信，“利之所在，虽微必争”，因此，出于移风易俗的目的，“倘非尽伐其奸，何以转移薄俗”，断然判决将所争户绝之产全部没官，并郑重声明，“官司非有所利也，但欲使嗜利小人稍知忌惮，不至冒法而悖理耳”。

其三，宋代州县官变通适用法律的范围也是相当灵活的，针对不同的具体案件，州县官根据案件事实，区分不同情况，对案件中不同的当事人或案件事实不同的部分采用不同的处理方法。有些案件中，完全是通过变通适用法律处理，有些案件，则只对具备变通条件的部分案件事实以变通适用法律的方式作出裁判，而对不需要变通的部分甚至严格适用法律。如州县官叶息庵所判“争田合作三等定夺”一案：

① 《名公书判清明集》卷六《陆地归之官以息争兢》。

窃谓翁泰之田，宜作三等分别；胡五姐之婚姻，宜作二说剖判。翁泰未出幼之前，若有县判者，则宜令见得业人管绍，与理为正行交易；其无县判者，方可坐以违法。但各人未免用过钱、会，又况三经追扰，今欲参用近降鬻官田指挥，减二分外，更与裁减一二分，令得业人赍钱、会赴官司承买，此一等也。翁泰出幼后所鬻者，则系交易正当，合听照契管业，此又一等也。翁泰死后之业，则是绝户之田产，合奉而归之官司，此又一等也。至於胡五姐，则当究问，昨来是何人主婚，是何人行媒，是何财帛定聘，是何财帛回答，是何人写婚书，是何时成礼，成亲之夕会何亲戚，请何邻里，宴饮用何人庖厨？如果是礼婚，则翁泰死后鬻不尽之业，合令管绍。然但可食其苗利，至於契书，合寄官库，不许典卖。如其不曾成婚，则合责其父母及时嫁遣，毋令失时。若使其女奔走讼庭，殊非美事。鄙见如此，若或可行，则乞委精强官，尽数追足真本契照及证佐，研穷点对施行，庶可息讼。因依申取旨挥，准行下，奉提举常簿台判：三等之说，比建安知县既作户绝，尤为近厚。牒下叶府判，从所申，再限半月，许得业人各赍契照，赴官逐一点对，候诸契齐集后，如胡五姐为姻与不为姻，於其契中亦有可以旁证者，就契分别三等，又因之以正稽籍，则其讼当自息。如出限不肯赍契赴官，或是已论诉后旋投印，或契内年月有揩改，不即自首者，并追人送狱根勘。照条行（次榜建阳县）。①

此案中，州县官将翁泰的田产分为三种情况进行处理：第一，对于翁泰未“出幼”时出卖的田产，因翁泰无行为能力，因此，对有官府凭据的予以认可，无官府凭据的，虽然违法，但考虑实际情况，买受人已经支付了一定的对价，所以允许其以优惠价格向官府承买；第二，翁泰成年之后，所卖田业是正常交易，予以认可；第三，翁泰死后之业是户绝田产，应按法律规定没官。显然，判者灵活地对案件不同部分区分处理，或变通适用法律，或严格适用法律，比初审时建安知县将全部田产作户绝的判决显然更为合情合理，以至上级认为如此判决“尤为近厚”，准予照此施行。

三、宋代州县官运用“情、理、法”审理案件的原因分析

由前面的论述可知，宋代州县官在民事审判时，当“法”与“情理”发生冲突之时，他们会依“情理”灵活地变通法律，达到“情、理、法”圆融的结

① 《名公书判清明集》卷五《争田合作三等定夺》。

果。那么,州县官为什么会以“情、理、法”圆融作为审理案件的价值标准呢?本书认为州县官之所以能兼顾“情、理、法”,恰恰正离不开中国古代传统儒家的直觉思维方式和“权变”的观念,这两者深刻地影响着宋代州县官的民事审判。下面就此进行一些探讨。

(一)某种凭直觉以断是非的直觉思维的影响

我们知道,古典中国的基本的思维方式就是直觉思维。在宋代,无论是程朱理学,还是以陆九渊为代表的“心学”,皆强调心灵直觉和感悟在人们认知世界、作出决断时的极端重要性。朱熹说:“圣人之心,未感于物,其体广大而虚明,绝无毫发偏倚,所谓天下之大本也。及其感于物也,则喜怒哀乐之用,各随所感而应之,无一不中节者,所谓天下之达道也。盖自本体而言,如镜之未有所照,则虚而已矣;如衡之未有所加,则平而已矣。至语其用,则以其至虚,而好丑无所遁其形;以其至平,而轻重不能违其则,此所以致其中和,而天地位,万物育,虽以天下之大,而举不出乎吾心造化之中也。”①

朱熹还在《大学章句》中取程子之意补“格物”章缺文说:“是以大学始教,必使学者即凡天下之物,莫不因其已知之理而益穷之,以求至乎其极。至于用力之久,而一旦豁然贯通焉,则众物之表里精粗无不到,而吾心之全体大用无不明矣。此谓物格,此谓知之至也。”②也就是说,只要州县官能够“穷理”,并达到“豁然贯通”的境界,就可以随心所欲去处理事情,而无不合乎天理人情。

而宋代州县官陆九渊也非常重视直觉思维。据史载:“杨简曾问学于陆九渊‘如何是本心’,先生曰:‘恻隐,仁之端也;羞恶,义之端也;辞让,礼之端也;是非,智之端也。此即是本心。’对曰:‘简儿时已晓得,毕竟如何是本心?’凡数问,先生终不易其说,敬仲(杨简字)亦未省。偶有鬻扇者讼至于庭,敬仲断其曲直讫,又问如初。先生曰:‘闻适来断扇讼,是者知其为是,非者知其为非,此即敬仲本心。’忽大觉,始北而纳弟子礼。故敬仲每云:‘简发本心之间,先生举是日扇讼是非答,简忽省此心之无始末,忽省此心之无所不通。’”③

进一步分析宋代州县官司法审判,我们会发现,宋代州县官司法审判中同样深受这种以直觉断是非的思维方式的影响,这种思维方式指向的是一种“实质公平”,而这种实质公平,在宋代州县官看来,对于维护其心中

---

① 《朱子文集》卷六七。
② (南宋)朱熹:《四书章句集注·大学章句》。
③ 《陆九渊集》卷三六,中华书局1980年版,第487-488页。

理想人世秩序是至为重要的。因此，更多地基于伦理常情、人之常情的情感性直觉思维，就成为宋代州县官司法审判的基本思维方式。如宋代时幸元龙任临安县尉时，在处理岳飞与万俟卨两家后人争田诉讼时，就表明了州县官这种直觉思维方式：

> 幸元龙，字震甫，高安人，庆元进士。初尉京邑，时万俟卨之孙与岳飞家争田，岁久不决。府檄元龙裁断，积案如山，元龙并不阅视，即拟云：岳武穆一代忠臣，万俟卨助桧逆贼，虽籍其家，不足以谢天下，尚敢与岳氏争田乎？田归岳，卷畀于火。时论韪之。①

此案中，岳飞与万俟卨一忠一奸是历史事实，但两家后人争田之案似乎与此并无直接关系，而主审此案的幸元龙判决“田归岳，卷畀于火”，显然是出于对忠臣岳飞的感佩和对奸臣万俟卨的憎恶之情，实际上乃是一种直觉思维方式作用的结果，但判决结果与社会价值观是一致的，因此，受到了舆论的肯定，“时论韪之”。

首先，宋代州县官往往从当事人的言谈举止等对其个人道德水平作出直觉判断，并进而据此作出判决。如下面这件名为“弟以恶名叱兄”的判决：

> 丁细七盗葬祖墓，既从改迁，其罪已可原。但与丁居约、丁五十二为堂兄弟，略无友爱之义，而遽兴诬罔之词，状中所称，一则曰丁花晚，再则曰丁花晚，为人之弟，而以此等恶名叱其兄，委是有伤风教。杖一百，枷项令众半月，余人并放。②

此案中，主审官员不管其诉讼请求正当与否，仅仅从当事人丁细七“以恶名叱兄”这一悖礼行为，判断其乃一“略无友爱之义”之人，即因此予以惩处，显然是出于一种以直觉断是非的思维方式。

而在邹家“兄弟之讼”案中，主审官员则根据当事人邹应龙的言行，以直觉思维的方式对其进行了道德评判：

> 邹应龙两月前曾当厅投状，以讼其兄，当职览其词，观其貌，便知

---

① 《宋史翼》卷二〇《幸元龙传》。

② 《名公书判清明集》卷十《弟以恶名叱兄》。

其是一无理之人，书判之间已示惩戒之意。未几，其兄应祥果诉其不恭，其弟应麟又诉其不友，竟不逃当职之所料。紾兄之臂而夺之食，犹且不可，况挥肱以折其齿，执梃以叩其胫乎？且应祥尝养应龙之子为子，已不幸短命而死，则又养其女以为女矣，及笄而嫁之。为兄如此，亦不可谓之不友矣。应龙何乃不念天显，而不恭如此之甚邪？岂惟不恭而已哉，堂有慈亲，年逾六十，义既乖于同气，孝宁慰于母心，好货财，私妻子之念一炎于中，遂至不孝于母，不恭于兄，不友于弟，举天下之大恶，一朝冒为之而弗顾，若人也，真禽兽之不若矣，尚何面目以戴天履地乎！今应祥、应麟恐伤父母之怀，不欲终讼，固足以见不藏怒，不宿怨之心，但应龙罪恶不可胜诛，难尽从恕。以恩掩义者，兄弟之至情也，明刑弼教者，有司之公法也，二者不可偏废。应龙从轻勘一百。①

此案中，主审官员“览其词，观其貌，便知其是一无理之人”，这显然是一种以直觉断是非的思维方式。

其次，宋代州县官在司法审判中以直觉断是非的思维方式与儒家传统的伦理常情是一致的，我们常常可以看到，儒家伦理常情往往成为他们司法判决的依据。如“同业则当同财”一案：

但观邻证单状，李春五、春六居大瓦屋，而牛畜多，阿郑、阿陈、牛俚居小茅屋，并无一物，以此便见大段不均。纵往年已分析，而牛俚一分实未均其利。春五、春六当念牛俚乃同祖之亲，既已同业，必当同财。帖县尉同曹隅官照单状所载，将三家物力除田产之外，应系米谷、孳牲之类，并混作三分，内牛俚一分，分明具单入官，责阿陈收掌抚育。所有契照就李春五兄弟索出，封寄县库，给据与照，候出幼日给还。各责状申。②

此案中，主审的州县官并未关心当事人之间财产份额以前是如何分配的，仅就当事人之间是“同祖之亲”的事实，即作出应均分家庭财产的判决，其依据的显然是家庭成员应“同居共财”的儒家传统理念，而这恰恰是一种以直觉断是非的思维方式。

① 《名公书判清明集》卷十《兄弟之讼》。

② 《名公书判清明集》卷八《同业则当同财》。

而在与之相类似的黄家"兄弟之争"一案中,州县官同样从以伦理常情为基础的直觉思维方式出发,以同样的理由对当事人黄居易进行了谴责:

所拟已明,但以情而论,则黄居易奸狡而二弟拙钝,黄居易稍厚而二弟贫薄。想父母存日,居易霸占管业,逐远诸弟,未必不以父母之财私置产业。然其智足以饰奸,既于分关内明言私房续置之产,与众各无干预,又于和对状中,声说别无未尽积蓄,真所谓此地无金若干两者。殊不知国家条令,岂被此曹声说点破而不行哉。兄弟之身,其初只父母之身也,世间一等无知之人,争小利便视如仇,若不相识,甚可恶也。黄居易当思同气连枝之义,绝彼疆此界之心,周恤其二弟,使兄弟和气复合,不然,则父母在,无私财,索契送狱,自有条法在,勿贻后悔。示三名取无争状,寻唤上各人读示,并不伏。责立争状,又据黄居易状,情愿备己钱一百贯十七界官会,津惠二弟等事,并据黄居易陈状,再送佥厅。呈佥厅官书拟因依,奉台判,田业事不属本司,但以兄弟之争,欲俾息讼,以全天伦。今三人者嗜利无耻,顽不可化,押下本州,请径自从条断遣。①

虽然主审此案的蔡久轩并未作出最终判决,但从判词中不难看出,在没有充分证据证明长兄黄居易"以父母之财私置产业"的情况下,他认为"以情而论,则黄居易奸狡而二弟拙钝,黄居易稍厚而二弟贫薄",而且"父母在,无私财",因此,为了实现家族的和谐秩序,蔡久轩显然认为应该对家庭财产重新进行分配。

最后,即使在法律有明文规定的情况下,州县官在引据法条的同时,更注重的是这种以直觉断是非的思维方式的表达,从而使判决结果与民众对司法公平的期待相符合。如"僧归俗承分"一案:

余观何氏之讼,有以见天道之不可欺,人伪之不可作也。何南夫生三男,长曰点,次曰大中,幼曰烈。大中出家死绝。点有子曰德懋,七岁而父母亡,十二岁而祖亡,藐然孤儿,茫无依归。烈乃德懋亲叔父,壮年当家,所宜抚育犹子,教以诗书,置其家室,以续乃兄宗祀,岂不仁至义尽乎!何南夫身殁才及两年,德懋忽出家,投常山县茗

---

① 《名公书判清明集》卷十《兄弟之争》。

原寺为行童。以十四岁小儿，弃骨肉，礼僧为师，在故家七十余里外，零丁孤苦，至今念之使人恻然。死者有知，岂不含恨茹痛于九泉之下，何烈之设谋用计，何其忍哉！故国家立法有曰：诸诱引或抑令同居亲为童行、僧、道，规求财产者，杖一百，仍改正，赃重者坐赃论。正为此也。自此何烈亦无亲子，遂抱养异姓子赵喜孙为男，晚年妾生一男，名乌老。德懋年齿渐老，颇知家世，始有不甘乃叔抑逼之心，遂于淳祐二年归俗长发，还与何烈同居。何烈年老依违，悍妻在旁，不能明断勇决，区处德懋，分屋而居之，析田以赡之。德懋隐忍，不免袖手以待乃叔之死，叔死而讼兴矣。在法：诸僧、道犯罪还俗，而本家已分者，止据祖父财产众分见在者均分。何烈既已身亡，所有规求一节，且免尽法根究。其何氏见在物业，并合用子承夫分法，作两分均擘。缪氏子母不晓事理，尚执遗嘱及关书一本，以为已分析之证。此皆何烈在日，作此妆点，不曾经官印押，岂可用私家之故纸，而乱公朝之明法乎？当职此判，非特为德懋计，亦所以缪氏计。传不云乎：蝮蛇螫手，壮士解腕。谓其所弃者小，所保者大也。德懋之归俗，其何烈身后之遗毒乎，缪氏子母何以御之？万一信唆教之言，不遵当职之判，越经上官，争讼不已，则何氏之业立见破荡尽净，此其事理之所必至也。案即今监族长并监乡司根刷何氏见在物业，索出产簿参对，与作两分均分，置立关书析开户眼，当官印押，以绝两家之讼。所有喜孙虽异姓子，乃是何烈生前抱养，自从妻在从妻之条。备牓县门，申州并提举司照会。①

此案中，主审此案的翁浩堂显然认为何德懋的权利受到了侵害，但在具引相关法条规定的同时，其更注重的是以直觉断是非的思维方式出发，认为“天道之不可欺，人伪之不可作也”，谴责何烈为谋夺家产，诱使侄子出家为僧的行为是“设谋用计，何其忍哉”，并判决将家产“作两分均分”，以维护何德懋的合法财产权利。

在“女合承分”一案中，审案的州县官的想法则与民众重视血缘关系的人之常情取得了高度的一致：

郑应辰无嗣，亲生二女，曰孝纯、孝德，过房一子曰孝先，家有田三千亩，库十一座，非不厚也。应辰存日，二女各遗嘱田一百三十亩，库

① 《名公书判清明集》卷五《僧归俗承分》。

一座与之,殊不为过。应辰死后,养子乃欲掩有,观其所供,无非刻薄之论。假使父母无遗嘱,亦当自得,若以他郡均分之例处之,二女与养子各受其半。今只人与田百三十亩,尤且固执,可谓不义之甚,九原有知,宁无憾乎?县丞所断,不计其家业之厚薄,分受之多寡?乃徒较其遗嘱之是非,义利之去就,却不思身为养子,承受田亩三千,而所拨不过二百六十,遗嘱之是非何必辨也。二女乃其父之所自出,祖业悉不得以沾其润,而专以付之过房之人,义利之去就,何所择也。舍非而从是,此为可以予,可以无予者?设舍利而从义,此为可以取,可以无取者?设今孝先之予未至伤惠,二女之取,未至伤廉,断然行之,一见可决。郑孝先先勘杖一百,钉锢,照元遗嘱各拨田一百三十亩,日下管业。①

此案中,主审的范西堂并未提到法律规定如何,而是以直觉思维的方式,认为养子所得已多,而具有血缘关系的两个亲生女儿却得不到任何遗产,不合"人之常情",所以,"遗嘱之是非何必辨也",凭着常人的情感性的直觉思维即可判断,此案应该按父母遗嘱分给二女财产。最后判决:给二女"各拨田一百三十亩,日下管业"。

(二)"经权"思想的影响

"经"的含义在《说文解字》中释曰:"经,织枞丝也。""经",引申为"常",指常行不变的原则、礼义、法则等。据《礼记·中庸》载:"凡为天下国家有九经";②"权"的含义在《说文解字》中释曰:"权,黄华木;一曰反常。"引申到社会行为中,"权"就有了权宜、权变、变通、灵活之意,即因时、因地制宜地衡量和把握是非轻重。如《春秋公羊传》就明确提出:"权者何?权者反于经,然后有善者也。"③《皇侃义疏》:"权者,反常而合于道者。"赵歧注:"权者,反经而善者也。"《春秋繁露·玉英》:"夫权虽反经,亦必在可以然之域。"④《全唐文》卷四〇四冯用之《权论》:"夫权者,适一时之变,非悠久之用。……圣人知道德有不可为之时,礼义有不可旋之时,刑名有不可威之时,由是济之以权也。"⑤显然,"权"绝非"经"的对立面,反而恰恰是实现"经"、达到"善"所不可缺少的。孔子即称:"邦有道,危言危

---

① 《名公书判清明集》卷八《女合承分》。
② 《礼记·中庸》。
③ 《春秋公羊传·桓公十一年》。
④ 《春秋繁露·玉英》。
⑤ 《全唐文》卷四〇四《权论》。

行;邦无道,危行言孙。"①可以看作"权变"思想的流露,而孟子则对"权变"思想有经典表达:

淳于髡曰:"男女授受不亲,礼与?"孟子曰:"礼也。"曰:"嫂溺,则援之以手乎?"曰:"嫂溺不援,是豺狼也。男女授受不亲,礼也;嫂溺援之以手者,权也。"②

宋代时期的社会,商品经济日益发展,功利意识冲击着伦理道德的防线,民众诉讼日益增多,法律关系错综复杂,面对纷繁复杂的社会现实,州县官要实现社会的治理,而法律的规定却不可能处处都与具体案情妥帖,因此,根据社会现实在司法审判中运用"权变"就成为宋代州县官的必然选择。

宋代州县官在民事审判中努力追求"情、理、法"的圆融,也是受这种"经权"观念的影响。朱熹高弟陈淳就说:"有经所不及,须用权以通之。然用权须是地位高方可,非理明义精便差,却到合用权处亦看不出。权虽经之所不及,实与经不相悖,经穷则须用权以通之。柳宗元谓'权者,所以达经也',说得亦好。盖经到那里行不去,非用权不可济。如君臣定位,经也;桀纣暴横,天下视之为独夫,此时君臣之义已穷,故汤武征伐以通之,所以行权也。男女授受不亲,此经也;嫂溺而不援,便是豺狼,故援之者,所以通乎经也。如危邦不入,乱邦不居,此经也;佛肸召,子欲往,则权也。"③

宋代州县官在审判实践中深受这种"经权"思想的影响。如胡石壁所判"典卖田业合照当来交易或见钱或钱会中半收赎"一案:

李边赎田之讼,凡九载。县家所定与漕司所断,皆以李边为不直。当职今将案牍逐一披阅,见得李边果是无状之甚,供吐之间,说条道贯,不但欲昏赖典主,直欲把持官司。执減落会为词,一则曰有违圣旨,二则曰有违圣旨,使官司明知其非,慑缩而不敢加之罪,典主明遭其诬,窒碍而不敢与之争。自非老奸巨猾,习於珥笔,安得投谋设计,以下于此!殊不知法意、人情,实同一体,徇人情而违法意,不可也,守法意而拂人情,亦不可也。权衡于二者之间,使上不违于法意,下不拂于人情,则通行而无弊矣。称提楮幣,朝廷之法,固曰断断

① 《论语·宪问》。

② 《孟子·离娄上》。

③ 《北溪字义》卷下。

乎其不可违。州县之赋租,商贾之贸易,已既并同见钱流持行使,独有民户典买田宅,解库收执物色,所在官司则与之参酌人情,使其初交易元是见钱者,以见钱赎,元是官会者,以官会赎,元是钱、会中半者,以中半赎。自畿甸以至于远方,莫不守之,以为成说。如今日提举司所判颜时升赎车升田之类是也;今李边乃欲以见钱五十贯、官会六十五贯,而赎唐仲照见钱一百二贯典到之业,何不近人情之甚邪!强之不从,而遂讼以减落会价,经县经台,咸不得逞,复不知止,又来经州。蕞尔编氓,县令折之既不从,监司折之又不伏,则其狡狯亦可知矣!且观唐仲照不肯退业之因,只是持见钱典见钱赎之说,初未尝欲以时价折估官会,安得横以减落百陌之罪诬之?向使当来果是钱、会中半,其时旧会系作七百七十行使,今既减作二百文省,则李边亦常以五偿一,除五十贯见钱之外,尚合还旧会四百五十余贯。纵曰取赎之时,在朝廷新会未出之前,旧会未减之日,则亦不应以六十五贯官会,而准七十贯钱,此虽三尺童子,亦知其必不可行矣。李边自反有愧,无以藉口,乃以赎后进典一契,谓其瞒昧卑幼,谓兄弟不知。官凭文书,岂可以虚辞胜,作伪而愈拙,欲盖而愈彰,但怀求胜之心,罔念终凶之戒。若不痛治,何以戢奸,本府昨准漕司行下监李边备钱陪还唐仲照,如不伏,收勘从条行。今据佥厅所拟,李边合勘杖一百,但其状首自称前学生,意其或是士顺,遂欲免断。就观李边前后状词,皆是齐东野人之语,无一毫诗书意味,安得附於儒生之列?况采之与论,皆谓其健讼有素,积罪已盈,倘此时又获幸免,则凡丑类恶物,好行凶德之人,稍识丁字者,皆得以士自名,而恣为悖理伤道之事,官司终不得而谁何矣!此长恶之道也,岂为政之方哉!照条勘杖一百,引监元钱还唐仲照,日下退契,秋成交业。①

此案中,唐仲照原来以现钱120贯典到李边田地,期满后,李边却要求以现钱50贯、官会65贯赎回。由于会子是宋代官府发行的纸币,如果政府财政困难,会子币值会大幅下跌,因此,唐仲照拒绝接受会子,要求以原来典卖时的现钱赎回。虽然依照国家法律规定,唐仲照必须接受国家发行的会子,但如果这样强行判决,唐仲照必然无辜蒙受巨大的经济损失,显失公平,因此主审的胡石壁以"权变"的方式作出判决,指出对民户典卖田宅等特殊情况,"所在官司则与之参酌人情",支持唐仲照以现钱赎的要

① 《名公书判清明集》卷九《典卖田业合照当来交易或见钱或钱会中半收赎》。

求,并指责李边的要求“何不近人情之甚邪”,最终判决唐仲照胜诉,“引监元钱还唐仲照,日下退契,秋成交业”,维护了其合法权益,圆满地实现了争议的解决。

综上所述,宋代州县官在司法审判中,努力追求“情、理、法”的圆融,能够因人因事而异,妥善地处理每一个案件,也是受到中国传统“经权”之道的影响。

第三节　宋代州县官审理民事案件的方法

中国传统法律文化一向有重视司法审判方法的传统,在儒家经典《论语》中,就记载了学生阳肤向老师曾子请教做法官的方法:

“孟氏使阳肤为士师,问于曾子。曾子曰:‘上失其道,民散久矣,如得其情,则哀矜勿喜。’”①

可见,中国古代是相当重视司法审判的方法的。而宋代的州县官面对纷繁的争讼和复杂的法律关系,司法实践使他们认识到“文学止于润身,政事可以及物”,司法审判方法对于处理好关乎民众生命财产的诉讼纷争具有重要的作用,“两造在官,人之大事,或生或死,或予或夺,至此一言而决”②,所以他们在审理案件时,“无细大,必精意求之”,在民事审判中形成了富有时代特色的审判方法。本节就对宋代审理民事案件的方法从州县官高超的调处艺术和重视证据的运用与现场勘察两方面进行探究。

一、州县官审理民事案件中的调处艺术

中国传统法律文化一向有“无讼”的传统。儒家圣人孔子说:“听讼,吾犹人也,必也使无讼乎。”③《五经正义》解释以“至诚”听断狱讼:“备两造,吾亦犹如常人,无以异也。言与常人同,必也在前以道化之,使无争讼,乃善。”《大学》提出:“听讼,吾犹人也,必也使无讼乎!无情者不得尽其辞,大畏民志,此谓知本。郑注:情犹实也。无实者,多虚诞之辞。圣人之听讼,与人同耳,必使民无实者不敢尽其辞,大畏其心志,使诚其意,不敢讼。”④

朱熹认为听讼者要以“修身为本”:“只是他所以无讼者,却不在于善

---

① 《论语·子张》。
② 赵善潦:《自警编》卷八《狱讼》。
③ 《论语·颜渊》。
④ 《礼记·大学》。

听讼，在于意诚、正心，自然有以薰炙渐染，大服民志，故自无讼之可听耳。”①可见，“无讼”一直是宋代州县官所追求的理想。同时，宋代的经济、政治、民众诉讼观念等都发生了深刻变化，单单依靠伦理道德说教的力量或强制性的压服显然是远远不够的。在关乎民生的司法审判中，如果追求真正取得政平讼理的实际效果，那就只有在实践中获得民众的支持和接受才有可能，如若不然，则所谓之治理，只能蜕化为单向度的号令，而不可能获得民众真心实意的接受。对此，宋代州县官也是有清醒的认识的，范应铃就指出：“乡民持讼，或至更历年深，屡断不从，故多顽嚣，意图终讼，亦有失在官府，适以起争。如事涉户昏，不照田令，不合人情，偏经诸司，乃情不获已，未可以一概论。”②胡太初更是面对社会现实，感叹道：“人情漓靡，机事横生，已难使之无讼，惟尽吾情以听之而已。”③那么，既然纠纷与争讼诉至官府势不可免，州县官当然不能置之不理，而“无讼”的传统必然使他们最优先的选择就是调处。如陆九渊知荆州时，“民有诉者，无早暮皆得造于庭……即为酌情决之，而多所劝释。其有涉人伦者，使自毁其状，以厚风俗。唯不可训者，始置之法”④。徐元杰知南剑州时，“民讼，率呼至以理化诲，多感悦而去”⑤。张洽任袁州司理参军时，“会狱有兄弟争财者，洽谕之曰：‘讼于官，祇为胥吏之地，且冒法以求胜，孰与各守分以全手足之爱乎？’辞气恳切，讼者感悟”⑥。石继曾知江东德兴县时，“德兴壮县，俗喜负气健斗而终讼。公始下车叹曰：‘是不可以柱后惠文治也。’于是为政一本教化，有兄弟宗族争讼者，辄对之泣下，多感愧而去，俗为之一变”⑦。而曾多年任地方官的真德秀则在政训中说：“当职昨在任日，遇亲戚骨肉之讼，多是面加开谕，往往幡然而改，各从和会而去。如卑幼诉分产不平，固当以法断，亦须先谕尊长，自行从公均分。”⑧张彦清在知浙东处州庆元县时的事迹：“晚宰庆元，甫至而目眚作。然两造在庭，犹呼之至前，儿女语之，人人得情吐实，吏束手不能铢发欺。去之日，送者至泣车下。”⑨真德秀不但亲自为他撰写墓志铭，而且称赞其“圣贤所不能，必况于公乎”，原因

① 《朱子语类》卷一六。
② 《名公书判清明集》卷四《漕司送下互争田产》。
③ 《昼帘绪论·听讼篇》。
④ 《宋史·陆九渊传》。
⑤ 《宋史·徐元杰传》。
⑥ 《宋史·张洽传》。
⑦ 《渭南文集》卷三六《朝奉大夫石公墓志铭》。
⑧ 《名公书判清明集》卷一《劝谕事件於后》。
⑨ 《西山真文忠文集》卷四六《知庆元县承议张公墓志铭》。

就在于张彦清听讼之际，能“儿女语之”，实即善于调处，实乃其一大政绩也。

曾多年担任州县官的胡石壁则在判词中为自己任职时注重和擅长调处，使民风归化而颇为自得：“每遇听讼，於父子之间，则劝以孝慈，於兄弟之间，则劝以爱友，於亲戚、族党、邻里之间，则劝以睦渊任恤。委曲开譬，至再至三，不敢少有一毫忿疾于顽之意。剽闻道路之论，咸谓士民颇知感悟，隐然有迁善远罪之风，虽素来狠傲无知，不孝不友者，亦复为之革心易虑。”吴恕斋审理案件时，也非常注意调处，“当职两年于兹，凡骨肉亲戚之讼，每以道理训谕，虽小夫贱隶，莫不悔悟，各还其天。且久无同姓之讼，太守方为之喜”①，“郡守职在宣化，每欲以道理开导人心，闾阎小人，无不翻然悔悟，近来亲戚骨肉之讼，十减七八”②。

而黄榦所判“张运属兄弟互诉墓田”一案，则全篇都是劝告息讼之词：“祖父置立墓田，子孙封植林木，皆所以奉先追远之意。今乃一变而为兴争起公之端，不惟辱及祖父，亦且累及子孙。今张解元丑诋运干，而运干痛诋解元，曾不略思吾二人者，自祖而观，本是一气，今乃相诋毁如此，是自毁其身何异。祖父生育子孙，一在仕途，一预乡荐，亦可以为门户之荣矣。今乃相诋毁如此，反为门户之辱。详此事，深为运干、解元惜之。世固有轻财急义，捐千金以资故旧者，不以为吝，今乃于骨肉之中，争此毫末，为乡间所笑，物论所厌薄，所争者小，所失者大，可为不思之甚。当职身为县令，于小民之愚顽者，则当推究情实，断之以法，于州县官则当以义理劝勉，不敢以愚民相待。请运干、解元各归深思，翻然改悔，凡旧所仇隙，一切湔洗，勿置胸中，深思同气之义，与门户之重，应愤闷事一切从公，与族党共之，不必萌一毫私意。人家雍睦，天理昭著，他日自应光大，不必计此区区也。两状之词，皆非县令所愿闻，牒运干，并告示解元，取和对状申。”③

可见，由于宋代政治、经济的深刻变迁，宋代社会纠纷与争讼层出不穷，州县官面对现实，表现出一种寻求官民之间、当事人之间妥协相处的良好愿望，努力不懈地在寻求法官与两造当事人以及两造之间的“和谐”，而在司法调处的实践中，有下面的表现。

第一，在调处过程中，往往在查清事实、分清是非的基础上，依据法律的规定进行晓以利害的“劝谕”。如宋代的《州县提纲·示无理者以法》中就提出应依据法律来进行调处，向民众讲解清楚法律的规定，使告讼者明

---

① 《名公书判清明集》卷七《先立已定不当以孽子易之》。

② 《名公书判清明集》卷七《不当立仆之子》。

③ 《勉斋集》卷三三《张运属兄弟互诉墓田》。

白自己在法律上的是非曲直,以寻求官方和民众双方的“视域融合”,最终使告讼者自行和解或撤诉,从而将争讼消弭于无形之中:

> 官僚胥吏,明法尚寡,小民生长田野,朝夕从事于犁锄,目不识字,安能知法。间有识字者,或误认法意,或道听途说,辄自以为有理,至谋于能讼者,率利其有获,惟恐不争,往往多甘其辞以诱之,故彼终于伤肌肤、破家产而不知悔。原彼之意,盖自以为是耳。使自知其无理,何苦于争。亦尝念愚民之亡知,两造具备,必详览案牍,反复穷诘。其人果无理矣,则和颜呼之近案,喻之以事理,晓之以利害,仍亲揭法秩以示之。且析句为之解说,又从而告之曰:“法既若是,汝虽诉于朝廷,俱不出是耳。使今日曲法庇汝,异时终于受罪。汝果知悔,当从宽贷;不知悔,则禁勘汝矣。”稍有知者,往往幡然自悔,或顿首感泣以诉曰:“某之所争,盖人谓某有理耳。今法果如是,某复何言?”故有誓愿退逊而不复竞者。前后用此策以弭讼者颇多。如顽然不知悔,始置之囹圄,尽法而行,自后往往不从劝谏者盖寡。如不先委曲示之以法而骤刑之,彼犹以为无辜而被罪,宜其争愈力而不知止。①

宋代州县官胡太初在其官箴《昼帘绪论·听讼》中也认为应通过向诉讼中的“理曲者”,“明加开说”,加以“晓谕”,使其明白自己在官司中的处境、地位,从而“自知亏理,宛转求和”,使其“心服”,最终实现司法调处的目的:“大凡蔽讼,一是必有一非,胜者悦而负者必不乐矣。愚民懵无知识,一时为人鼓诱,自谓有理,故来求诉。若令自据法理断遣而不加晓谕,岂能服负者之心哉?故莫若呼理曲者来前,明加开说,使之自知亏理,宛转求和。或求和不从,彼受曲亦无辞矣。此其当行者九也。”②

从上文可知,面对宋代“人情漓靡,机事横生”的社会现实,民众对田宅、钱财等物质权利的重视,州县官心中明白,单靠礼义说教去实现当事人双方的和解是难以立竿见影的。因此,只有首先查清事实、分清是非,然后才能使当事人心悦诚服地接受以法律和情理为后盾的“劝谕”,最终实现调处的成功。

州县官们在司法实践中也是这样身体力行的,例如刘正甫与周掌膳“争界至”一案,主审州县官就首先注意分清双方的责任:“厢官究实,其曲

---

① 《州县提纲》卷二《示无理者以法》。

② 《昼帘绪论·听讼》。

已全在刘正甫。两家共一藩篱，正甫如欲撤而新之，先当以礼告于周掌膳可也。今不告撤篱，直入其圃，周又乌得而不怨。正甫此时尚能早辞逊谢，则可以全乡曲之义矣。复行抗骂，周又乌得而无词。况周为士人，刘为牙吏，亦当自识高下，岂应无礼如此。但周之所以召侮者，岂非以其地相连接，而怨刘之取赎乎。天地之间，物各有主，却正不必为此怀憾未欲遽有施行，以亏比邻之好，在帖厢官，监刘正甫以礼逊谢，夹截界至，取无词状申。如再恃强，定行科断。"①

此案中，作为主审官的州县官吴革是在查清了事情的起因，是因刘正甫侵犯周掌膳家地界，又不及时认错，然后在分清责任的基础上，才考虑官府判决可能"亏比邻之好"，因此，"监刘正甫以礼逊谢，夹截界至，取无词状申。如再恃强，定行科断"，实即以调解结案。

又如傅良与沈百二"争地界"一案，主审州县官同样本着查清事实、分清是非的态度来调解处理案件：

傅良绍鲍家产业，沈百二承赁乔宅屋宇，交争地界互诉，委官审究。今详主簿所申，则沈百二之无道理者三。以干照考之，卢永执出乔宅契书，该载四至，其一至鲍家行路。既曰至路，则非至鲍家明矣。今沈百二旋夹新篱，乃欲曲转钉于鲍家柱上，一也。以地势参之，非但高低不同，鲍家屋侧，古有水沟，直通官街，别一沟支出，皆是鲍家基地明矣。今沈百二转曲新篱，乃欲夹截外沟一半入篱内，二也。以邻里证之，沈百二等供，当来篱道系夹截于沈百二屋柱上，渠口在沈百二篱外，则沟属鲍家，篱附沈屋，众所共知，信非一日，今一旦改篱跨沟，曲折包占，纵傅良可诬，而邻里不可诬，三也。考之干照，参之地势，证之邻里，其无道理如此，何为尚欲占据。原其所以，傅良父在日，尝以此地借与沈百二，其时两家情分绸缪，彼疆此界，初不计较。久假不归，认为己物，又欲筑室其上，傅良乃以秽语肆行抗对，是以力争。事既到官，惟以道理处断，引监沈百二新篱，只依干照界至，归还地段，庶可息争，然所争之地不过数尺，邻里之间贵乎和睦，若沈百二仍欲借赁，在傅良亦当以睦邻为念，却仰明立文约，小心情告，取无词状申，再不据理，照条施行。②

① 《名公书判清明集》卷六《争界至取无词状以全比邻之好》。
② 《名公书判清明集》卷六《争地界》。

此案中，傅、沈两家争地界，主审的州县官并未不审是非，而是首先通过详细调查，“考之干照，参之地势，证之邻里”，查明案情事实是沈家企图包占地界，傅良则是争议地段的合法所有权人，在查清事实、分清是非的基础上，州县官才指出“邻里之间贵乎和睦”，以调解结案，取得了很好的社会效果。

在后文提到的“舅甥争屋”案中，州县官也是在详细审查案情相关证据后，查明身为舅舅的张诚道，意图冒占外甥钟承信的房屋，在案情清楚、是非分明的基础上，州县官却并未遽行下判，而是以“舅甥情义”进行了调处。“虽然，舅甥义重，忍伤和气，今不必论契书之有无，亦不必论管业之久远，当照张诚道所供，及其初意可也。始焉既能举此屋，以奉乃姐，终岂不能返此屋，以归乃甥。弓得于楚人，毡还于王氏，理所当然，在渭阳何辞焉。今仰钟承信万钧仍旧管佃此屋，乃所以全张诚道始终之义，案给契付钟承信，庶得允当。”①显然，在案情事实面前，作为理亏一方的舅舅张诚道是不可能拒绝接受这一调处结果的。

第二，对于涉及亲情伦理的案件，不拘泥于法条，注重从情感上加以感化。在中国古代，对于涉及伦理的“不孝”等案件，法律规定是要予以严惩的，但是州县官并未拘泥于法条，而是大多从伦理亲情出发，以司法调处的方式，使当事人之间能够和好如初，以维护家庭这一社会的基本细胞的稳定。如《宋史翼》所载石牧之的事迹：“石牧之，庆历二年进士。邑有母告子不禀教令者，讯之无大故，乃呼之前，谕以子事父母之道，丁宁训敕，使亟归奉养。后二十年，行李过其境上，母子泣拜马前曰：无状子自蒙教戒，感惧惕厉，遂为善良。闻者以为近古循吏之政。”②石牧之并未以“不禀教令”为法律依据，对不孝子遽行惩治，而是“呼之前，谕以子事父母之道”，通过司法调处使母子重归于好，维护了母子家庭关系的稳定和谐，取得了很好的社会效果。而州县官黄荦则同样因其调处的事迹而留名于史册：“黄荦，字子迈，庭坚之族孙。……尝出见民有空舍，老妪卧其下，旁无一物，屋犹坚壮，心疑焉。使人问故，妪曰：‘儿贾人，将鬻此庐以就妇舍，妪弗忍也，甘此独卧。’惊叹曰：‘讵有此风邪！’立逮其二子俱来，一瘘且瘁，一壮而悍者贾人也。荦曰：‘此岂待拷掠而得其情哉！’欲置之法，妪以天性之爱，祈免甚苦，贾人亦痛自刻责，请后不敢。因其机而训饬之，母子于是不睽。刘清之以比古循吏笃于风教者，述其事于诗以美之。”③

① 《名公书判清明集》卷六《舅甥争》。

② 《宋史翼》卷一八《石牧之传》。

③ 《宋史翼》卷二二《黄荦传》。

可见,在司法审判实践中,州县官非常注重对涉及家庭伦理的案件以亲情予以调处,使当事人感化。例如《名公书判清明集》中“子未尽孝当教化之”一判,州县官开宗明义,就认为此类亲子之间的争讼案件“当有以教化之”:“子盗父牛,罪当笞。至于不孝一节,本州当有以教化之,岂可便行编管。送州佥厅,且将彭明乙枷项日程,仍令日设拜其父,候父慈子孝,即与竦放。”①

又如在“读孝经”一判中,州县官以读孝经的方式对当事人进行了实际上以教育感化为目的的“惩罚”:“送县照已行戒约。但子之于母,自宜孝顺,于母所敬亦敬之,而况所谓外公者乎!田业固不可逼卖,至于一二家事之类,亦何足道。监下替彭宣教读孝经一月。”②

再如“阿周诉子马圭不孝”一案,州县官虽以法威之,最终还是更注重以“父母之爱”对当事人进行感化:

忽阿周以不孝讼其子,为之惊愕羞愧,引咎思过,谓我为邑于斯,近而闾里乃有此等悖逆之子,宁不负师帅之任哉!因思昔仇香为蒲亭长,民有陈元者,以不孝为母所讼,香惊曰:近过仇舍,庐落整顿,耕耘以时,此非恶人,当是教化未至耳。遂亲至其家,与其母子共饮,为陈说人伦,谕以祸福,元大感悟,卒为孝子。乡人为之谚曰:父母何在在我庭,化我鸣鸱哺所生。至今载之青史,为万世美谈。今马圭之见讼于其母,与此事适相似,恐亦是教化未明之所致。亟呼其母至前,询问其状,乃备陈马圭不肖之迹,父母与之以田,则鬻之,勉其营生,则悖之,戒其赌博,则违之。十年之前,已尝为父所讼,而挞以记之矣,今不惟罔有悛心,而且以为怨。其间更有当职之所不忍闻者。观其所为若此,则是真为恶人,非复如陈元之可化矣。当职心实忿焉,从其母之所请,刑之于市,与众弃之矣。早间其母又执其父遗嘱,哀矜恻怛之情,备见于词意间,读之几欲堕泪,益信天下无不慈之父母,只有不孝之子。罔极之恩,马圭虽粉身碎骨,其将何以报哉!但其父既有乞免官行遣之词,而其母亦复恻然动念,不胜舐犊之爱,当职方此老吾老以及人之老,亦何幸其遂为母子如初欤!今更不欲坐马圭之罪,押归本家,恳告邻舍、亲戚,引领去拜谢其母,友爱乃弟,如再有分毫干犯,乃母有词,定当科以不孝之罪。所有马早遗嘱,录一白纸入案,更

① 《名公书判清明集》卷十《子未尽孝当教化之》。

② 《名公书判清明集》卷十《读孝经》。

以一纸付马圭，归家时时诵读，使之知乃父爱之如此其至，则天理或者油然而生尔。仍特支官会二十贯，酒肉四瓶付马圭，仰将归家，以为诸召亲戚、邻舍之用。①

此案中，当事人马圭败坏家产，恣意赌博，其母亲阿周要求官府予以惩处。州县官胡石壁认为马圭的所作所为按法应“刑之于市，与众弃之矣”，但是考虑到父母对儿子的“舐犊之爱”实际上使其不忍对儿子真正施以刑罚，最终以父母之爱来教育感化马圭，希望马圭知道父母“爱之如此其至”，“则天理或油然而生尔”，从而能够“拜谢其母，友爱乃弟”。这里，州县官实际以教育感化的方式调解处理了这桩母子之讼。

与上面案例无独有偶的是，在“母讼其子不供养”一案中，州县官同样注重的是以“母子之情”来进行教育感化：“嫠妇阿蒋，茕然孑立，所恃以为命者，其子钟千乙而已。其子狼狈如许，既不能营求勺合，以赡其母，阿蒋贫不聊生，至鬻其榻，以苟朝夕，剥匹及肤，困穷极矣！钟千乙又将其钱妄用，久而不归，致割其爱，声诉于官，此岂其情之得已哉！钟千乙合行断治，今观其母羸病之余，喘息不保，或有缓急，谁为之倚，未欲置之于法，且责戒励，放。自此以后，仰革心悔过，以养其母。本州仍支五斗，责付阿蒋，且充日下接济之须。”②

此案中，寡妇阿蒋只有一独子钟千乙，此子却不肖，将阿蒋因家贫而卖掉床榻以度日的钱胡乱花光，阿蒋将独子告到官府，州县官胡石壁认为钟千乙合行断治，应予惩处，但“观其母羸病之余，喘息不保，或有缓急，谁为之倚”，因此，为维护家庭和睦，将钟千乙训诫后释放，并且决定由州府支给五斗米，“且充日下接济之须”。

在州县官司法调处中，不但注重以“父母子女之爱”来进行教育感化，还对宗族兄弟这样的亲伦关系不厌其烦地以“宗族兄弟之爱”来进行谆谆教诲。如在“兄弟侵夺之争教之以和睦”一案中，州县官胡石壁并未急于判决，而是苦口婆心，进行了一番“动之以情，晓之以理”的劝解：

大凡宗族之间，最要和睦，自古及今，未有宗族和睦而不兴，未有乖争而不败。盖叔伯兄弟，皆是祖先子孙，血气骨脉，自呼一源。若是伯叔兄弟自相侵凌，自相争斗，则是一身血气骨脉相攻相克。一身血

---

① 《名公书判清明集》卷十《母讼其子而终有爱子之心不欲遽断其罪》。

② 《名公书判清明集》卷十《母讼其子不供养》。

气骨脉既是自相攻相克，则疾痛病患，中外交作，其死可立而待矣。故圣贤教人，皆以睦族为第一义，盖以此也。奉睿、奉琮皆是一家兄弟，以今日论之，虽曰各父各母，似觉稍疏，然以祖先视之，皆子孙也。祖先之爱奉琮，无以异于爱奉睿；祖先之爱奉睿，无以异于爱奉琮。奉睿、奉琮若能体祖先之爱子孙之心，则兄见其弟，必曰是吾祖之孙也，吾何可以不恭之。如此则必无争，必无讼矣。惟其不知以祖先为念，于是尔我始则相视为路人，后则相疾为仇。呜呼！祖先养育子孙，只望代代孝顺，人人爱友，以共保家业，以共立门户，而一旦为路人，为寇，死者有知，其能瞑目于九泉之下乎？当职观奉琮兄弟，供吐之间尽有条理，看来亦曾读书，非其他懵然无知者比，而其所以兴同室之斗者，度只是一时为利欲所蔽，无人以天理人伦开晓之耳。当职叨蒙上恩，假守于此，布宣德化，训迪人心，正太守之责也。今奉琮兄弟本无大可争之事而又粗有可教之资，其可不以诚心实意教之以人伦，以感发其天理乎！尔兄弟今当各思吾之身是祖先之所生，兄之身，弟之身，亦祖先之所生，不知爱吾之身，是不知爱祖先也。徒知爱吾之身，而不知爱兄弟之身，亦是不爱祖先也。必爱兄弟如爱吾身，然后为尽奉先之孝。所谓爱者如何？出入相友，有无相资，缓急相倚，患难相救，疾病相扶持，锥刀小利，务相推逊，唇吻细故，务为涵容，此之谓爱。傥因一朝之忿，兴阋墙之争，兄欲害其弟，弟则欲害其兄，以贼害之心，内施于手足之间，其异于禽兽者几希矣。奉琮兄弟其可甘心于此乎？且观奉睿之词，所以攻其兄者，无所不至，惟恐不胜其兄也。奉琮之词，所以攻其弟者，亦无所不至，惟恐不胜其弟也。当职谓奉睿盖反而思曰：使官司以我为直，以兄为曲，以加之罪，或杖之，或黥之，吾故不恤也。然我祖先若见兄之遭杖，遭黥，其心将何如哉？奉琮亦盖反而思曰：使官司以我为直，以弟为曲，以加之罪，或杖之，或黥之，吾故不之恤也。然我祖先若见奉睿之遭杖，遭黥，其心将何如哉？吾为人之弟，而至于杖其兄，黥其兄，吾为人之兄，而至于杖其弟，黥其弟，不知所谓兄弟者，果谁之子孙，谁之血气骨脉乎？害祖先之子孙，伤祖先之血气骨脉也，将何颜面以奉祭祀，以上丘陇乎？异时身死之后，见祖先于泉壤，或问奉睿曰：汝兄何为遭杖，遭黥，睿将何辞以对乎？或问奉琮曰：汝弟何为遭杖，遭黥，琮将何辞以对乎？尔兄弟能一念及此，则必翻然而悟，不俟终日尔迁善远罪矣。昔日清河之民，有兄弟争财者，郡守苏琼告以难得者兄弟，易得者田宅，遂感悟息争，同居如初。当职谆谆之诲，视苏琼又加祥焉，尔兄弟其可不如清河之民乎？

请推官更切加开譬折衷，在前如果有侵夺，私下各相偿还，自今以后，辑睦如初，不宜再又纷争，以伤风教。如或不浚，定当重置，无所逃罪矣！①

从上述判词中，我们可以发现，主审的胡石壁从兄弟同一祖先这一角度所进行的一番苦口婆心的“劝谕”，目的是实现某种“视域交融”，从而使双方和息以解决纷争，显然，其注重的不是法律的规定，而更多的是“兄弟之情”的感化。

第三，在调处的方法上，往往借助亲朋、邻里、宗族的力量。亲朋、邻里、宗族与当事人联系密切，熟悉当事人情况，又与当事人有千丝万缕的感情联系，容易与当事人沟通，因此，他们参与调处往往更容易使当事人达成和解，实现“视域交融”。而宗族构成了中国古代社会的基础的现实情况也使州县官注意借助宗族、亲朋、邻里的力量。如《白虎通·宗族》：“宗者，尊也。为先祖主者，宗人之所尊也……古者必有宗，何也？所以长和睦也。大宗能率小宗，小宗能率群弟，通其有无，所以经理族人也……族者，凑也，聚也，谓恩爱相流凑也。上凑高祖，下至玄孙，一家有吉，百家聚之，合而为亲。生相亲爱，死相哀痛，有会聚之道，故谓之族。”②北宋刘敞认为，宗族是老百姓治理自己的最佳组织，它可使统治者收到治理天下“结之不以恩惠，威之不以刑罚，不为而治”③的社会效果。《宋史·石公弼传》：“宗法者，佐国家，养民教民之原本也。”④而英国法律史学家梅因也认为：“除了家族关系外，不可能理解在各个个人相互之间可以有任何关系。”⑤中国古代社会关系是建立在宗族秩序基础上的，正如费孝通先生说，中国传统社会是“以‘己’为中心，像石子一般投入水中，和别人所联系成的社会关系，不像团体中的分子一般大家建立在一个平面上的，而是像水的波纹一般，一圈圈推出去，愈推愈远，也愈推愈薄”⑥。

如在“叔侄争业令禀听学职教诲”一案中，州县官就接受当事人朋友参与调解的请求，令当事人周德成叔侄“仰即日禀听明朋友教诲”，实际上将调处的工作托付给了当事人的朋友，并以国法作为其后盾：“听讼，吾犹人也，必也，使无讼乎！当职德望薄浅，不足以宣明德化，表率士风，而使乖

---

① 《名公书判清明集》卷十《兄弟侵夺之争教之以和睦》。
② 《白虎通·宗族》。
③ 刘敞：《公是弟子记》。
④ 《宋史·石公弼传》。
⑤ [英]梅因：《古代法》，沈景一译，商务印书馆 1959 年版，第 94 页。
⑥ 费孝通：《乡土中国　生育制度》，北京大学出版社 1998 年版，第 27 页。

争陵犯之习见于吾党,有愧于古人多矣!否者威之,挞以记之,正惧有所不容但已者,而诸友乃能举责善之谊,以启其良心使其叔侄之情不远而复,岂非区区所望于学校之士者与?示周德成叔侄,仰即日禀听明朋友教诲,遂为叔侄如初。若或不悛,则玉汝于成者,将不得不从事于教刑矣!"①

而在"兄弟争葬父责其亲旧调护同了办葬事"一案中,州县官也并未直接作出官方判决,而是令当事人的亲戚故旧予以"调护":"曾知府处置子弟,轻重失中,酿成今日之祸。知府既捐馆,其事往矣。大夫葬有日,二子正当平心定气,克终礼制,了此大事,顾乃各修旧怨,人执一说,彼此求胜,不知於奉亲送终之义亏矣!私欲既炽,天理益昏,为之亲戚故旧者,所当开明义理,反覆敷陈,良心一还,则百念皆正,岂有天理终于晦蚀者哉!而乃阿其所好,不惟不能正救,又从而谄谀之,抱薪救火不但无益而已。官司为国家行法,从公定断,自当听从,顾念名家之后,父死不葬,必待求直於官司,将遂为终身玷。君子爱人以德,义当存大体耳。两兄弟所执六人,或是士子,或是宦家,何苦各私所亲,自犯不韪。今请此六人者,以曾氏名家。葬亲大事为念,各持公论,极力调护,使其兄弟各遂天伦之爱,急办葬亲。不惟免被官司督过,抑且永为乡曲美事。"②

此案中,曾家兄弟因家庭矛盾竟致父死不葬,主审官考虑到曾家兄弟乃是"名家之后","父死不葬,必待求直於官司",将为"终身玷",如果由亲戚旧故对之"开明义理",则既可解决纠纷,又可取得更好的社会效果,因此,主审官员并未直接判决,而是让曾家兄弟的亲戚故旧"各持公论,极力调护",并规定有亲族调处的期限,"官司当以五日为期,坐待回报"。

第四,在对待当事人自行和解的态度上,如果双方当事人愿意和解撤诉,州县官一般亦同意以调处结案。如"俾之无事"一判:"果能消争融隙,变阋为怡,此正当职之本心。特从所请,仰速具无争状并申,如更展转唆使,定照已判施行。继据程若沔状,兄若泾、弟若庸同状立合同连等文字,乞行印给,所是匣追侄其毅等,乞行免追。外仆金先、詹安罪犯,听自施行。寻责据各人审供事状呈,奉台判,兄弟叔侄交争兴讼,此风俗大不美也。徽为江东名郡,而有此不美,此观风问俗者之罪也。委屈劝谕,导以天理。今若沔、若泾、若庸赍到兄弟连押了办祥葬合同文字及无争状赴司,则其兄弟之间,退省静思,良心善性固未泯没也。人谁无过,过而能改,即是

① 《名公书判清明集》卷十《叔侄争业令禀听学职教诲》。
② 《名公书判清明集》卷十《兄弟争葬父责其亲旧调护同了办葬事》。

好人。案印给合同文字，付各人收执，其大、其毅特与行下免追。仍请若泾、若庸、若沔兄弟念同气之亲，思鹡翎之义，勿信唆使教唆之言，辄兴伤风败俗之讼。若再来紊烦，必将无理之人重置典宪，各请改过，毋贻后悔，再责向后再讼罪罚状入案讫，并放。"①

从中可以看出，为了实现社会秩序的和谐，州县官对待司法调处的态度是相当灵活的。

最后需要指出的是，宋代州县官司法调处不同于判决，不能强制当事人接受，必须经双方当事人认可，调处才为有效。当调处无法达成一致时，州县官也会毫不犹豫地"从条断遣"。如在黄居易兄弟三人因家庭财产发生的争端中，主审官蔡久轩"示三名取无争状，寻唤上各人读示，并不伏"，并宣布，"但以兄弟之争，欲俾息讼，以全天伦。今三人者嗜利无耻，顽不可化，押下本州，请径自从条断遣"。②

二、证据的运用与现场勘察

证据是查明事实、判明是非的重要依据。对案件的审理只有在事实清楚的基础上，才能获致正确的判决，而要做到这一点，就必须依靠证据，如果没有证据或证据不充分就立案、审判，往往容易造成错案，甚而给无辜的平民百姓造成难以挽回的损害。而宋代的州县官由于胸中充满济世爱民、建立和谐理想人世秩序的理想，因此为查明案情，恢复社会秩序，在司法审判中对证据的重要性有更为充分的认识。有的州县官在司法审判中指出："讼有源有流，有本有末。穷其源而寻其流，揣其本而求其末，则讼可得而决矣。"③曾多年任地方官的宋代州县官胡太初则认为："监系最不可泛及，拷讯最不可妄加，而臆度之见，最不可恃以为是也。史传所载，耳目所知，以疑似受枉而死而流而伏辜者，何可胜数。谚曰：捉贼须捉赃，捉奸须捉双。此虽俚言，极为有道。故于罪囚供款，必须事事著实，方可凭信。不然万一逼人于罪，使无辜者受枉罚，令得无愧于心乎。"④还有的州县官认为司法审判关系到民众的生命、财产利益，所以对证据问题必须加以重视："狱讼之事，情伪难通，或旁无佐证，各执两说，系人性命处，须吃紧商量，犹恐有误也。"⑤

① 《名公书判清明集》卷十《俾之无事》。
② 《名公书判清明集》卷十《兄弟之争》。
③ 《名公书判清明集》卷一四《挟仇妄讼欺凌孤寡》。
④ 《昼帘绪论·治狱篇第七》。
⑤ 《朱子语类》卷一一〇《论刑》。

因此，宋代州县官在司法审判中，对证据的审查与运用非常重视，就其司法审判实践来看，表现出以下几个特点：

首先，州县官重视证据在查清案件事实中的作用，往往通过书证等证据的审查来认定案件事实，以公正处理案件。

书证是以其记载的内容证明案件事实的证据。早在《周礼·秋官·大司寇》中就有记载："凡以财狱讼者，正之以傅别、约剂。"所谓"傅别""约剂"，实际上就是古代原始的契约，乃书证之一种。宋代由于经济的发展，书证的种类有干照、砧基簿、关书、遗嘱等，书证对于查明案情具有重要作用，宋代州县官非常重视运用这些重要证据来查明案件和判明是非。例如"王直之朱氏争地"一案，州官吴恕斋就是以契约为证据，查明案情，作出判决：

交争田地，官凭契书。徐监狱媳妇朱氏执出绍熙、庆元间典买施文霸桑地七契，计二亩一角十九步，该载亩步四至，坦然明白，末后两契，且声说除将住屋及屋基，滴水为界，典卖与施王德外，余并系卖与徐宅之数，此朱氏之契书也。王直之执出嘉熙三年、四年典买屋地四契，且缴到施王德元置施文霸屋地未印老契，该载屋宇间架及随屋地基，明即不曾声说有屋外桑地亩角，此王直之契书也。以两家契书考之，朱氏当尽有桑地，直之仅买得屋基，彼此干照，极是分晓。今直之施王德死后，乃欲于屋基外，冒占朱氏桑地一角，不知何所凭据？若曰缴到施王德原置文霸老契可照，四十余年一幅竹纸，竟不投税，已是难凭，今纵以为可凭，则契内只言住房基，即无桑地一角两字。但是施王德初典契内平白撰出桑地二字，又无亩角四至，续于嘉熙四年闰月，施百二娘断卖于施王德既死之后，又旋添一角之语。不知施王德、施百二娘何所据而卖桑地一角，王直之又何所据而买桑地一角乎？盖朱氏桑地，原系施王德承租，及据施百二娘供证，当来止是出卖住屋基地，即不曾滚同桑地卖与直之，此非王直之有意贪图，则是施王德盗卖主产，无可言者。今直之不自反其契书之不正，乃推求朱氏契书，谓其不合投税于嘉熙年间，必是假伪。照得朱氏七契，一契印于绍定三年，六契印于嘉熙四年，其印于嘉熙四年者固若可疑，但所置施文霸桑地，其一亩已于绍熙四年经官，批上砧基簿，又该载嘉定六年分书，并有官印官押分明，直之尚欲将庆元元年至今未印之片纸为可据，而朱氏绍熙、庆元、嘉定已印之砧基、分书乃不可凭乎？无缘朱氏预于绍熙、嘉定年间伪造砧基、分书，以为昏赖嘉熙四年产业之理。切详两人之词，今争一角之地，展转逾年，道路经营之费，不知其直畿角矣。昧于逊畔，至于此极，深可念也。今将两家契书反覆究问，期于息争。朱氏当全有桑地，王直之只合得屋基，彼此不容昏赖。本县虽曾委主簿摽迁，以桑地还朱氏，以屋基还王直之，但剖析两家息争情伪全不分明，故直之尚欲徼觊于万一。欲当厅责状，将各人干照逐一给还，庶可决词。①

此案中，州县官开篇就指出，"交争田地，官凭契书"，案中当事人王直之的契约只能证明其拥有屋基的所有权，而朱氏的契约则可以证明其对于争议的桑地拥有合法的土地所有权。王直之提供的其他证据不足以推翻朱氏的契约，证明其对争议桑地拥有合法所有权。因此，在权衡双方提供的证据之后，主审的州县官吴恕斋认为应"以桑地还朱氏，以屋基还王直之"，对案件作出了正确的判决。

又如在"物业垂尽卖人故作交加"一案中，州县官同样认为"官司定夺，只凭契约"，通过对重要证据——契约的审查运用，正确判决了案件：

今来莫世明亲生三子：如簏、如埙、如江。昨于存日，将户下物业作三分均分，立关书三本，父知号外，兄弟三人互相签押，收执为照，是时即无如山名字参错其间。外有买人黄大丘、丘竹峒等处田地及桑本、大绢等物，关书内亦声说，自后许作三分，均分与如埙、如簏、如江管佃，不得妄有纷争，未尝有如山名字干预其数。其莫如江于嘉定七年将白竹峒田立契，卖与王巡检户下行之，印契管业，已经两载。今年八月，却据莫如山经使府论诉，莫如江卖过已分卑幼物业。准台判送下，速与追人究勘审实，从公理断，申。当职拖照案祖，得见莫如江当来卖田契内，明言系自己受关，分拨到父世明物业，又明言不是瞒昧尊卑，仍与亲房外人即无交加，如有一切不明，并系出产人自管理直。其契照分明如此，莫如山何故妄状陈论？止缘上件契照之末，有莫如山知押数字，遂执此以为兴讼之端。然据莫如江款词内声说，昨来交易之日，托相识周佑代作莫如山名字批押。且人之交易，不能亲书契字，而令人代书者，盖有之矣。至于着押，最关利害，岂容他人代书也哉？今其莫如山本非有分之人，莫如江自卖已业，乃使周佑代书押字，则是莫如江立契之初，亦既包藏祸心久矣！其王行之与莫如江本

① 《名公书判清明集》卷六《王直之朱氏争地》。

系表亲，平时相信，固不逆其诈，而莫如江亦自以诡计得行为喜。殊不知交易有争，官司定夺，只凭契约。昨来莫如江卖田契内，具载系是己业，与内外人无交加，分明如此，其父莫世明亲手分析关书，具载与如埙、如篪、如江三分管佃，即无如山名字，分明有如此。至于莫如山妄状论诉，其莫如山款词供吐，却与元立契照及关书文约具载一切相反。及再将前案研穷参对，莫如山初词称，奉母亲令，众兄将户下田地分拨四分，续又称系父世明存日处分田地，前后异同，全不相照应。况其录白干照，即非经官印押文字，官司何以信凭？显见是莫如江计合莫如山，符同作套，妄状论扰王行之，意在昏赖欺骗，彰彰明甚。官司岂可视契照关约为文具，而听其妄状，论扰善民，以启昏赖欺骗之风也哉？今照条科坐，莫如江及莫如山各勘杖一百，其已卖之田，仰得业人王行之照元契管佃，更取自台旨施行。①

此案中，买受人王行之有契约可以证明，莫如江出卖田地时，契约上"具载系是己业，与内外人无交加，分明如此"，并且莫家分家的"关书"内，也并无告状人莫如山的名字。根据上述证据，主审官员认定，莫如山与争议土地无关，该案乃是莫如江"计合莫如山，妄状论诉"，意图欺诈，最终判决惩罚了莫如江、莫如山，保护了当事人王行之合法的土地所有权。

其次，宋代州县官在审理案件时，对证据能够保持客观理性的态度，相当注意鉴别证据的真伪。

由于宋代人们财产权利观念的增强，诉讼当事人为求胜诉，以获得财产利益，经常想方设法、处心积虑地伪造、变造证据。州县官们必须时刻注意审查鉴别证据的真实性，才能求得诉讼的公正解决和人们财产关系的真正和谐稳定。所以，虽然判案必须以证据来查明事实，但州县官对证据的态度始终注意保持一种客观理性的态度，并不盲目轻信，而是相当注意鉴别证据的真实性。如宋代官箴《州县提纲》中就针对常见的土地案件中的重要证据——"户钞"（土地主人向官府完税的凭证），指出审理土地案件不应单凭"户钞"："田产典卖，须凭印券交业。若券不印及未交业，虽有输纳，钞不足据凭。盖白券可伪造，赋税可暗输。昔刘沆丞相知衡州时，有大姓尹氏欲买邻人田，莫能得。邻人老而子幼，乃伪为券，及邻人死，即逐其子，诉二十年不得直。沆至，又出诉。尹氏出积岁所收户钞为验，沆不凭

① 《名公书判清明集》卷五《物业垂尽卖人故作交加》。

钞,而诘其元买非实,始服罪。事有适然类此者,宜加察焉。"①而在《州县提纲·证会不足凭》一文中,则更加全面、系统地表明了他们对证据客观冷静的态度:"斗殴必追证,而证不可凭一人之词;争界必会实,而会不可尽信耆邻之说。盖富者有赂,则可以非为是,贫者无赂,则可以是为非,专凭证会,则凡贫弱者皆无理矣。斗殴之讼,必察其人之强弱,情之是否,争界之讼,须令详画地形,考之契要,反复参究,必得其实,然后可决。"②

宋代州县官不但在理论上已经认识到了鉴别证据真伪的重要性,而且在审理案件的实践中,州县官也表现出了高水平的证据鉴别能力。其一,审查证据与实际情况是否相符来鉴别证据。如刘克庄判"桂节夫、周氏、阿刘诉潜彝侵占田产案"中,刘克庄就通过仔细审查当事人所提供田契证据与实际并不相符,从而判定其为虚假:"置买产业,皆须凭上手干照。潜彝所买桂仔贵荒田,契内明言文约被兄藏伉,后来仔贵备钱赎回,则是以赎回干照为据矣。及以赎回之契考之,则地名青石桥也,荒地也,卖与潜彝者,地名铁炉塘也,田也,亩步、坐落、东西南北四至,并无一同。盖青石桥地契系别项废干照,铁炉塘田契乃凿空架虚,不可行用之物。桂节夫所执砧基两叶,以节夫侄景颜家书旁批,可见桂氏族人自以同祖荒山推逊,人情法意之所可行,于潜彝何预。今乃撰造淳祐三年买仔贵田契,以梗节夫,使之不得葬兄,此何理哉!缘潜彝父子恃其铜臭,假儒衣冠,平时宛转求贤州县官诗文,以文其武断豪强之迹,前后骗人田产,巧取强夺,不可胜计。前提刑赵中书任内,拒追年岁,卒致漏网。赵中书形之书判,案牍具存。如挟取周氏、阿刘孤儿寡妇之业,已经官司定夺,尚执契书,不肯还人,及送有司鞠实,仅还两契,犹有退不尽者。当职所至,未尝罪及士人,然倚赦拒追,三两月而后出,其收执违法契字,不伏赍出,皆在赦后。士行如此,若使向来所赠诗文之贤州县官为监司,为太守,亦当痛治,况已纳粟为小使臣,辄作潜彝酒户,辄用干人越经内台,可谓小人之无忌惮者矣!本合勘断枷项,押下本县号令,姑与引赦免断,所买无上手,不可行用,契二纸拘毁入案。桂节夫照砧基管业。"③

此案中,潜彝用"地名青石桥"的地契作为自己拥有争议土地所有权的证据,但主审州县官刘克庄发现其所谓的证据,无论土地面积、位置、四至都与争议田地不同,并且潜彝又没有上手契约,因此,最终认为其手中契约"不可行用",判决其败诉,田地由桂节夫"照砧基管业"。

① 《州县提纲》卷二《交易不凭钞》。

② 《州县提纲》卷二《证会不足凭》。

③ 《名公书判清明集》卷四《干照不明合行拘毁》。

其二,通过比对和鉴定手段审查鉴别证据真伪。如在“陈安节诉兄盗卖田地”一案中,州县官通过仔细鉴别当事人的笔迹,判明了契约中签名的真伪:“阿江有子长名安国,第六十,次名安节,第六二。阿江于五月经县论长男安国盗将田业出卖,续送主簿厅,阿江又自出供状,亦称长男盗卖田业。寻追上得业人曾金紫、曾司法、陈德远三户契照,而阿江已谓其子不肖,又为形势之家拖延,不肯出官,愤闷得疾身死矣,但存其弟陈安节与之证对。据契书皆有阿江及弟安节着押,且弟安节则不肯承认,以为其母及安节不曾着押,皆陈安国假写。阿江已死,无可验证,但以契上所书陈安节三字比之,陈安国及陈安节两人经官状词,亦各有陈安节三字,则知其为陈安国假写无可疑者。契上节字皆从草头,其偏傍则皆从卪(子结反)字,陈安国状上节字亦如此写,陈安节状上则皆从竹头,其傍皆从附邑。又唤上书铺辨验,亦皆供契上陈安节三字,皆陈安国写,则是瞒昧其母与弟,盗卖田产无疑。陈德远、曾金紫、曾司法三契所得田业,各合析为二分,以陈安国一分还得业之主,以一分还陈安节,契字批凿还陈安节收执,别给据付陈德远,曾金紫、曾司法照管一分物业,仍监陈安国备一分钱,还陈、曾三家,陈安国勘杖六十,引监钱。陈安节放。”①

此案中,作为主审官员的州县官为判明陈安国是否盗卖田地,对契约中的签名“陈安节”三字仔细辨别、比对,并请书铺辨验,证明皆其兄陈安国之笔迹。因此,查明了兄长陈安国盗卖田产的事实,从而作出了正确的判决。

在“揩改文字”一案中,主审州县官则通过与官方记录比对的方法,查明了案情,作出了正确的判决:“照得龚敷与游伯熙互争第四十八都第一保承字二百八十七、二百八十八、二百八十九号共三号地,两下各持其说,官司初亦未知其谁是谁非。及将本厅出产图簿与两家所执干照参对,得见二百八十七号及二百八十八号地见系龚敷管佃,二百八十九号地见系游伯熙管佃。其二百八十七号地计五亩四十五步,其二百八十八号地计四亩一角三十二步,参之官簿,并无毫发差舛。其二百八十九号地,据游伯熙干照内具载,计一十亩五十五步,参之官簿,却只计五亩一十五步。及与之研穷契勘,乃是续於干照内增益亩数,更改字画,浓淡竦密,班班可考。况各人管业年深,前此即无词诉,是则游伯熙用意包占龚敷地段分明。合押两争人到地头,集邻保从公照古来堑界摽迁,付两家管业。今据龚敷所陈,乃称古来活树篱堑,已被游伯熙锄斫,然亦须有锄斫踪迹可考,并仰从公指定摽

① 《勉斋集》卷三三《陈安节论陈安国盗卖田地事》。

迁,不得观望。如再惹词诉,定追邻保勘断。”①

此案中,主审州县官通过将当事人游伯熙“干照”(契约)的记载与官方存档的“出产图簿”进行比较,发现了游伯熙地契中“增益亩数,更改字画”的伪造行为,从而正确判决了两家对土地面积的争端。

其三,注意审查证据的形式是否符合法律和惯例的要求,如下面“高七一状诉陈庆占田”一案:

> 据乡司供首,陈文昌起立高七一诡名,寻出引告示归并,已系陈文昌承认,入本户讫。今高七一辄来陈状,谓自己所置田产,不应归并陈文昌户。及索干照呈验,税钱一百二十,有令契立价钱五十贯,已是不登。又於内即无号数亩步,别具单帐放前,且无缝印。乡原体例,凡立契交易,必书号数亩步於契内,以凭投印。今只作空头契书,却以白纸写单帐於前,非惟税苗出入可以隐寄,产业多寡皆可更易,显是诈欺。勘杖六十,照陈文昌责状归并。寻具案引断,系高七一当厅责状归并,再与照行免断。②

此案中,主审官员就是通过审查高七一的关键证据——契约,发现“即无号数亩步,别具单帐放前,且无缝印”,不合乎契约的惯常形式,极其容易造假,“非惟税苗出入可以隐寄,产业多寡皆可更易,显是诈欺”,判决高七一败诉。

另外,值得称道的是,宋代州县官为了查明证据的真伪,求得案情真相,不单只是坐堂问案,埋头于案牍之间,对于一些疑难案件,还能够以实地勘察的方式去调查证据的真伪,体现了一种实事求是的精神。例如赵师龙以承务郎监建康府粮料院时,就曾经为处理一件田讼,不畏艰险,亲自去案件现场实地勘察,因而获得了上司的赞赏:“有民田在大江中流,讼久不决,官吏惮风涛之险,无亲临者,率不得其实。公轻舟径至田所,访之耆老,曲直始明。帅阅其辞,称奖不已,疑狱多以属公,仍兼领狱掾。”③又如在“田邻侵界”一案中,聂忠敏与车言可争田,车言可手中田契所载田地“步亩四至”与案中所争田地“步亩四至”并不符合,而聂忠敏手中的契约和其祖上“砧基簿”内的关于田地四至的记载完全符合,“即无同异”。那么,到底谁是谁非呢?为了进一步查明事实,主审此案的州县官亲自到田

---

① 《名公书判清明集》卷五《揩改文字》。
② 《名公书判清明集》卷四《高七一状诉陈庆占田》。
③ 《攻媿集》卷一〇二《知婺州赵公墓志铭》。

间地头进行了实地勘察：

至正月二十二日，躬亲前去定验。得见其地头田段，疆画翼翼，殊不淆杂。仍与多方询访，得之众论，皆曰聂忠敏祖聂仕才元有田三段，计三号，自北而南，上流下接。总而言之，东至普门院山，西至黄推官及阿廖与张大宗、嗣宗田，南至阿黄田，北至车言可买车迪功田，上件四至分明。但内有南畔一至，本是聂仕才田与阿黄田相抵。缘经界之初，聂家开垦土力不具，为西向田邻张大宗、嗣宗兄弟侵占耕作，后来张家兄弟相继倾亡，其家将所侵占田并己田同立契出卖，凡经数年，而后归诸蒙彦隆、韩国威之家。目今与阿黄田相抵者，乃蒙彦隆、韩国威之田也。当遂唤上田宅牙人陈达，同邻保等人，将车言可、聂仕才、蒙彦隆、韩国威四家毗连之田，对众从头打量。据蒙彦隆所买上手张嗣宗田，元计陆亩贰角零壹拾捌步，今打量出剩共计壹亩有零。韩国威所买上手张大宗田，元计伍亩叁角伍拾肆步贰尺，今打量出剩贰亩有零。所有车言可元买车迪功田，共计壹拾亩贰角壹拾柒步，今打量已有壹拾贰亩叁拾捌步，虽亏折壹角有零，然其见佃田头北来有壹丘，众证递年是车言可耕布。当聂忠敏指系车迪功所卖田段，车言可坚执不许打量，已自使人未能无疑，及再相视，其田内洪水推损去处，崎岖曲折，难于牵绳者，尚有遗地，以此等地步配其亏折奇零之数，亦既有余矣。至于聂仕才之田，仅计柒亩贰角贰拾壹步叁尺，今打量止有伍亩叁角贰拾叁步，却近自亏折贰亩，推寻其数，必是落在蒙彦隆、韩国威两家出剩数内，无可疑者。然聂仕才身故之后，其子孙岂不愿陈理，或者亦自知其经隔年深，姑且据见在亩角承佃而已。今来车言可又欲以所买车迪功田契内捌百捌拾号，而争占捌百捌拾壹号之田，官司若不与之主盟公论，深恐聂忠敏田段亩角，自此愈见侵削，将来何以供输二税。窃意聂忠敏昨经使、府论诉，亦不过欲正其疆界，不至再有亏折，庶几向后供输，免有逋负。此其情诚可怜也。况聂忠敏所供东西南北四至，与其祖来砧基簿具载四至，节节明白，并无差舛，而车言可所供四至，只有一至相合，自余三至并不相照应。谓如捌百捌拾壹号东至普门院山，西至黄推官田，南至聂仕才自己田，北至车言可买车迪功田。其车言可所买车迪功捌百捌拾号田契具载，乃是东西南北皆至自己田，南至黄推官田，其不相照应如此，官司何以为凭？及又据车言可口覆，田邻皆是聂忠敏之党，独有汪彦祥备知田段的实，今据汪彦祥责立罪赏状，亦明言见争田段系聂忠敏之田是的，在车言可又复何说？仰聂忠敏、车言可各具元收干照，依未争前疆界管佃，不得妄有争占，如再支蔓，以为公私之扰，合行科坐。今画到地图，连粘在前，更取自台旨。①

显然，通过实地勘察，并且结合相关证人的证词，主审的州县官详尽了解了案情事实，查明了案件真相，聂忠敏拥有对争议土地的合法所有权，而车言可则是意图侵占，因此，最终判决“各具元收干照，依未争前疆界管佃，不得妄有争占”，恢复了当事人之间正常的财产占有秩序。

再如“伪作坟墓取赎”一案中，主审的州县官则通过实地勘察，查明了当事人伪造证据的情节，从而作出了公正的判决。此案中，黄桂子贪图财利，将已卖与其兄黄秀实的田产与杨迪功重叠交易，并受杨迪功教唆，无中生有地在契约上写明该项田产内有杨迪功家的祖坟，杨迪功又预先在争议田地中埋进一块石碑，伪称乃自家祖坟之碑，并以此为由欲赎回田业。为了彻底查清案情，主审的州县官亲临现场勘验：

当职亲引到地头定验，见田路上有数块石聚其畔，称有墓铭。当问杨迪功，乃云已经年载，土内有石碑可照。渠令其仆人自掘入一尺土余，见石一片，约长尺四五许，凿数字其上。又无支书具载，土内有石，何缘而知之，此人情之不能无疑也。杨迪功又执出乾道间上手契书，称有墓地，子细点检，契内无官印，契内合接处虽有官印，稍涉疑似，当唤上书铺辨验，同称其伪，不肯保明责状入案。设若此契果真杨迪功父时可卖与黄综之时，合是说破自己祖墓，不应网漏，乃置之不言，此又人情之不能无疑也。况此田在杨迪功门首，于己甚便，无计可得，乃暗入石碑，伪书契字，买求黄桂子，多方撰造，为今日赎回张本。②

经过实地勘察，主审官员查明了杨迪功所提供的物证——石碑不足凭信，乃是伪造，结合其他证据，判决杨迪功败诉。

州县官在司法审判中还相当注意综合全面地运用证据以查明案情，而不盲目轻信某一种对当事人一方有利的片面证据。如下面的“舅甥争屋”一案：

① 《名公书判清明集》卷五《田邻侵界》。
② 《名公书判清明集》卷九《伪作坟墓取赎》。

张诚道，舅也，钟承信万钧，甥也，舅甥争屋，非义也。钟承信供称，母亲置到杨家巷屋七间两厦，租赁与外人，张诚道供称，于内买得前二间及一小间，遂致互争为己物。大抵交易当论契书，亦当论管业。张诚道不曾管业一日，却有张洵正卖契一纸，遂谓有契岂不胜无契。钟承信止有张模等上手契三纸，更无正典卖契，却管业二十八年，遂谓管业岂可使失业。二说相持，莫决是非。张诚道欲破管业之说，则曰钟甥久出不归，亲姐贫，无以养，权借此屋收赁，以助买油菜。此论未通，近世浇薄，兄弟姊妹相视如路人，若能损己业，以赡同胞，我未之信也。钟承信欲破无契之说，则曰母置此屋，恐以孤孀见欺于人，遂托舅之名以立契，竟执留而不还。此恐有之，安固习俗，常假姓以置产，凡讼牍间，盖屡见之矣。何况钟承信之母，管业多载，身故已二年，至今钟氏每日点印赁钱，有薄历可照。前后赁屋者，如张溢老、徐十三等，莫不曰赁札之屋，有租札及供责可凭。此管业分明，岂不过于有契乎！两词曲直，于此可占矣。①

此案中，舅舅张诚道手中有以其名义所立“卖契一纸”，表面上看，其对争议标的房屋有合法所有权，但州县官并未轻信，据此下判，而是结合外甥管理房屋并收取房屋租金多年的事实和赁屋人的证言，并考虑安固当地习俗确实有以托亲朋之名而置买产业的情况，最终认定外甥钟承信才是房屋的合法所有权人，体现了州县官在审判中对证据的采信并不是片面盲目的，而是综合全面的。

而在李行可与洪七娘“争田业”一案，州县官则结合具体案情，来衡量证据是否可以予以采信：

李行可执到三契，除洪观生亲书一契无可言者，后二契皆是吴膺自书、自保、自佃，又於抱租之批并与抱产，必非当时正行交关。意者吴膺在日，主掌洪氏计，借於李氏者不一，此契当亦是抵典之契。但契归於李氏，印税已二十年，最后者已十七年，吴膺既死，李行可遂从其妻索欠交业。洪七娘者，一旦有不能甘，而又有洪宗起者，翼之兴词。幸其契原不出於父洪观生之亲笔，可指以为伪，虽出於夫吴膺之笔，又幸其已死而莫加之罪，遂诉之县。县不直之，又诉於州。然官凭文书，且涉年久，亦只当还李行可管业。洪七娘倘以伪，则是为伪者乃其

① 《名公书判清明集》卷六《舅甥争》。

夫也。况洪七娘於后一契亲曾着押，若欲诬以为旋被脱押，别又有其表兄许念一供证分明。洪观生无子，其家一付之女与婿，无缘吴膺与李行可交关，洪七娘有不预知者。前后词语反覆，便自可见。然则其夫存，则相与为伪，以取人之钱，其夫亡，则自发其伪，以取人之业。妄一妇人，何乃变诈若此。洪宗起与观生户下，未问有无干涉，据其执到洪诚三契，于宗起熟相关，于李氏见争田段四至又不相合，及其执到洪观生发付之文，显然出于宗起供状之笔，乃於别纸移取观生一押字，粘补欺罔，是其为奸之意甚深，而为欺之术甚浅。使其不惩，后不止与李行可讼而已也。自合送狱，根勘本情，重置於罚，姑从轻将洪宗起、洪七娘各勘杖六十，以惩其奸。李行可照契管业。发付伪约，毁抹附案。余人放。①

此案中，李行可后二契因不是洪氏家长亲笔书写，而原亲书之人又已经去世，洪七娘拒不承认契约的法律效力，而主审官指出，“洪观生无子，其家一付之女与婿”，因此，洪七娘作为女儿不可能不知道田地交易的情况。因此，结合案件具体情况来审查证据，最终承认李行可后二契的法律效力，判决洪七娘败诉，李行可照契管业。

在“伪批诬赖”一案中，州县官同样对案中证据一一进行了审查，从而全面综合所有证据，对案件作出了正确判断和裁决：

吴五三即吴富也，其父吴亚休以田五亩三角一十步，典与陈税院之父，涉岁深远。吴五三同兄弟就佃，递年还租无欠。近三、四年间，兄弟皆丧，吴五三独存，遂萌意占种，不偿租课，却称故父已赎回讫，有批约可证。陈税院屡状陈诉，吴五三词屈理短，凭鲍十九求和，自认批约假伪，甘从改佃，有状入案，即移与缪百六种。秋事告成，吴五三复强割禾稻，反论陈税院不合就南山律院勒从和退佃，又不合经尉司论诉强割，追人搔扰，欲以此为陈税院强占田之罪。殊不知既有交争，何害和对，既相词讼，宁免追呼，此皆枝蔓之辞。若夫产业之是非，初不在是。看详案牍，见得吴五三舍理而靠势，陈税院恃理而惮势，当职讵肯屈理以徇势，必惟其是而已。今以吴五三之砧基、批约与陈税院之契书、租劄参考其故，真伪易见，曲直显然。大抵砧基当首尾全备，批约当笔迹明白，历年虽久，纸与墨常同一色，苟有毫发妆

① 《名公书判清明集》卷六《争田业》。

点，欺伪之状晓然暴露。今吴五三赍出砧基止一幅，无头无尾，不知为何人之物，泛然批剑割，果可凭信乎？吴五三所执批约二纸，烟尘薰染，纸色如旧，字色如新，公然欺罔，果可引乎？此吴五三虚妄一也。陈税院执出吴亚休契，并缴上手赤契，出卖乃嘉泰二年八月，於当年投印管业，割税，入户三十余年矣。吴五三辄称其父亚休已於嘉泰元年赎回，所执陈税院父陈解元退赎两批，皆是嘉泰元年八月十二日内书押。陈解元身故多年，笔迹是否，固不可辨，但以批约验之契书，岂有二年方交易，元年预先退赎，其将谁欺？容心作伪，殊不计岁月之讹舛，此吴五三虚妄二也。吴朝兴、吴都正、吴富、吴归即是亲兄弟，吴富即是吴五三，后同共立契，将上项田根於嘉定八年并卖与陈税院之父，印契分明，吴朝兴等后立租劄佃种，亦二十余年矣。契内之兄弟商议，卖故父亚休所典之田，领钱尤分晓。父典於其先，子卖於其后，尚复何辞？今吴五三辄称父已赎回，非诈赖而何。此吴五三虚妄三也。吴五三自知典卖田根已久，假撰批约有罪，不免强词以诳人，始捏其田典与曹寺丞宅。及陈税院执出曹宅回简云，不曾干预此田，其针已穷，遂凭曹八主簿一纸榜文，白占田亩。但知借势以为援，不知背理而难行。岂有正常之契书，反不若假伪之文约，稍有识者，悉知其非，不然，则阖邑之产业，皆可强夺，尽相牵而为伪矣。此等恶徒，不可不正其罪，吴五三勘杖八十，毁抹伪批及原用砧基附案，仍监还田租。仰陈税院照契管业，从便易佃。余人并放。①

此案中，州县官首先指出吴五三所持证据“砧基”“批约”皆是假伪，不具有证明效力；其次就其所执陈解元退赎文书，时间上又与典契出现矛盾，“岂有二年方交易，元年预先退赎”，显是伪造；最后又指出吴家兄弟共同决定将田地断卖给陈家之事，则有吴五三兄弟领钱文约为证。因此综合所有证据，认定吴五三是伪造证据，诬赖陈家，判决对吴五三“勘杖八十，毁抹伪批及原用砧基附案，仍监还田租”，而陈税院家则可“照契管业”，保护了其合法所有权。

最后，当案件双方当事人证据效力相当，无法判明真相时，州县官还会结合其他旁证来推断案件真相。如翁浩堂所判“争山各执是非当参旁证”一案：

---

① 《名公书判清明集》卷六《伪批诬赖》。

照得曾子晦与范僧争论山地，自有两项。一项鸡笼山，已经使、府结绝，不当复问，今来所争，却是宋家源头山。此山元是杨三六业，卖与范崇，契内具出四至分晓，载钱陆贯，乃绍熙九年十二月立契，至绍熙三年四月到官，此范僧之所据也。后来阿黄同男范僧将黄栀园并山卖与曾大机宜，载钱六贯二百文，却不曾具山之四至，以嘉定二年九月日请纸，于绍定二年八月投税，此曾子晦之所执也。在法：交易只凭契照。既是范僧同母亲将此山立契，卖与曾子晦，则既卖之后，寸土株木，自当还曾子晦掌业，纵有元契，岂可复用，在范僧夫复何说？诘其所争者，不无由焉，盖曾子晦所执之契内明言，男将风疾，无钱医治，自是范僧小时阿黄立契，范八依书，范僧亦置于其间。但曾子晦以为范僧亲领，而范僧以为不曾签契领钱，曾子晦以为范僧亲领，而范僧以为不曾领。为曾子晦之说，以为当初果不曾立契，范僧何不争于三十年前，而却争于子晦既论之后；为范僧之说，则以为当初果曾卖与曾子晦，何为半年不肯把契出官，却先以假伪文书执出冒占。在法：典卖过二十年，钱主俱存，而两词枘凿如此，况书契之人并无一存，可以为证。本府既难根究，何缘可得实情，故未免令两家在外和对，其意无他，亦以曾子晦乃得业之家，范僧乃失业之主，虽愚者已知其有郑、息之势，所以官司再三勉以虞、芮之成，盖欲彼此永绝讼根，免至频频紊烦官府耳。今两家既坚执所长，当职只得从公区处。盖宋家源之山，厥直甚微，而山上所植松杉之木，为利则甚伙。范僧未兴伐木之斧，此山固不知其孰主，范僧既卖木之后，曾子晦即经官有词，是两争之意不在山，而在木也。反复两家之词，断之以平心之论，盖曾子晦以阿黄嘉定二年所卖立契而主此山则可，以曾子晦父知府所载宝庆元年支书而主此山则不可。缘支书所载之山，系土名宋家源，与宋家源头想是两处，况又是宋五山四至之中，又有一至范家山，不知曾子晦之与宋五交易，在阿黄之先耶，亦在后耶？唯是曾子晦当初不便将此契出官呈覆，却先把支书以为凭，宜乎范僧之哓哓不已，故官司以其支书者，并以此契疑之。外此又有一说，可以参证，据范僧之兄范八曾将黄栀园与曾子晦交易，建阳乡例，交易往往多批凿元分支书。曾子晦以为黄栀园及宋家源头山业不曾批凿，而范僧执以为只是黄栀园曾批，而此不系卖过，即不曾批。今范僧所分支书见留在使府司户厅，若是两项山园俱不曾批，则曾子晦之说为是，此山合还曾宅管业；如是黄栀园今俱不曾批则范僧之说为正，而曾子晦之契尤有可议。此本文字既难得参详，使、府严限，不敢有违，案具所拟事理申，取自使、府别委官点对结绝，庶得公当。契书合给还取领。①

此案中，当事人范僧与子晦互争一块名为“宋家源头山”的山地，范僧手中有当年从上手处买地的契约，而曾子晦手中则有范僧母亲 30 年前书写的卖地与曾子晦的契约证明自己才是真正的合法所有权人。由于时间已经久远，双方各有证据又各执一词，互相认为对方欺诈，事实真相难以查明。主审此案的州县官翁浩堂认为可以参考旁证来认定曾子晦手中契约的法律效力。因为范僧之兄范八曾将黄栀园土地典与曾子晦，按建阳地区当地民事惯例，往往要在契约上批凿（注明）“元分支书”，曾子晦以为与范僧和范八交易的契约，两项都没有“批凿”；而范僧认为曾子晦与范八交易的契约有“批凿”，而“宋家源头山”根本没有被卖过，所以没有“批凿”。主审州县官认为通过与前面“黄栀园”交易契约对比，作为旁证，即可查明事实：如果“黄栀园”契曾批，则范僧之说为正；如果“宋家源头山”与“黄栀园”两契都没有“批凿”，则证明曾子晦手中契约为真，曾子晦胜诉。这样，通过旁证，就可以查明案件真相，正确作出裁判。

① 《名公书判清明集》卷五《争山各执是非当参旁证》。

第六章　宋代州县对民事案件的判决

判决是宋代州县民事审判的非常重要的环节，它关系到当事人之间最终的利益分配或归属的重大问题，因此州县官员对判决过程非常重视，朝廷规定各级审判机关作出判决后，要给当事人发放书面的判决文书——“断由”。

第一节　“断由”制度的时代背景

宋代朝廷实行断由制度的最初用意，是为了防止人户轻意越诉。南宋与北宋相比，版图已经大大缩小，由于路途较近，南方又“多有健讼之人”，因此许多打官司的人，轻易就可以到都城临安府越诉告状，使得中央不胜其扰，因此朝廷必须作出制度规定，维持正常的诉讼秩序。据《建炎以来系年要录》载：“辛丑，右谏议大夫林大鼐言：‘比来遐方多有健讼之人，欺给良民，舞玩文法，州县漕宪未结绝则申冤于部、于台、于省，官司眩于偏词，必与之移送复审，外方往往观望，为之变易曲直。欲今后所讼，如婚田、差役之类，曾经结绝，官司须具情与法，叙述定夺因依，谓之断由，人给一本，厥有翻异，仰缴所给断由于状首，不然不受理，使官司得以参照批判，不失轻重，而小人之情状不可掩矣。将来事符前断，即痛与惩治，可使户婚讼简，台省事稀，亦无讼之一策也。’上曰：‘自来应人户陈诉，自县结绝不当，然后经州、经监司以至经台，然后到省。今三吴人多是径至省，如此则朝廷事多，可从所奏。’”①

可见，其立法之用意，最初虽主要是为了防止人户越诉，其后则更是起了防止官员舞弊、保障民事审判正常进行的作用。宋光宗绍熙元年，臣僚的奏言将断由制度的作用说得更为明白：“州县遇民讼之结绝必给断由，非固为是文具，上以见听讼者之不苟简，下以使讼者之有所据，皆所以为无讼之道也。比年以来，州县或有不肯出给断由之处，盖其听讼之际不能公平，所以隐而不给。其被冤之人或经上司陈理，则上司以谓无断由而不肯

① 《建炎以来系年要录》卷一六三。

受理。如此则下不能申其理，上不为雪其冤，则下民抑郁之情皆无所而诉也。”①为此，宋朝廷再次立法重申：作出民事判决之后，必须当场出具断由，“诸路监司郡邑，自今后人户应有争讼结绝，仰当厅出给断由，付两争人收执，以为将来凭据。如元官司不肯出给断由，许令人户径诣上司陈理。其上司即不得以无断由不为受理，仍就状判索元处断由，如元官司不肯缴纳，即是显有情弊，自合追上承行人吏，重行断决”②。宋宁宗庆元三年三月，规定民事案件在判决之后的三日内，必须发给断由，“限三日由即与出结断由。如过限不给，许人户陈诉”③。

断由是书面证据，对证明案件事实具有很强的效力，实际上可以成为当事人保护自身合法权益的凭据，有的官员看到了断由对于保护当事人合法权益的重要意义，通过发放断由以防止奸猾之人日后翻诉，以切实保护当事人的合法利益，因此受到民众的赞誉。如史浚在浙东绍兴府新昌县任知县时，“君资明而健决，两词至前，情伪立见。书判数百千言，反复切当。每曰：‘久讼废业，实官司不决之过，惟详尽不可转移，则安居矣。’故一经予决，虽宿奸巨猾，无复异辞。及君将去，念一任所决滞讼，幸无翻诉，吾去之后，猾吏或为奸利，则贫弱必受其害，乃许请断由以备。于是请者日至，一一给之，或感泣者曰：‘令君为我长虑及此，真父母也。’”④

第二节　“断由”的制作与发放

一、检法书拟

案件经过审理，查清事实后，就进入了“检法拟笔”的重要步骤。《宋刑统》承袭唐律，案件判决时须遵守“断罪引律令格式”的规定：“诸断罪皆须具引律、令、格、式正文，违者，笞三十。若数事共条，止引所犯罪者，听。疏议曰：犯罪之人，皆有条制。断狱之法，须凭正文。若不具引，或致乖谬。违而不具引者，笞三十。”⑤因此，州县官审判民事案件，在查清案件事实以后，首先必须州县衙门的属官根据具体案情，检索出与案情相关的应当适用的法律条文，并结合案情分析，拟写出初步的判决文书，以供长官最后

① 《宋会要辑稿》刑法三之三六至三七。
② 《宋会要辑稿》刑法三之三六至三七。
③ 《宋会要辑稿》刑法三之三七至三八。
④ 《攻媿集》卷一〇五《朝请大夫史君墓志铭》。
⑤ 《宋刑统》卷三〇“断罪引律令格式”门。

定夺。

州一级一般由本州的司法参军、推官等属官负责检法拟笔的工作，并且在检法时“只许检出事状，不得辄言予夺”①，如果检法有误，将会受到与“主典”同等的处罚，“诸司法参军于本司检法有不当者，与主典同为一等”②。拟笔书判的内容必须同时具备“情与法”，也就是说“案情”的分析与“检法”的工作是判决文书内容缺一不可的要件。如一件荆湖北路鄂州通城县的“户绝争讼”案件，就是由州府的司法参军拟写的判决。该案中，吴琛有四女及一养子，其中长女及次女已嫁，二婿皆为吴家赘婿，三女则声称嫁给许氏，幼女二十八娘年已及笄尚未出嫁，养子吴有龙于吴琛在世时，已娶妻阿李为室，生一子吴登。吴有龙身死之后，在室幼女二十八娘到官府陈词诉讼，希望能分得应有的财产。二赘婿也要求分得家中财产。负责检法拟笔的司法参军针对案情，先后检出相关法律规定，拟写出了判决文，其首先指出，“在法：诸义子孙所养祖父母、父母俱亡，或本身虽存，而生前所养祖父母、父母俱亡，被诉及自陈者，官司不得受理。又准法：异姓三岁以下，并听收养，即从其姓，听养子之家申官附绪，依亲子孙法。虽不经除附，而官司勘验得实者，依法”，从而证实了吴有龙作为吴家养子的合法性；其次针对二赘婿要求由四女均分家财的要求，司法参军又引用“在法：诸赘婿以妻家财物营运，增置财产，至户绝日，给赘婿三分”的法律规定，指出吴家并非户绝，所以不应该分给赘婿财产，驳回了其诉讼请求。随后，拟判者又引用“未嫁女分给嫁资”的法律规定，“诸分财产，未娶者与聘财，姑姊妹有室及归宗者给嫁资，未及嫁者则别给财产，不得过嫁资之数。又法：诸户绝财产尽给在堂诸女，归宗者减半”，以解决吴家女儿继承财产的问题。最后拟判者又引用男女婚嫁年龄的规定，“在法：男年十五，女年十三以上，并听婚嫁”，提出吴登母子虽然有权“照条承分”，但要求其应分给“年已及笄”的幼女二十八娘嫁资，并尽快帮助其出嫁。③ 拟判官员通过详细检出了与案情相关的法条，结合案情，入情入理地提出了判决意见，为正确判决奠定了基础。

县一级没有专门负责检法的官员，但设有“法司”等专门负责检法的胥吏以辅助审判工作，同时县衙的县丞、主簿、县尉等属官或负责追会查证案情，或参与案件的审理过程，所以检法拟笔的工作，亦可由他们承担。如周鼎臣任福建漳州漳浦县主簿时，就负责拟写判决的工作，“文牍间，判疑

① 《建炎以来系年要录》卷一五六。

② 《庆元条法事类》卷七三《刑狱门・检断》“断狱令”。

③ 参见《名公书判清明集》卷六《立继有据不为户绝》。

雪枉，笔势若飞不可遏”①。

二、长官定判

司法参军等属官检出案件应当适用的法律条文，拟出判决文书后，并不能立即生效，成为官方发出的正式判决，他们必须将拟写的判决文书交本级长官决定，即案件到底采用哪些法条、如何判决最终要由知州、知县等长官决定。据《朱文公文集》卷一百《公移·州县官牒》记载：“诸案呈复已得判押，并须以次经由通判、职官签押，方得行遣；文字并须先经职官，次诣通判，方得呈知州，取押用印行下。”②宋代官箴《昼帘绪论》中也提到县衙审判案件等“公事”要由县令最后决定，“公事分委佐厅俾之书判，或意见偶异，或请托所牵，未能与令意合，令辄自行改判，或牒请再拟”③。

司法参军等属官拟写的判文，长官审读后如果认为“情理允当”，一般就会判决照拟判执行。如“贾文虎与其叔性甫争田讼”一案，贾性甫抱养游氏子，名为贾宣。贾文虎是贾性甫的兄长贾仲勉的庶子，贾仲勉之妾（文虎母）严氏归嫁贾性甫，贾文虎于严氏去世之后向官府告诉，称贾仲勉遗嘱拨给严氏田业，在严氏嫁给贾性甫之初，被性甫典卖给贾文虎，而贾文虎一直无法照契割税、收租。诉状内还牵连贾宣，使贾宣被监系。审理此案的拟判官员“建佥”查明事实后，认为如果诉讼继续拖延下去，无辜的贾宣和年老体弱的贾性甫必然受到讼累，因此在拟写的判文中提出，“欲将贾宣先放，却将伪契毁抹附案，仍将寄库官会，责还性甫交领，庶使知台府清明，不至为欺伪蒙蔽所惑，文虎元冒领去性甫苗利钱旧会三百贯道，合与不合追理，呈奉知府杨侍郎台判”。知府杨侍郎审读后，基本同意了“建佥”的判决意见，认为“建佥”“拟判甚当，并从行”。贾文虎领过性甫苗利钱，“令责还性甫，取领状申”④。

但长官对于下属拟写的判决如果不满意，认为其在“情、理、法”上有不妥当之处，也可以提出不同意见，直接改判或发回再拟，从而改变拟判的结果。如胡石壁审判的曾仕珍父子擅自侵用“检校”的财产一案，曾仕殊死后无子，其遗产按照“户绝之法”，应该一半由其女儿曾二姑继承，一半“本合没官”，官府暂时将财产检校，交由被继承人的兄弟曾仕珍代管。但曾仕珍却擅自支用其代管的财产，甚至有转移财产的可能，官府在惩罚了

---

① 《水心集》卷二四《周镇伯墓志铭》。

② 《朱文公文集》卷一〇〇《公移·州县官牒》。

③ 《昼帘绪论·僚寀篇第四》。

④ 《名公书判清明集》卷五《侄假立叔契赖田业》。

曾仕珍的行为之后，佥厅及推官所拟写的判决中提出将曾仕殊的遗产止给其女儿三分之一，胡石壁认为其适用法律错误，因为根据"户绝条法"，未出嫁的女儿有权继承户绝遗产的一半，而被继承人曾仕殊去世时其女儿并未出嫁，因此应该继承一半的遗产，因此直接改判："曾仕殊一分家业，照条合以一半给曾二姑。今佥厅及推官所拟，乃止给三分之一，殊未合法。大使司箚内明言：兴词虽在已嫁之后，而户绝则在未嫁之先。如此则合用在室女依子承父分法给半，夫复何说。余一半本合没官，当职素不喜行此等事，似若有所利而为之者，姑听仕珍、仕亮两位均分外，仕殊私房置到物业，合照户绝法尽给曾二姑。"①也就是说，胡石壁改变了下属的拟判，将依照法律本应该"没官"的财产，交由被继承人的兄弟、女儿分配。

有的官员为了提高审判效率，在定判时采用集体审核的方法。如朱熹就提出"作县看状牒"时应该分工负责，集体审核，"每听词状，集属官都来，列位於厅上，看有多少，均分之，各自判去，到著到时，亦复如此。若是眼前易事，各自处断，若有可疑等事，便留在集众较量，断去无有不当"②。他还具体描述自己在漳州任职时审判的情形：

> 措置几只橱子在厅上，分了头项，送下讼来，即与上簿，合索案底自入一橱，人案已足底自入一橱。一日，集诸同官各分几件去定夺，只于厅两边设幞位，令逐项叙来历，末后拟判。俟食时，即就郡厨办数味饮食，同坐食讫，即逐人以所定事较量，初间定得几个来，自去做文章，都不说着事情，某不免先为画样子云：
>
> 某官今承受提刑司判下状，系某事。
>
> 一、甲家于某年、某月、某日有甚干照，计几项；乙家于某年某月某日，有甚干照，计几项，逐项次第写令分明。
>
> 二、甲家如何，因什么事争起到官，乙家如何来解释互论，甲家又如何供对，已前事分明了。
>
> 三、某年、某月、某日如何断。
>
> 四、某年、某月、某日，某家于某官番诉，某官又如何断，以后几经番诉，并画一写出，后面却点对以前所断当否，或有未尽情节拟断在后。
>
> 如此了却，把来看中间有拟得是底，并依其所拟断决，合追人便追

① 《名公书判清明集》卷八《侵用已检校财产论如擅支朝廷封椿物法》。

② 《朱子语类》卷一〇六《朱子三·外任·漳州》。

人，若不消追人，便只依其所拟，回申提刑司去；有拟得未是底，或大事可疑，却合众商量。如此事都了，并无壅滞。①

三、发给当事人

州县长官正式定判后，必须将判决书加盖官府印章后发给当事人，以使各方当事人了解判决理由和结果，便于执行，如任何一方不服判决，也必须凭判决文书向上级机关申诉。由于“断由”是书面的判决文书，具有一定的证明效力，对当事人利益的保护有重要意义，所以州县官府非常注意“断由”的发放，如有的官员就提出应保证发给当事人判决书，并且完善手续，在案卷卷宗接缝处加盖官印，以防有人在判决年深日久之后，以判决无官府依据为由翻诉：“田产之讼，官司考之契要，质之邻证，一时剖判既已明白，无理者心服无词，有理者监系日久，一得判辄归，未必丐给断凭，元案张缝，率不用印。数年之后，前官既去，无理者或嘱元主案吏拆换，或赂贴吏窃去，兼主案吏若罢、若死，辄隐匿诈言不存。彼乃依前饰词妄争，有理者须执前判，无所考据，则前判皆为虚设矣。凡事判案，须即用官印印缝，仍候给断凭讫始放。”②当事人领取判决书后，还要亲自办理签收手续，“应人户自执去判状，须是付耆长正身，仍取批收凭由收掌”③。发放“断由”时，一般要向当事人宣读，“俟已判，始付吏读示”④，当事人如有不解之处，必要时还要向当事人加以“开说”，如“吕文定诉吕宾占据田产”一案中，吕文定、吕文先是兄弟，吕文先死后并无后嗣，吕文定向官府告状，称叔叔吕宾占据吕文先的田产。经过县衙调查，实为吕文先生前已经将田产典卖给叔叔吕宾，有契约为证，“契要分明”，吕宾有权占有田产。但吕文定作为吕文先的兄弟，“同是连分人”，因此有权优先赎回田产。此案经县衙判决后，吕文定不服判决上诉至州府，州府最后认为县衙的判决“已得允当”，只是由于当时“未曾开说”，即未将判决理由向当事人解释清楚，所以才导致吕文定“有词”，因此，在最后判决时“当厅读示，给断由为据”⑤，以促使当事人服判息诉。

在审判实践中，官府实际上也把发给当事人“断由”作为保护当事人

---

① 《朱子语类》卷一〇六《朱子三 · 外任 · 漳州》。

② 《州县提纲》卷二《案牍用印》。

③ 《作邑自箴》卷六。

④ 《州县提纲》卷二《示不由吏》。

⑤ 《名公书判清明集》卷四《吕文定诉吕宾占据田产》。

权利的手段。如“挟仇妄诉欺凌孤寡”一案中，陈玞之妻傅氏在丈夫死后，立同宗岁之侄陈兴老为嗣。族人陈鉴却垂涎傅氏家财，欲以自己的儿子搀继，被拒绝后，遂不断向各级官府告状，还侵占傅氏的田产。傅氏因与其打官司过于劳累，得病而亡。陈鉴仍不罢休，又向县、州等官府诉陈兴老与黄渊违法交易，审判官员在判决中指出，“原陈鉴之心，不过欲洗荡陈兴老，至于无立锥之地而后已”，为了断绝陈鉴对陈兴老的骚扰，官府驳回了陈鉴的告诉，警告其以后不可“如恃健讼”，并且最后指出“合给断由付陈兴老收执，以为永远之照”①，发给陈兴老“断由”以保护其合法利益。

第三节　判决救济方式的多样化与判决结果的非刑罚化

一、判决救济方式的多样化

宋代州县官员通过审理查明了案件事实，弄清了当事人双方的是非曲直，就要对受到侵害的一方进行救济，要求侵害者承担相应的责任，以使失衡的社会关系恢复到正常的状态，实现对当事人合法权益的保护，进而维护正常稳定的社会秩序。由于宋代社会经济的发展，民事案件种类繁多，为了使判决能够适应社会形势的发展，更好地保护受损害当事人的利益，宋代州县官在判决时根据社会现实采用了多种救济方式。主要有以下四种：

（一）监还

监还，又称“监赃”“监纳”“监钱”，是官府强制将当事人通过不法行为获取的利益返还受侵害人，以挽回其损失。

官府要求返还的财物范围广泛，既包括钱、会等有价货币，契书文件与浮财，也包括土地、房屋、禾谷等实物。官府执行“监还”财物时，会指派“当行人吏”或“监催人”持判决文书，要求当事人于一定的时限内追足该项财物，无故违限失职者必须“均备（均分赔偿）”一半的财物。如果当事人限期无法交呈足够的财物，共同参与违法行为者，如违法交易案件中的“牙保人”等则须均赔，补足官府强制归还的财物。如在“从兄盗卖已死弟田业”一案中，丘庄（又名丘六四）是丘萱从兄，丘萱身死无子，只留下妻子阿刘“单弱孀居”，丘庄垂涎从弟丘萱的田产，竟然采用欺诈手段背着阿刘将丘萱的田产盗卖，“将丘萱三瞿里已分之田五十种，自立两契，为牙卖与

① 《名公书判清明集》卷一三《挟仇妄诉欺凌孤寡》。

朱府”，官府在追到相关人等后，丘庄对自己的盗卖行为供认不讳，并交代了盗卖从弟田产获得钱财的经过，虽然后来丘庄又百般抵赖，但官府判决要求在查清丘庄确实有盗卖田产的行为后，对其进行“监赃”①，即要求其将盗卖从弟丘萱田产获得的钱财返还买受人朱府，并将田产交还合法所有人阿刘，从而惩罚了侵害他人利益的丘庄，保护了阿刘和朱府的合法利益。

（二）备偿

备偿，也称“赔还”，是让侵害他人者支付一定的金钱或实物以赔偿因其侵害行为给他方造成的损失。“备偿”是中国古代救济受侵害人的主要办法。周秦汉魏晋各代都用“偿”字，后来或作“备偿”，或单作“偿”，或单称“备”，其含义相同。②

宋代州县官在判决中的赔偿可以分为实物赔偿和货币赔偿两种。实物赔偿即对损害的财物以同种类物之价值相当者抵作损害物予以赔偿。如“兄侵凌其弟”一案中，丁瑠、丁增是亲兄弟，父死时，尚有财产六七贯文。两兄弟分家后各自另过，只因丁瑠不务正业，好逸恶劳，分家之后不久，即将自己所分田业典卖殆尽，又垂涎其财物，侵渔不已，丁增有牛二头，寄养在丘州八家，丁瑠则牵弟之牛出卖；丁增有禾三百余贴，存放在东田仓内，丁瑠与人将弟之禾谷搬归自家。弟乃诉之于官，审判官员刘后村判弟丁增胜诉，勒令丁瑠“备牛两头，仍量备禾二贴，交还丁增”③，即要求丁瑠赔偿由于其侵夺行为给弟弟所造成的损失。货币赔偿即按被损害物的价值用货币计算赔偿。如《宋刑统·厩库律·犬伤害人畜》规定：“诸犬自杀伤他人畜产者，犬主偿其价；余畜自相杀伤者，偿减价之半”④，即让犬只或其他牲畜的主人以交付货币的方式赔偿因犬只或其他牲畜伤害他人畜产给受侵害人造成的损失。

（三）排除妨碍与恢复原状

排除妨碍是指将妨害他人权利行使的障碍除去的责任方式。恢复原状则指将被侵害的土地、房屋及其他财物恢复到被侵害前的状态。在审判实践中，二者往往并用。例如“盗葬”一案中，吴太师之孙吴思敬在府城内居住，其所买墓田在乡下，与其居住地“相去四百余里”，由于平时照管不到，结果被佃客谢五乙兄弟盗葬。吴家向官府告诉，谢五乙兄弟却以各种

---

① 《名公书判清明集》卷五《从兄盗卖已死弟田业》。

② 参见陈涛：《中国法制史》，陕西人民出版社 2001 年版，第 212 页。

③ 《名公书判清明集》卷十《兄侵凌其弟》。

④ 《宋刑统》卷一五《厩库律·犬伤害人畜》。

理由争占，官司打了6年，最后官府根据契约、地图等证据，查清了案情，“今再索上两处干照及画到地图参考，得见上件山地，吴太师宅系于淳熙八年就徐洋买到，庆元二年就游才卿买到，契内具载亩角四至，节节分晓。其谢五乙兄弟所买姜监镇一亩一角七十三步之地，却介于吴太师前件山地之间，实在其盗葬阴穴之下，又系开禧二年立契，实在吴太师买来田地年分之后，而契内更不声说其地四至与何人相抵，则是谢五乙兄弟于当年盗葬之后余，旋撰此等模糊契字，以为强争影占之具分明”，为了惩罚谢五乙兄弟强占他人墓田的行为，维护吴家的合法权利，审判官员最后判决，除将谢五乙勘杖一百外，“仍牒定江寨巡检严限监移，如更妄有推托，并追谢五乙弟谢五二同科，以为恃强霸占山地者之戒”①，即以强制手段要求谢五乙兄弟迁移墓葬，恢复吴家土地的原状。

又如傅良与沈百二“争地界”一案，傅良买受了鲍家产业，与沈百二家相邻，两家相邻处原本有一篱道，后来沈百二突然重建了一道新篱，并且“乃欲曲转钉于鲍家柱上”，其实际目的是企图改变两家的边界，从而侵占傅家的一小片空地，傅良因此向官府告诉，主审州县官通过调查，查明“当来篱道系夹截于沈百二屋柱上，渠口在沈百二篱外，则沟属鲍家，篱附沈屋，众所共知，信非一日”，沈百二擅建新篱的行为毫无道理，因此最后判决，“引监沈百二除拆新篱，只依干照界至，归还地段”，要求沈百二拆除新篱，恢复两家土地的原状②。

（四）赔礼道歉

赔礼道歉是一种非财产性责任方式，指侵害他人权利的人向受害方承认错误以求谅解。

赔礼道歉一般适用于家庭成员之间或邻里之间的纠纷，有利于修补和恢复当事人之间的关系。例如“母讼其子量加责罚如再不改照条断”一案，胡大作为儿子不顺其母阿李，致使其母向官府告其不孝。审理此案的胡石壁在查明事实后，认为“本合重作施行，以正不孝之罪，又恐自此母子兄弟不复可以如初矣”，因此，为了维护母子之间的亲情，对双方进行了调解，最后判决对胡大予以轻微惩戒的同时，“令拜谢阿李”③，即要求胡大向母亲赔礼道歉，以求得谅解，恢复家庭和睦。又如“争界至”一案中，刘正甫与周掌膳两家是邻居，共用一道藩篱，刘正甫自称为重修藩篱，在未曾告知周掌膳的情况下，擅自拆毁藩篱，“直入其圃”，周掌膳认为刘正甫侵犯

---

① 《名公书判清明集》卷九《盗葬》。
② 《名公书判清明集》卷六《争地界》。
③ 《名公书判清明集》卷十《母讼其子量加责罚如再不改照条断》。

了其土地，双方发生纠纷，互相吵骂，审判官员认为刘正甫“不告撤篱”的行为是错误的，在调解的基础上，判决“再帖厢官，监刘正甫以礼逊谢”①，即要求刘正甫向周掌膳赔礼道歉，承认错误，以获得谅解，同时负责修好双方的界至，以恢复双方关系的和睦。

二、判决结果的非刑罚化

一般学者认为，中国传统法律文化有“重刑轻民”的特点，因民事违法行为而需要承担法律责任者，一般都要受到刑事处分。至于民事审判，也完全套用刑事审判的方式。② 宋代立法也是这样，如《宋刑统·户婚律·婚嫁妄冒》规定：“诸许嫁女已报婚书，及有私约，而辄悔者，杖六十。虽无许婚之书，但受聘财亦是。若更许他人者，杖一百；已成者，徒一年半。”③《宋刑统·户婚律·占盗侵夺公私田》规定：“诸盗耕种公私田者，一亩以下笞三十，五亩加一等。”④其他“违法收养”“别籍异财”等行为都规定有程度不同的刑罚。但宋代社会经济的发展，私有观念的深化，使得单靠刑罚压制已经不可能应付处理日益增多的民事争讼。考察宋代州县官审判民事案件的实践，我们可以发现，与传统观点并不一致，他们虽然都有权力判处当事人一定的刑罚⑤，但实际上其所作的判决大部分都未采用刑罚的方法，而是以“监还”等非刑罚方式处理民事案件。

下面就将《名公书判清明集》⑥“赋役门”“户婚门”中 200 个案例的判决分为“未处刑”和“处刑”两类加以统计（见表 6-1、表 6-2）：

表 6-1　《名公书判清明集》“赋役门”“户婚门”中的“未处刑”之判

编号	卷数	类	作者	篇名	页数
1	三	限田	人境	走弄产钱之弊	82
2	三	限田	范西堂	乞用限田免限	84
3	三	限田		归并黄知府三位子户	85
4	三	限田	范西堂	赡坟田无免役之例	85
5	三	限田	范西堂	须凭簿开析产钱分晓	86

① 《名公书判清明集》卷六《争界至取无词状以全比邻之好》。
② 叶孝信主编：《中国民法史》，上海人民出版社 1993 年版，第 31 页。
③ 《宋刑统》卷一三《户婚律·婚嫁妄冒》。
④ 《宋刑统》卷一三《户婚律·占盗侵夺公私田》。
⑤ 《宋刑统》的“笞、杖、徒、流、死”五刑之中，县衙只有判处杖 100 下以下的权力，州衙则可以直接判处除流刑和死刑以外的任何刑罚。
⑥ 《名公书判清明集》，中华书局 1987 年版。

续表

编号	卷数	类	作者	篇名	页数
6	三	限田	范西堂	限田论官品	89
				提举再判下乞照限田免役状	91
7	三	限田	范西堂	限田外合同编户差役	91
8	三	限田		有告敕无分书难用限田之法	92
9	四	争业上		罗琦诉罗琛盗去契字卖田	102
10	四	争业上		曾沂诉陈增取典田未尽价钱	104
11	四	争业上		游成讼游洪父抵当田产	104
12	四	争业上		吕文定诉吕宾占据田产	106
13	四	争业上		王九诉伯王四占去田产	106
14	四	争业上		罗棫乞将妻前夫田产没官	107
15	四	争业上		使州索案为吴辛讼县抹干照不当	110
16	四	争业上		胡楠周春互争黄义方起立周通直田产	114
17	四	争业上		阿李蔡安仁互诉卖田	115
18	四	争业上		罗柄女使来安诉主母夺去所拨田产	116
19	四	争业上		漕司送许德裕等争田事	118
20	四	争业上	范西堂	漕司送下互争田产	122
21	四	争业上	人境	契约不明钱主或业主亡者不应受理	132
22	五	争业下	翁浩堂	侄与出继叔争业	136
23	五	争业下	翁浩堂	受人隐寄财产自辄出卖	137
24	五	争业下	翁浩堂	僧归俗承分	139
25	五	争业下	翁浩堂	妻财置业不系分	140
26	五	争业下	姚立斋	重叠交易合监契内钱归还	142
27	五	争业下	建佥	侄假立叔契赖田业	148
28	五	争业下		争山各执是非当参旁证	162
29	五	争业下		经二十年而诉典卖不平不得受理	163
30	六	赎屋	吴恕斋	已卖而不离业	165
31	六	抵当	叶岩峰	倚当	170
32	六	争田业	吴恕斋	兄弟争业	175
33	六	争田业	吴恕斋	诉侄盗卖田产	184

续表

编号	卷数	类	作者	篇名	页数
34	六	争田业	吴恕斋	王直之朱氏争地	187
35	六	争田业	吴恕斋	陆地归之官以息争竞	188
36	六	争田业	叶岩峰	舅甥争	192
37	六	争山	吴恕斋	争山	198
38	六	立继	吴恕斋	兄弟一贫一富拈阄立嗣	204
39	七	立继	吴恕斋	吴从周等诉吴平甫索钱	204
40	七	立继	吴恕斋	探阄立嗣	206
41	七	立继		不当立仆之子	208
42	七	立继	吴恕斋	不可以一人而为两家之后别行选立	208
43	七	立继		官司干二女已拨之田与立继子奉祀	215
44	七	归宗	佥厅	出继子破一家不可归宗	227
45	七	检校	叶岩峰	不当检校而求检校	228
46	七	孤幼	吴恕斋	欺凌孤幼	230
47	七	孤幼	韩似斋	房长论侧室父包并物业	232
48	七	女受分	吴恕斋	阿沈高五二争租当出家长	239
49	八	立继		当出家长	244
50	八	立继	胡石壁	叔教其嫂不愿立嗣意在吞并	246
51	八	立继	刘后村	继绝子止得财产四分之一	253
52	八	立继	建阳	立继营葬嫁女并行	257
53	八	立继	李文溪	诸户绝而立继者官司不应没入其业入学	258
54	八	立继	姚立斋	嫂讼其叔用意立继夺业	260
55	八	立继		命继与立继不同	265
56	八	立继	方铁庵	先立一子俟将来本宗有昭穆相当人双立	268
57	八	立继	人境	治命不可动摇	270
58	八	立继	翁浩堂	出继不肖官勒归宗	276
59	八	分析	刘后村	女婿不应中分妻家财产	278
60	八	分析		母在不应以亲生子与抱养子析产	279
61	八	检校	蔡久轩	检校闻通判财产为其侄谋夺	283
62	八	孤幼	蔡久轩	同业则当同财	284

续表

编号	卷数	类	作者	篇名	页数
63	八	孤幼		监还塾宾攘去财物	285
64	八	女承分	范西堂	处分孤遗田产	289
65	九	违法交易	蔡久轩	卑幼为所生父卖业	299
66	九	取赎		正典既子母通知不得谓之违法	300
67	九	取赎	胡石壁	亲邻之法	309
68	九	取赎		有亲有邻在三年内者方可执赎	309
69	九	取赎		伪作坟墓取赎	319
70	九	取赎	佥厅	妄赎同姓亡殁田业	321
71	九	坟墓	胡石壁	禁步内如非己业只不得再安坟起造垦种听从其便	322
72	九	坟墓	翁浩堂	争山及坟禁	324
73	九	坟墓	蔡久轩	一视同仁	329
74	九	赁屋	胡石壁	赁人屋而自起造	334
75	九	库本钱	胡石壁	质库利息与私债不同	336
			胡石壁	欠负人实无从出合免监理	338
76	九	婚嫁	蔡久轩	薨逝之后不许悔婚	344
77	九	婚嫁	翁浩堂	女已受定而复雇当责还其夫	345
78	九	婚嫁	刘后村	妻以夫家贫而仳离	346
79	九	婚嫁	刘后村	定夺争婚	348
80	九	婚嫁	赵推斋	诸定婚无故三年不成婚者听离	551
81	三	差役	范西堂	倍役之法	75
82	三	差役	范西堂	以宗女夫盖役	77
83	三	限田	章都运台判	父官虽卑于祖祖子孙众而父只一子即合父限田法	80
84	三	限田		产钱比白脚一倍歇役十年理为白脚	83
85	三	限田		白关难凭	87
86	四	争业上		使州送宜黄县张椿与赵永互争田产	102
87	四	争业上		缪渐三户诉祖产业	105
88	四	争业上		熊邦兄弟与阿甘互争财产	110
89	四	争业上		章明与袁安互诉田产	111

续表

编号	卷数	类	作者	篇名	页数
90	四	争业上		漕司送邓起江淮英互争田产	120
91	四	争业上	方秋崖	寺僧争田之妄	128
92	四	争业上	刘后村	干照不明合行拘毁	129
93	五	争业下	叶息庵	争田合作三等分	144
94	五	争业下	莆阳	典卖园屋既无契据难以取赎	151
95	五	争业下	人境	揩改文字	154
96	五	争业下	人境	田邻侵界	157
97	六	赎屋	吴恕斋	执同分赎屋地	166
98	六	抵当	吴恕斋	抵当不交业	168
99	六	抵当	吴恕斋	以卖为抵当而取赎	169
100	六	争田业	韩似斋	出业后买主以价高而反悔	176
101	六	争屋业	吴恕斋	叔侄争	191
102	六	争屋业	叶岩峰	不肯还赁退屋	196
103	六	争界至		争地界	199
104	六	争界至	吴恕斋	争界至取无词状以全比邻之好	200
105	七	立继		先立已定不当以孽子易之	206
106	七	立继	韩竹坡	同宗争立	210
107	七	立继	叶岩峰	下殇无立继之理	214
108	七	立继	叶岩峰	已有养子不当求立	214
109	七	立继	司法拟	立继有据不为户绝	217
110	七	立继	吴恕斋	宗族欺孤占产	237
111	七	女受分	吴恕斋	遗嘱与亲生女	238
112	八	立继类		生前乞养	245
113	八	立继类	翁浩堂	已立昭穆相当人而同宗妄诉	247
114	八	立继类	王留耕	立昭穆相当人复欲私意遣还	249
115	八	立继类	建仓	(父子俱亡)所立又亡再立亲房之子	264
116	八	立继类		后立者不得前立者自置之产	272
117	八	户绝	叶宪	夫亡而有养子不得谓之户绝	274
118	八	归宗	蔡久轩	子随母嫁而归宗	275

续表

编号	卷数	类	作者	篇名	页数
119	八	检校	吴雨岩	检校孤幼田产	280
120	八	遗嘱	范西堂	诸侄论索遗嘱钱	292
121	九	违法交易	蔡久轩	已出嫁母卖其子物业	297
122	九	违法交易	拟笔	共帐园业不应典卖	300
123	九	违法交易	翁浩堂	伪将已死人生前契包占	307
124	九	取赎	吴恕斋	过二十年业主死者不得受理	314
125	九	取赎	吴恕斋	孤女赎父田	316
126	九	取赎	胡石壁	典主迁延入务	318
127	九	取赎		典主如不愿断骨合还业主收赎	322
128	九	争财	莆阳	掌主与看库人互争	342
129	九	婚嫁	刘后村	女家已回定帖而翻悔	348
130	九	离婚	蔡久轩	已成婚而夫离乡编管者听离	353

表 6-2 《名公书判清明集》“赋役门”“户婚门”中的“处刑”之判

编号	卷数	类	作者	篇名	页数
1	三	差役	范西堂	比并白脚之高产者差役	74
2	三	差役		乞用限田免限	76
3	四	争业上	范西堂	吴盟诉吴锡卖田	100
4	四	争业上	范西堂	吴斋吴镕吴桧互争田产	112
5	四	争业上		高七一状诉陈庆占田	103
6	四	争业上		陈五诉邓楫白夺南原田不还	108
7	三	争业上	胡石壁	妄诉田业	123
8	四	争业上	胡石壁	随母嫁之子图谋亲子之业	125
9	四	争业上		子不能孝养父母而依栖婿家财产当归之婿	126
10	四	争业上	吴雨岩	乘人之急夺其屋业	132
11	四	争业上	翁浩堂	已卖之田不应舍入县学	133
12	五	争业下	翁浩堂	继母将养老田遗嘱与亲生女	142
13	五	争业下	建阳佐官	从兄盗卖已死弟田业	146
14	五	争业下	人境	物业垂尽卖人故作交加	153

续表

编号	卷数	类	作者	篇名	页数
15	五	争业下	刘后村	争山指界至	158
16	五	争业下	翁浩堂	揩檫关书包占山地	158
17	六	争田业	韩竹坡	伪冒交易	172
18	六	争田业		争田业	176
19	六	争田业		争田业	180
20	六	争田业		争业以奸事盖其妻	181
21	六	争田业	叶岩峰	伪批诬赖	182
22	六	争田业	巴陵赵宰	诉奁田	185
23	六	争屋业	叶岩峰	谋诈屋业	194
24	六	争屋业	叶岩峰	赁者析屋	197
25	七	立继	吴恕斋	生前抱养外姓殁后难以动摇	203
26	七	立继	叶岩峰	争立者不可立	213
27	七	立继	叶岩峰	婿争立	213
28	七	立继	通城宰	双立母命之子与同宗之子	219
29	七	归宗		出继子不肖勒令归宗	225
30	七	孤幼	韩似斋	官为区处	231
31	七	孤寡	许宰	正欺孤之罪	234
32	七	遗腹	叶岩峰	辨明是非	241
33	七	遗腹	叶岩峰	妄称遗腹以图归宗	241
34	七	义子		义子包并亲子财物	243
35	八	立继类	胡石壁	父在立异姓父亡无遣还之条	245
36	八	立继类	天水	已有亲子不应命继	250
37	八	立继类	李文溪	利其田产自为尊长欲以亲孙为人后	259
38	八	归宗	翁浩堂	衣冠之子卖子于非类归宗后责房长收养	274
39	八	检校	胡石壁	侵用已检校财产论如擅支朝廷封椿物法	282
40	八	孤幼		鼓诱卑幼取财	284
41	八	孤幼	胡石壁	叔父谋吞并幼侄财产	286

续表

编号	卷数	类	作者	篇名	页数
42	八	遗嘱	蔡久轩	假伪遗嘱以伐丧	290
43	八	遗嘱	范西堂	女合承分	291
44	八	遗嘱	范西堂	无证据	294
45	八	义子	蔡久轩	背母无状	295
46	九	违法交易	蔡久轩	出继子卖本生位业	298
47	九	违法交易	刘后村	母在与兄弟有分	302
48	九	违法交易	翁浩堂	重叠	302
49	九	违法交易	翁浩堂	业未分而私立契盗卖	304
50	九	违法交易	翁浩堂	鼓诱寡妇盗卖夫家财产	305
51	九	违法交易	翁浩堂	买主伪契包并	306
52	九	违法交易		叔伪立契盗卖族侄田业	308
53	九	取赎		妄执亲邻	310
54	九	取赎	胡石壁	典卖田业合照当来交易或见钱或钱会中半收赎	312
55	九	取赎		揩改契书占据不肯还赎	314
56	九	坟墓	莆阳	主佃争墓地	326
57	九	坟墓		盗葬	329
58	九	墓木	蔡久轩	诉掘墓	330
59	九	墓木	蔡久轩	舍木与僧	330
60	九	墓木	蔡久轩	争墓木致死	331
61	九	墓木		庵僧盗卖坟木	332
62	九	墓木		卖墓木	334
63	九	库本钱	胡石壁	领库本钱人既贫斟酌监还	336
64	九	库本钱		背主赖库本钱	338
65	九	婚嫁	蔡久轩	将已嫁之女背后再嫁	343
66	九	婚嫁	胡石壁	嫂嫁小叔入状	345
67	九	离婚	翁浩堂	婚嫁皆违条法	353
68	九	接脚夫	刘后村	已嫁妻欲据前夫物业	356
69	九	雇赁	蔡久轩	时官贩生口碍法	357
70	九	雇买	蔡久轩	卖过身子钱	358

考察上述统计，我们可以发现，在全部 200 个案例中，130 个案例并未对当事人处以刑罚，70 个案例则对当事人判处了刑罚，也就是说，65%的判决并未对当事人处以刑罚。在未判处刑罚的案例中，有的在判决中虽然引用了“处刑”的法条，也并未真正施行，而是审判官员要让当事人明白国法的规定，从而服从自己所作的判决结果，以审结案件，达到“词讼可息”的社会效果。例如“女家已回定帖而翻悔”一案，谢迪本来已将女儿与刘颖定亲，双方互相交换了定亲帖子，谢家也接受了刘颖家的聘财，后来谢迪却又因故翻悔，刘颖家告到官府。审判官员引用了相关对无故悔婚处以刑罚的法律规定，“在法：许嫁女，已投婚书及有私约而辄悔者，杖六十，更许他人者，杖一百，已成者徒一年，女追归前夫”，判决要求谢迪不得随意悔婚，却并未对其直接判处刑罚，而是指出，“官司未欲以文法相绳，仰谢迪父子自推详法意，从长较议，不可待官司以柱后惠文从事，悔之无及。两争人并押下评议，来日呈”①。实际是通过向当事人阐明法律的规定，以向悔婚的谢迪家施加压力，使之能够与男方刘颖家达成调解。最终在审判官员的压力下，谢刘两家达成了协议，纠纷得以解决。

又如“僧归俗承分”一案，何南夫生三男，长曰点，次曰大中，幼曰烈。大中出家死绝。何点有子名德懋。何德懋 7 岁时父母双亡，依靠叔叔何烈生活。可是何烈却在德懋 14 岁时，将德懋送往离家 70 余里外的常山县茗原寺为行童。后来德懋“年齿渐老，颇知家世”，遂于淳祐二年归俗长发，回家与何烈共同居住，并在叔叔何烈死后，向官府告状，要求分得家产，从而引发家庭财产纠纷。

主审此案的官员翁浩堂引用国家法律规定，“国家立法有曰：诸诱引或抑令同居亲为童行、僧、道，规求财产者，杖一百，仍改正，赃重者坐赃论”，用以说明何烈送年幼侄子出家行为的违法性，但其实际意图并非对当事人施行刑罚，而是要使当事人何烈的妻子，明白家产并非全部归自己合法占有，从而接受官府的判决，将家产“作两分均分，置立关书析开户眼，当官印押，以绝两家之讼”②。

至于判决中对当事人处以刑罚的情况，往往自有审判官员的意图，如胡石壁知潭州时，审判“侵用已检校财产论如擅支朝廷封椿物法”一案，曾仕殊死后无子，只有一个女儿，官府暂时将财产检校，交由被继承人的兄弟曾仕珍代管，但曾仕珍却擅自支用其代管的财产，甚至有转移财产的可能。

---

① 《名公书判清明集》卷九《女家已回定帖而翻悔》。
② 《名公书判清明集》卷五《僧归俗承分》。

胡石壁还未作出判决，被告人之子曾元收竟然越级上告，投诉胡石壁“断狱不当”并“禁死其父”，“本府未及结断，而遽经漕司；漕司方为索案，而经帅司；帅司方为行下，而又经宪司”。胡石壁认为必须惩处曾家父子的健讼行为：“若不照条科断，则闻者将谓本府亦为其所持，莫敢致诘，由此奸民皆将是则是效矣。岂可不以柱后惠文弹治之乎？”于是胡石壁在判决中引用了相关法条，“准敕：辄支用已检校财产者，论如擅支朝廷封椿物法，徒二年。又律：诈为官司文书即增减者，杖一百”，判决“曾元收决脊杖十五”①。与其说是胡石壁惩罚曾元收父子“侵用已检校财产”和“伪造官司文书”的行为，不如说更有惩罚曾氏父子这种无理越诉、威胁地方官的“健讼小人”的深意。

最后值得注意的是，宋代主审官员任意在民事审判中使用刑罚，造成一定程度后果的话一般要承担相应的严重责任。如《宋史》记载：刘元瑜劾奏“集贤校理陆经谪官在河南日，杖死争田寡妇，且贷民镪，监司列荐其才，投托权要，遂复馆职，请重置于法，并坐保荐者”。诏属吏，遂窜经袁州②。显然陆经被“窜袁州”，最主要原因就是他在河南任职时，在民事审判中随意使用刑罚，导致争田的寡妇被杖责致死的严重后果。虽然其托人走关系侥幸一时逃脱责任，但被任职司谏的刘元瑜发现后劾奏朝廷，还是难逃政治生命完结的严重后果。

总之，随着宋代社会的发展，民众观念的转变，作为审判官员的州县官也随着社会形势的发展，在对民事案件的判决中，并不以惩处当事人为目的，尽量减少刑罚的适用，判决结果出现了非刑罚化的趋势。

---

① 《名公书判清明集》卷八《侵用已检校财产论如擅支朝廷封椿物法》。

② 《宋史·刘元瑜传》。

第七章　宋代路级监司对民事审判的管辖与复审

宋代路制，确立于太宗统治时期，至道三年，废道改路，推出了比较成熟的路制，确立了以转运司为中心对地方州县的新的监督控制体制。宋代路的划分，《续资治通鉴长编》有明确的记载："是岁，始定为十五路，一曰京东路，二曰京西路，三曰河北路，四曰河东路，五曰陕西路，六曰淮南路，七曰江南路，八曰荆湖南路，九曰荆湖北路，十曰两浙路，十一曰福建路，十二曰西川路，十三曰峡路，十四曰广南东路，十五曰广南西路。"①路级的监司职能比较广泛，"临按一路，寄耳目之任，专刺举之权"②。此后朝廷为了分化转运司权力，渐次设立提刑司、提举常平司等路级机构，它们均依此为基础确立了自己的监管区划。

监司对于实现地方治理非常重要，早在大中祥符二年（1009年）时，宋真宗就下诏说，"分天下为郡县，总郡县于一道（路），而又总诸道于朝廷。委郡县于守令，总守令于监司，而只察监司于近臣。此我朝内外之纪纲也"③，将监司提升到国家"纪纲"的重要地位。宋哲宗时，右司谏苏辙曾强调指出，"以天下之治寄于守令，守令之众朝廷不能尽知，其要寄于监司"④。宋孝宗在淳熙十二年二月则对宰执说："天下全赖好监司，若得一好监司，则守令皆好"，所以要实现地方治理，应该"先择监司为要"⑤。

宋代监司关乎地方秩序维护与社会治理，民事审判作为地方治理的重要方面，监司当然在其中扮演重要的角色，发挥着不可替代的重要作用。

第一节　宋代路级监司对民事审判的管辖与分工

对于州县审判的案件，当事人不服可以上诉至路一级的监司。绍兴二

---

① 《续资治通鉴长编》卷四二。

② 《宋会要辑稿》职官四五之二一。

③ 《宋会要辑稿》职官四二之五八。

④ 《续资治通鉴长编》卷三八四。

⑤ 《皇宋中兴两朝圣政》卷六二，"淳熙十二年二月丁卯"条，台北，文海出版社；宋史全文，淳熙十二年。

十二年，宋高宗诏书中讲道："自来应人户陈诉，经县结绝不当，然后经州、由州经监司。"①乾道二年七月九日臣僚的上言中也提道："在法：县结绝不当，而后经州，州又不当，而后经监司。"②宋孝宗隆兴二年正月五日，三省言称："人户讼诉，在法：先经所属，次本州，次转运司，次提点刑狱司，次尚书本部，次御史台，次尚书省。"③

显然，路级监司是宋代地方民事审判的重要审级。监司作为宋代由中央派到地方的监察单位，主要有提刑司、转运司、提举司，《庆元条法事类》卷七就记载："诸监司者，谓转运、提点刑狱、提举常平司"，诸监司都有权受理冤讼，"即辞讼属本司，听受理"④。南宋宁宗朝臣僚也说："朝廷置部使者之职，俾之将明王命以廉按吏治，至于职事则各有攸司，婚田税赋则隶之转运、狱讼经总则隶之提刑，常平茶盐则隶之提举，兵将盗贼则隶之安抚。是以事权归一而州县知所适从，民听不贰而词讼得以早决。"⑤

对于州县审判的刑事案件，被告人如果不服判决，北宋初期只设转运司时，当然刑事案件完全由转运司负责管辖受理。当时宋太宗下诏的对象也只针对转运司："丙辰，诏诸道转运司指挥所属州府，自八月一日后，吏民所犯并论如法，不在恩赦之限。"⑥太平兴国三年还曾专门下诏："诸道转运使各命常参官一人专知纠察州军刑狱公事。"⑦

宋真宗景德四年（1007年）提点刑狱司独立设置，和转运司级别相等，取代了转运司的大部分刑事案件审判权，但是在最初二者的权限划分并不十分明确。如景祐四年（1037年）正月，宋仁宗下诏："天下狱有大辟，长吏以下并聚厅虑问。有翻异或其家诉冤者，听本处移司；又不服，即申转运司或提点刑狱司，差官别讯之。"⑧宋仁宗又在皇祐元年（1049年）下诏："民有诉冤枉，而贫不能诣阙者，听投状转运、提点刑狱司附递以闻。"⑨但在宋神宗元丰改制以后，诸州判决的死刑案件，须经提点刑狱司核准后执行，除奏谳案件外，提点刑狱司拥有一切刑事案件的终审权，掌握生杀大权，大幅提高了提点刑狱司在刑事审判方面的权威地位。正如马端

---

① 《宋会要辑稿》刑法三之二八。
② 《宋会要辑稿》刑法三之三二。
③ 《宋会要辑稿》刑法三之三一。
④ 《庆元条法事类》卷七《职制门四》，"监司知通按举・职制令"条。
⑤ 《宋会要辑稿》职官四五之四二。
⑥ 《续资治通鉴长编》卷一九。
⑦ 《文献通考》卷六一《职官十五》。
⑧ 《续资治通鉴长编》卷一二〇。
⑨ 《宋会要辑稿》刑法三之一九。

临所说:“官制既行,审刑院、纠察司皆省,而归其职于刑部,四方之狱,非奏谳者,则提点刑狱主焉”①,提点刑狱司成为一路的最高刑事审判机构。

可见,刑事案件审判一般是先经提点刑狱司,而后才经转运司、提举司、安抚司。如宋孝宗乾道四年(1168 年)正月二十一日,权刑部侍郎姜诜建言:“乞自今遇有翻异公事,先须本路提刑、转运、安抚司通行差官推勘。倘尚伸冤,却于邻路再差,勿复隔路。其已退经邻路置勘而又翻异者,今后勒官开具前后所招及翻异因依,申取朝廷指挥。”②宋宁宗庆元四年(1198 年)九月,有臣僚上言:“州狱翻异,则提刑司差官推勘。提刑司复翻异,则以次至转运、提举、安抚司。本路所差既遍,则又差邻路。”③显而易见,州县审判的刑事案件,当事人不服判决上诉时必须遵循“五推”的审判程序,即有“囚禁未伏”的情形,则依次由提刑司、转运司、提举司与安抚司、邻路监司差官负责重新审判。如宋宁宗嘉定十四年(1221 年),知处州孔元忠上奏说:“在法:囚禁未服则别推,若仍旧翻异,始则提刑司差官,继则转运司、提举司、安抚司或邻路监司差官,谓之五推。”④

而对于经州县审判后的民事案件,则适用不同的程序。转运司“掌经度一路财赋,而察其登耗有无,以足上供及郡县之费;岁行所部,检察储积,稽考籍帐,凡吏蠹民瘼,悉条以上达,及专举刺官吏之事”⑤,因此对于以户婚田土纠纷为主要内容的民事案件的审判,转运司理所当然地成为具有优先地位的主管机关。

民事案件当事人如果不服州县判决,一般首先经转运司,然后才可以诉于提点刑狱司,如北宋只设转运司的时候,其规定是:

> 应论诉公事,不得蓦越,须先经本县勘问。该徒罪以上,送本州,杖罪以下,在县断遣,如不当,即经州论理。本州勘鞫,若县断不当,返送杖罪,并勘官吏情罪,依条施行。若本州区分不当,既经转运司陈状,专委官员,或躬亲往彼取勘,尽理施行。情理重者,备录申奏。⑥

可见,杖罪以下的“词讼”案件,在县衙结案之后,当事人若不服判

① (宋)马端临:《文献通考》卷一六七《刑六》。

② 《宋会要辑稿》刑法三之八。

③ 《宋会要辑稿》职官五之五六。

④ 《宋会要辑稿》职官五之六三。

⑤ 《宋史》卷一六七《职官志七》,中华书局 1977 年版,第 3964 页。

⑥ 《宋会要辑稿》刑法三之三一。

决,可以向州上诉,如果县的判决有问题,县级官署承办案件的官吏必须受到处分。若是州处理不当时,当事人可以向转运司递状陈诉,由转运司派员到诉讼当地了解案情,除非情节重大的案件,否则依规定完成结案。

北宋初年以来,考虑到转运司出巡时或距离太远的情况,不方便民众投诉,朝廷允许提点刑狱司在巡历地方时收接"未经转运司理断"的投诉,但只是有条件的临时措施,提点刑狱司收接后必须尽快移送转运司:

检会条贯,诸色人诉论公事,称州军断遣不当,许于转运司理诉,转运不理,许于提点刑狱陈诉者,虑诸色人方欲转运司披理,却值出巡,地远难便披诉。自今如因提点刑狱巡到,诸般公事未经转运理断者,所诉事状显有枉屈,提点刑狱收接,牒送转运司,即不得收接常程公事。①

北宋宝元元年八月京东路提点刑狱王继祖请求"自今诸路提点刑狱巡所部内,民有诉冤枉者,许受理之",宋仁宗则下诏"听受词状,送转运司施行"②,坚持转运司对于民事案件的优先管辖权。

南宋时期,继承了北宋的规定,仍以转运司为主要的受理民事案件的机关,同时允许提点刑狱司在某些特殊情况下收接民众的"辞状",并对需要紧急处理的案件予以审判:

诸提刑狱司职事应差官者,差讫,关转运司所。即至州县,有辞状披诉屈抑,虽未经转运司投状,亦许收接,牒送转运司施行。若事干机速者,虽非本职,听行讫报所属。③

这一点也体现在宋代司法实践判词中。比如《名公书判清明集》记载的《监司案牍不当言取索》中,江东提点刑狱司收接了邵元昱上诉案件,转运司连续不断发文催促提点刑狱司将案卷移送到转运司,作为江东提点刑狱司长官的蔡久轩在书判中对此表达了不满,认为转运司作为一路的同级机构不应如此对待平级的提点刑狱司,"行下取索,如待州县下吏之理";但是作为提点刑狱司长官,蔡久轩也解释说自己一向恪守职分,偶尔收接词状后,"不过催督州县施行而已",并未越权管辖本应由转运司管辖的民

① 《宋会要辑稿》刑法三之一七。
② 《续资治通鉴长编》卷一二二,"宝元元年八月癸酉"条。
③ 《庆元条法事类》卷六《职制门三》,"差出·职制令"条。

事案件，“本职自去冬入境，应诉婚田，念其取使司遥远，间与受状，不过催督州县施行而已。其间有不得已结绝者，皆是前政追人到司，久留不经，出于弗获已，非敢僭也”①。蔡久轩的言论从一个侧面证明了提点刑狱司对于转运司民事审判管辖权的尊重。

转运司在地方民事审判中的主要地位还可以从中央户部的反馈发现。因为按照宋代法律，民事案件当事人还可以向中央的户部申诉请求处理，户部则会清查积压未结的案件。南宋嘉定六年（1213年）十月二十六日，权户部侍郎李珏奏言：“近因置籍稽考诸路监司并州郡承受本部委送民讼，截至九月终，未结绝共一千三百三十四件，其间盖有经数年尚未结绝，近而两浙转运司未结绝者亦二百四十余件，是致人户不住经部经台催趣。”②户部清查没有结绝的“民讼”，单单只是专门提到两浙转运司，清楚说明转运司是最主要的路级民事审判机关。

可见，转运司是主要的受理州县上诉的民事案件的路级监司机关，提点刑狱司只能在某些特殊情况下收接民事上诉案件。《庆元条法事类》卷四八“支移折变”规定：“祖宗之制，天下诸路分遣部使者，以婚田税赋属之转运，狱讼经总属之提刑。”③两种监司的不同分工也清楚地说明了两个机构不同的职能。这种区别在《名公书判清明集》的判例中也有体现，例如《名公书判清明集》记载的“卑幼为所生父卖业”一案中，齐元龟为齐司法的养子，其生父齐公旦盗卖元龟产业，齐公旦死后，齐元龟经县经州陈诉，要求取回被齐公旦盗卖之业，此案已经由州衙判决结案，又由“提刑司检法官”拟判，都判齐元龟败诉，但是时任江东提刑司蔡杭审阅案卷后却认为州衙和提刑司检法官的判决并不合理，认为齐元龟为维护继绝之父的产业而论诉生父盗卖行为是合理的，“抚育之恩固深，而继承之义尤重”，因此应该可以取回被盗卖的产业。但他最后在书判中却明确指出自己作为提刑司主官不能侵夺转运司对于民事案件的管辖权：“但本司不欲侵运司事，难以裁断，结据付齐元龟，仰更自经州陈诉。”④

又如同样是蔡杭所判“黄居易兄弟争田业”案，黄家兄弟三人，老大黄居易奸狡而二弟拙钝，父母在世时，黄居易霸占管理家业，逐远诸弟，以父母之财私置产业。父母去世后，二弟向官府提起诉讼，要求取回自己应该分得的财产。蔡杭在调解无效后，判决将案件发回本州审理，并说“田业不

① 《名公书判清明集》卷一《监司案牍不当言取索》。

② 《宋会要辑稿》刑法三之四一。

③ 《庆元条法事类》卷四八《支移折变》。

④ 《名公书判清明集》卷九《卑幼为所生父卖业》。

属本司……押下本州，请径自从条断遣"①。

另一个具有很大民事审判职权的监司就是提举常平司，简称仓司、提举司。熙宁初年，朝廷遣使提领诸路常平司，这就是"提举常平之始也。"②熙宁变法时为了顺利落实推出的各项新法，在全国各路正式设置了提举常平司，"差官充逐路提举常平广惠仓兼管勾农田水利差役事"③。虽然提举常平司后来几经废置变革，但总的来说，提举常平司在宋代成为可以与转运司、提刑司相提并论的路级重要的监司之一。

提举常平司的职权是"操常平敛散之法，申严免役之政令，治荒修废，赈民艰""岁察所部，廉能而保任之，若疲轻或犯法，则随其职司劾奏"④。《宋史》中提到提举常平司的职责是"掌常平、义仓、免役、市易、坊场、河渡、水利之法，视岁之丰歉而为之敛散，以惠农民。凡役钱，产有厚薄则输有多寡；及给吏禄，亦视其执役之重轻难易以为之等。商有滞货，则官为敛之，复售于民，以平物价。皆总其政令，仍专举刺官吏之事"⑤。从中可以看出，提举司的职能偏重于经济方面。后来提举司在财税经济方面职能又有所增加，比如绍兴二十九年七月五日"诏逐路提举常平官躬亲措置没官、户绝等田宅"，提举司又主管了没官、户绝财产案件。因此我们可以看到《名公书判清明集》中提举司审判户绝案件的判例记载。比如"夫亡而有养子不得谓之户绝"案件中，阿甘在丈夫丁昌去世以后，招到接脚夫成婚，并收养三岁以下一小男孩作为故去丈夫的养子。当地林知县因有人妄诉，就鲁莽地认为阿甘没有为养子办理"除附"手续，不是合法养子，所以应该视为无子绝户，强制要将阿甘丈夫遗留的财产作为户绝财产没官。⑥阿甘不服林知县判决，曾上诉到路级的提举司，说明提举司对于此类户绝案件有管辖权。

由此可见，提举司因为其职权，所以对于与其职权相关专门领域案件的民事审判也具有很大的管辖权。

综上所述，正如宋高宗根据尚书省的建议所下的一道诏令明确对地方提出的要求："令诸路监司州县，将民户陈诉事务，并仰长官躬亲审详，依公理断，无致少有偏曲"⑦，实现民事审判公平公正，"无致少有偏曲"，是宋代

---

① 《名公书判清明集》卷十《兄弟之争》。

② 潘自牧：《记纂渊海》卷三四《监司》。

③ 《宋会要辑稿》职官四二之三。

④ 谢维新：《事类备要·后集》卷七〇《监司门》。

⑤ 《宋史·职官七》。

⑥ 《名公书判清明集》卷八《夫亡而有养子不得谓之户绝》。

⑦ 《宋会要辑稿》刑法三之二七。

民事审判追求的目标,在这一过程中州县的判决往往要面对上级监司的复审。而民事案件当事人不服判决,上诉到监司的时候,路级监司已经形成了相对明确的管辖分工,转运司是最为主要的民事案件受理机关,提举司则对涉及税收、户绝、免役等案件具有管辖权。提点刑狱司则只在“念其取使司遥远”和“前政追人到司,久留不经”等特殊情况下,才可以对民事上诉案件作出判决。

州县的民事审判是国家处理民事案件的起点和基础,而路级监司尤其是转运司则通过对民事上诉案件的复审进一步保证民事审判的质量以保护当事人的合法利益,努力实现宋代民事审判的公平与公正。

第二节　宋代监司对民事审判的复审

美国著名哲学家罗尔斯曾提出:“即便法律被仔细地遵循,过程被公正、恰当地引导,还是有可能达到错误的结果……在这类案件中,我们看到了这样一种误判:不正义并非来自人的过错,而是因为某些情况的偶然结合挫败了法律规范的目的。”①由此我们可以知道,审判制度本身是一种所谓“不完全的程序正义”,因此有必要设立复审制度,以作为实现审判公正的重要程序保障,对当事人可能被瑕疵裁判影响的权利予以“普通救济”程序。

宋代社会当然没有产生如此高度理论抽象的认识,但是宋代地方官员基于实现“政平讼理”和地方治理的追求,对于复审制度还是有颇具理性的看待和认识,如南宋时期曾任临湘县令的王炎就在向上级转运司长官(孙漕)汇报审理民讼心得的书信中,感叹作为州县官,自己即使在审判民事案件中尽心竭力审查证据、调查事实,也仍然有可能发生不公或错误:“然人之情伪固难尽知,而一己所见岂能尽当……恐人户以为所断未公”,并且提到一旦民事审判有问题,则自身作为主审官必然要承担相应责任,“所断或所见未到,微有失错,乞原恕其过。如容心其间,不合人情,不遂法意,至于偏曲不公,则亦无所逃罪”②。因此,宋代对于州县审判的民事案件设立了制度化的路级复审程序,并努力通过这种复审程序追求民事审判当事人权益的保护和公平、公正价值的实现。具体就审判实践来

---

① [美]约翰·罗尔斯:《正义论》,何怀宏、何包钢、廖申白译,中国社会科学出版社 1988 年版,第 81 页。

② 曾枣庄、刘琳主编:《全宋文》(第 270 册),《上孙漕书》,上海辞书出版社、安徽教育出版社 2006 年版,第 89 页。

看，宋代监司复审民事案件的处理可分三种情形。

一是对事实清楚、适用法律正确的案件维持原判。

对事实清楚、适用法律正确的案件，维持原判是监司审判民事案件的常见做法。这种维持原判的做法一方面提高了审判效率，及时确定了州县判决的法律效力，另一方面维护了地方州县审判的权威。

例如，曾经转运司审判的“典卖田业合照当来交易或见钱或钱会中半收赎”案，唐仲照原来以现钱120贯典到李边田地，期满后，李边却要求以现钱50贯、官会65贯赎回。会子是宋代官府发行的纸币，如果政府财政困难，会子币值会大幅下跌，因此，唐仲照拒绝接受会子，要求以原来典卖时的现钱赎回。虽然国家有使用会子的法律规定，但如果这样强行判决唐仲照接受现钱50贯、官会65贯的赎回价，唐仲照必然无辜蒙受巨大的经济损失，显失公平，李边的诉求明显不合理。判词中提到李边顽固不化，“县令折之既不从，监司折之又不伏”①，显然路级监司和县令意见一致，曾作出了维持州县原判的处理方式。

又如由提举司审判的“假为弟命继为词欲诬赖其堂弟财物”案：

> 厅批照得王方诉其亡弟财物，为王子才并吞。今索到断由，见得王方之弟平，贫无资给，堂弟子才怜其无依，收置门首，管看典库，使王平藉此以自活。此乃出于王子才之美意也。今平身故，亲兄王方驾虚入词，称其弟平有财本五百千，为子才所并，且绝无片纸可凭。设王平有许多财本，合自植立，何至依倚人门墙邪？王方有弟不能抚存，使傍其族人以糊口，待其死后，凿空入词，以为欺骗张本。如此用心，犬豕不若。其余详王方前后所供，澜翻盈纸，尽是子虚乌有，此真掌客之雄。州县所以多事，止缘此一种人挠之也。本县主簿所断，已灼见王方父子之肺肝。欲帖县，从主簿所断结绝，申。所有立嗣一项，王平既无田可耕，无屋可居，谁肯愿为立嗣？况族人又无争立嗣者，王方可自区处，有人则立，无人则已，何必挠动官府？亦何必借立嗣名色，而欺骗其弟子才哉？欲并门示王方，仍帖本县。奉提举台判：王方妄讼，紊烦台府，欺骗其弟，自合科罪，且照所拟门示，仍关词状司，再词留呈。②

① 《名公书判清明集》卷九《典卖田业合照当来交易或见钱或钱会中半收赎》。

② 《名公书判清明集》卷一三《假为弟命继为词欲诬赖其堂弟财物》。

此案中，王方作为当地的哗徒颇为有名，其弟弟王平则一贫彻骨，生活难以为继，只好寄居于堂弟王子才家中，帮忙管看典库维持生计。但是后来王平去世，原来并未关心照顾过弟弟的王方竟然向当地县衙起诉，声称王平有一大笔钱财被王子才吞没，要求官府追还。当地县衙已经判其败诉，王方竟然又诉至路级提举司。提举司主审官员经过查证，认为原审判决事实清楚，证据确凿，以王平经济状况根本不可能有大笔钱财被王子才吞没，王方作为兄长完全是借机虚构事实，意图骗取钱财妄诉而已。至于请求为王平立嗣之说，也完全是无事生非，紊烦官司而已。在这种事实清楚情形下，主审案件的提举司官员果断地支持原审州县官府的审判，作出了维持原判的判决并帖本县，断绝了王方讹骗钱财的可能性，维护了地方社会的稳定和秩序。

而下面的“客僧妄诉开福绝院”案相对更为复杂纷繁。但主审的提举司认为原判事实清楚，适用法律正确，仍然采用了维持原判的方式：

僧人宗琦等 4 人本是寄居于开福寺中的客僧，竟然向官府请求将开福寺废坏的子院作为绝产由官府收佃。当地县级官府查清了事实：开福寺是“敕赐祖额”的合法寺院，其中共分 23 子院，相关房产、田产都是开福寺物业，但因“子房徒弟不相接续”，以致其中 8 院废坏，于是就并归于开福寺常住僧人管理、收益。作为客僧的僧人宗琦等 4 人因与常住僧的个人矛盾，借机以此为由向官府请求将开福寺废坏 8 院作为绝产由官府拘收，以达到他们“以利动官府，以公报私仇”的目的。县级官府判决应维护开福寺常住僧人的合法权益。僧人宗琦等 4 人不服判决，上诉到提举司继续主张其诉求。

提举司引用乾道元年朝旨，“建、剑等处州县管下寺院田产，为形势、豪富之家妄作绝产请佃，今合尽数给还”作为法律依据，并引用了此前转运司审判过的类似案例，如“保正刘时发、陈祺请佃开福寺田产败诉”案，增强判决说服力，最终作出判决，维持县级官府原判，保护了开福寺常住僧人的合法权益。提举司还在判词中指责客僧宗琦等“故无爱惜常住之心，而但有破坏生事之私意”，认为“本县以灼见其奸状，见之判语”①，显然是通过维持县级官府的原审判决维护了下属州县正确判决的权威。

二是事实清楚，但原审适用法律错误的案件，直接改判。

对于事实清楚，但适用法律错误的案件，路级监司一般采用直接改判的处理方式。如“夫亡而有养子不得谓之户绝”案：

---

① 《名公书判清明集》卷一一《客僧妄诉开福绝院》。

阿甘见在虽招到接脚夫，而有三岁以下收养之子，非户绝分明。帖县将所籍之物给还阿甘子母，牒提举司照会。续又据宁都县申，具到因依，奉台判，据本县当来所申，丁昌在日已养得三岁以下之子，然则丁昌元非绝户，朱先之告妄耳。林知县既明知之，乃复绳之以不除附之法，彼村人安识除附为何事，今详林知县亦未识此二字之义也。此谓人家养同宗子，两户各有人户，甲户无子，养乙户之子以为子，则除乙户子名籍，而附之于甲户，所以谓之除附。彼俟四贫民，未必有户，兼收养异姓三岁以下，法明许之即从其姓，初不问所从来，何除附之有。若只谓丁昌养子，合申官附籍则可耳。然法亦有虽不除附，官司勘验得实，依除附法之文。林知县亦不照应，便将丁昌作户绝，拘没其业，而夺之丁昌妻儿之怀，以资告讦无赖之辈，于理殊未安。前谓阿甘已召接脚夫，不应复为前夫抱子，便欲籍没其业，则尤未安。妇人无所依倚，养子以续前夫之嗣，而以身托于后夫，此亦在可念之域，在法初无禁绝之明文。纵使此子不当养，阿甘系召接脚夫，亦有权给之条，未当拘没也。按户令：寡妇无子孙并同居无有分亲，召接脚夫者，前夫田宅经官籍记讫，权给，计直不得过五千贯，其妇人愿归后夫家及身死者，方依户绝法。据丁昌之业，所直不过二百馀贯，其合给阿甘明甚。朱先无赖，伺人子幼家危之际，妄告户绝。官司亦惟微利是嗜，不顾义理，不照法令，便从而没夺之，几于上下交征矣。本司所断，系据理据法，兼在提举司结绝之后翻诉，施行自有次第。本县不遵本司后断，乃辄将提举司元牍不当文移，混乱妄申，承行人勘杖八十。再帖，仰将丁昌物业一文以上，并照条给还阿甘管领，取领状照申。朱先妄告，本合坐罪，经赦原免，其已纳买业价钱二百十四贯有零，未委是何据，官司妄行交收，告示朱先，径自赍钞前去请领。其元给公据，责本县吏人监索解来，毁抹附案，仍给断由，附阿甘收执。牒提举司、本州各照会。①

阿甘招接脚夫成婚，知县认定阿甘为前夫收养的儿子未经除附，所以不符合养子条件，因此判决财产应作为户绝财产没官。监司主审官员审查案情后，则认为知县没有正确理解法律上除附的含义，随后监司详细阐明了“除附”概念的法律含义：“此谓人家养同宗子，两户各有人户，甲户无子，养乙户之子以为子，则除乙户子名籍，而附之于甲户，所以谓之除附。”

① 《名公书判清明集》卷八《夫亡而有养子不得谓之户绝》。

但是此案中，阿甘故夫乃一贫民，“未必有户”，而且收养时养子年龄幼小，只有三岁以下，“法明许之即从其姓，初不问所从来，何除附之有”，况且户令有规定，“寡妇无子孙并同居无有分亲，召接脚夫者，前夫田宅经官籍记讫，权给，计直不得过五千贯”，而阿甘前夫财产最多也就 200 贯，数额上也应该“权给”，而绝不应该没官。因此，主审官认为知县的判决“惟微利是嗜，不顾义理，不照法令”，最终纠正了知县原审中适用法律的错误，直接改判，全部财产由阿甘管理、收益，维护了阿甘的合法权益。

再如“邓运管拟姚立斋判”案：

瓯宁县寡妇张氏论叔范遇争立继夺业事。看详诸处断由，见得范通一有子四人，长曰熙甫，次二曰子敬即监税，次三曰遇即达甫，次四曰述即善甫。熙甫已娶妻生子，未几，夫妻与子俱亡，以理言之，当为立继。在法，立继由族长，为其皆无亲人也。若父母存，当由父母之命。当熙甫死时，其父母俱存，皆无立继之意，非不爱其子也，盖谓蕞尔田业，分与见存三子，则其力均，立一孙为熙甫后，则一房独分之业已割其半矣，割其一半，使二子分受之，则三子中立有厚薄之分，此通一之本意也。故宁均与三子，而以熙甫私置之田为烝尝田，使三房轮收，以奉其祭祀。三房之子皆其犹子，虽不立嗣，而祭祀不绝矣。故绍定二年十月，立砧基簿，簿首言长男熙甫既亡，不愿分产，其存日将妻妆奁置到田业等，拨充烝尝。簿尾系通一、母陈氏著押，兄弟同签，是有父命明矣。砧基文书，皆已印押讫。熙甫死已一十五年，而春秋祭祀无缺者，以所立范熙甫十五年烝尝田在故也。为三子者，遵父之命，轮年时祀，则范氏之鬼不馁矣。夫何范遇者，独于父母亡，分业八年之后，兄子敬亦亡，遂抑逼其弟善甫、侄馀庆签押立继文字，以己子文孙为熙甫后，此岂诚念其兄之未立后哉，不过欲夺其一兄一弟已分之业尔。提举司判，送县结绝申上，谓若立文孙，则已分之业，又厘而为四，一则不出父母之命，二则难以强兄弟之从，辞理明甚。签厅忽略不看，乃谓无父母之命，今照范善甫、范馀庆等约，以文孙为熙甫后。谓烝尝田不以与文孙，恐违背父母之美意，则割削兄弟之产，以与文孙，独不伤父母之本意乎？此于理不通，特眩惑于继绝之美名耳。今参考断由，范遇系曾经徒断之人，不孝于其父与母，不敬于其姊与兄，又不友其弟，每操刃赶杀，持杖殴打，傍人救者，至遭其折齿。又其甚者，乘其兄子敬之死，突入其室，将嫂拖打，赶散工作人，不许入殓，勒取钱三百贯，米数百石。又抑逼其弟与侄，为此私约。于嫂张氏既论之后，旋计会县吏，印押除附公据，又经丞厅改正户帐。此文约不正，何可照用。况其用意甚恶，佥厅官合用诛心之法。逼胁而盟，谓之要盟，要尽与厘正则可，乃谓既已堕其计中，虽悔何及，容奸若此，则弱之肉，强之食，人之类不能自立于天地之间矣！愚见谓熙甫既有烝尝田，自不乏祀，若于产业已分之后，骤立一人为嗣，则从前父母所立砧基支书，皆不足为据，必将尽取田业分过。八年之久，田业岂无变易，一兄一弟岂肯俯首听从割产，以益文孙，必将扰乱一家，愈增仇怨，词诉纷然，何由了绝。非惟遂凶人吞并之谋，抑且无益死者，反有害于生者矣。不若各照砧基支书管业，追毁文约公据，庶几一家得以安迹。如必欲立继，则范遇设计吞并，其子文孙亦不当立。欲帖县照应。奉都运检详姚立斋判，照所拟行。欲立继，难动其已分之业，只当就烝尝田内，于无碍房分中推立。范遇既如此凶暴，用意吞谋，其子却不可立。帖县照应。①

此案中，范通一有子四人，长曰熙甫，次二曰子敬，次三曰遇，次四曰述，长子范熙甫娶妻生子后因故不幸全家去世，父母做主立约将长子名下遗产均分给三个弟弟，只保留长子私置的田产作为“烝尝田”，由三房轮收和负责祭拜之事。但多年之后，老三范遇在父母和二哥范子敬都去世后，别有用心地提出为长子立继，立自己儿子范文孙为长子范熙甫之后，以达到推翻父母在世时主持所立分配长子遗产文约，侵夺寡妇嫂子张氏和弟弟范善甫已经分得财产的目的。州府佥厅执迷于为人立继的美名，竟然认可了范遇的无理诉求。署名“邓运管”的转运司官员查清案情，识破了范遇处心积虑侵夺兄弟财产的图谋，选择直接改判，“不若各照砧基支书管业，追毁文约公据，庶几一家得以安迹”。如果一定要为长子立继，也不当立品行恶劣的范遇之子，而应“只当就烝尝田内，于无碍房分中推立”。

从宋代监司上述审判实践可见，对于案件事实清楚，但是州县审判适用法律错误的案件，监司采取直接改判的处理方式，显然既节省司法资源、提高审判效率，也免去了当事人参加审判的路途奔波劳顿和钱财消耗，一定程度上减少了平民百姓的讼累，应该说是一种妥当的处理方式。

三是原审事实不清或证据不足，发原审处邻州重审。

路级监司认为原审认定的事实不清或证据不足，需要进一步查清事实的案件，一般是发给下属州县处理。对于原审事实不清或证据不足的案

---

① 《名公书判清明集》卷八《嫂讼其叔用意立继夺业》。

件，往往涉及重新调查的问题，在古代科技、交通不发达的情况下，需要耗费相当多的人力、物力，所以选择发给下属州县处理的方式显然是理性的选择。

但是为了保证审判公正，宋代法律规定，“若诣监司诉本州者，送邻州委官”①，也就是不得交由原审机关审理，而只能交给原审处邻州官府重审。这样做的用意显然在于防范原审机关固执己见或徇情枉法，干扰案件公正审判。这时审判虽然在下属州县进行，但仍然可以看作属于监司的复审过程，因为州县属官只是受监司委托进行审理，并且只能拟出判决意见，真正生效判决还是由分发案件的监司长官作出。因为宋代法律要求监司长官必须躬亲狱讼，亲自对案件负责任。如北宋仁宗乾兴元年十一月诏：“纠察在京刑狱并诸路转运使副、提点刑狱及州县长吏，凡勘断公案，并须躬亲阅实，无令枉滥淹延。”②南宋绍兴十五年四月二十二日宋高宗根据尚书省的建议下诏：“令诸路监司州县，将民户陈诉事务，并仰长官躬亲审祥，依公理断，无致少有偏曲。”③所以我们可以在判词中看到，州县审理完监司分发下来的案件，往往拟写详细的判决意见后提交给监司，再由监司最终定判。

如“漕司送邓起江淮英互争田产”案就是转运司采用分发下属州县审判的方式：

> 照对江子诚于开禧二年以后，典入邓文礼田三契：一曰九姑坛，一曰大畈尾，一曰水井。续系亲邻邓震甫备钱收赎，内水井、大畈两项已尝退讫，唯有九姑坛田累年争讼，未有予决，以此互相布种，更迭作闹，此人情之所必致。邓震甫有亲有邻，径行赎回，本自合法。追上江子诚之子淮英，当官取问，谓是未准告示之先，已尝退与邓先为业，见今九姑坛田产自是邓先之物，于己无预。及唤邓先供对，其说一同。元出业人邓文礼已死，其子见在光州，无从追逮。窃详江淮英之谋，本是假邓先影占，邓先之供不过为江淮英承认，其实田在江子诚户，往往如故。倘果是邓先所赎，元已交业，见今此田合是邓先主之，何缘更言每岁布种，系邓文礼之子邓十二用工？中心既疑，其辞必枝。然邓震甫与邓文礼为从兄弟，邓先与邓文礼为亲兄弟，邻赎之法，先亲后疎，邓先既已供认收赎在前，则邓震甫无缘与之争讼，揆之于法，自有

① 《宋会要辑稿》刑法三之二六。

② 《续资治通鉴长编》卷九九。

③ 《宋会要辑稿》刑法三之二七。

专条。况其田元是典契,业主之子尚存,纵邓震甫可得,他日取赎,亦须退还,无强留之理。合且听邓先为主,异时邓十二收赎,仰邓先退业。邓先不用,或卖与他人,邓震甫却以从兄弟邻赎,自合法意。况入词之初,已尝凭陈彦等对定,将大畈、水井二契退与邓震甫,将九姑坛一契逊与江子诚。质剂尚存,要约可考,实与批退一同,不可谓之当问邻而不问,尤难受理。其间因夺花利,互相殴击,彼此各有词说,当虽经县,在乡不曾究实,当官不曾验伤,今经隔多日,无从考究。当自今始各自管业,如更生事,定行惩断。缘其间案沓不全,唤上两争人,再凭供对,参酌看定,就先读示,合与具申,听自施行。①

此案中,江淮英的父亲江子诚典到邓文礼三项田产,后其中两项已被邓家族人邓震甫赎回,只有名为“九姑坛”的田产仍由江子诚占有。多年后邓震甫意欲赎回该项田产,双方发生争议,以致于两家争夺耕种权,“互相布种,更迭作闹”,酿成纠纷。邓震甫诉至转运司,转运司应该是认为案件事实不清,所以分发给下属州县审判。主审州县官员不负所托,查清事实是江淮英不愿让邓震甫赎田,声称争议田产已经由原主邓文礼亲弟邓先赎回,与自己没有干涉。主审官认为虽然江淮英的说法有可疑之处,但是既然邓先作为亲弟声称已经赎回田产,在法律上邓震甫作为从兄弟与原主关系稍为疏远,亲疏有别,当然依亲邻之法由关系更亲近的邓先赎回田产。况且案发之前,邓震甫与江子诚曾达成谅解,将“将九姑坛一契逊与江子诚”,因此邓震甫作为原告只能面对败诉现实,放弃赎田诉求。

再如余焱“漕司送下互争田产”案中,转运司也是将案卷移送给下属州县官范应铃审判,史书赞其“所至无滞讼、无留狱”的范应铃圆满完成了转运司分发的审判任务:余焱向州县官府起诉黄子真盗买其叔父余德庆的田产,其诉讼请求是作为侄子有权赎回其叔父的田产。州县官府均支持余焱的诉求,认为黄子真属于盗买余氏家族田产。黄子珍不服,上诉到转运司,转运司选择将案件发给范应铃审判。范应铃作为主审官员,细致查明争讼田产原本是黄氏家族先辈黄文万的田产,后来卖给余氏家族,又卖回给黄子真(该田产经过黄文万→余俊明→余德庆→黄子真的循环),虽然经隔年代较久,但黄家有祖坟在争讼田产之中,“墓田所在,凡有锄凿,必至兴犯,得产之人傥非其所自出,无所顾藉,故有同宗,亦当先问。两姓有墓,防其互争,则以东西南北为次,尤为周密。二者各有所主,非泛然

① 《名公书判清明集》卷四《漕司送邓起江淮英互争田产》。

也”，因此案件应着重考虑墓田的优先保有权利，此前州县原审判决没有考虑涉及家族伦理的敬拜祖宗坟墓的需求，是“殊失立法之本意”。主审官认为墓田之与亲邻两项，都是审判中应当考虑的因素，但是“以亲邻者，其意在产业，以墓田者，其意在祖宗”，州县原审只注重考虑关系财产的亲邻之法是“重其所轻，而轻其所重，殊乖法意”①，最终援情据法判决黄子真胜诉，可以继续保有争讼田产。可见，通过转运司复审的程序，州县错误的判决被纠正，当事人黄子真的合法权益得以维护。

显然，宋代监司采用分发下属州县的复审方式既达到了公正效率审判的目的，充分利用了下属州县官府的审判力量和资源，又避免了原审机关的干扰，更有利于作出公平公正的判决，实现审判官员“政平讼理”的目标。

① 《名公书判清明集》卷四《漕司送下互争田产》。

第八章　宋代地方民事审判的特点和意义

第一节　宋代地方民事审判的特点

宋代处于中国历史上的转型时期,日本学者内藤湖南称:“唐代是中世纪的结束,而宋代则是近代的开始。”①宫崎市定则说:“宋代实现了社会经济的进步、都市的发达、知识的普及,与欧洲文艺复兴现象比较,应理解为并行和等值的发展。”②宋代商品经济的发展及民众私有财产利益观念的加强,必然给宋代地方民事审判带来一定程度上的冲击。回顾宋代地方民事审判,我们可以发现,审判官员努力适应社会的发展变迁,使民事审判能够在合乎理性的方向上发展,当时基本适应了社会发展的要求,能够与社会发展保持协调一致,由此改变了汉唐以来以维护人伦道德为宗旨的审判传统,对传统以人伦道德为基础的司法防线产生了一定程度的冲击。具体来说,宋代地方民事审判表现出以下特点。

一、审判官员渐趋专业化

美国社会学家帕森斯认为:“行动者受各种价值观、规范和其他观念的支配,即这些价值观、规范和观念影响着目标的确立和实现目标的手段的选择。”③同时,他还提出:“文化价值观和其他模式可以内化于人格系统,从而影响那一系统的需要结构,这种需要结构反过来又决定了行动者在社会行动中扮演角色的意愿。”④我们知道,宋代地方实行行政与司法合一的体制,地方官员往往既是司法官员,也是行政官员,因此不属于现代意义上的专业性审判官员。但是,宋代社会生活和民众法律观念都发生了巨大转变,这种转变也冲击着这种传统体制,促使地方审判官员渐趋专业化,从而对宋代民事审判产生了巨大影响。具体表现如下:

---

① 刘俊文主编:《日本学者研究中国史论著选译》(第1卷),中华书局1992年版,第10页。

② 刘俊文主编:《日本学者研究中国史论著选译》(第1卷),中华书局1992年版,第217页。

③ [美]乔纳森·H. 特纳:《社会学理论的结构》,吴曲辉等译,浙江人民出版社1987年版,第71页。

④ [美]乔纳森·H. 特纳:《社会学理论的结构》,吴曲辉等译,浙江人民出版社1987年版,第77页。

首先,审判官员具有丰富的法律专业知识。宋代社会经济的发展,使民事争讼日益增多,为了适应这种诉讼案件大量增加的需要,国家法律随之趋于理性化、客观化,且复杂多变。朝廷还设有专门编修法律的机构——敕令所,据学者统计,宋代编纂大型法典达 242 部,其中规模最大的《政和重修敕令格式》达到了 530 卷,其后各朝所修综合法典也大多卷帙浩繁。面对数量如此庞大的法律,国家的司法审判官员必须具备丰富的法律知识才能满足现实审判工作的需要。与此同时,出于实际生活的需要,民众的法律知识也已经相当普及①,甚至有能力在公堂上“说条道贯”②,出现了“健讼之民,朝夕出入官府,词熟而语顺,虽譊譊独辩庭下,走吏莫敢谁何”的情形③。面对知晓法律的民众,审判官员如果不具备丰富的法律知识,也是难以维持审判工作的正常进行的。

上述社会现实对主持民事审判的地方官的法律知识客观上提出较高的要求。诚如陈景良先生所说:“(宋代社会)物质利益的纷争,当其不能在传统的儒家伦理范围内化解时,当事人势必冲破宗法伦理的防线而诉诸法律,进入司法审判领域。这样一来,社会生活对司法的诉求达到一个空前的水平,形成一股强大的压力。这种压力不仅迫切需要建立一个完备的司法机关和司法制度,还要求这个社会提供一批具有较高人文素养和通晓法律知识、谙熟吏事的专门法律人才。这样才能解决社会中各种因财产利益而发生的纠纷,才能满足人们的利益诉求,才能适应整个宋代各阶层社会利益变动和发展的需要。”④宋代审判官员就是这样一批具有丰富法律知识的人才,他们适应社会现实的挑战和需要,通过法律考试、自我学习等各种途径提高了自身的法律素养。与汉唐相比,宋代审判官员的知识结构发生了重大的变化,那就是他们在具有深厚儒学根基的同时,具有更为丰富的法律知识,如胡石壁审判的“禁步内如非己业只不得再安坟起造垦种

---

① 如史籍记载,江西有很多村校、乡校中教习法律、讼学。周密《癸辛杂识续集·讼学业觜社》:“江西人好讼,是以有簪笔之讥,往往有开讼学以教人者,如金科之法,出甲乙对答及哗讦之语,盖专门于此,从之者常数百人,此亦可怪也。又闻括之松阳有所谓业觜社者,亦专以辨捷给利口为能”。沈括《梦溪笔谈》卷二五:“世传江西人好讼,有一书名《邓思贤》,皆讼牒法也。其始则教人舞文,舞文不可得,则欺诬以取之,欺诬不可得,则求其罪劫之。盖思贤人名也,人始传其术遂以之名。村校中往往以授生徒。”《宋会要辑稿》刑法二之一五〇记载:“江西州县有号为教书夫子者,聚集儿童授以非圣之书,有如四言杂字,名类非一,方言粗鄙,皆词诉语。”桂万荣《棠阴比事原编·虔校邓贤》也提到:“今吉、筠等府书肆有刊行《公理杂词》,民童时市而诵之。”

② 《名公书判清明集》卷九《典卖田业合照当来交易或见钱或钱会中半收赎》。

③ 《州县提纲》卷二《通愚民之情》。

④ 陈景良:《宋代“法官”、“司法”、“法理”考略——兼论宋代司法传统及其历史转型》,载《法商研究》2006 年第 1 期。

听从其便”一案：

> 推官所引之法曰：诸典卖田宅，四邻所至有本宗缌麻以上亲，其墓田相去百步内者，以帐取问。李细五于黎友宁所买李二姑陆地，系是墓邻，合听李细五执赎，其说固是矣。然在法：典卖田宅满三年，而诉以应问邻而不问者，不得受理。黎友宁买，系在嘉熙二年之春，李细五入词，系在淳祐二年之秋，相去凡隔五年，虽曰有邻，已不在受理之限。而知县所引之法则又曰：典卖众分田宅私辄费用者，准分法追还，令元典卖人还价；即典卖满十年者免追，止偿其价；过十年，典卖人死，或已二十年，各不在论理之限。若墓田，虽在限外，听有分人理认，钱、业各还主，典卖人已死，价钱不追。遂判令李细五于限外执赎，其说尤为卤莽。盖其法中明言典卖众分田宅辄费用者，则是指未分之产业，已分则不可言众分矣。又言听有分人理认，则是指众分之中有分者，已分则各有所主，众人不复得为有分矣。今此地李氏祖业，然李二姑之父李彦椹于宝庆二年已拨与女作随嫁资，如此则是分析日久，即非众分之业，李细五安得为有分之人？执法而不详其意，宜乎黎友宁之不伏退业也。但在法理年限者，以印契日为始。又绍兴十二年二月二日都省指挥：庶人墓田，依法置方一十八步，若有已置坟墓步数元不及数，其禁步内有他人盖屋舍，开成田园，种植桑果之类，如不愿卖，自从其便，止是不得于禁地内再安坟墓。敕令所看详，四方各相去一十八步，即系东西南北共七十二步。又绍兴十四年十月五日尚书省批下敕令所申：婺州申，墓禁内起造屋宇，合与不合毁拆？及日后听与不听起造斫伐？如是田园，听与不听地主垦种？本所看详，虽在禁步内，既非己业，惟日后不许安葬外，如不愿卖，自从其便，仍不许于步内取掘填垒。又乾道九年七月十五日指挥，亦只令地主不得于墓禁取掘填垒。今合索黎友宁买契，审验投印年月，如李细五入词在印契三年之内，合勒黎友宁交钱退业；如入词在印契三年之外，合听黎友宁仍旧管业，起造垦种，并从其便，即不得于禁步内再安坟墓及取掘填垒。佥厅监照施行。①

在此案中，当事人李细五与黎友宁的土地纠纷，不但牵涉违法交易的追诉年限问题，而且产生一个重要问题，即是禁步之内可否耕种？可否建

① 《名公书判清明集》卷九《禁步内如非己业只不得再安坟起造垦种听从其便》。

造屋舍？上述问题具有很强的专业性，如果不具备丰富的法律知识，是很难作出正确的判决的。从判词可以看出，主审官员胡石壁对相关法律非常熟悉，在判决中引用了许多法律中关于墓地的规定，关于禁步的有三条，分别是绍兴十二年、绍兴十四年以及乾道九年的指挥。绍兴十二年二月二日都省指挥："庶人墓田，依法置方一十八步，若有已置坟墓步数元不及数，其禁步内有他人盖屋舍，开成田园，种植桑果之类，如不愿卖，自从其便，止是不得于禁地内再安坟墓。"绍兴十四年，尚书省根据婺州所问在禁步内准不准起造屋宇以及可否耕种的问题，其敕令解释道："虽在禁步内，既非己业，惟日后不许安葬外，如不愿卖，自从其便，仍不许于步内取掘填垒。"也就是说只要不再造新坟，准予在禁步内建屋、耕种。乾道九年，又降下指挥"只令地主不得于墓禁取掘填垒"。胡石壁依据上述相关法律，作出了正确的判决：只要李细五陈诉违法交易在期限之内，则要黎友宁交钱退业，否则只要不在墓禁内安新坟以及挖掘填垒，仍旧可以起造垦种。由此可见，宋代地方审判官员具有较丰富的法律专业素养。

其次，在制度设计上，设置了司法参军等专职审判官员协助长官审判案件。州是宋代行政区划的重要层级。宋代对州级审判非常重视。知州作为州级长官，号称亲民之官，其职责除司法审判外，还包括赋役、钱谷等其他业务，工作非常繁重。① 随着宋代社会经济的发展，知州受理的民事案件数量大幅增加，涉及的法律关系也日益复杂，单靠知州的力量显然难以应付。因此，宋代设立了录事参军、司法参军、司理参军等专职审判官员协助长官审判案件。② 录事参军、司理参军属"推司"，掌"狱讼推勘之事"，司法参军属"法司"，主要负责检法拟判，就是挑拣出可以适用的法规，并拟写判决。这些工作是左右整个审判质量的关键，显然具有很强的专业性，因此当然要选拔通晓法律，具有较高法律素养的人充任。据《宋史·职官志》载："中兴，诏曹掾官依旧，惟司理、司法并注经任及试中刑法人""依知县格法铨量，如有老疾昏眊难任事者，即从本州知、通于判、司、簿、尉内选经一考以上，无罪犯，晓法人对换。"③"推司"和"法司"在审判中实行"鞫谳分司"的工作方法，即由"推司"负责审理、查明案情，再转交"法司"检出应当适用的法律，并拟写判决文书，最后交由长官最后决定判决。如"立继有据不为户绝"一案，就是由司法参军检出"诸义子孙被论诉

① 宋人张纲曾将知州的职责分列为七项："一曰宣诏令，二曰厚风俗，三曰劝农桑，四曰平狱讼，五曰兴学校，六曰理税赋，七曰实户口。"参见《华阳集》卷一五《乞重监司札子》。

② 相关论述可参见本书第二章。

③ 《宋史》卷一六七《职官七》。

与自陈之法”“异姓养子与除附法”“户绝财产与在室女法”“男女婚嫁年龄之法”等法条规定来分析案情。① 这种审判官员的专职化无疑是有利于保证民事案件审判的公平、公正的。

县级虽然没有专门的审判官员，但县丞与知县共同负责审判，同样可以起到设官分职的作用，对维护审判的公正、公平具有一定的作用。

宋代司法审判官员的专业化趋势，绝不是历史的偶然，而是宋代社会变革在司法审判领域的表现。

二、从审判运作机制来看，民事审判与刑事审判已经明确分离

日本学者滋贺秀三认为，“在中国，虽然拥有从古代就相当发达的文明的漫长历史，却始终没有从自己的传统中生长出私法的体系来。中国所谓的法，一方面就是刑法，另一方面则是官僚制统治机构的组织法，由行政的执行规则以及针对违反规则行为的罚则所构成的。”②中国学界一般也认为，中国古代民事审判完全套用刑事审判方式。③ 但是考察宋代的民事审判实践，我们可以发现，随着社会经济的发展和民众诉讼观念的转变，宋代司法官员已经不可能单靠刑罚压制的手段解决日益增多的争讼，否则只会造成“赭衣塞路”的局面，却不可能维护正常的统治秩序。因此，他们在民事审判实践中必须适应时代的要求④，更多地采用非刑事化的手段来维持民事审判的进行，判决结果也趋向于更多地采用“监还”“备偿”等民事处理方式，从而使民事审判与刑事审判明确地分离。

首先，民事审判是否采取拘禁、关押等限制人身自由的刑事强制措施。为了维护正常的审判秩序，保障审判的顺利进行，必要的强制措施是必不可少的，但强制措施必然影响当事人及案件相关人员的正常生产生活，因此宋代地方官尽量减少和限制对当事人及案件参与人采取禁系等强制措施。如《作邑自箴》中专门指出：“狱者，生民大命，苟非当坐刑名者，自不应收系。”⑤也就是说，是否关押当事人关系到民众的生命利益，所以当事人如果没有涉嫌刑事罪名，就不应该收押。而田宅、钱债、婚姻等民事案件显然一般不会牵涉“刑名”问题，所以州县官员在审判实践中一般是反对关押民事案件的当事人和证人的。如宋代官箴《州县提纲》中，就对有些

---

① 《名公书判清明集》卷七《立继有据不为户绝》。

② ［日］滋贺秀三：《中国法文化的考察》，载《比较法研究》1988 年第 3 期。

③ 参见叶孝信主编：《中国民法史》，上海人民出版社 1993 年版，第 31 页。

④ 西方学者约翰·罗素勋爵曾说“法律必须与时代精神保持一致”。参见［英］A. H. 曼彻斯特：《论法律改革》，吴玉章译，肖南校，载《法学译丛》1991 年第 4 期。

⑤ （宋）李元弼：《作邑自箴》。

地方官员为了审判时传唤当事人方便，随便关押打官司的当事人的做法表示明确反对：

> 讼者始至填委，虑其逸去，多先置于栅。直栅者邀挟不如意，辄闭留终日，饥不得食，寒不得衣，遇盛暑数尺之地，人气充牣，多至疾病，要须于始至时，即监召保，毋得入栅关留。①

《州县提纲·察监系人》中也指出不应随便禁系告状之人：

> 二竞干证俱至，即须剖决。干证未备，未免留人，承监人乞觅不如意，辄将对词人锁之空室，故为饥饿，不容人保；又或受竞主之赇，以无保走窜妄申，官司不明，辄将其人寄狱者多矣。凡承监须令即召保，不测检察，如不容保，故为锁系，必惩治之。仍许亲属无时陈告，或果贫而无保，须度事之轻重，或押下所属，追未至人。②

还有的地方官从审判官员责任的角度，提出不可囚禁当事人和证人，而应及时放还民事案件的当事人和证人，以免因关押造成意外，使自己承担不必要的罪责："不应禁人勿禁。若未欲讯决而权寄于狱，或系干证人，日当引对，晚须出之。盖法不应禁，或有不测，罪无所逃。"③

胡石壁在"细故不应牒差官差人承牒官不应便自亲出"一案的判词中则对下属官员在民事争讼案件中随意抓捕、拘禁民众的行为进行了严厉的批评，并对相关责任人予以处罚：

> 照得彭四初状所诉彭五四等闲争事，初无甚计利害，纵便是实，不过杖以下，本保戒约足矣，本保追究足矣，何至便牒巡检。即承帖，亦当审量轻重，斟酌施行，纵使不免专人，走一介足矣，何至便差三人下乡，又何至便自出，遂一致一家之四人无辜而被执，一乡之内，四邻望风而潜遁。只观巡检所申与李拱所供，其罪状之不可掩者已如此。弓手、土军一到百姓之家，如虎之出林，獭之入水，决无空过之理，其为搔扰，不待根究而后知。李拱、唐旺、李高各勘杖一百。周巡检日来妄作渐者，因催科事引惹民词，当职已不能无投杼之疑。今观此讼之兴，特

---

① 《州县提纲》卷二《栅不留人》。

② 《州县提纲·察监系人》。

③ 《州县提纲·勿轻禁人》。

田野小唇舌细故，此等讼州县无日无之，即非盗贼杀伤公事之比，而乃至差人，便至亲出，便至亲执其兄弟，便至惊散其邻里。若事有大于此者，则凶声气焰又当如何？未欲遽行案劾，且对移驻泊都监，限一日起发。①

显然，胡石壁认为，对于属于"田野小唇舌细故，此等讼州县无日无之"的民事案件，应该与"盗贼杀伤公事"之类的刑事案件区别对待。

其次，判决结果的非刑罚化。宋代社会讼争的大量增加和民众诉讼观念的转变，使民事审判的判决结果再也不可能完全套用刑事审判的笞、杖、徒、流等刑罚处理方式，虽然立法对很多民事案件都以刑罚方式处理，但是实践中却是行不通的，否则单靠刑罚压制民众的诉讼欲求是不可能维护正常的社会秩序的，而那样的结局必然损害官府的权威和公信力。因此，宋代地方官必须适应社会现实的要求，对民事审判的结果采用更为符合社会实际的非刑罚化的处理方式。正如本书前面的分析，宋代民事审判的结果趋向于非刑罚化，"监还""备偿""恢复原状"乃至"赔礼道歉"等回复性民事处理方式占据了优势地位，就连传统立法重刑惩治的"不孝"案件，也并非父母请求官府惩治子女，官府就予以照办，而是大多采用调解、告诫的方式处理。如"母讼其子而终有爱子之心不欲遽断其罪"一案中，阿周的儿子马圭在父亲去世后，不务正业，还沉溺赌博，破荡家财，不孝养母亲，阿周将儿子告到官府，要求予以惩处。依照法律，应当"从其母之所请，刑之于市，与众弃之矣"，但主审官员胡石壁又说"早间其母又执其父遗嘱，哀矜恻怛之情，备见于词意间，读之几欲坠泪，益信天下无不慈之父母，只有不孝之子"，认为阿周显然并不忍心儿子遭到刑责，因此，最后判决，"更不欲坐马圭之罪，押归本家，恳告邻舍、亲戚，引领去拜谢其母，友爱乃弟，如再有分毫干犯，乃母有词，定当科以不孝之罪"。最终以调解方法处理了此案。②

三、审判理念开始由伦理型向知识型转变

学界一般认为，中国传统审判是伦理型审判。如有学者就说，"一般官吏在审理案件时，首要的问题是为了厚民俗、淳民风，对于财产的保护是放在其次的……人们能否依法拥有或享有某物并不关键，关键的是大家都要

① 《名公书判清明集》卷一《细故不应牒差官差人承牒官不应便自亲出》。
② 《名公书判清明集》卷十《母讼其子而终有爱子之心不欲遽断其罪》。

遵从并围绕伦常建立起一套伦理道德秩序”①。但是宋代社会经济的发展和民众诉讼观念的转变,不断冲击着这种传统的审判理念,社会现实的发展,使宋代民事审判再也不可能固守汉唐以来伦理型审判理念,“伦理决讼”的审判理念悄然发生着重大的转变②,这种转变就是审判理念由伦理型开始向知识型转变,表现在两个方面:

一是判决必须建立在证据确实充分、事实清楚的基础上。在宋代地方官大量的判词中,我们常常可以看到“以理法处断”之类的语词,实际就是指审判应该依程序了解案情。当官府受理案件后,必须在证据确实充分、事实清楚的基础上,才能作出判决。例如吴恕斋审判的“争山”一案:

> 牛大同乃钱居茂之婿,钱孝良乃钱居洪之子,居茂、居洪嘉定六年置立分书,异居析产,已三十年。淳祐二年,大同葬其母于居茂祥禽乡之山,孝良乃称大同伪作居茂遗嘱,强占山地,有词于县。县不直之,再词于府。今官合先论其事理之是非,次考其遗嘱之真伪。照得大同葬所之山,居茂之山也。居茂虽死,其妻汪氏、其子孝忠见存。大同若果是伪作遗嘱,强占山地,汪氏、孝忠诉之可也。今汪氏、孝忠俱无词,而孝良有何干涉,乃指为伪而诉之。此无他,小人无知,因其造坟,疑可为风水,始欲含糊阻挠,继于状词栽埋亲邻取赎之说,惟欲觊觎而攘之。殊不知同分之产,若卖于外人,则亲邻可以吝赎,今大同为居茂之婿,居茂既以遗嘱与之,而汪氏、孝忠俱不以为非,孝良其何词乎?况将遗嘱辨验,委是居茂生前摽拨,与女舍娘充嫁资,其词鄙俚恳切,虽未为当理,却是居茂亲笔书押,与嘉定年间分书比对,出于一手,真正自无可疑。又况居茂、居洪今同分书内该载,极是分晓,居茂得山而不得田,居洪得田而不得山,孝良虽欲觊觎,无一而可。欲连契案贴现,令牛大同凭遗嘱管业,庶几是非别白,予夺分明,乡村小人,各安其分,不致嚣讼,重伤亲谊。③

此案中,牛大同是钱居茂之婿,钱居茂、钱居洪兄弟已经分家析产30余年。钱居茂遗嘱将分家时自己得到的祥禽乡一块山地送给女儿作嫁资。淳祐二年,女婿牛大同将自己母亲埋葬在山地中。钱居洪之子钱孝良向县

---

① 张中秋:《中西法律文化比较研究》,南京大学出版社1999年版,第137页。

② 如多年担任州县官的胡太初就感叹:“人情漓靡,机事横生,已难使之无讼,惟尽吾情以听之而已!”(《昼帘绪论·听讼篇第六》)

③ 《名公书判清明集》卷六《争山》。

衙告状称牛大同伪作居茂遗嘱，强占山地。县衙判其败诉，钱孝良又向州衙告状。审判此案的吴恕斋认为，“今官合先论其事理之是非，次考其遗嘱之真伪”，就是说官府应该依法审查清楚案情以后，才能评断当事人间的是非，做出裁判，表明了官府判决对案件事实和证据的重视和依赖。最终查明了事实，牛大同作为女婿得到山地合理合法，钱孝良企图将争议山地占为己有而无理兴讼，因此判决钱孝良败诉，保护了牛大同的合法权益。

又如前面提过的“舅甥争屋”案中，张诚道与钟承信是舅甥关系，钟承信母亲在世时，出资购置了数间房屋，因“恐以孤孀见欺于人”，就以舅舅张诚道的名义书立契约，但仍由外甥钟承信“管业”。后来张诚道却声称，于内买得前二间及一小间，只是因为“钟甥久出不归，亲姐贫，无以养”，所以出于同情暂时将房屋借给姐姐收取租金，以助买油菜。外甥钟承信予以否认，坚持自己才拥有房屋的所有权。双方各执一词，发生纠纷。主审此案的州县官叶岩峰并没有因为双方存在血缘上的尊卑关系而偏袒舅舅张诚道，结合外甥管理房屋并收取房屋租金多年的事实以及赁屋人的证言，并考虑安固当地习俗确实有以托亲朋之名而置买产业的情况，查明身为舅舅的张诚道，意图冒占外甥钟承信的房屋，在案情清楚、是非分明的基础上，最终认定外甥钟承信才是房屋的合法所有权人，从而据此作出了正确的判决。①

二是审判过程中对适用法律的重视。宋代社会经济和民众诉讼观念发生了很大的变化，如果地方官员在判决时适用法律发生错误，往往很难使当事人服判息诉，作为审判官将面临无穷无尽的上诉和申诉。因此，宋代地方官员在民事审判中对法律相当重视。如胡石壁审判的“质库利息与私债不同”一案：

> 大凡财物勾加之讼，考察虚实，则凭文书，剖判曲直，则依条法。舍此而臆决焉，则难乎片言折狱矣。黄公才初以百千与李四二作解，而其子李五三、李五七止供认五十千，知县遂以为信。谓是当时果只五十千，不知以何为照，而可证单词之非妄？是不凭文书以考察虚实矣。李四二领钱之初，约每岁纳息二分，以十四年计之，该息二百八十贯。据黄公才供，曾支去二十七贯，通本息合存三百五十三贯。此乃是积年留下息钱在库，不曾支拨，初非以财物出举，而回利为本者。知县乃引用积日虽多，不过得一倍之法以断之，岂犹未见淳熙十四年

① 《名公书判清明集》卷九《舅甥争》。

申明之敕乎，其说曰：若甲家出钱一百贯，雇请乙家开张质库营运，所收息钱虽过于本，其雇请人系因本营运所得利息，既系外来诸色人将衣物、金帛抵挡之类，其本尚在，比之借贷取利过本者事体不同，即不当与私债一例定断。今李四二所欠黄公才之钱，正系质库利息。知县乃以私债定夺，是又不依条法以剖判曲直矣。然则何以息讼哉？佥厅再唤两词，於黄公才名下索出李四二领钱文约，以验其实欠钱若干。如见得别无未尽情节，则与照条追理监还，何必更追干证。①

此案中，黄公才借与李四二百千钱经营质库，后李四二无力归还，黄公才告到官府。初审时知县认为黄公才借给李四二的钱应该认定为“私债”，“乃引用积日虽多，不过得一倍之法以断之”，判决清偿的利息不应该超过本钱的一倍。但复审时，胡石壁指出知县的判决存在适用法律的错误，因为黄公才借给李四二的钱是用于经营质库，不应认定为“私债”，并引用了淳熙十四年申明敕的规定：“若甲家出钱一百贯，雇请乙家开张质库营运，所收息钱虽过于本，其雇请人系因本营运所得利息，既系外来诸色人将衣物、金帛抵挡之类，其本尚在，比之借贷取利过本者事体不同，即不当与私债一例定断”，由此认定，李四二所欠利息“乃是积年留下息钱在库，不曾支拨，初非以财物出举，而回利为本者”，因此最终正确适用法律，将质库经营应得的利息与民间私人借贷区别开，判决黄公才应该得到全数本息，从而纠正了知县错误的判决，保护了商人黄公才的合法收益权利。值得我们注意的是，作为主审官员的胡石壁在判词中指出：“大凡财物勾加之讼，考察虚实，则凭文书，剖判曲直，则依条法。舍此而臆决焉，则难乎片言折狱矣。”“片言折狱”，本是古代士大夫称道的审判艺术，但胡石壁却认为，如果不去调查事实和检索应该适用的法律，那么很难做到所谓的“片言折狱”。显然，他认为，审判的效率必须建立在事实清楚与法律适用正确的基础之上，审判才能做到公正和公平。

在司法调处过程中，地方官也注重依据法律，进行说服教育工作，如宋代官箴中就提出地方官在司法调处中应注重向当事人解释清楚法律的规定：“官僚胥吏，明法尚寡，小民生长田野，朝夕从事于犁锄，目不识字，安能知法？间有识字者，或误认法意，或道听途说辄自以为有理，至谋于能讼者，率利其有获，惟恐不争，往往多甘其辞以诱之。故彼终于伤肌肤、破家产而不知悔。原彼之意，盖自以为是耳。使自知其无理，何苦于争，亦尝念

① 《名公书判清明集》卷九《质库利息与私债不同》。

愚民之亡知，两造具备，必详览案牍，反复穷诘，其人果无理矣，则和颜呼之近案，喻之以事理，晓之以利害，仍亲揭法帙以示之，且析句为之解说，又从而告之曰：法既若是，汝虽诉于朝廷，俱不出是耳。使今日曲法庇汝，异时终于受罪，汝果知悔，当从宽贷；不知悔，则禁勘汝矣。稍有知者，往往翻然自悔，或顿首感泣以诉曰：某之所争，盖人谓某有理耳。今法果如是，某复何言。故有誓愿退逊而不复竞者。前后用此策以弭讼者颇多。"①可见，依据法律调处可以取得相当不错的社会效果。

宋代多年任地方官的范应铃甚至将法律与礼义相提并论，认为二者都是维护社会秩序的必备条件，应"并行而不悖"，并对下属轻视法律的做法提出了批评，他说："守令亲民，动当执法，舍法而参用己意，民何所凭？家人一卦，古今不可易之理也，凡人有家，当日置于座侧。然必于天下之家道。尽合乎易之家人，比屋可封矣，岂互有男女之讼更至官府？礼运之说，亦前圣之格言，夫人食味、别声、被色，而生斯世，岂容不知。然断天下之讼，尽于舍法而用礼，是以周公、孔子之道，日与天下磨砻浸灌，为羲皇之世。两造具备，岂复有人？敕令格式之文不必传，详定一司之官不必建，条法事类之书不必编，申明指挥之目不必续，文人儒士固愿为之，何待武弁始知有此。圣主垂训，所以经世，祖宗立法，所以止讼，二者须并行而不悖也。"②

综合以上论述，可以说，宋代民事审判的理念已经开始由传统伦理型审判理念向知识型审判理念转变。

第二节　宋代地方民事审判的意义

一、弥补立法漏洞和缺陷

在现代汉语中，"漏洞"是指能让东西漏过去的不应有的缝隙或小孔③。在终极意义上，法律永远不会是完美无缺的，总是会有漏洞的。古希腊先哲亚里士多德就坦率地指出："法律确实不能完备无遗，不能写定一切细节，这些原可留待人们去审议。主张法治的人并不想抹杀人们的智虑，他们就认为这种审议与其寄托一人，毋宁交给众人。"④新分析法学的

① 《州县提纲》卷二《示无理者以法》。

② 《名公书判清明集》卷一二《因奸射射》。

③ 《现代汉语词典》(修订本)，商务印书馆1996年版，第820页。

④ ［古希腊］亚里士多德：《政治学》，吴寿彭译，商务印书馆1965年版，第171页。

代表人物哈特则认为,法律的“不确定性”或“法律的开放(空缺)结构”确实存在:“无论我们到底选择判决先例或立法来传达行为标准,不管它们在大量的日常个案上,运用得如何顺利,在碰到其适用会成为问题的方面来看,这些方式仍会显出不确定性;它们有着所谓的开放性结构(open texture)。到目前为止,我们把开放文本,特别是在立法这种传播形式中,视为人类语言的普遍特征;为了使用包含一般化分类语汇的传播形式来传达事实情况,边界地带的不确定性是我们必须要付出的代价。”①西方法理学家拉伦茨则敏锐地把“违反计划的不圆满性”作为法律漏洞的定义,认为“‘漏洞’一词已指出不圆满性。因此,只有当法律在特定领域中追求某种多少圆满的规整时,才有提及‘漏洞’的可能”。②

国内学者也有对于法律漏洞的定义或认识。例如梁慧星将法律漏洞定义为“现行法体系上存在影响法律功能,且违反立法意图之不完全性”③。王泽鉴指出:“所谓法律漏洞,系指依现行法律规定之基本思想及内在目的,对于某项问题,可期待设有规定而未设规定之谓。”④这些定义显然都是围绕“违反计划的不圆满性”而产生的。

在审判实践中,法官不单单扮演案件裁判者角色,“社会中的法律和秩序之含义的有效解释者”更是其应当而且必须扮演的重要角色,因为这种“有效解释者”角色对社会秩序具有不可忽视的深刻影响。曾任美国大法官的卡多佐就指出,由于立法可能存在的漏洞,法官“必须提供那些被忽略的因素,纠正那些不确定性,并通过自由决定的方法——‘科学的自由寻找’——使审判、结果与正义相互和谐”⑤。宋代地方官在民事审判中虽然未必有如此抽象的认识,但宋代地方官的审判实践却提供了可以参照的历史资源,与卡多佐的说法相映成趣。

宋代商品经济虽然有很大的发展,但本质上仍是一个农业社会,具有变革社会的特征,其民事法制的发展是有限的,宋代成为法律的民事规范只是少数,并且大都是在《宋刑统》等刑事法律中,立法也以刑罚作为制裁手段,大量敕、令等涉及民事法律规范的也比较分散,更不可能制定专门的民法典。所以,宋代民事法制虽然比前代是发展了,但仍十分有限,其中不可避免地存在很多不适应复杂社会现实的漏洞和缺陷。宋代地方官在审

---

① [英]H. L. A. 哈特:《法律的概念》,许家馨等译,法律出版社2006年版,第123页。
② 参见[德]卡尔·拉伦茨:《法学方法论》,陈爱娥译,商务印书馆2003年版,第246-249页。
③ 梁慧星:《民法解释学》,中国政法大学出版社1995年版,第251页。
④ 王泽鉴:《民法思维:请求权基础理论体系》,北京大学出版社2009年版,第196-202页。
⑤ 参见[美]本杰明·卡多佐:《司法过程的性质》,苏力译,商务印书馆1998年版,第5页。

判实践中却不可能对此视若无睹，他们的职责要求其必须处理好每一个民事案件，因此他们必须努力以他们特有的智慧和经验，去寻求解决案件的具体方式和规则，通过自身的审判活动努力弥补立法的缺陷和漏洞，为维系宋代社会的法律秩序和宋代法律的发展完善作出了很大的贡献。

例如"子不能孝养父母而依栖婿家则财产当归之婿"一案中，王万孙不孝养父母，致使其父母"老病无归"，无奈之下，只好投靠女婿李茂先共同居住，"养生送死"，皆依靠女婿李茂先。王万孙之父去世时，立下遗嘱，将自己名下的职田交由女婿李茂先继承，作为儿子的王万孙因没有得到遗产，心中不满，向官府告状，要求由自己继承该项田产。依照宋代对女婿继承妻家财产的法律规定："在法：父母已亡，儿女分产，女合得男之半。"如果照此判决，则对父母"养生送死"的女婿李茂先最多只能继承遗产的三分之一，不孝养父母的儿子王万孙反而可以得到遗产的三分之二，这样判决显然是不公平的。从法律公平性角度出发，民众可以期待对岳父母尽了主要赡养义务的女婿应当获得继承岳父母遗产的回报，而没有孝养父母、没有尽主要赡养义务的儿子王万孙则不应当获得任何遗产。① 但宋代国家法却没有对向岳父母尽了主要赡养义务的女婿如何继承遗产的问题作出任何规定，应有规定而未设规定，显然此时宋代国家立法出现了法律漏洞。面对法律的漏洞，宋代审判官员并没有随意应付、绕道而行，而是通过自己的审判实践活动填补了法律漏洞，实现了法律应有的公正、公平，主审官最终判决，王万孙为子而不孝，迫使父母依靠女婿生活，"当反而思曰：父母之於子，天下至情之所在也，今我不能使父母惟我是字，乃惟我是疾，以我之食则不食，以婿之食则食之，以我之室则不居，以婿之室则居之，生既不肯相善以生，死又不肯相守以死，此其意果安在哉？必为子之道有所不至，是以大伤厥考心尔。一念及此，则将抱终天之痛，恨不粉骨碎身，即死於地，虽有万金之产，亦有所不暇问矣"，根本没有资格要求继承父母遗产，况且其父死前又立有遗嘱，因此，王万孙不应"怙终不悛，嚣讼不已，必欲背父母之命"，最终判决王万孙及其子王有成，"不知负罪引慝，尚敢怨天尤人，紊烦官司，凡十余载，合行科断，王有成决竹篦二十"，维护了女婿李茂先的继承权利。②

---

① 《中华人民共和国民法典》第 1129 条：丧偶儿媳对公婆，丧偶女婿对岳父母，尽了主要赡养义务的，作为第一顺序继承人。第 1130 条第 3 款：对被继承人尽了主要扶养义务或者与被继承人共同生活的继承人，分配遗产时，可以多分。当代中国显然在这一问题上通过立法填补了可能的法律漏洞。

② 《名公书判清明集》卷四《子不能孝养父母而依栖婿家则财产当归之婿》。

又如胡石壁审判的“典卖田业合照当来交易或见钱或钱会中半收赎”一案，李边与唐仲照因“赎田”发生纠纷，唐仲照原来以现钱 120 贯典到李边田地，期满后，李边却要求以现钱 50 贯、官会 65 贯赎回。会子是宋代官方发行的纸币，如果政府财政困难，会子币值会大幅下跌，因此，唐仲照不愿意接受会子，要求以原来典卖时的现钱赎回。但是依照国家法律规定，唐仲照必须接受国家发行的会子，也正因为如此，李边倚仗熟悉国家法律的规定，抓住立法的缺陷，以法律规定为依据，向官府告诉，“强之不从，而遂讼以减落会价，经县经台，咸不得逞，复不知止，又来经州”，并且“说条道贯”，坚决要求以“钱会中半”的支付方式赎田，“不但欲昏赖典主，直欲把持官司。执减落会为词，一则曰有违圣旨，使官司明知其非，瑟缩而不敢加之罪，典主明遭其诬，窒碍而不敢与之争”，但如果真的照此判决，唐仲照则无辜受到损失，显失公平。因此，审判官员胡石壁指出“殊不知法意、人情，实同一体，徇人情而违法意，不可也，守法意而拂人情，亦不可也。权衡于二者之间，使上不违于法意，下不拂于人情，则通行而无弊矣”，虽然国家法律必须遵守，“称提楮弊，朝廷之法，固曰断断乎其不可违”，但是在实际生活中却有“钱会中半”的情况，“独有民户典买田宅，解库收执物色，所在官司则与之参酌人情，使其初交易元是见钱者以见钱赎，元是官会者，以官会赎，元是钱、会中半者，以中半赎。自畿甸以至于远方，莫不守之，以为成说”，因此，“今李边乃欲以见钱五十贯、官会六十五贯，而赎唐仲照见钱一百二十贯典到之业，何不近人情之甚邪!”最终判决，将李边“照条勘杖一百，引监元钱还唐仲照，日下退契，秋成交业”，维护了唐仲照的利益。①

二、维护社会的稳定和谐

西方学者李约瑟曾说：“古代中国人在整个自然界中寻求秩序与和谐，并将此视为一切人类关系的理想。”②中国古代历朝历代的司法审判都以实现稳定和谐的社会秩序为自己的终极价值目标，宋代当然也不例外。但是宋代又是中国历史上的一个变革时期，随着宋代商品经济的发展、土地私有化的确立和民众私有观念的深化，民众的重财利的意识普遍增强，民间因为田宅、钱债等财产利益经常产生矛盾，邻里之间、主客户之间、族人之间、叔侄之间、兄弟之间乃至僧道之间的财产纠纷比比皆是，有些甚

① 《名公书判清明集》卷九《典卖田业合照当来交易或见钱或钱会中半收赎》。

② ［英］李约瑟：《李约瑟文集：李约瑟博士有关中国科学技术史的论文和演讲集》，辽宁科学技术出版社 1986 年版，第 338 页。

至发展成恶性刑事案件，对宋代社会秩序的稳定和谐构成了严重的挑战。① 宋代审判官面对这种社会现实，职责要求他们努力使失衡的社会关系恢复正常，以维护生活的稳定和谐。而民事审判使各方的纠纷进入官方的理性程序，从而使当事人能够平静下来，理智地面对和解决纠纷，化解矛盾，接受官府的调解或裁判，从而实现稳定和谐的社会关系。

如“母子兄弟之讼当平心处断”一案，许氏有两个儿子，长子韩应之，次子韩闳。许氏偏爱次子韩闳，可能在家庭财产分配上有偏向次子的情况，长子韩应之心中不平，“乃不能胜”，竟以家中女仆自杀之事诬告母亲和弟弟，被官府识破，将其下狱，要以“不孝诬告之罪”重刑惩处，“当是之时，兄为官司所囚禁，虽欲哀告其母，拊循其弟，而其辞不得以自致，母与弟又自有哗徒主持，虽欲少贷其子，少全其兄，而其事不得以自由”，各方的矛盾似乎不可调和。但其后负责审判此案的吴雨岩却指出当事人之间的关系不同于常人，“此三人者，母子也，兄弟也”，为维护母子兄弟之间的“天伦”，吴雨岩认为此案不应该处韩应之重刑，而应该“平心处断”。他首先指出，韩应之如果真的被判处重刑，那么作为母亲与兄弟的许氏和韩闳将难以自处，“许氏杀子，韩闳杀兄，以刃与讼，有以异乎？许氏何以为怀，韩闳又何以自全于天地间”，因此，作为审判官员的吴雨岩努力启发当事人之间的母子兄弟之情，“俾之引上三人，作一处审问，然后母子得以相告语，兄弟得以相勉谕，而哗徒不得以间隔于其间，融融怡怡，翻然如初”，最后，吴雨岩在各方和解的基础上，认为“此一段公案又合如阿断”，判决韩应之、韩闳“各能悔过”，从而“置之不理”，对于财产问题，“申省取自指挥，所有二据先照给”，最终达到了审判官员“全其天伦，去其人伪”的目的，实现了当事人关系的稳定和谐。②

由此可见，宋代地方官员通过民事审判，化解了当事人之间的矛盾，消除了社会潜在的不稳定因素，从而维护了社会秩序的稳定和谐。

再者，宋代民事审判作为官方的纠纷解决方式，能够规范和指导监督民间调解等其他纠纷解决方式，又是民间调解等纠纷解决方式的后盾和保障，从而维护了稳定和谐的纠纷解决秩序。

---

① 如《名公书判清明集》卷九《争墓木致死》，余家墓地的树木日见茂盛，荫盖了胡家的田地，影响了胡家庄稼的生长。胡家甚为不满，于是，“差诸悍仆率群佃百余人，名曰自耕，其实将带刀斧，喧哗直将田畔余家墓木恣行斫伐，几于赭山”，余家余细十三听说后，与子侄携带刀棒赶去阻止，结果余再三、余再六等与胡家佃人危辛乙发生械斗，“遂致危辛乙为刀伤要害身死”，酿成一桩人命大案。

② 《名公书判清明集》卷十《母子兄弟之讼当平心处断》。

民间调处等纠纷解决方式虽然简便易行，省钱省力，但由于毕竟属于民间行为，容易受到各种因素的干扰，出现侵害当事人权益的不公平现象。这时，代表国家司法权的民事审判就可以纠正民间调处的错误，维护当事人的权利。如叶岩峰审判的“谋诈屋业”案，乡村教师陈国瑞家贫无房可居，长期租赁沈宗鲁、沈密书院屋宇三间居住，六七年后，陈家父子用生活积蓄典买了所居沈姓房屋三间，有涂适道者欲诈取此房，引致纠纷。乡邻楚汝贤等为之调解，但“乡曲亲戚，略无公论，楚汝贤等皆涂之党，阳与和对，阴行倾陷”，协议内容显失公平。陈国瑞父子柔懦，“似不能言者，一时为涂之亲戚所迫，竟俛首从和”，事后因实在“无所栖止”，遂不愿遵照协议退赎屋业，涂适道经县投词告论陈国瑞违约，官府认为协议内容“显见违法背义之甚”，判涂适道败诉，所订协议无效，维护了陈国瑞的合法权利。①

由此可见，宋代民事审判是最重要的纠纷解决方式，审判官员通过民事审判活动，为社会秩序的稳定和谐提供了可靠的保证和基础。

---

① 《名公书判清明集》卷六《谋诈屋业》。

附录一:《宋史·列传》中曾任地方审判官员人物履历表*

姓名	籍贯	出身	任职经历
范质	大名宗城	后唐长兴四年举进士	后唐时为忠武军节度推官,迁封丘令。晋天福中,为监察御史。历泰宁、晋昌二节度从事。迁主客员外郎、直史馆。召入为翰林学士,加比部郎中、知制诰,加中书舍人、户部侍郎。兵部侍郎、枢密副使。周广顺初,加拜中书侍郎、平章事、集贤殿大学士。翌日,兼参知枢密院事。左仆射兼门下侍郎、平章事、监修国史。加司徒、弘文馆大学士。加开府仪同三司,封萧国公。宋初,加兼侍中,罢参知枢密。进封鲁国公,罢为太子太傅
李穀	颍州汝阴	举进士	连辟华、泰二州从事,后晋时擢监察御史,历开封府和广晋府推官,职方郎中,度支判官,转吏部郎中。枢密直学士,加给事中。改三司副使,权判留司三司事。出为磁州刺史、北面水陆转运使。后汉时,权判开封府,工部侍郎。后周时,拜中书侍郎、平章事,仍判三司
昝居润	博州高唐		后唐时为枢密院小吏。后周时擢为军器库使。知青州。知秦州,历知凤翔、河中府。迁内客省使,代王朴知开封府。为宣徽北院使兼副留守。复判开封府。为东京副留守。权知开封府事。改左领军卫上将军。恭帝嗣位,加检校太傅。入宋,加检校太尉。权知镇州,权知澶州

* 该表中地方官员专指与地方民事审判职能相关的官员,包括曾任州县长官及通判、主簿、县尉、司法参军、司理参军等官职和路转运司、提举司等相关官职的人物,因此军事、教育、税务、矿冶等专门官员排除在外。

续表

姓名	籍贯	出身	任职经历
窦贞固	同州白水	后唐同光中举进士	补万全主簿。河东节度推官。擢为户部员外郎、翰林学士,就拜中书舍人。历刑部、门下二侍郎。拜工部尚书。迁礼部尚书。改刑部尚书,出为颍州团练使。岁馀,复拜刑部尚书。后汉时为吏部尚书,拜司空、门下侍郎、平章事、弘文馆大学士。后周时罢相,守司徒,封沂国公
赵上交	涿州范阳		后唐时为虞部员外郎,充六军诸卫推官。历泾、秦二镇州节度判官。后晋时,召为左司郎中、度支判官,历右谏议大夫。中书舍人,刑部侍郎,俄迁户部侍郎、拜御史中丞,后汉时授检校礼部尚书、太仆卿,迁秘书监。后周时为礼部侍郎,户部侍郎,吏部侍郎。宋初为尚书右丞
张锡	福州闽县		后梁时,任棣州军事判官,淄川令。后晋时,拜右补阙,历任起居郎、刑部员外郎、开封府判官、浚仪令、司门郎中、驾部郎中
边归谠	幽州蓟		后唐时为河东节度推官、试秘书省校书郎,改太原府推官、试大理评事。后晋初,拜监察御史,历殿中侍御史、礼部员外郎,户部判官。水部郎中,比部郎中、知制诰。历右谏议大夫、给事中。后汉初,历礼部、刑部二侍郎。后周时迁兵部、户部二侍郎。擢为尚书右丞、枢密直学士,御史中丞。宋初为刑部尚书
刘温叟	河南洛阳	荫补	后唐时以荫补国子四门助教、河南府文学。为左拾遗、内供奉,监察御史,右补阙。后晋时为青州判官。开封府巡官,改广晋府巡官,拜刑部郎中,赐金紫。改都官郎中、充翰林学士,加知制诰。后汉时为驾部郎中,后周时为左谏议大夫,中书舍人,礼部侍郎,左迁太子詹事,工部侍郎兼判国子祭酒,宋时为刑部侍郎,御史中丞

续表

姓名	籍贯	出身	任职经历
刘涛	徐州彭城	后唐天成中举进士	为凤翔掌书记，拜右拾遗，出为山南东道节度判官，召为左补阙，迁起居舍人。晋天福初，改司勋员外郎、史馆修撰，迁工部郎中。历度支、职方二郎中，掌左藏库。中书舍人。后周时左迁少府少监、分司西京，改太常少卿
边光范	并州阳曲	后唐天成二年进士	起家榆次令，召为殿中丞，改太常丞。晋时授检校户部员外郎、北京留守判官兼侍御史，太府少卿。河南府判官。迁秘书监兼御史中丞，入拜大理少卿。少帝尹京，改卫尉少卿，充开封府判官。又改光禄少卿、广晋府判官。拜右谏议大夫，权知开封府事，迁给事中。权知郑州，拜左散骑常侍。拜尚书礼部侍郎、知制诰、充翰林学士。仍直枢密院。后汉时改检校刑部尚书、卫尉卿。后周时出知陈州，迁秘书监。俄召拜御史中丞。复为礼部侍郎。后周时改刑部侍郎、权知开封府，俄迁户部。宋时，太常卿，知襄州，御史中丞
刘载	涿州范阳	后晋中举进士	解褐校书郎，迁著作佐郎，左拾遗、集贤殿直学士。汉初，为殿中侍御史。判西京留台，改仓部员外部。周世宗初，擢知制诰，右谏议大夫。宋时曾权知贝州事，知镇州，山南东道行军司马。复入为给事中，出知襄州，改工部侍郎致仕
程羽	深州陆泽	后晋天福中擢进士第	授阳谷主簿。历虞乡、醴泉、新都令。宋时选为两使判官，擢著作郎、出知兴州，知兴元府，以本官领开封府判官，拜给事中、知开封府。未几，出知成都府。入朝，拜礼部侍郎，兵部侍郎
张昭	濮州范县		开封府推官，监察御史里行，北京留守推官、加殿中侍御史，安义军节度掌书记，都官员外郎，职方员外郎，知制诰，后汉吏部侍郎，后周户部侍郎、兵部尚书，宋初拜吏部尚书、郑国公

续表

姓名	籍贯	出身	任职经历
窦仪	蓟州渔阳	后晋天福中举进士	后周时为仓部员外郎,知制诰,判河南府兼知西京留守事,兵部侍郎,宋时为工部尚书,兼判大理寺、礼部尚书
吕余庆	幽州安次	后晋荫补千牛	开封府参军,推官,仕汉历周,迁濮州录事参军,宋、亳观察推官,召拜给事中,端明殿学士,知开封府,户部侍郎,出知潭州,改襄州,迁兵部侍郎,知江陵府,参知政事,知成都府、吏部侍郎,尚书右丞
刘熙古	宋州宁陵	后唐长兴,仕汉	卢氏令,秦州观察推官,宋州节度判官,宋左谏议大夫,知青州,刑部侍郎、知凤翔府,移秦州,转兵部侍郎,徙知成都府,端明殿学士,户部尚书
石熙载	河南洛阳	后周进士	开封府推官,右拾遗,迁左补阙,知潭州,兵部员外郎,枢密直学士,给事中,刑部侍郎,户部尚书、枢密使
李穆	开封阳武	进士	为郢、汝二州从事,迁右拾遗。以殿中侍御史为洋州通判,陕州通判,开宝五年拜左拾遗、知制诰,左补阙,中书舍人,司封员外郎,中书舍人,翰林学士,知开封府,左谏议大夫、参知政事
薛居正	开封浚仪	登第	后晋度支推官,大理寺直,右拾遗,后汉开封府判官,比部员外郎,左谏议大夫,刑部侍郎,判吏部铨,宋初迁户部侍郎,出知许州,知朗州,兵部侍郎,宋初迁吏部侍郎,拜门下侍郎、平章事,左仆射,昭文馆大学士,司空
沈伦	开封太康	少习《三礼》于嵩、洛间,以讲学自给	太祖幕府,自宋州观察推官召为户部郎中户部侍郎、枢密副使,领大内都部署、判留司三司事。迁给事中,为陕西转运使,拜中书侍郎、平章事、集贤殿大学士兼提举荆南、剑南水陆发运事。留守东京兼大内都部署,加右仆射兼门下侍郎,监修国史。留守、判开封府事,降授工部尚书。复授左仆射致仕

续表

姓名	籍贯	出身	任职经历
宋琪	幽州蓟	契丹举进士	庐州观察推官、开封府推官,出知龙州、阆州,兵部员外郎,通判开封府事,右谏议大夫
李昉	深州饶阳	荫补	擢为主客员外郎、知制诰、集贤殿直学士。四年,加史馆修撰判馆事。就命知衡州,逾年代归。出为彰武军行军司马,复拜中书舍人。未几,直学士院。左迁太常少卿,俄判国子监。复拜中书舍人、翰林学士。冬,判吏部铨。加户部侍郎,拜工部尚书兼承旨。太平兴国中,改文明殿学士,命参知政事。复以本官兼中书侍郎、平章事
吕蒙正	河南洛阳	太平兴国二年进士第一	将作监丞、通判升州,著作郎、直史馆,加任左拾遗,左补阙、知制诰,户部尚书、同平章事、监修国史,左谏议大夫、参知政事
张齐贤	曹州冤句	太宗时擢进士	大理评事,通判衡州,知忻州,江南西路转运副使,工部侍郎,刑部侍郎,枢密副使,参知政事,吏部侍郎,知青州,拜右仆射,出判河阳,进左仆射
贾黄中	沧州南皮	举进士	校书郎、集贤校理、左拾遗,通判定州,判太常礼院,知升州,司封郎中充翰林学士,枢密直学士,知澶州
钱若水	河南新安	举进士	同州观察推官,擢秘书丞、直史馆,右正言,知审官院,右谏议大夫同知枢密院事,知开封府,邓州观察使,知并州事
苏易简	梓州铜山	太平兴国五年进士	解褐将作监丞,知审官院,知审刑院,给事中、参知政事
郭贽	开封襄邑	乾德中举进士	太平兴国初,擢为著作佐郎、右赞善大夫。俄兼皇子侍讲,赐绯鱼。同知贡举,迁右补阙,拜中书舍人赐金紫。以本官参知政事,左迁秘书少监、知荆南府。就加左谏议大夫,入为盐铁使,超拜工部侍郎,知澶州,起为给事中,复工部侍郎,知审官院、通进银台封驳司,拜刑部,出知天雄军。入判太常寺、吏部流内铨,加集贤院学士、判院事。知河南府,进秩吏部,俄兼秘书监。特拜工部尚书、翰林侍读学士,迁礼部尚书

续表

姓名	籍贯	出身	任职经历
李至	真定	举进士	释褐将作监丞,通判鄂州。旋擢著作郎、直史馆。累迁右补阙、知制诰。太平兴国八年,转比部郎中,为翰林学士。冬,拜右谏议大夫、参知政事。雍熙初,加给事中。授礼部侍郎,进秩吏部。会建秘阁,命兼秘书监。拜工部尚书、参知政事。徙知河南府
辛仲甫	汾州孝义		郭崇掌亲军,领武定节制,为掌书记,移镇真定,改深、赵、镇观察判官。为平卢军节度判官。改郓、齐观察判官,入拜右补阙,出知光州,移知彭州。以刑部郎中知成都府。加右谏议大夫。入知开封府,拜御史中丞。拜给事中、参知政事。端拱中,进户部侍郎。以足疾罢为工部尚书,出知陈州
王沔	齐州	太平兴国初举进士	解褐大理评事。授著作郎、直史馆。迁右拾遗,出为京西转运副使。明年,加右补阙、知怀州。擢膳部郎中、枢密直学士。迁右谏议大夫、同签书枢密院事,赐第崇德坊。雍熙元年,加左谏议大夫、枢密副使。端拱初,改户部侍郎,参知政事
温仲舒	河南	太平兴国二年举进士	为大理评事,通判吉州。再迁秘书丞、知汾州,坐事除名。未几,复起为右赞善大夫,通判睦州。端拱初,拜右正言、直史馆、判户部凭由司。三年,拜工部郎中、枢密直学士,知三班院。淳化二年,拜右谏议大夫、枢密副使,改同知枢密院事。四年,罢知秦州。连知兴元、江陵二府,加给事中。拜户部侍郎,寻参知政事,拜礼部尚书,罢政,出知河阳。逾年,知开封府,兼御史中丞,寻迁刑部尚书、知天雄军,徙河南。复知审官院。大中祥符中,进秩户部尚书

续表

姓名	籍贯	出身	任职经历
王化基	真定	太平兴国二年，举进士	为大理评事，通判常州。迁太子右赞善大夫、知岚州。改淮南节度判官，入为著作郎，迁右拾遗，知制诰，以右谏议大夫权御史中丞。淳化中，拜中丞，俄知京朝官考课，迁工部侍郎。至道三年，超拜参知政事。咸平四年，以工部尚书罢知扬州。移知河南府，进礼部尚书
张宏	青州益都	太平兴国二年进士	将作监丞，通判宣州，太子中允直史馆，迁著作郎，历左拾遗，出为峡路转运副使，知遂州，入为度支员外郎，主客郎中，史馆修撰，右谏议大夫，枢密副使，权知开封府。出知泸州，右丞，工部尚书，知审官院，通进银台封驳司，知登闻鼓院
赵昌言	汾州孝义	太平兴国三年，举进士	将作监丞，通判鄂州，拜右拾遗、直史馆。选为荆湖转运副使，迁右补阙。改知青州。入拜职方员外郎，知制诰。加屯田郎中。出知天雄军。贬崇信军节度行军司马，起知蔡州。右谏议大夫，复知天雄军，给事中、参知政事。改户部侍郎、知凤翔府。徙澶、泾、延三州。迁兵部侍郎、知陕州，移知永兴军。以本官兼御史中丞、知审官院，加工部尚书，仍兼中丞
陈恕	洪州南昌	太平兴国二年进士	大理评事、通判洪州，辞。改澧州，右赞善大夫，同判三司勾院，左拾遗，充度支判官，度支员外郎，工部郎中、知大名府，入为户部郎中、户部副使，迁右谏议大夫、知澶州，知代州，入判吏部选事，盐铁使，迁给事中、参知政事，出知江陵府，复为盐铁使，礼部侍郎，拜吏部侍郎，知通进银台封驳司、审官院，尚书左丞、权知开封府

续表

姓名	籍贯	出身	任职经历
刘昌言	泉州南安		功曹参军,泰宁军节度判官,左司谏、广南安抚使,西京通判,起居郎,工部郎中,枢密直学士,同知审官院,右谏议大夫,同知枢密院事,以给事中罢,出知襄州,徙知荆南府,工部侍郎
张洎	滁州全椒	江南举进士	上元尉,监察御史,判刑部,户部员外郎,出知相州
李惟清	下邑		涪陵尉,大理寺丞,荆湖北路转运判官,左赞善大夫充转运副使、正使,改监察御史兼总南路,京西转运使,度支判官,主客员外郎,右谏议大夫,历户部使,改度支使,出知广州,右谏议大夫,广南东、西路都转运使,给事中、同知枢密院事
柴禹锡	大名		出知沧州,知潞州,知永兴军,知枢密院事,镇宁军节度,知泾州
张逊	博州高唐		度支使。迁盐铁使。授宣徽北院使、签署枢密院事。兼枢密副使、知院事。左降右领军卫将军,为右骁卫大将军、知江陵府
王显	开封		初为殿前司小吏,事太宗左右,枢密使,知永兴军,知秦州,知镇州,权同知枢密院事。改授山南东道节度、同中书门下平章事、定州路行营都部署、河北都转运使兼知定州,知天雄军府
周莹	瀛洲景城		给事太宗潜邸,为杭、睦五州都巡检使兼杭州都监。代还,改崇仪使、沧州都监,召拜西上阁门使,领镇、定、高阳关都监,加判四方馆事。历知天雄军、真定二府,就迁引进使。拜客省使,签书枢密院诸房公事,俄兼提点宣徽诸房、鼓司、登闻院。南院使,知枢密院事。为天雄军都部署兼知军府事,徙知澶州,改天平军节度,为镇定都部署兼知定州,徙知澶州

续表

姓名	籍贯	出身	任职经历
扈蒙	幽州安次	后晋进士	后汉鄠县主簿,后周右拾遗、直史馆。宋时由中书舍人为翰林学士,黜为太子右赞善大夫,左补阙,复知制诰,出知江陵府,中书舍人,翰林学士,户部侍郎,以工部尚书致仕
王祐	大名莘		后晋时邺帅杜重威辟为观察支使。后汉时贬沁州司户参军,后周时历魏县、南乐二令。宋时,拜监察御史,由魏移知光州,迁殿中侍御史、知制诰,户部员外郎,知潞州、襄州、潭州,召还,摄判吏部铨,出为镇国军行军司马,移知河中府,左司员外郎,中书舍人,知开封府,兵部侍郎
杨昭俭	京兆长安	后唐登进士第	解褐成德军节度推官,历镇、魏掌书记,左拾遗、直史馆,殿中侍御史。后晋时为礼部员外郎、知制诰,中书舍人,河南少尹,改秘书少监,中书舍人,后周时为翰林学士、御史中丞,宋开宝六年以工部尚书致仕
鱼崇谅	其先楚州山阳,后徙于陕		后唐时相州刺史辟为从事,陕州司马,后晋时历殿中侍御史,屯田员外郎、知制诰,工部侍郎,礼部侍郎
张澹	先南阳,徙家河南	后晋进士	校书郎,秘书郎,盐铁推官,出为洛阳令,吏部员外郎,后周时为右司员外郎、知制诰,宋时为祠部郎中,责授左司员外郎,通判泰州兼海陵盐铁副使,通判梓州,仓部郎中,权直学士院,权点检三司事
高锡	河中虞乡	后汉举进士	徐州掌书记,河南府推官,后周时为蔡州防御推官,宋初为著作佐郎,监察御史,左拾遗、知制诰,贬莱州司马,均州别驾,移陈州

续表

姓名	籍贯	出身	任职经历
颜衎	兖州曲阜	后梁进士	解褐北海主簿,临济令,后唐为邹平令,为观察推官,后晋时为殿中侍御史,都官员外郎,东都留守判官,河阳知州,工部郎中、枢密直学士,天平军节度副使,权判河南府,御史中丞,后周时为尚书右丞,宋初权知开封府
剧可久	涿州范阳		后唐同光初,补徐州司法,召为大理评事,迁大理正,坐误治狱责授登州司户。遇赦,召为著作郎。仕晋,历殿中少监、太子右谕德、大理少卿,大理卿。周初,改太仆卿,复为大理卿,改太仆卿、分司西京,右庶子,大理寺卿
赵逢	妫州怀戎	后汉进士甲科	后汉时秘书郎、直史馆,后周时为左拾遗、右补阙,礼部员外郎,膳部员外郎、知制诰,水部郎中,宋时为中书舍人,贬房州司户、汝州司马,都官郎中、知制诰,出知阆州,给事中
苏晓	京兆武功		汉祖镇太原时表为观察支使,后周时为大理正,大理少卿。宋初,权大理少卿事,迁度支郎中,出为淮南转运使,迁司勋郎中,改西川转运使,右谏议大夫、判大理寺
高防	并州寿阳		后汉时为刑部员外郎,刑部郎中,拜左谏议大夫,迁给事中。知泰州,复历知蔡、宋二州。知泗州事,复知蔡州。宋时为尚书左丞,出知秦州、知凤翔府
冯瓒	齐州历城	荫补	后唐时以荫补,解褐授秘书省校书郎,迁著作佐郎,出为诸城令。岁满,授太子右赞善大夫。汉初,改监察御史。周初,迁殿中侍御史。显德初,迁刑部员外郎,充三司判官。岁余,改祠部郎中,充集贤院直学士。宋初,转兵部郎中,加金紫阶。拜左谏议大夫,出知舒州。徙知庐州,以本官充枢密直学士。知梓州。流沙门岛。授左赞善大夫。判大理寺,改度支判官,迁秘书少监,充职。大理寺卿兼判秘书省。除给事中致仕

续表

姓名	籍贯	出身	任职经历
边珝	华州郑	后晋天福六年举进士	解褐秘书省校书郎、直洪文馆。汉乾祐初,为右拾遗,加朝散大夫。后周时迁右补阙,转起居舍人。显德二年,改库部员外郎。职方员外部、知通州。洛阳令,知三泉县,职方郎中,权知扬州。太宗即位,迁吏部郎中,广南转运使。代归,拜右谏议大夫,领吏部选事。移知开封府
王明	大名成安		后周时为清平、鄃城二县令。宋初,为武宁军节度掌书记,召为左拾遗,选知荣州,代归,迁右补阙,选为荆湖转运使,岭南转运副使。知洪州,兼领江南诸路转运使。召为右谏议大夫,三司副使。改左谏议大夫,为盐铁使,迁给事中。改光州刺史,出知并州。改礼部侍郎。知真定府
许仲宣	青州	后汉时登进士第	后周时解褐授济阴主簿,福州团练判官。宋时,知荆南转运事。征江南时又兼南面随军转运事,以功拜刑部郎中。知永兴军府事。迁兵部郎中,西川转运使,改广南转运使,吏部侍郎,左谏议大夫,移知广陵府,知河南府,迁给事中
杨克让	同州冯翊		镇宁军掌书记。显德二年,调凤翔府司录参军,加兼监察御史,延州观察推官,左补阙,知果州,四川转运副使,知升州事兼水陆计度转运使事,加兵部员外郎。就加刑部郎中、知大名府。两浙西南路转运使。徙知广州,俄兼转运市舶使
段思恭	泽州晋城	荫补	后晋时为国子四门博士,掌书记。宋初,除开封令,迁金部郎中。通判眉州。召为考功郎中,知泗州。知灵州事,右谏议大夫,知扬州,太仆卿、改知宿州。迁将作监、知秦州。降授少府少监、知邢州。迁少府监。再为右谏议大夫。知寿州。给事中,知陕州

续表

姓名	籍贯	出身	任职经历
侯陟	淄州长山	后汉末,举明经	后周时,试校书郎,为西州回鹘国信使判官,还补雷泽主簿。襄城令、汝州防御判官、濮阳襄邑令。宋初,为冤句令,擢为左拾遗,仍知县事。改淮南转运使,迁右补阙。侍御史,入为左司员外郎、度支判官,改度支员外郎,依前充判官。复为左司员外郎。出知扬州,吏部选事,迁户部郎中。出为河北转运使。以功迁左谏议大夫。权御史中丞事,加给事中
李符	大名内黄		后汉时,京兆府户曹掾。历鄜县主簿,保义军节度推官。调汝州防御判官,权知州事。大理正。知归州转运司制置。归朝,选知京西南面转运事。比部员外郎、判刑部。太平兴国初,迁驾部.转祠部郎中、知广州兼转运使。知开封府。贬宁国军行军司马
魏丕	相州		周世宗镇澶渊,辟司法参军,历顿丘、冠氏、元城三县令。 世宗即位,改右班殿直。迁供奉官、供备库副使。宋太祖即位,改作坊副使,为户部使,迁度支使,改汝州刺史。历知凤州,改襄州
董枢	真定元氏		后唐时以献书授校书郎,后晋时为左拾遗、知枢密院表奏,后周时为左补阙,浚仪令。殿中侍御史。宋时,迁主客员外郎,通判剑州。迁比部郎中。出兼桂阳监使改兵部郎中,权知连州兼行营招抚使。移知襄州,又为河北转运使,改判西京留司御史台
张鉴		太平兴国三年,擢进士第	大理评事、监泰州紫墟榷务,太子右赞善大夫、知婺州。监察御史,殿中侍御史。判三司度支、凭由催欠司。为江南转运使。刑部员外郎、判大理寺,工部侍郎、出知广州。移知朗州。以疾徙知相州
姚坦	曹州济阴	开宝中,以《尚书》擢第	调补将陵尉。隰州推官、知浔州。著作佐郎、通判唐州。知邓州。复知光州

续表

姓名	籍贯	出身	任职经历
索湘	沧州盐山	开宝六年进士	释褐郓州司理参军。监察御史。河北转运副使。加屯田员外郎。召为盐铁判官,改驾部员外郎。命副樊知古为招置营田使。会议罢,复为河北转运使。转虞部郎中,选为将作少监。坐授膳部员外郎、知相州。诏复旧官,命为河东转运使。入为右谏议大夫。复充河北转运使。入为户部使。受诏详定三司编敕,责授将作少监。三年,出知许州,徙荆南,复为右谏议大夫、知广州
宋太初	泽州晋城	太平兴国三年,举进士	大理评事、通判戎州,通判晋州,通判成都府。雄州通判。京西转运副使,河东转运使。刑部郎中、充陕西转运使。责怀州团练副使,知梓州。俄复旧秩。复命经度陕西馈运事。咸平初,拜右谏议大夫、知江陵府。再知梓州。知杭州。知庐州。连徙汝、光二州
卢之翰	祁州	举进士登第	解褐大理评事、知临安县,三迁殿中丞,通判洺州。迁太常博士,为河东转运副使,徙京西转运副使,改工部员外郎。陕西转运使。左授国子博士,领使如故。寻复旧职。同勾当陕西转运使。复吏部员外郎,充转运使。复为京西转运使。黜知归州,广南西路转运使。以太常少卿知广州
郑文宝		先于南唐荫补,入宋后太平兴国八年登进士第	修武主簿,梓州知录事参军。转光禄寺丞。召试翰林,改著作佐郎、通判颍州,知颍州。召拜殿中丞。陕西转运副使。迁太常博士。加工部员外郎。贬为蓝山令,枝江令。徙京山。河东转运使。复任陕西转运使。诏徙京西
王子舆	密州莒县	太平兴国八年,举进士	北海主簿。知临海县,知兴国军。殿中侍御史,度支员外郎。为盐铁判官,仍领制置,兼充淮南转运使。拜右谏议大夫、户部使

续表

姓名	籍贯	出身	任职经历
刘综	河中虞乡	雍熙二年举进士第	永康军判官,通判眉州。三门发运司水陆转运使,通判大名府。连丁家难,起知建安军。迁太常丞。判三司都理欠凭由司,出为河北转运副使。陕西转运副使,转太常博士。充转运使。拜工部员外郎兼侍御史知杂事。迁起居舍人,再为河北转运使。召拜户部员外郎、枢密直学士、勾当三班院。权知孟州事。复出知并州,知审官院,权知开封府。命知庐州。罢学士,授右谏议大夫
卞衮	益州成都	太平兴国八年登进士第	大理评事、知将乐县,通判泗州。通判宣州。淮南转运副使、同荆湖发运使。刑部员外郎、充盐铁副使
许骧	世家蓟州	廷试,擢甲科	将作监丞、通判益州。陕府西北路转运副使。知鄜州。比部员外郎,知宣州,知升州。江南转运使。主客郎中,俄徙知福州。改兵部郎中,领西川转运使。擢授右谏议大夫,就命知益州。命知审官院,迁御史中丞。改兵部侍郎。命知单州
裴庄	阆州阆中	在蜀,以明经登第	虹县尉、高陵主簿。徙忻州录事参军。授大理寺丞。通判澶州。迁太子中允。通判真定。拜监察御史、荆湖南路转运使。未行,改三司盐铁判官。出为荆湖北路转运使。转殿中侍御史,历工部、司封二员外郎。迁祠部郎中。迁度支,充河东转运使。移知苏州。河北转运使。徙知越州。徙知宣州。改司封郎中。景德初,命安抚两浙。又知潞、邢二州。改鸿胪少卿,入判登闻鼓院。出知襄州
牛冕	徐州彭城	太平兴国三年进士	通判郴州,徙和州。知滁州。知润州,徙泉州,就命为福建转运使。进秩兵部员外郎,知潭州。复召拜兼侍御史知杂事。改工部郎中。选知益州,仍拜右谏议大夫。因罪流儋州。遇赦,移钦、英二州,历鄂、海二州别驾、淮南节度副使。起知涟水军,俄复为祠部员外郎

续表

姓名	籍贯	出身	任职经历
栾崇吉	开封封丘		调补临淄主簿。度支员外郎,度支副使。加祠部郎中。江南转运使。判刑部兼鼓司、登闻院。知洪州
袁逢吉	开封鄢陵	擢《三传》第	释褐清江尉。丰城令。度支推官。西京转运使,西川转运使。徙荆湖北路。罢职知夔州。复为京东转运使,历知福、江、陈、襄四州。徙知汝州
韩国华	相州安阳	太平兴国二年举进士	通判泸州。监察御史。判鼓司、登闻院。刑部员外郎,历判三司勾院,盐铁判官,京东转运使,徙陕西路。判大理寺。知河阳、潞州。权开封府判官。改太常少卿、出知泉州。迁右谏议大夫
何蒙	洪州		南唐时为录事参军。入宋,授洺州推官。调遂宁令。授右赞善大夫,三迁至水部员外郎、通判庐州。知温州。出知梧州。改水部郎中。知鄂州。加太府少卿,知太平州,又知袁州。俄徙濠州
慎知礼	衢州信安		吴越国时署校书郎。归宋后授鸿胪卿。历知陈州、兴元府。以工部侍郎致仕
吕端	幽州安次	荫补	千牛备身,国子主簿、太仆寺丞、秘书郎,直弘文馆,著作佐郎、直史馆,太常丞、知浚仪县,同判定州,司门员外郎、知成都府,拜考功员外郎、开封府判官,贬商州司户参军,移汝州,复为太常丞、判寺事,出知蔡州,改祠部员外郎、知开封县,迁考功员外郎兼侍御史知杂事,户部郎中、判太常寺兼礼院,大理少卿,右谏议大夫,开封府判官,左迁卫尉少卿,参知政事。户部侍郎、平章事,门下侍郎兼兵部尚书,右仆射,监修国史,太子太保
毕士安	代州云中	举进士	济州团练推官,兖州观察推官,大理寺丞,领三门发运事,知台州,左赞善大夫、知饶州,殿中丞,监察御史,出知乾州,改监汝州稻田务,左拾遗兼冀王府记室参军,考功员外郎,右谏议大夫、知颍州,权知开封府,拜工部侍郎,枢密直学士,礼部侍郎,兵部侍郎、出知潞州,吏部侍郎、参知政事

续表

姓名	籍贯	出身	任职经历
寇准	华州下邽	举进士	大理评事、知归州巴东,知大名府成安县,殿中丞、通判郓州,右正言、直史馆,三司度支推官,盐铁判官,尚书虞部郎中、枢密院直学士,判吏部东铨,左谏议大夫、枢密副使,改同知院事,罢知青州,拜参知政事,罢知邓州,尚书工部侍郎,徙河阳,改同州,知凤翔府,权知开封府,三司使,罢为刑部尚书、知陕州,户部尚书、知天雄军,罢为武胜军节度使、同平章事、判河南府,徙永兴军,山南东道节度使,雷州司户参军
李沆	洺州肥乡	举进士甲科	郊州、凤翔判官,拜殿中侍御史、知舒州,将作监丞、通判潭州,右赞善大夫,著作郎,职方员外郎、翰林学士,给事中、参知政事,知河南府,户部侍郎、参知政事,门下侍郎、尚书右仆射
王旦	大名莘	进士及第	大理评事、知平江县,监潭州银场,殿中丞、通判郑州,徙濠州,右正言、知制诰,礼部郎中、集贤殿修撰,知制诰兼集贤殿修撰,翰林学士兼知审官院、通进银台封驳司,以工部侍郎参知政事,尚书左丞,拜工部尚书、同中书门下平章事,集贤殿大学士、监修《两朝国史》,中书侍郎兼刑部尚书,加兵部尚书
向敏中	开封	太平兴国五年进士	将作监丞、通判吉州,户部推官,淮南转运副使,左司谏,权判大理寺,出知广州,广南东路转运使,工部郎中,右谏议大夫、同知枢密院事,给事中,户部侍郎,兵部侍郎、参知政事,罢为户部侍郎,出知永兴军。复兵部侍郎,知河南府兼西京留守。权东京留守,尚书右丞,拜刑部尚书,吏部尚书,左仆射

续表

姓名	籍贯	出身	任职经历
王钦若	临江军新喻	擢进士甲科	右正言、知制诰。翰林学士，西川安抚使，左谏议大夫，参知政事，给事中，以工部侍郎、参知政事判天雄军、提举河北转运使，刑部侍郎，判尚书都省，尚书右丞知枢密院事，太子太保出判杭州，太常卿、知濠州，以刑部尚书知江宁府，司空、门下侍郎、同平章事
宋庠	安州安陆，后徙开封雍丘	天圣初举进士，开封试、礼部皆第一	擢大理评事、同判襄州，迁太子中允、直史馆，历三司户部判官，同修起居注，再迁左正言，知制诰，知审刑院，改权判吏部流内铨，迁尚书刑部员外郎以右谏议大夫参知政事。知扬州，徙郓州，参知政事，右谏议大夫，除工部侍郎，充枢密使。兵部侍郎，同中书门下平章事，集贤殿大学士，工部尚书。知河南府，徙许州、河阳，迁兵部尚书。枢密使，封莒国公。徙相州。移镇武宁军，改封郑国公出判亳州，司空致仕
宋祁	安州安陆，后徙开封雍丘	举进士	释褐复州军推官，改大理寺丞、国子监直讲，太常博士、同知礼仪院。权三司度支判官，徙判盐铁勾院，同修礼书。知寿州，徙陈州。翰林学士。知亳州，知成德军，知定州。端明殿学士，特迁吏部侍郎、知益州。寻除三司使。加龙图阁学士、知郑州。迁左丞，进工部尚书
陈执中	虔州石城	以父荫补	卫尉寺丞，秘书省正字，知梧州、右正言，殿中丞、通判抚州，右正言，出知汉阳军。知应天府，徙江宁府、扬州，知永兴军。拜右谏议大夫、同知枢密院事，罢知青州，以资政殿学士知河南府，知陕州，徙青州，枢密使、给事中，以尚书右丞知陈州。集庆军节度使、同平章事判大名府，罢为镇海军节度使、同平章事、判亳州，改尚书左仆射、观文殿大学士，封英国公

续表

姓名	籍贯	出身	任职经历
刘沆	吉州永新	天圣八年擢进士	大理评事、通判舒州,迁太常丞、直集贤院,出知衡州。户部判官。出知潭州。又降知和州,改右谏议大夫、知江州。龙图阁直学士、知潭州兼安抚使。降知鄂州,知洪州。知审刑院。知永兴军。权知开封府。迁尚书工部侍郎,拜参知政事。罢为观文殿大学士、工部尚书、知应天府。迁刑部尚书,徙陈州
冯拯	居河阳	举进士	补大理评事、通判峡州,权知泽州,徙坊州,迁太常丞。权知石州,擢右正言。度支判官,知端州,知鼎州,通判广州,知江州,比部员外郎,判三司度支勾院,迁驾部,兼侍御史知杂事,擢祠部郎中、枢密直学士,权判吏部流内铨,同勾当三班院,以右谏议大夫同知枢密院事,尚书工部侍郎、签书枢密院事,参知政事,封魏国公、司空兼侍中,刑部尚书、知河南府,户部尚书、知陈州,再知河南府,兵部尚书、入判尚书都省,吏部尚书,右仆射,左仆射
贾昌朝	真定获鹿	赐同进士出身	主晋陵簿,国子监说书,殿中丞、历知宜兴、东明县,礼部郎中、史馆修撰,知制诰、权判吏部流内铨兼侍讲,龙图阁直学士、权知开封府,右谏议大夫、权御史中丞兼判国子监
梁适	东平	荫补,更举进士	秘书省正字,为开封工曹,知昆山县,知梧州,知淮阳军,审刑院详议官,右正言,进知制诰、权发遣开封府,出知兖州,知延州,侍读学士知澶州,知秦州,入知审刑院,枢密院副使,参知政事,罢知郑州,观文殿大学士、知秦州,知永兴军,定国军节度使,知并州,知河阳
鲁宗道	亳州谯县	举进士	为濠州定远尉,再调海盐令。改歙州军事判官,再迁秘书丞。通判河阳。右正言。拜右谏议大夫、参知政事

续表

姓名	籍贯	出身	任职经历
薛奎	绛州正平	进士及第	为隰州军事推官，徙仪州推官，改大理寺丞、知莆田县。迁殿中丞、知长水县，徙知永州，为殿中侍御史，出为陕西转运使，起通判陕州，淮南转运副使，户部郎中，知延州，权知开封府。迁右谏议大夫、权御史中丞，改授集贤院学士、知并州，改秦州，加枢密直学士、知益州，召为龙图阁学士、权三司使，遂参知政事。迁给事中，迁尚书礼部侍郎，罢为户部侍郎、资政殿学士、判尚书都省
王曙	世居河汾， 后为河南人	中进士第	定国军节度推官，知定海县。河北转运使，降知寿州。徙淮南转运使，权知开封府。知益州，入为给事中。黜官，复为给事中兼群牧使。降知汝州，知襄州、汝州、潞州，徙河南府、永兴军，召为御史中丞兼理检使，以尚书工部侍郎参知政事。知陕州，徙河阳。再知河南府
蔡齐	其先洛阳人也。 曾祖绾， 为莱州胶水令， 因家焉	举进士第一	通判兖州，徙潍州。尚书礼部员外郎兼侍御史知杂事，以起居舍人知制诰，入为翰林学士，加侍读学士，罢为龙图阁学士、知河南府，改密州，徙应天府，召为右谏议大夫、御史中丞，拜枢密副使，拜礼部侍郎、参知政事，以户部侍郎归班，寻出知颍州
杨砺	京兆鄠县	建隆中举 进士甲科	凤州团练推官，陇州防御推官，光禄寺丞，秘书丞，屯田员外郎、知鄂州，开封府推官，给事中、判吏部铨，工部侍郎、枢密副使
王嗣宗	汾州	进士甲科	秦州司寇参军，大理寺丞、通判睦州，右赞善大夫、徙河州，秘书丞通判澶州，入为三司开拆推官，以左正言充河北转运副使，左司谏，度支判官，出知兴元府，京西转运使，河北转运使，河东转运使，徙知耀州、同州，比部郎中、淮南转运使、江浙荆湖发运使，太常少卿，三司户部使，盐铁使，出知并州兼并代部署，御史中丞，工部侍郎、权判吏部铨，耀州观察使、永兴军府，知许州、河南府、陕州

续表

姓名	籍贯	出身	任职经历
李昌龄	宋州楚丘	举进士	大理评事、通判合州,历将作监丞、右赞善大夫、通判银州,知滁州。淮南转运使,知广州。擢礼部郎中,逾月,为枢密直学士,知审刑院,御史中丞,以本官参知政事,户部侍郎,贬忠武军节度行军司马,起殿中少监,知河阳,知光州,秘书监致仕
赵安仁	河南洛阳	登进士第	补梓州榷盐院判官,历大理评事、光禄寺丞,召试翰林,以著作佐郎直集贤院,改迁太常丞。拜右正言,知制诰,知审刑院。判尚书刑部兼制置群牧使,同知三班、审官院。为工部员外郎,充翰林学士,以右谏议大夫参知政事,俄修国史。复拜工部侍郎。御史中丞
陈彭年	抚州南城	雍熙二年中第	调江陵府司理参军,换江陵主簿,历澧州推官、怀州推官,泽州推官,为大理寺详断官。通判苏、寿二州,知金州,迁右正言,充龙图阁待制,加刑部员外郎,拜刑部侍郎、参知政事
任中正	曹州济阴		池州推官,通判邵州,通判濮州,通判大名府。召为秘书丞、江南转运副使,擢监察御史、两浙转运使,迁殿中侍御史、判三司凭由司,为荆湖转运使。知梓州。知益州,知审刑院,出并州。迁给事中、权知开封府,拜尚书工部侍郎、枢密副使,改同知院事。兵部侍郎、参知政事,降太子宾客、知郓州
周起	淄州邹平	举进士	授将作监丞、通判齐州。户部、度支判官。判登闻鼓院,权知开封府。改勾当三班院兼判登闻检院。权知河中府,徙永兴、天雄军。知并州。知青州,知光州。知扬、杭二州,知应天府。知颍州,知陈州、汝州

续表

姓名	籍贯	出身	任职经历
程琳	永宁军博野	举服勤辞学科	知寿阳县，三司户部判官，权御史中丞。改枢密直学士、知益州，迁给事中、权知开封府，复为御史中丞。再知开封府。改三司使，再迁吏部侍郎，遂参知政事，迁尚书丞。降知颍州。知天雄军。河北安抚使。知永兴军。拜同中书门下平章事、判大名府。改武胜军，又换镇安军节度使
姜遵	淄州长山	进士及第	蓬莱尉，登州司理参军，开封府右军巡判官。迁太常博士，为监察御史，殿中侍御史，开封府判官。降通判延州。复入为侍御史、判户部勾院，迁知邢州，知滑州。以刑部郎中兼侍御史知杂事。迁右谏议大夫、知永兴军。召拜枢密副使，迁给事中
范雍	世家太原，河南人	进士及第	洛阳县主簿。知端州。河南通判，京东转运副使，河北、陕西转运使，陕西都转运使。迁右谏议大夫、权三司使。加龙图阁直学士。明年，拜枢密副使，迁给事中。迁尚书礼部侍郎。罢为户部侍郎、知陕州，改永兴军。知河阳。进吏部侍郎，徙应天府，又改河南府，进资政殿学士。知延州，左迁知安州。知河中府。知永兴军兼转运司事。复徙河南府，又迁礼部尚书
赵稹	宣城	擢进士第	历平定军判官、台州推官。知昆山县，通判楚州。知通州。开封府判官，益州路转运使。改三司盐铁副使，擢右谏议大夫、集贤院学士、知益州。降知同州，徙凤翔、京兆府，纠察在京刑狱。知并州，刑部侍郎。罢为知河中府
任布	河南	进士及第	补安肃军判官，知安阳县。通判嘉州，知开封府司录事，通判大名府。荆湖南路提点刑狱。降监邓州税，徙知宿州，知越州，知建州。梓州路转运使。迁祠部郎中、权户部判官，擢江、淮制置发运使。知荆南。为盐铁副使。知真定府。徙滑州，改天雄军。迁给事中、集贤院学士、知许州。复徙真定，又徙河南府，未至，召为枢密副使。以尚书工部侍郎罢知河阳，改蔡州，授太子少保致仕，进少傅

续表

姓名	籍贯	出身	任职经历
高若讷	并州榆次,徙家卫州	进士及第	补彰德军节度推官,知商河县。加直史馆,以刑部员外郎兼侍御史知杂事,知永兴军,河东路都转运使。权判尚书刑部。加龙图阁直学士、史馆修撰,以右谏议大夫权御史中丞。为枢密副使。以工部侍郎、参知政事为枢密使
孙沔	越州会稽	中进士第	补赵州司理参军。后以秘书丞为监察御史里行。黜知衡山县。通判潭州、知处州。复为监察御史,再楚州。召为左正言,迁尚书工部员外郎,提举两浙刑狱,遂以起居舍人为陕西转运使。知陕州、河东都转运使,又知庆州。陕西都转运使。知徐州,知秦州,以为湖南、江西路安抚使,以便宜从事,加广南东、西路安抚使。给事中,枢密副使,知杭州。知青州。知并州,知寿州
吴育	建安	举进士,试礼部第一,中甲科	大理评事,大理寺丞。历知临安、诸暨、襄城三县。通判苏州。还知太常礼院,改右正言,历三司盐铁、户部二判官。寻以本官供谏职。除同修起居注,遂知制诰,进翰林学士,累迁礼部郎中,寻知开封府。拜右谏议大夫、枢密副使。居数月,改参知政事,复以为枢密副使。出知许州,徙蔡州。以资政殿学士知河南府,徙陕州。迁礼部侍郎、知永兴军,召兼翰林侍读学士,知汝州,以集贤院学士判西京留司御史台。知陕州。除宣徽南院使、鄜延路经略安抚使、判延州,复以为资政殿大学士、尚书左丞、知河中府,徙河南
宋绶	赵州平棘	荫补赐同进士出身	太常寺太祝,大理评事,集贤校理,大理寺丞,签书亳州判官事,左正言、同判太常礼院,判三司凭由司,擢知制诰。同修国史,迁中书舍人,迁尚书工部侍郎兼侍读学士改龙图阁学士,出知应天府,参知政事,吏部侍郎,资政殿大学士、以礼部尚书知河南府,召知枢密院事,迁兵部尚书、参知政事

续表

姓名	籍贯	出身	任职经历
李若谷	徐州丰县	举进士	长社县尉，知宜兴县，知连州，通判亳州，京东转运使，知陕州、梓州，罢知荆南，知潭州，太常少卿、集贤院修撰、知滑州，以右谏议大夫知延州，给事中、知寿州，知江宁府，知河南府，知并州，知开封府，参知政事，资政殿大学士、吏部侍郎、提举会灵观事，以太子少傅致仕
王博文	曹州济阴	赐进士第	为安丰主簿，历南丰尉。知濠州，知真州。梓州路转运使。知海州，徙密州。除殿中侍御史。还为开封府判官，丁母忧。为三司户部判官。出为河北转运使，迁侍御史、陕西转运使。权知开封府，进龙图阁直学士、知秦州。徙凤翔府，又徙永兴军。改枢密直学士，复知秦州。再迁右谏议大夫，以龙图阁学士复知开封府。出知大名府
王鬷	赵州临城	举进士	知祁县，通判湖州。提点梓州路刑狱。三司户部副使。出知湖州，徙苏州。还为三司盐铁副使。擢天章阁待制、判大理寺。以左司郎中、枢密直学士知益州。参知政事
李谘	后唐赵国公之后，家新喻	举进士	通判舒州。历三司、开封府判官，为淮南转运副使。迁尚书礼部员外郎。徙江东转运副使，为度支判官。擢知制诰，出知荆南。翰林学士。仁宗即位，超迁本曹郎中、权知开封府，数月，权三司使，拜右谏议大夫。改枢密直学士、知洪州。夺职。久之，进给事中、知杭州，复枢密直学士、知永兴军。还，勾当三班院，坐举吏降左谏议大夫。权三司使事
程戡	许州阳翟	举进士甲科	通判许州。降通判蕲州，徙虔州。以尚书屯田员外郎知归州。陕西都转运使，知渭州。进枢密直学士、知成都府。夺职出知凤翔府，知河中，知永兴军，知瀛州。再知益州，迁端明殿学士，召拜参知政事，改尚书户部侍郎、枢密副使

续表

姓名	籍贯	出身	任职经历
夏侯峤	幽州	举进士甲科	解褐大理评事、通判兴州,累迁右赞善大夫。通判邠州。通判兴元府。改左补阙、直史馆,赐绯鱼。知莫州。逾月,徙洪州,改起居郎。开封府推官。知审刑院。翰林侍读学士。又兼秘书监,江南巡抚使。又判吏部选事
盛度	世居应天府,后徙杭州余杭		知筠州,更虔、滁、苏三州。知审刑院,知扬州。迁知枢密院事。拜武宁军节度使。以尚书右丞罢。复知扬州,加资政殿学士、知应天府
丁度	其先恩州清河人,徙居祥符	中服勤辞学科	通判通州,知太常礼院,京西转运使。纠察在京刑狱。累迁中书舍人,擢工部侍郎、枢密副使。参知政事。降秩中书舍人,逾月,复官。罢为紫宸殿学士兼侍读学士。改观文殿学士、知通进银台司、判尚书都省,再迁尚书左丞
张观	绛州绛县	中服勤辞学科,擢为第一	授将作监丞、通判解州,降监河中府税,通判果州,三司度支判官,判登闻检院,出知杭州。权御史中丞。复知审官院,遂拜同知枢密院事。以资政殿学士、尚书礼部侍郎知相州,徙澶州,徙郓州。历知应天府、孟州、河南府,以吏部侍郎兼御史中丞。以观文殿学士知许州。月余,拜左丞
郑戬	苏州吴县	举进士,擢甲科	通判越州。三司户部判官,知审刑院,权知开封府。徙权三司使。以右谏议大夫、同知枢密院改枢密副使,以资政殿学士知杭州。迁给事中,徙并州,道改郓州,又徙永兴军。未几,为陕西四路都总管兼经略、安抚、招讨使,驻泾州。迁尚书礼部侍郎、知永兴军。进户部侍郎、资政殿大学士、知并州。迁吏部侍郎,改宣徽北院使,拜奉国军节度使

续表

姓名	籍贯	出身	任职经历
明镐	密州安丘	中进士第	补蕲州防御推官，改大理寺丞。益州知录事参军，通判益州事。除开封推官，京东转运使，益州路转运使。知陵州。降知同州，起为陕西转运使。迁户部郎中、直昭文馆、知陕州，徙江、淮制置发运使。擢天章阁待制、河东都转运使。迁左司郎中。擢龙图阁直学士、知并州。以枢密直学士、左谏议大夫知成德军，入知开封府，参知政事
王尧臣	应天府虞城	举进士第一	通判湖州。知光州。再迁右司谏。知审刑院，知审官院。翰林学士承旨兼端明殿学士，为群牧使。转右谏议大夫。加给事中。拜枢密副使。以户部侍郎参知政事。吏部侍郎
孙抃	眉州眉山	中进士甲科	通判绛州。为开封府推官，尚书吏部郎中。以右谏议大夫权御史中丞，改翰林学士承旨，复兼侍读学士。参知政事
田况	冀州信都	举进士甲科	补江陵府推官，楚州判官，通判江宁府。知成德军。以功迁起居舍人。徙秦州。以枢密直学士、尚书礼部郎中知渭州。迁右谏议大夫、知成都府。御史中丞
田锡	嘉州洪雅	进士高第	将作监丞、通判宣州，著作郎、京西北路转运判官，左拾遗，直史馆，河北转运副使，知相州、知睦州。转起居舍人，判登闻鼓院。知制诰，加兵部员外郎，罢为户部郎中知陈州，责授海州团练副使，徙单州，同知审官院兼通进、银台、封驳司，出知泰州，再掌银台，右谏议大夫，史馆修撰
王禹偁	济州巨野	太平兴国八年进士	成武主簿、知长洲县，大理评事，左司谏、知制诰，判大理寺，左正言，知单州，礼部员外郎，知制诰。知审官院兼通进、银台、封驳司，罢为工部郎中知滁州，知扬州，迁秩刑部，出知黄州

续表

姓名	籍贯	出身	任职经历
张咏	濮州鄄城	登进士乙科	大理评事、知鄂州崇阳县，著作佐郎，迁秘书丞，通判麟、相二州，知浚仪县。虞部郎中。枢密直学士、同知银台通进司兼掌三班院，出知益州，兵部郎中、加左谏议大夫，给事中、户部使，御史中丞。以工部侍郎知杭州，知永兴军府。领登闻检院，知升州，知陈州
掌禹锡	许州郾城	中进士第	道州司理参军，试身言书判第一，改大理寺丞，累迁尚屯田员外郎、通判并州，侍御史，出提点河东刑狱，集贤校理，改直集贤院兼崇文院检讨，历三司度支判官、判理欠司，同管勾国子监。历判司农、太常寺。迁光禄卿，改直秘阁。自秘书监迁太子宾客，尚书工部侍郎致仕
苏绅	泉州晋江	进士及第	历宜、复、安三州推官，改大理寺丞。太常博士，举贤良方正科，擢尚书祠部员外郎、通判洪州，徙扬州，进直史馆，为开封府推官、三司盐铁判官，史馆修撰，擢知制诰，入翰林为学士，再迁尚书礼部郎中，改龙图阁学士、知扬州，复为翰林学士、史馆修撰、权判尚书省，集贤殿修撰、知河阳，徙河中
王洙	应天宋城	举进士	舒城县尉，调富川县主簿，府学教授，国子监说书，国子监直讲，擢史馆检讨、同知太常礼院，为天章阁侍讲、同管勾国子监，迁尚书工部员外郎，加直龙图阁、权同判太常寺，黜知濠州，徙襄州，知徐州、亳州，复为天章阁侍讲、尚书兵部员外郎，史馆修撰，迁知制诰，侍读学士兼侍讲学士
胥偃	潭州长沙	进士甲科	大理评事，通判湖、舒二州，直集贤院、同判吏部南曹、知太常礼院，再迁太常丞、知开封县，降秘书省著作佐郎、监光化军酒，起通判邓州，复太常丞，通判许州，徙知汉阳军，还判三司度支勾院，修起居注，累迁尚书刑部员外郎、知制诰、工部郎中，翰林学士、权知开封府

续表

姓名	籍贯	出身	任职经历
柳植	真州	进士甲科	大理评事、通判滁州，著作郎、直集贤院、知秀州。除三司度支判官，出知宣州，擢修起居注、知制诰，知杭州，累迁尚书工部员外郎、郎中。召还，为翰林学士、迁谏议大夫、御史中丞，改侍读学士、知邓州，给事中、移颍州
聂冠卿	歙州新安	举进士	连州军事推官，迁大理寺丞，为集贤校理、通判蕲州，再迁太常博士、复集贤校理，判登闻鼓院，历开封府判官、三司盐铁度支判官，同修起居注，累迁尚书工部郎中
冯元	广州	进士中第	江阴尉，补国子监讲书，迁大理评事，擢崇文院检讨兼国子监直讲，迁太子中允、直龙图阁，迁太常丞兼判礼部、吏部南曹，擢左正言兼太子右谕德，户部员外郎，为直学士兼侍讲，历会灵观副使、知通进银台司、判登闻检院、同判国子监，为翰林学士、判都省三班院、史馆修撰、判流内铨兼群牧使，四迁给事中，礼部侍郎、知审官院，户部侍郎
赵师民	青州临淄	举进士第	诸城主簿，齐州推官，青州教授，更天平军节度推官，为国子监直讲，兼润、冀二王宫教授。改著作佐郎、宗正寺主簿，加崇文院检讨、崇政殿说书，迁宗正丞。迁天章阁侍讲，进待制、同判宗正寺。龙图阁直学士、知耀州，刑部郎中，复领宗正
张锡	先京兆人，徙家汉阳	进士甲科	秘书省校书郎、知南昌县，迁著作郎、知新州，太常博士、监染院，知东明、监察御史、殿中侍御史、权三司盐铁判官，出为荆湖北路转运使，改尚书兵部员外郎，还判度支勾院，为京东转远使，判盐铁勾院，为河北转运使，改江淮制置发运使，召侍御史知杂事、判大理寺、权知谏院、安抚利、夔路，历度支、盐铁副使，天章阁待制、知河中府，累迁右司郎中，以龙图直学士知滑州，迁右谏议大夫、知审官院、进翰林侍读学士，判太常等、国子监

续表

姓名	籍贯	出身	任职经历
张揆	先范阳人,后徙齐州	擢进士第	北海县尉,改大理寺丞,国子监直讲,以尚书度支员外郎直史馆,荆王府记室参军,权三司户部判官,擢天章阁待制兼侍读,累迁右谏议大夫,进龙图阁直学士、给事中、判太常寺。加翰林侍读学士、知审刑院,出知齐州
杨安国	密州安丘	"五经"及第	枝江县尉,大理寺丞,判尚书刑部、太常寺,纠察在京刑狱、给事中
尹洙	河南	举进士	正平县主簿,河南府户曹参军,安国军节度推官、知光泽县,举书判拔萃,改山南东道节度掌书记、知伊阳县,太子中允,掌书记,监房州酒税,通判凉州、秦州。太常丞、知经州,右司谏、知渭州、晋州、潞州
孙甫	许州阳翟	举进士	汝阳县主簿、华州推官,迁大理寺丞、知绛州翼城县,知永昌县,监益州交子务,再迁太常博士,秘阁校理,以右司谏出知邓州、安州,历江东、两浙转运使,再迁尚书兵部员外郎,改直史馆、知陕州、晋州,为河东转运使,三司度支副使,迁刑部郎中、天章阁待制、河北都转运使
谢绛	(先阳夏人)富阳	荫补,以父任	秘书省校书郎,举进士中甲科,太常寺奉礼郎、知汝阴县,擢秘阁校理、同判太常礼院,迁太常博士,祠部员外郎,直集贤院,通判河南府,还权开封府判官,徙三司度支判官,再迁兵部员外郎,擢知制诰,判吏部流内铨、太常礼院知邓州
叶清臣	苏州长洲	举进士	太常寺奉礼郎、签书苏州观察判官事,光禄寺丞,通判太平州,知秀州,入判三司户部勾院,改盐铁判官,外知宣州,累迁太常丞,判三司盐铁勾院,进直史馆。两浙转运副使,以右正言知制诰,知审官院,判国子监。起居舍人、龙图学士,权三司使公事、出知江宁府,翰林学士,知通进银台司、勾当三班院。知澶州、青州、永兴军,权三司使,侍读学士、知河阳

续表

姓名	籍贯	出身	任职经历
杨察		后周进士甲科	解褐校书郎、集贤校理,著作郎、知全州,就迁左拾遗、右补阙,侍御史、权判刑部,转库部员外郎,判南曹,历迁并、刑二部郎中。出知许州,入判史馆事,改判集贤院,开封府判官,给事中,工部侍郎、枢密直学士兼秘书监,加礼部侍郎
韩丕	华州郑县	举进士	解褐大理评事、通判衡州。知虢州。知河阳、濠州。知均州。知金州。知滁州
师颃	大名内黄,家关右	建隆二年举进士	解州推官。陕西河北转运判官,通判永兴军府,通判邠州。知简州,殿中侍御史,知资州,知眉州,知安州。移朗州,超拜工部郎中,命知陕州。召入翰林为学士。知审官院、通进银台封驳司
张茂直	兖州瑕丘	登进士第	解褐海州推官,通判泰州。通判静安军。进秩著作佐郎,改秘书丞。入益王元杰府为记室参军。改度支员外郎,三迁本曹郎中。改秘书少监,出知颍州
梁颢	郓州须城	雍熙二年,复举进士,赐甲科	判鼓司、登闻院,贬虢州司户参军。起知鱼台县。开封府推官,度支判官。判大理。权知开封府
杨徽之	建州浦城	后周举进士	解褐校书郎、集贤校理,著作佐郎、知全州,就迁左拾遗、右补阙,侍御史、权判刑部,转库部员外郎,判南曹,历迁并、刑二部郎中。出知许州,入判史馆事,改判集贤院,开封府判官,给事中,工部侍郎、枢密直学士兼秘书监,加礼部侍郎
吕文仲	歙州新安	江左举进士	临川尉,大理评事,著作佐郎,左正言、巡抚福建,左谏议大夫,关西巡抚使,直秘阁,起居舍人、兵部员外郎、通判吏部铨、知银台通进封驳司、审官院,工部郎中,又知审刑院,御史中丞,工部侍郎
王著	世家京兆渭南,为成都	伪蜀明经及第	历平泉、百丈、永康主簿。蜀平赴阙,授隆平主簿。改卫寺丞、史馆祗候,加著作佐郎、翰林侍书与侍读,更直于御书院。雍熙二年,迁左拾遗,使高丽。端拱初,加殿中侍御史

续表

姓名	籍贯	出身	任职经历
吕祐之	济州巨野	太平兴国初进士	通判洋州,殿中侍御史,知贝州,起居舍人,降授殿中丞,复起居舍人,右谏议大夫知审官院。出知襄州、寿州、升州、襄阳,知通进银台司,集贤院学士,刑部侍郎
潘慎修	泉州莆田	南唐官员	归宋后通判寿州、知开封县,又知湖、梓二州。累迁仓部、考功二部郎中
杜镐	常州无锡	南唐官员	授千乘县主簿。改国子监丞、崇文院检讨,加秘阁校理、拜右谏议大夫、龙图阁直学士
查道	歙州休宁	举进士高第	解褐馆陶尉,改兴元观察推官,授著作佐郎,通判遂州,迁秘书丞,知果州、宁州,西京转运副使,拜工部员外郎、充度支副使,罢本官出知襄州。大中祥符元年,归直史馆,迁刑部员外郎,龙图阁待制,加刑部郎中、判吏部选事,纠察在京刑狱,知虢州
孔道辅	曲阜	举进士第	宁州节度推官,迁大理寺丞、知仙源县,太常博士,左正言,直史馆、判三司理欠凭由司,右司谏、龙图阁待制,纠察在京刑狱,知郓州、青州。知徐、许二州,知应天府。权御史中丞。出知兖州,复为御史中丞
鞠咏	开封	举进士	知钱塘县,知山阴县,监察御史。出通判信州、邵州。三司盐铁判官,盐铁副使。判登闻检院
刘随	开封考城	进士及第	为永康军判官。后改大理寺丞,为详断官,通判益州,以太常博士改右正言,降监济州税,通判晋州。还朝,迁右司谏,为三司户部判官。权同判吏部流内铨,改三司盐铁副使,出知信州、宜州,知应天府
曹修古	建州建安	进士起家	累迁秘书丞、同判饶州,以太常博士为监察御史

续表

姓名	籍贯	出身	任职经历
郭劝	郓州须城	举进士	通判密州。梓州路转运判官。通判莱州,殿中侍御史。贬太常博士、监潍州税,知歙州、南剑州,为开封府判官。工部员外郎、同判杭州,改知兴化军。会赦复官,改祠部员外郎、知莱州。月余复为侍御史、判三司盐铁勾院,迁兵部员外郎兼起居舍人、同知谏院,知延州,落职知齐州,改淄州、磁州,知凤翔府,复待制
司马池	夏县	举进士	永宁主簿,历建德、郫县尉,郑州防御判官、知光山县。著作佐郎、监安丰酒税,徙知小溪县,河南府录事参军,通判留守司。开封府推官,罢知耀州,擢利州路转运使、知凤翔府,户部度支、盐铁副使,天章阁待制、知河中府、知同州、知杭州,降知虢州,知晋州
李及	其先范阳人,后徙郑州	举进士	升州观察推官,大理寺丞、知兴化军,通判曹州,知陇州、陕西提点刑狱、知凤翔府,徙延州。三司户部副使,淮南转运使,太常少卿、知秦州,左司郎中、枢密直学士。尚书工部侍郎,历知杭州、郓州、应天、河南府,御史中丞
燕肃	青州益都	举进士	补凤翔府观察推官,秘书省著作佐郎、知临邛县,知考城县,通判河南府,提点广南西路刑狱,侍御史、提点广南东路刑狱,出知越州,徙明州,判尚书刑部,龙图待制、权知审刑院,知梓州,同纠察在京刑狱,再判刑部,左谏议大夫、知亳州、青州,判太常寺兼大理寺,复知审刑,龙图阁直学士、知颍州,知邓州,礼部侍郎
蒋堂	常州宜兴	擢进士第	为楚州团练推官,大理寺丞、知临川县,历通判眉、许、吉、楚州,以太常博士知泗州,召为监察御史,侍御史,判三司度支勾院,江南东路转运使,徙淮南,兼江、淮发运使,降知越州,徙苏州,入判刑部,徙户部勾院,历户部、度支、盐铁副使,江淮制置发运使,知洪州,改应天府,累迁左司郎中、知杭州,以枢密直学士知益州,徙河中府、杭州、苏州,尚书礼部侍郎致仕

续表

姓名	籍贯	出身	任职经历
刘夔	建州崇安	进士中第	广德军判官,尚书屯田员外郎,权侍御史,历三司户部判官、判度支勾院,江西、两浙、淮南转运使,加直史馆、知陕州,改太常少卿、知广州,权三司度支副使,以右谏议大夫、龙图阁直学士知潭州,兼湖南安抚使。权判吏部流内铨、知审刑院,进给事中、枢密直学士,迁工部侍郎、知福州,知建州,户部侍郎致仕
马亮	庐州合肥	举进士	大理评事、知芜湖县,殿中丞、通判常州,擢知濮州,福建路纠察刑狱官,迁太常博士、知福州,同提点三司都勾院、磨勘凭由司,出知饶州,殿中侍御史、知潭州、升州,以右谏议大夫知广州,知虔、洪二州、江陵府,复知升州,杭州,御史中丞,知庐州、江陵、江宁府,复知庐州、知亳州,知江宁府
陈希亮	京兆	天圣八年 进士	大理评事、知长沙县,殿中丞、知鄠县、知临津县,开封府司录司事,知房州、宿州、滑州,提举河北便籴,知曹州,知庐州,提点江东刑狱,度支郎中,开封府判官,判三司户部勾院,京东转运使、知凤翔、太常少卿
狄棐	进士甲科	进士甲科	以大理评事知分宜县,历开封府司录,知壁州,通判益州,开封府判官,历京西、益州路转运,知广州,知滑州,知天雄军,降知随州,知同州,历知陕州、郑州、河中、河南府,复判流内铨
郎简	杭州临安	进士及第	秘书省校书郎、知宁国县,徙福清令,随州推官,著作佐郎、知分宜县,知窦州,知藤州,通判海州,提点利州路刑狱,知泉州,广南东路转运使,知广州,入判大理寺,知越州,知江宁府,知扬州,知明州
孙祖德	潍州北海	进士及第	濠州推官、校勘馆阁书籍,大理寺丞、知榆次县,以尚书屯田员外郎通判西京留守司,殿中侍御史、迁侍御史,擢尚书兵部员外郎兼起居舍人、知谏院,知兖、徐、蔡州,知永兴军,知凤翔府,知梓州,知河中府,历陈、许、蔡、潞、郓、亳州、应天府,吏部侍郎致仕

续表

姓名	籍贯	出身	任职经历
张若谷	南剑沙县	进士及第	巴州军事推官，全州军事推官，大理寺丞、知蒙阳县，知处州，知并州，权判大理寺，历知澶州、成德军、扬州、江宁府，知审官院，纠察在京刑狱，知应天府，知杭州，知洪州
石扬休	（先江都人，徙京兆）眉州	进士高第	同州观察推官，著作佐郎，知中牟县，开封府推官，出知宿州，度支判官、修起居注，同判太常寺
祖士衡	蔡州上蔡	进士甲科	大理评事、通判蕲州，殿中丞、直集贤院，右正言、户部判官，纠察在京刑狱、同知通进银台司
李垂	聊城	进士及第	湖州录事参军，著作郎、馆阁校理，罢知亳州，迁颍、晋、绛三州，出知均州
张洞	开封祥符	举进士中第	擢试将作监主簿，涟水军判官，颍州推官，大理丞、知巩县，秘阁校理、判祠部，知太常礼院，太常博士，判登闻鼓院，出知棣州，转尚书祠部员外郎，权开封府推官，度支员外郎，司封员外郎、权三司度支判官，江西转运使，淮南转运使，转工部郎中
李仕衡	秦州成纪，后家京兆府	进士及第	调鄠县主簿。知彭山县。通判邠州，再迁秘书丞，徙知剑州。擢尚书度支员外郎。降监虔州税。召还，判三司盐铁勾院。为荆湖北路转运使，徙陕西。召为度支副使。累迁司封郎中，为河北转运使。迁右谏议大夫。同提举京西、陕西转运事。权知永兴军，知益州。迁尚书工部侍郎、权知天雄军。迁刑部侍郎、知青州。入为三司使，迁吏部侍郎。拜尚书左丞，改同州观察使、知陈州。徙颍州，复知陈州。降左龙武军大将军，分司西京。岁余，改左卫大将军

续表

姓名	籍贯	出身	任职经历
李溥	河南		初为三司小吏,左侍禁、提点三司孔目官,加阁门祗候。提举在京仓草场,勾当北作坊。三迁崇仪使。罢知潭州。贬忠武军节度副使。起知淮阳军,知光、黄二州
胡则	婺州永康	进士	许田县尉,宾州录事参军,佥书贝州观察判官事,知睦州、温州,提举江南路银铜务、铸钱监,户部员外郎,三司度支副使。广西路转运使,太常少卿,降知信州、福州,知杭州、太常少卿、知池州,知永兴军,河北都转运使,以给事中权三司使,知陈州
薛颜	河中万泉	举三礼中第	嘉州司户,将作监丞、监华州酒税。知云安军,知渝、阆二州,三司盐铁判官,河北计置粮草,金部员外郎、河东转运使,知河阳、杭州、徐州,少府监知江宁府,知河南府,给事中,知应天府,知耀州
许元	宣州宣城	荫补	太庙斋郎,改大理寺丞,国子博士,江淮制置发运判官,主客员外郎,侍御史。天章阁待制,知扬、越、泰州
钟离瑾	庐州合肥	举进士	简州推官,通判益州,开府府推官,提点两浙刑狱,发历京西、河东、河北转运使,改江、淮制置发运使,淮南转运副使,权知开封府
孙冲	赵州平棘	举明经	历古田青阳尉、盐山丽水主簿,历通判晋、绛、保州。知棣州。知襄州,以侍御史为京西转运使,权知滑州。罢知河阳。累迁刑部郎中,历湖北、河东转运使。判登闻鼓院,知河中府,知潞州,复为河东转运使,复知潞州,给事中
崔峄	京兆长安	进士及第	尚书职方员外郎、知遂州,三司户部判官,河东转运使,户部副使,以右议大夫为河东都转运使,给事中,纠察在京刑狱,龙图阁待制、知庆州,知同州、凤翔府,改工部侍郎、集贤院学士、知河中府

续表

姓名	籍贯	出身	任职经历
田瑜	河南寿安	举进士	知鹿邑、建阳县，知蒙、江二州，提举广南西路刑狱，荆湖北路转运使，两浙转运按察使，益州路转运使，知广州。知青州，知澶州
施昌言	通州静海	举进士高第	将作监丞、通判滁州。知太平州。开封府判官。河北都转运使。除知庆州，降知华州。历知沧州、河阳，移河北都转运使。徙江、淮发运使，加龙图阁直学士、知应天府，又知延州。知澶州。知滑州，知杭州
杨偕	坊州中部	举进士	坊州军事判官、知汧源县，汉州军事判官，永兴军节度推官，秘书省著作佐郎，审刑院详议官，太常博士，监察御史，殿中侍御史，贬监舒州税，知光州，改三司度支判官，判吏部流内铨，三司度支副使，河北转运使。龙图阁直学士、知河中府，知陕州，河东转运使，知并州，罢知邢州，徙沧州，知杭州。翰林侍读学士、知审官院，判太常、司农寺，右谏议大夫
王沿	大名馆陶	进士第	秘书省校书郎，历知彭城、新昌二县，相州观察推官，知宗城县，审刑院详议官，太常博士，监察御史，开封府推官，转运副使，殿中侍御史，知邢州。河北转运使，三司户部副使，徙盐铁。陕西都转任，降知滑州，徙成德军，刑部郎中、河东都转运使，知并州，知虢州，知成德军，知河中府
杜杞		荫补	将作监主簿、知建阳县，尚书虞部员外郎、知横州，通判真州，徙知解州，权发遣度支判官，广南西路转运按察安抚使，两浙转运使，环庆路经略安抚使、知庆州

续表

姓名	籍贯	出身	任职经历
杨畋	麟州新秦	进士及第	秘书省校书郎、并州录事参军,大理事丞、知岳州,殿中丞、提点湖南刑狱,太常博士,降知太平州,荆湖南路兵马钤辖,知随州,三司户部判官,起居舍人、知谏院、广南东西路体量安抚、经制贼盗,知鄂州,知光化军,知邠州,河东转运使,知制诰,龙图阁直学士、知谏院
周湛	邓州穰县	进士甲科 中身言书判	开州推官,通判戎州,知虔州,提点广南东路刑狱,京西路提点刑狱,盐铁判官,江南西路转运使,户部判官,夔州路转运使,判盐铁勾院,度支副使,右谏议大夫,知襄州,知相州
徐的	建州建安	擢进士第	钦州军事推官,大理寺丞、知吴县,移梁山军,通判常州。擢广南西路提点刑狱,知舒州,荆湖北路转运使,摄江陵府事,度支副使、荆湖南路安抚使
姚仲孙	陈州商水	擢进士第	许州司理参军,邢州推官,徙资州。大理寺丞、知建昌县,通判彭州,通判睦州,尚书屯田员外郎,徙滁州,通判益州事,右司谏,三司户部、度支、盐铁副使,河北都转运使,权知澶州,权知大名府,权三司使事,出知蔡州
陈太素	河南缑氏	进士第	大理详断官,审刑详议官,权大理少卿,判大理事,历知江阴军、兖州、明州,尚书兵部郎中
李虚己	建州建安	中进士第	沈丘县尉,知城固县,大理评事,殿中丞,知遂州,通判洪州,提点荆湖南路刑狱,淮南转运副使,知河中府,知洪州,知池州
张傅	亳州谯县	进士及第	著作佐郎、知奉符县,知楚州,提点江西刑狱,徙江东,就除转运使,入权三司盐铁判官,两浙转运使,改荆湖北路,复为盐铁判官,侍御史知杂事、判吏部流内铨,三司度支副使,知应天府,知青州,知郓州,复知应天府

续表

姓名	籍贯	出身	任职经历
俞献卿	歙州歙县	进士第	安丰县尉，昭州军事推官，大理寺丞，大理寺详断官，历知慎、仁和二县，知南雄州，知潮州，开封府判官，陕西转运使，除福建转运使，知荆南，历户部、度支、盐铁副使，知杭州。知应天府
陈从易	泉州晋江	进士及第	大理寺详断官，太常博士、出知邵武军，监察御史，侍御史，刑部员外郎、知虔州，纠察在京刑狱，湖南转运使，徙知荆南，知广州。左司郎中、知制诰，左谏议大夫，龙图阁直学士、知杭州
杨大雅	寓宋州	进士及第	新息、鄢陵县主簿，知新昌县，徙知浔州，知筠、袁二州，提举开封府界诸县镇事，知越州，提点淮南路刑狱，知常州，知应天府，纠察在京刑狱，知亳州
边肃	应天府 楚丘	进士及第	大理评事、知于潜县，户部判官，尚书度支员外郎，工部郎中，出知曹州，知邢州，枢密直学士、知宣州，知河南府，勾当三班院，出知天雄军，徙真定府，累迁给事中，知光州，知泗州，知泰州
梅询	宣州宣城	进士及第	利丰监判官，秘书省著作佐郎、御史台推勘官，三司户部判官，降通判杭州，知苏州，两浙转运副使，出知濠州，为湖北转运使，降通判襄州，知鄂州，徙苏州，为陕西转运使，贬怀州团练副使，知池州，起知广德军，历楚、寿、陕州，知荆南，龙图阁待制，纠察在京刑狱，知通进银台司，判流内铨，群牧使，给事中、知审官院，出知许州
马元方	濮州鄄城	进士及第	韦城县主簿，改大理评事、知万年县，大理寺丞、御史台推勘官，殿中丞，知徐州，改太常博士、梓州路转运使，知郓州，京东转运副使，降知宿州、滑州，京西转运使，知应天府，给事中、权知开封府，枢密直学士、知并州。兵部侍郎

续表

姓名	籍贯	出身	任职经历
薛田	河中河东	进士	丹州推官,著作佐郎、知中江县,监察御史,通判亳州,殿中侍御史,权三司度支判官,侍御史、益州路转运使,陕西转运使,知河南府,度支副使,龙图阁待制、知天雄军,知开封府,知益州,左司郎中,知审刑院,知延州、同州
寇瑊	汝州临汝	擢进士	蓬州军事推官,开封府推官,知开州,通判河南府,通判并州,开封府判官,梓州路转运使,三司盐铁判官,河北转运使,工部郎中,三司度支副使,知益州,给事中、知邓州,降少府监、知金州,复右谏议大夫,知滑州,枢密直学士,给事中、知秦州,权知开封府
杨日严	河南	进士及第	秘书省校书郎、知安丘县,通判亳、陈二州,知襄州,徒庐、郸二州,开封府判官,京东转运使,江淮制置发运使,历三司户部、度支、盐铁副使,勾当三班院、知通进银台司,以龙图阁学士知澶州,权知瓜州,判太常、司农寺,同知审官院
李行简	同州冯翊	进士第	陇州司理参军,彭州军事推官,著作郎、太常博士、知坊州,龙图阁待制、尚书兵部郎中,右谏议大夫、集贤院学士,知河中府
章频	建州浦城	擢进士第	秘书省校书郎、知南昌县,改大理寺丞,知九陇县,殿中侍御史,降监庆州酒,知长洲县,监察御史,三司度支判官,出知宣州,知信州,知福州,知潭州,广西转运使,谪知饶州,度支判官,刑部郎中
陈琰	澶州临河	进士及第	历溧阳、栾城县主簿,知金堂、夏津二县。监察御史,殿中侍御史,侍御史。历京西、河东、河北转运副使。积迁至尚书工部郎中

续表

姓名	籍贯	出身	任职经历
李宥	自吴徙青，遂为青人	举进士	调火山军判官。知蕲州，提点荆湖刑狱，利州转运使，纠察在京刑狱。以谏议大夫知江宁府。降秘书监致仕。起分司南京，改太子宾客，判留司御史台
张秉	歙州新安	进士甲科	解褐将作监丞、通判宣州。知郑州。知审官院。迁工部郎中。进秩兵部郎中、判昭文馆。除左谏议大夫，连知颍、襄二州。徙江陵。知河南府。徙河阳，换澶州。徙知滑州。纠察在京刑狱。出知永兴军府，转礼部侍郎，加枢密直学士，复知并州。徙相州。复纠察在京刑狱
张择行	青州益都	进士起家	北海、临沂主簿，自宣州观察推官为大理寺丞。除监察御史、殿中侍御史，改言事御史、右司谏。迁侍御史知杂事，擢天章阁待制、知谏院，累迁吏部员外郎。除户部郎中、集贤殿修撰
郑向	开封陈留	举进士中甲科	通判蔡州，知濠州，徙蔡州。两浙转运副使。龙图阁直学士知杭州
郭稹	开封祥符人，世寓郑州	举进士中甲科	为河南县主簿。签书大名府判官事，改大理寺丞。河阳通判，徙通判河南府。龙图阁直学士、权知开封府
赵贺	开封封丘	举《毛诗》及第	补临朐县主簿。改大理评事。通判明州、宿州。徙知汉州，三司度支判官，出为京东转运副使、徙京西。纠察在京刑狱，知延、同、秦三州、江陵府，知永兴军，知邓州，知越州。降知濠州，知庐州。知郑、蔡、寿三州
高觌	宿州蕲县	进士起家	嘉兴县主簿。通判泗州。提点利州路刑狱，京西转运使。徙益州。贬通判杭州，知福州。陕西、河北转运使，河东都转运使，知单州

续表

姓名	籍贯	出身	任职经历
袁抗	洪州南昌	举进士,得同学究出身	调阳朔县主簿,荐补桂州司法参军。权融州推官,衡州推官,知南安军,提点广南东路刑狱。梓州路转运使,徙益州路。罢知宣州。累迁光禄少卿,分司南京。改少府监
徐起	濮州鄄城	举进士	知隰川县,知楚州。擢提点广南西路刑狱。入判三司开拆司,历开封、三司度支判官。徙江西,知徐州,就为转运使。徙京西。又徙江东。知洪州,徙兖州。复为度支判官,累迁秘书监、知湖州
张旨	怀州河内		进保定军司法参军,徙安平尉。擢试秘书省校书郎、知遂城县,迁著作佐郎。知安丰县。知尉氏县,徙通判忻州。通判府州。以功迁都官员外郎,徙知莱州。改知邢州,提点河东路刑狱。知凤翔府,知梓州,知荆南。知潞、晋二州
齐廓	越州会稽	举进士第	梧州推官、知审刑详议官,知通州、泰州。提点荆湖南路刑狱。开封府判官,出为江西、淮南转运使。知荆南府,徙明、舒、湖三州
郑骧	河南	登进士第	庆、汝、郑、秦州推官,知垣曲县。知乾州,提点益州路刑狱,陕西转运,河北转运使,度支副使。为河北转运使。除天章阁待制、知凤翔府。复为河北都转运使,累迁尚书工部郎中
王臻	颍州汝阴	举进士第	知舒城、会昌县,通判徐、定二州,知兖州。淮南转运副使。召为三司度支判官,降监察御史、知睦州。道复官,徙福州。权知开封府。权御史中丞
鱼周询	开封雍丘	举进士中第	知南华、分宜、静海三县,通判汉州,知真州,徙提点湖南刑狱,知安州,知蔡州,开封府判官,判三司理欠、凭由司,知成德军,河北都转运使,右谏议大夫、权御史中丞,出知永兴军

续表

姓名	籍贯	出身	任职经历
贾黯	邓州穰县	擢进士第一	将作监丞、通判襄州，秘书省著作佐郎、直知集贤院，左正言，判三司开拆司、同修起居注，判盐铁勾院，迁左司谏，知制诰，知许州、襄州，翰林学士、知审官院，尚书左司郎中、权知开封府，罢为同提举在京诸司库务，中书舍人，权知审刑院，为群牧使，给事中、权御史中丞
李京	赵州	进士中第	历平定军判官、冀州推官，改大理寺丞、知魏县，知永昌县，通判赵州，监察御史，右正言，直集贤院，同管勾国子监，谪太常博士、监鄂州税
吕景初	开封酸枣	荫补后举进士	荫补秘书省校书郎，汝州推官，知夏阳县。通判并州，殿中侍御史，通判江宁府，徙知衡州，度支副使，吏部员外郎，天章阁待制、知谏院
吴及	通州静海	进士	侯官尉，辟大理寺检法官，审刑院详议官，进太常博士，秘阁校理，右正言，管勾登闻检院，右司谏、管勾国子监，出为工部员外郎、知庐州，进户部、直昭文馆、知桂州
范师道	苏州长洲	进士及第	抚州判官，知广德县，通判许州，都官员外郎，监察御史，出知常州，广南东路转运使，两浙转运使，起居舍人，同知谏院，管勾国子监，兵部员外郎兼侍御史知杂事、判都水监，出知福州，三司盐铁副使，知明州
李绚	邛州依政	擢进士第	大理评事、通判邠州，开封府推官，京西转运使，纠察在京刑狱，出知润州，改太常丞，徙洪州，湖南转运使，复纠察在京刑狱，知审官院，权知开封府，提举在京诸司库务，权判吏部流内铨
何中立	许州长社	进士及第	权发遣开封府事，兵部员外郎，纠察在京刑狱，降龙图阁直学士、知秦州，改庆州，判太常寺、刑部郎中，进枢密直学士，知许州，改陈州，徙杭州

续表

姓名	籍贯	出身	任职经历
沈邈	信州弋阳	进士及第	大理评事、知侯官县,通判广州,都官员外郎,历知真州、福州,权盐铁判官,兵部员外郎,侍御史知杂事,知澶州,河北都转运使,陕西都转运使,知延州
张昷之	广陵	进士及第	乐清尉,通判常州,知温州,提点淮南路刑狱,广南东路转运使,权度支判官,京西转运使,加直史馆,徙河北,还为盐铁副使,擢天章阁待制,河北都转运按察使,除户部副使,夺职知虢州,监鄂州税,知汉阳军,刑部郎中,知湖州、扬州
魏瓘	歙州婺源	荫补	父奏补秘书省校书郎、监广积仓,知开府仓曹参军,知衡山县,通判寿州,历知循、随、安州,提点广南西路刑狱,降知洪州,徙梓州路转运使,知蔡州、潭州,京西转运使,知广州,右谏议大夫,临江军判官,降知鄂州,陕西转运使,徙河北,以给事中知开封府,降知越州,工部侍郎、集贤院学士复知广州,兼广南东路经略安抚使,纠察在京刑狱,知荆南,知澶州、滑州
滕宗谅	河南	举进士	知当涂,邵武二县,左正言,左司谏,降尚书祠部员外郎、知信州,降监池州酒,降刑部员外郎、直集贤院、知泾州,通判江宁府,知湖州,刑部员外郎、直集贤院、知泾州,知庆州,知虢州、岳州、苏州
李防	大名内黄	举进士	莫州军事推官,忠武军节度推官,著作佐郎、通判潞州,迁秘书丞。开封府推官,陕路转运副使,梓州路转运使,尚书工部员外郎,三司户部判官,江南转运,知应天府、兴元府,三司盐铁判官,通判河南府,知宿、延、亳三州,利州路转运副使,兵部郎中,右谏议大夫、知永兴军,给事中、复知延州,更耀、潞二州

续表

姓名	籍贯	出身	任职经历
赵湘	华州	进士甲科	历彰武、永兴、昭武三军节度推官，著作佐郎、知新繁县，知商州、陇州、兴元府，太常博士，判宗正寺，殿中侍御史，权判三司勾院，纠察刑狱，改尚书刑部员外郎兼侍御史知杂事，历三司户部、度支副使，盐铁副使、工部郎中、直昭文馆，知河南府、河中府，京西转运使，知凤翔府、延州。知襄州，知应天府，复知河南
唐肃	杭州钱塘	举进士	鄮县主簿，泰州司理参军，泰州观察推官，著作佐郎，知闻喜、福昌县，通判陕州，监察御史，提点梓州路刑狱，出知舒州，福建路转运使，知洪州，江南东路转运使，龙图阁待制、登闻检院，知审刑院
张述	遂州小溪	举进士	咸阳县主簿，大理寺丞，太常博士，通判延州，知泗州，以职方员外郎为江、浙、荆湖、福建、广南路提点坑冶铁钱事
黄震	建州浦城	进士及第	著作佐郎、通判遂州，提点湖北路刑狱，知饶州，广东转运使
胡顺之	原州临泾	登进士第	秘书省校书郎，知休宁县，青州从事，著作佐郎，知常熟县，秘书丞，分司南京，太常博士，尚书屯田员外郎
陈贯	先安阳人，后家河阳	举进士	临安县主簿，历知卫州、泾州，利州路转运使，徙陕西，尚书度支员外郎，入为三司盐铁判官，领河北转运使，徙河东，历三司户部、盐铁副使，以刑部郎中直昭文馆，知相州
范祥	邠州三水	进士及第	自乾州推官稍迁殿中丞、通判镇戎军，历知庆、汝、华三州，提举陕西银铜坑冶铸钱，提点本路刑狱，累迁度支员外郎，权转运副使，知唐州，提举陕西缘边青白盐

续表

姓名	籍贯	出身	任职经历
田京	世居沧州,迁鹿邑	举进士	蜀州司法参军,大理寺详断官,通判镇戎军,经略安抚判官,通判庐州,徙知邵武军,提点河北刑狱事,开封府判官,出知蔡州,知相、邢二州,复提点河北刑狱事,降监郓州税,通判兖州,知江阴军,知密州,提点淮南刑狱,京西转运使,沧州转运使,陕西都转运使,复知沧州
周渭	昭州恭城	赐同进士出身	白马主簿,擢右赞善大夫,通判兴州、泉州,广南诸州转运副使,殿中丞,监察御史,知扬州,两浙东、西路转运使,知亳州、宋州,益州转运使
梁鼎	益州华阳	进士甲科	大理评事、知秭归县,著作佐郎,通判歙州,知吉州,开封府判官,太常博士、三司右计判官,总计判官,换度支判官,都官员外郎,江南转运副使,起居舍人,徙陕西,复为殿中丞,历知徐、密二州,兵部员外郎、知制诰,右谏议大夫、度支使,出知凤翔府,判西京留司御史台
范正辞	齐州	登第	安阳主簿,国子监丞、知戎州,著作佐郎,知淄州,殿中丞、判棣、深二州,国子博士,知饶州,江南转运副使,河东转运使,通判定、扬、杭三州,盐铁判官,贬滁州团练副使,监兖州商税,仓部考功员外郎、通判郓州,知淮阳军
刘师道	开封东明	举进士	和州防御推官,保宁、镇海二镇从事,著作佐郎,殿中丞、知彭州,监察御史,祠部员外郎、京东转运使,进秩度支,知润州,改淮南转运副使兼淮南、江、浙、荆湖发运使,工部郎中,三司度支副使,枢密直学士、权三司使

续表

姓名	籍贯	出身	任职经历
王济	深州饶阳	上书自陈,荫补	龙溪主簿,胙城尉,临河主簿,光禄寺丞、权大理丞,改刑部详覆官、通判镇州,判登闻鼓院,拜监察御史,盐铁判官,权判大理寺事,监察御史、通判河南府,知河中府,召拜工部员外郎兼侍御史知杂事,判司农寺,出知杭州,知洪州兼江南西路安抚使
方偕	兴化莆田	进士及第	为温州军事推官。后迁汀州判官,权知建安县。知福清、资阳县。侍御史。为开封府判官、江南安抚。更盐铁判官,迁兵部员外郎兼御史知杂事,判大理寺,知杭州
曹颖叔	亳州谯县	进士及第	历威胜军判官、渭州军事推官。御史台主簿,改大理寺丞。亳州佥书节度判官事,通判仪州。徙夔州路转运判官。提点陕西路刑狱。为开封府判官,除直史馆、知凤翔府,徙益州路转运使,权度支副使。擢天章阁待制、知福州。累迁右司郎中,为陕西都转运使。进龙图阁直学士、知永兴军
刘元瑜	河南	进士及第	舞阳县主簿,知雍丘县,通判隰、并二州,知郢州,历京西、河东转运使,迁右司谏。后除三司盐铁副使,以天章阁待制知潭州。知桂州,固辞,降知邓州,降知随州。知信州,襄州,历河中府,以左谏议大夫知青州
杨告	汉州绵竹	荫补, 赐同学究出身	调庐江尉。改丰城主簿,南剑州判官,知南安、六合、钱塘、宁国县,通判江宁州。徙知池州,累迁尚书司封员外郎、开封府推官、开拆司。除京西转运副使。淮南转运使。知郑州,徙江宁府、寿州
赵及	幽州良乡人, 家偃师	举进士	知魏县,知九陇。通判青州、大名府,知怀州,知徐州。擢兼侍御史知杂事。权判吏部流内铨。迁户部副使,知卫州。知汝州,徙知河中府。出知徐州

续表

姓名	籍贯	出身	任职经历
刘湜	徐州彭城	举进士	知益都县,知阴平。通判剑州。擢知耀州。拜监察御史。历开封府推官、三司盐铁判官,迁殿中侍御史。尚书礼部员外郎兼侍御史知杂事,同判吏部流内铨,除盐铁副使。谪知沂州,徙兖州。降知海州,河东转运使。擢天章阁待制、知江宁府。除户部郎中、知广州。知徐州。又以左司郎中知郓州,迁龙图阁直学士、知庆州。改知密州
王彬	光州固始	进士及第	雍丘尉,秘书省著作佐郎、通判筠州,历知抚州,提点荆湖南路刑狱,徙知潭州,判三司户部勾院,京西转运使,河北转运使,京东转运使,河东、陕西转运使
仲简	扬州江都	举进士	通判郑州,河南府推官,知芜湖县,通判楚州,知真州,知陕州。徙江东转运使。河东转运使。知广州。徙知荆南,落职,又降刑部郎中、知筠州,知洪州
杨亿	建州浦城	赐进士第	太常寺奉礼郎,光禄寺丞,秘书省著作佐郎,左正言,知处州,左司谏、知制诰,知通进、银台司兼门下封驳,判史馆,翰林学士,加兵部员外郎、户部郎中,太常少卿,分司西京,起知汝州,判秘阁,工部侍郎,降授秘书监,起复工部侍郎,复翰林学士
晁迥	世为澶州清丰人,自其父佺,始徙家彭门	举进士	知岳州录事参军。将作丞,监徐、婺二州税,迁太常丞。擢右正言、直史馆。除右司谏、知制诰,判尚书刑部。加右谏议大夫,为判官,进翰林学士。未几,知审官院,同修国史。累迁尚书工部侍郎。加史馆修撰、知通进银台司。刑部侍郎。礼部尚书。以太子少保致仕
刘筠	大名	举进士	为馆陶县尉。以大理评事为秘阁校理。知大名府观察判官事。进左正言、直史馆、修起居注。知邓州,知陈州。纠察在京刑狱。知庐州。御史中丞。知颍州。再知庐州

续表

姓名	籍贯	出身	任职经历
薛映	家于蜀	进士及第	通判绵、宋、升州。知开封县。江南转运使,京东转运使,徙河东。知相州。再任京东转运使,知杭州。知河南府。知升州。纠察在京刑狱。知扬州。知并州,又徙永兴军,知曹州
谢泌	歙州歙县	进士	知清川县,知彰明。左正言。左司谏。判三司盐铁勾院。知湖州,知虢州,知同州,知鼓司、登闻院。两浙转运使。知福州,知荆南府,知襄州
孙何	蔡州汝阳	举进士	通判陕州,京西转运使,右司谏。京东转运副使,两浙转运使,判太常礼院
朱台符	眉州眉山	进士登甲科	通判青州,知浚仪县,京西转运副使,度支判官,陕西转运使,知郢州
戚纶	应天楚丘	举进士	沂水主簿,知太和县,知永嘉县,通判泰州,判鼓司、登闻院。盐铁判官。出知杭州,知扬州、徐州。知青州,知郢州
张去华	开封襄邑	后周时荫补 宋初进士甲科	秘书郎、直史馆,通判道州,知磁、乾二州,益州通判,起居舍人、知凤翔府,京东转运使,历左司员外郎、礼部郎中,江南转运使,河北转运使,开封府判官,左谏议大夫,贬安州司马,知晋州,秘书少监、知许州,给事中、知杭州,知苏州,工部侍郎致仕
乐黄目	抚州宜黄	淳化三年 进士	补伊阙尉,大理寺丞、知寿安县,殿中丞,直史馆、知浚仪县,历度支、盐铁判官,太常博士、京西转运使,工部员外郎、广西转运使,起居舍人,陕西转运使,判三司三勾院,右谏议大夫、权知开封府,给事中兼左庶子,降左谏议大夫、知荆南府,复为给事中知潭州,知审官院,改通进银台司兼门下封驳事,知亳州

续表

姓名	籍贯	出身	任职经历
柴成务	曹州济阴	进士甲科	陕西转运副使,殿中侍御史,知果、苏二州,两浙转运使。光禄少卿,京东转运使,司封郎中、知制诰,左谏议大夫、知河中府,给事中、知梓州,知扬州,判尚书刑部
乔维岳	陈州南顿	后周进士	太湖主簿,平舆令,知高邮军,通判扬州、常州、升州,徙襄州,通判泉州,淮南转运副使,权知楚州,户部员外郎,度支判官,转本曹郎中,两浙转运使,历知怀州、沧州,开封府推官,给事中、知审官院,知苏州、寿州
张雍	德州安德	开宝六年中第	东关尉,知南雄州,知开封府司录参军事,开封府推官,盐铁判官兼判勾院,又兼侍御史知杂事,淮南转运使,太府少卿,两浙转运使,入知审刑院,出知梓州,西川转运使,复知梓州,户部侍郎、复知审刑院,出知秦州,徙凤翔府,权知开封府事,兵部侍郎、同知审官院,出知邓州,尚书右丞致仕
董俨	河南洛阳	进士	大理评事、通判饶州,著作佐郎,左拾遗、直史馆,淮南西路转运副使,知光州,降秘书丞、知忠州,刑部员外郎,进郎中、三司度支副使,知泰州,知泉州,京东转运使,知扬州,知潭州,历知广、岳、洪三州,知江陵府,责授山南东道节度行军司马不署州事,起知郢州
魏廷式	大名宗城	中第	朗州法曹,知桃源县,著作佐郎、通判颍州,审刑院详议官,知利州,入判大理寺,出知宋、潭二州,吏部员外郎、知桂州,工部郎中,刑部郎中,知审官院、通进银台封驳司,右谏议大夫、知审刑院,出知泾州

续表

姓名	籍贯	出身	任职经历
卢琰	淄川	进士举	历城主簿，大理评事、知安吉县，加太常博士，开封府判官，工部员外郎，河北转运副使，判三司三勾院，兼侍御史知杂事，三司度支副使，右谏议大夫、知永兴军府，河北转运使
宋抟	莱州掖县	得第	遂宁尉，潍州司理参军，白龙令，知利丰监，知藤州，殿中丞、通判洪州，监左藏库，国子博士、通判西京留守司，江南转运使，司封员外郎、河东转运使，入判三司勾院，户部副使，刑部郎中
凌策	宣州泾县	举进士	广安军判官，西川节度推官，光禄事丞，签书两使判官，左赞善大夫、通判定州，知蜀州，知绵州，广南西路转运使，知广州，知青州，入判三司三勾院，出知扬州，右谏议大夫，集贤殿学士、知益州
杨覃		举进士擢第	禹城尉，知戎州，同判寿州，知寿州，永兴节度同期军府度，都官员外郎，判三司磨勘、凭由、理欠司，陕西转运使，知随州、唐州、潭州，太常少卿、直昭文馆、知广州，右谏议大夫
陈世卿	南剑	登进士第	解褐衡州推官、东川节度推官，秘书郎，迁太常丞、知新安县，通判广州，知建州，福建转运使，两浙路转运使，荆湖北路转运使，秘书少监、知广州
李若拙	京兆万年	荫补，复举拔萃，举进士	荫补太庙斋郎，大名府户曹参军，举进士，授密州防御推官，著作佐郎，出监商州坑冶，太子左赞善大夫，知乾州，削籍流海岛，起授卫尉寺丞、知陇州，监察御史、通判泰州，右补阙，起居舍人、盐铁判官，两浙转运使，职方员外郎、河北转运使，主客郎中、江南转运使，罢使知泾州。知制诰，右谏议大夫
陈知微	高邮	进士甲科	通判歙州，京东转运副使，右司谏，湖南路转运使，比部员外郎，知制诰，判吏部铨，判司农寺，纠察在京刑狱

续表

姓名	籍贯	出身	任职经历
上官正	开封	少举《三传》	鄜州摄官。雍熙中,召授殿前承旨,屡遣鞫狱,迁供奉官、阁门祗候、天雄监军。转作坊副使、剑门都监,峰州团练使,西川招安使,知梓州,历知沧、瀛、镇、贝四州,知磁州,知潞州,洺州防御使,复知沧州,移同州,移龙武军大将军、平州防御使,分司西京
李迪	其先赵郡人,后徙幽州,又徙家濮	举进士第一	授将作监丞,历通判徐、兖州。知郓州,纠察在京刑狱,知制诰。知亳州。进右谏议大夫、集贤院学士、知永兴军。徙陕西都转运使。户部侍郎。出知郓州。贬衡州团练副使。知舒州,知江宁府、兖州、青州,知河南府。知河阳,知亳州,改相州。知密州。知徐州。知兖州。知天雄军,徙青州
王曾	青州益都	由乡贡试礼部、廷对皆第一	以将作监丞通判济州。代还,授秘书省著作郎、直史馆、三司户部判官。迁右正言、知制诰兼史馆修撰。判大理寺,迁翰林学士。知审刑院。参知政事。罢为尚书礼部侍郎、判都省,出知应天府。徙天雄军,复参知政事,迁吏部侍郎兼太子宾客。出知青州。复知天雄军。判河南府。判郓州
张知白	沧州清池	中进士第	累迁河阳节度判官。权右正言。出知剑州。召试中书,加直史馆,面赐五品服,判三司开拆司。权管勾京东转运使事。进右司谏。知邓州。擢龙图阁待制、知审官院,再迁尚书工部郎中,使契丹。纠察在京刑狱,知青州。迁右谏议大夫、权御史中丞、拜给事中、参知政事。迁尚书工部侍郎。复为给事中、判礼仪院。罢为刑部侍郎、翰林侍读学士、知大名府。徙南京留守,复徙亳州,迁兵部

续表

姓名	籍贯	出身	任职经历
杜衍	越州山阴	擢进士甲科	补扬州观察推官,改秘书省著作佐郎、知平遥县。通判晋州。擢知乾州。徙权知凤翔府。以太常博士提点河东路刑狱,迁尚书祠部员外郎。徒京西路,又徙知扬州。徙河东转运副使、陕西转运使。知江陵府。河北都转运使。还为枢密直学士。以右谏议大夫知天雄军。兼判吏部流内铨。改知审官院。迁尚书工部侍郎、知永兴军。徙并州。加龙图阁学士。迁刑部侍郎、复知永兴军。权知开封府,拜同知枢密院事,改枢密副使。为河东宣抚使,拜吏部侍郎、枢密使。拜同平章事、集贤殿大学士兼枢密使。以尚书左丞出知兖州
晏殊	抚州临川	赐同进士出身	翰林学士。迁右谏议大夫兼侍读学士,加给事中。进礼部侍郎,拜枢密副使。罢知宣州,知应天府。召拜御史中丞,参知政事。罢知亳州,徙陈州。知颍州,徙陈州,又徙许州、知永兴军,徙河南府
庞籍	单州成武	进士及第	为黄州司理参军。知襄邑县。知秀州,召为殿中侍御史,为开封府判官。以祠部员外郎罢为广南东路转运使。降知临江军。福建转运使。降知汝州,徙同州,就除陕西都转运使。知延州。左谏议大夫。枢密副使。改参知政事。知郓州。知永兴军,改并州。知青州。知定州
王随	河南	登进士甲科	通判同州。为京西转运副使,迁淮南转运使,徙河东转运使。知应天府。改知扬州。权知开封府。知杭州。知通州。光禄卿、知润州,徙江宁府。复给事中,为龙图阁直学士、知秦州。知河南府。参知政事,加吏部侍郎、知枢密院事,拜门下侍郎、同中书门下平章事、昭文馆大学士、监修国史。以彰信军节度使、同中书门下平章事判河阳

续表

姓名	籍贯	出身	任职经历
章得象	世居泉州，家浦城	进士及第	知玉山县。知台州，历南雄州，徙洪州。户部侍郎，遂拜同中书门下平章事、集贤殿大学士。工部尚书。判河南府
吕夷简	先世莱州，家寿州	进士及第	补绛州军事推官，稍迁大理寺丞。通判通州，徙濠州，再迁太常博士。选知滨州。擢提点两浙刑狱，迁尚书祠部员外郎。擢刑部员外郎兼侍御史知杂事。改起居舍人、同勾当通进司兼银台封驳事。知制诰。为安抚使，进龙图阁直学士，再迁刑部郎中、权知开封府。进右谏议大夫。以给事中参知政事。进尚书右仆射兼门下侍郎，辞仆射，乃兼吏部尚书。罢为武胜军节度使、检校太傅、同中书门下平章事、判陈州。加右仆射，封申国公。判许州，徙天雄军。未几，以右仆射复入相
张士逊	家阴城	举进士	调郧乡主簿，迁射洪令。改襄阳令，为秘书省著作佐郎、知邵武县。知审刑院。知江宁府。知许州。复入相。以尚书左仆射判河南府，判许州，徙河南府。拜太傅，封邓国公致仕
韩琦	相州安阳	弱冠举进士，名在第二	授将作监丞、通判淄州，入直集贤院、监左藏库。历开封府推官、三司度支判官，拜右司谏。权知制诰。为体量安抚使。进枢密直学士，副夏竦为经略安抚、招讨使。夺一官，知秦州，寻复之。兼秦凤经略安抚、招讨使。为陕西四路经略安抚、招讨使，屯泾州。为枢密副使。宣抚陕西，知扬州，徙郓州、成德军、定州。拜武康军节度使、知并州。知相州。召为三司使，未至，迎拜枢密使。拜同中书门下平章事、集贤大学士。迁昭文馆大学士、监修国史，封仪国公。加门下侍郎，进封卫国公。拜右仆射，封魏国公。拜司空兼侍中，为英宗山陵使。除镇安武胜军节度使、司徒兼侍中、判相州。改判永兴军，经略陕西。复请相州以归。徒判大名府，充安抚使，得便宜从事。还判相州

续表

姓名	籍贯	出身	任职经历
曾公亮	泉州晋江	举进士甲科	知会稽县。谪监湖州酒。为国子监直讲,改诸王府侍讲。授集贤校理、天章阁侍讲、修起居注。擢天章阁待制,赐金紫。遂知制诰兼史馆修撰,为翰林学士、判三班院。以端明殿学士知郑州,知开封府。参知政事。加中书侍郎兼礼部尚书,寻加户部尚书。加门下侍郎兼吏部尚书。进昭文馆大学士,累封鲁国公。拜司空兼侍中、河阳三城节度使、集禧观使。起判永兴军。以太傅致仕
陈升之	建州建阳	举进士	历知封州、汉阳军。知谏院。迁侍御史知杂事。擢天章阁待制、河北都转运使,知瀛州、真定府,加龙图阁直学士,复知谏院。同领磨勘转运使及提点刑狱功务。迁枢密直学士、知开封府。拜枢密副使。为资政殿学士、知定州,徙太原府。复拜枢密副使。为观文殿学士、知越州。知枢密院。拜中书门下平章事、集贤殿大学士。拜镇江军节度使、同平章事、判扬州,封秀国公
吴充	建州浦城	未冠举进士	调谷熟主簿,入为国子监直讲、吴王宫教授。除集贤校理、判吏部南曹。改知太常礼院。出知高邮军。还为群牧判官、开封府推官,历知陕州,京西、淮南、河东转运使。寻权盐铁副使。知制诰。知审刑院,权三司使,为翰林学士。拜枢密副使。进检校太傅、枢密使。代为同中书门下平章事、监修国史。罢为观文殿大学士、西太一宫使
王圭	成都华阳,后徙舒	举进士甲科	通判扬州。召直集贤院,为盐铁判官、修起居注。进知制诰、知审官院,为翰林学士、知开封府。为学士,兼侍读学士。传诏令兼端明殿学士,迁学士承旨。拜参知政事。进同中书门下平章事、集贤殿大学士。由礼部侍郎超授银青光禄大夫。拜尚书左仆射兼门下侍郎。金紫光禄大夫,封岐国公

续表

姓名	籍贯	出身	任职经历
富弼	河南	举茂材异等	授将作监丞、签书河阳判官。通判绛州,迁直集贤院。召为开封府推官、知谏院。除盐铁判官、史馆修撰。为知制诰,纠察在京刑狱。进枢密直学士,又除枢密直学士,迁翰林学士,拜枢密副使,改授资政殿学士兼侍读学士。复拜枢密副使。宣抚河北,还,以资政殿学士出知郓州。加给事中,移青州,兼京东路安抚使。迁大学士,徙知郑、蔡、河阳,加观文殿学士,改宣徽南院使、判并州。召为枢密使。拜镇海军节度使、同中书门下平章事、判扬州,封祁国公,进封郑。徙判汝州。以左仆射、门下侍郎同平章事。拜武宁节度使、同中书门下平章事、判河南,改亳州。以仆射判汝州。加拜司空,进封韩国公致仕
文彦博	汾州介休	进士及第	知翼城县,通判绛州,为监察御史,转殿中侍御史。以直史馆为河东转运副使。迁天章阁待制、都转运使,连进龙图阁、枢密直学士、知秦州,改益州。召拜枢密副使、参知政事。拜同中书门下平章事、集贤殿大学士。进昭文馆大学士。罢为观文殿大学士、知许州,改忠武军节度使、知永兴军。复以吏部尚书同中书门下平章事、昭文馆大学士,以河阳三城节度使同平章事、判河南府,封潞国公,改镇保平、判大名府。又改镇成德,迁尚书左仆射、判太原府。俄复镇保平、判河南。丁母忧,英宗即位,起复成德军节度使。寻除侍中,徙镇淮南、判永兴军,入为枢密使、剑南西川节度使。拜司空、河东节度使、判河阳,徙大名府。寻加司徒。拜太尉,复判河南。以太师致仕

续表

姓名	籍贯	出身	任职经历
范仲淹	先邠州人也，后徙家江南，遂为苏州吴县人	举进士第	为广德军司理参军。改集庆军节度推官。监泰州西溪盐税，迁大理寺丞，徙监楚州粮料院，为秘阁校理。寻通判河中府，徙陈州。召为右司谏。出知睦州，徙苏州。徙明州。拜尚书礼部员外郎、天章阁待制，召还，判国子监，迁吏部员外郎、权知开封府。罢知饶州。徙润州，又徙越州。召为天章阁待制、知永兴军，改陕西都转运使。迁户部郎中兼知延州。降本曹员外郎、知耀州，徙庆州，迁左司郎中，为环庆路经略安抚、缘边招讨使。进枢密直学士、右谏议大夫。召拜枢密副使。改参知政事。为河东、陕西宣抚使。资政殿学士、陕西四路宣抚使、知邠州。以疾请邓州，进给事中。徙杭州，再迁户部侍郎，徙青州
范纯仁	先邠州人也，后徙家江南，遂为苏州吴县人	中进士第	以父任为太常寺太祝。中进士第后以著作佐郎知襄城县。签书许州观察判官、知襄邑县。擢江东转运判官，召为殿中侍御史，迁侍御史。通判安州，改知蕲州。历京西提点刑狱、京西陕西转运副使。拜兵部员外郎，兼起居舍人、同知谏院。加直集贤院、同修起居注。知河中府，徙成都路转运使。加直龙图阁、知庆州。黜知信阳军。移齐州。提举西京留司御史台。复知河中。复直龙图阁、知庆州。天章阁待制兼侍讲，除给事中。进吏部尚书，同知枢密院事。拜尚书右仆射兼中书侍郎。以观文殿学士知颍昌府。加大学士、知太原府。贬官一等，徙河南府，再徙颍昌。召还，复拜右仆射。以观文殿大学士加右正议大夫知颍昌府。徙河南府，又徙陈州。落职知随州。又贬武安军节度副使、永州安置。光禄卿，分司南京，邓州居住。道除右正议大夫、提举崇福宫。不数月，以观文殿大学士、中太一宫使

续表

姓名	籍贯	出身	任职经历
韩亿	其先真定灵寿人,徙开封雍丘	举进士	为大理评事、知永城县,通判陈州,改一官知洋州。累迁尚书屯田员外郎、知相州。降通判大名府。寻为殿中侍御史,迁侍御史,安抚淮、浙,除开封府判官,出为河北转运使。进直史馆、知青州,以司封员外郎兼侍御史知杂事,判大理寺丞。除龙图阁待制,知亳州,召知审刑院,再迁兵部郎中、同判吏部流内铨,以右谏议大夫、枢密直学士知益州。拜御史中丞,请如唐制,置御史里行。以尚书工部侍郎同知枢密院事。除户部、参知政事。知应天府,寻加资政殿学士、知成德军。改澶州,复知亳州,官至尚书左丞,以太子少傅致仕
韩绛	其先真定灵寿人,徙开封雍丘	举进士甲科	通判陈州。直集贤院,为开封府推官。历户部判官。同修起居注,擢右正言。知制诰,乞守河阳,召判流内铨。迁龙图阁直学士、知瀛州。留知谏院,纠察在京刑狱。为翰林学士、御史中丞。罢知蔡州。以翰林侍读学士知庆州。加端明殿学士、知成都府。召知开封府,为三司使。拜枢密副使。参知政事。为陕西宣抚使。拜同中书门下平章事、昭文馆大学士,罢知邓州。明年,以观文殿学士徙许州,进大学士,徙大名府。熙宁七年,复代王安石相。出知许州。拜建雄军节度使、知定州。入为西太一宫使。元丰六年,知河南府。更镇江军节度使、开府仪同三司,封康国公,为北京留守。以司空、检校太尉致仕

续表

姓名	籍贯	出身	任职经历
韩维	其先真定灵寿人，徙开封雍丘	以进士奏名礼部，荫补	知太常礼院。以秘阁校理通判泾州。同修起居注、侍迩英讲。进知制诰、知通进银台司。除龙图阁直学士。知汝州。数月，召兼侍讲、判太常寺。迁翰林学士、知开封府。兼侍读学士，充群牧使。出知襄州，改许州。召为学士承旨。加端明殿学士、知河阳，复知许州。进资政殿学士。提举嵩山崇福宫。召兼侍读，加大学士。拜门下侍郎。还大学士、知邓州。改汝州。久之，以太子少傅致仕，转少师。降左朝议大夫，再谪崇信军节度副使，均州安置
韩缜	其先真定灵寿人，徙开封雍丘	登进士第	签书南京判官。命编修三班敕。为殿中侍御史。迁侍御史、度支判官，出为两浙、淮南转运使，移河北。改使陕西。入知审官西院、直舍人院。改集贤殿修撰、盐铁副使，以天章阁待制知秦州。坐落职，分司南京。还待制、知瀛州。知开封府。为枢密都承旨，还龙图阁直学士。易太中大夫、同知枢密，进知院事。拜尚书右仆射兼中书侍郎。罢为观文殿大学士、知颍昌府。移永兴、河南，拜安武军节度使、知太原府，易节奉宁军。请老，为西太一宫使，以太子太保致仕
包拯	庐州合肥	举进士	知天长县，知端州，殿中丞，监察御史里行，监察御史。三司户部判官，京东转运使，尚书工部员外郎、直集贤院，三司户部副使，天章阁待制知谏院，龙图阁直学士、河北都转运使，知瀛洲，知扬州，徙庐州，迁刑部郎中，左授兵部员外郎、知池州，徙江宁府，权知开封府，迁右司郎中，迁谏议大夫、权御史中丞，三司使，枢密副使，礼部侍郎

续表

姓名	籍贯	出身	任职经历
吴奎	维州北海	举五经	大理丞,监京东排岸,殿中丞,太常博士通判陈州,右司谏,起居舍人,同知谏院,出知密州,加直集贤院,徙两浙转运使。入判登闻检院、同修起居注、知制诰,出知寿州,拜翰林学士,权开封府,端明殿学士,知成都府,改郓州,枢密副使、参知政事。以资政殿学士知青州
赵抃	衢州西安	进士及第	武安军节度推官,知崇安、海陵、江原三县,通判泗州。殿中侍御史,知睦州,梓州路转运使,改益州,右司谏,出知虔州,侍御史知杂事,改度支副使,进天章阁待制、河北都转运使,龙图阁直学士、知成都,知谏院,参知政事,知杭州、改青州,复知成都,知越州,知杭州
唐介	江陵	擢第	武陵尉,平江令,知莫州任丘县,通判德州,监察御史里行,转殿中侍御史,贬春州别驾,改置英州。起监郴州税、通判潭州,知复州,召为殿中侍御史。工部员外郎、直集贤院,为开封府判官,出知扬州,徙江东转运使,度支副使,进天章阁待制,复知谏院,知荆南、留权开封府,出知洪州,知瀛洲,御史中丞,知太原府,参知政事
邵亢	丹阳		召试秘阁,授颍州团练推官,同知太常礼院,集贤校理,提点开封县镇公事,开封府推官,改度支判官,颍王府翊善,加直史馆,同修起居注,以知制诰知谏院,知开封府,枢密副使,知越州,知郑、郓、亳三州

续表

姓名	籍贯	出身	任职经历
冯京	鄂州江夏	举进士	将作监丞，通判荆南军府事。还，直集贤院、判吏部南曹，同修起居注。试知制诰。知扬州。知江宁府。纠察在京刑狱。知开封府。擢枢密副使。罢知亳州。未几，以资政殿学士知渭州。徙知成都府。知枢密院，拜保宁军节度使，知大名府，又改镇彰德，为中太一宫使兼侍讲，改宣徽南院使，拜太子少师，致仕
钱惟演		吴越王俶之子，荫补	知制诰，知审官院。工部侍郎，擢枢密副使、会灵观使兼太子宾客。累迁工部尚书。知河阳。判许州。判河南府，再改泰宁军节度使
张方平	南京	举茂才，又中贤良方正	校书郎、知昆山县，著作佐郎、通判睦州，知谏院，权知开封府，御史中丞，判太常寺，出知滁州，知江宁府，知滑州，徙益州。三司使迁尚书左丞、知南京。未几，以工部尚书帅秦州。知南京。迁礼部尚书，请知郓州。参知政事
王拱辰	开封咸平	举进士第一	通判怀州，盐铁判官、修起居注、知制诰，翰林学士，权知开封府，拜御史中丞，权三司使，出知郑州，徙澶、瀛、并三州，知永兴军，历泰定二州、河南大名府，积官至吏部尚书，太子少保，南院使，再判大名，改武安军节度使
张昇	韩城	举进士	楚丘主簿，度支员外郎，知漳州，改京西转运使，历户部判官、开封府推官，知杂御史，知庆州，知秦州，御史中丞，枢密副使，参知政事、枢密使
赵概	南京虞城	进士第	通判海州，开封府推官，出知洪州、知青州，监密州酒，知滁州，纠察在京刑狱，知郓州、应天府，御史中丞，枢密使、参知政事

续表

姓名	籍贯	出身	任职经历
胡宿	常州晋陵	登第	为扬子尉。以荐为馆阁校勘,进集贤校理。通判宣州,知湖州,两浙转运使。召修起居注、知制诰。翰林学士、知审官刑院,枢密副使,知杭州
欧阳修	庐陵	举进士,试南宫第一,擢甲科	调西京推官,馆阁校勘。贬夷陵令,稍徙乾德令、武成节度判官。复校勘,进集贤校理,知谏院。同修起居注,遂知制诰。为龙图阁直学士、河北都转运使。左迁知制诰、知滁州。徙扬州、颍州。复学士,留守南京。召判流内铨,迁翰林学士,加龙图阁学士、知开封府,改群牧使,拜礼部侍郎兼翰林侍读学士。罢知陈州,拜枢密副使,参知政事。知亳州。知青州,知蔡州。以太子少师致仕。通判蔡州,直集贤院,判尚书考功。权度支判官,徙三司使
刘敞	临江新喻	举庆历进士,廷试第一	起知襄州,入为秘书少监,加直龙图阁、知蔡州。召拜中书舍人
曾巩	建昌南丰	中嘉祐二年进士第	调太平州司法参军,通判越州,知齐州,徙襄州、洪州,加直龙图阁、知福州,徙明、亳、沧三州,留判三班院,拜中书舍人
蔡襄	兴化仙游	举进士	为西京留守推官、馆阁校勘。知谏院,进直史馆,兼修起居注。知福州,福建路转运使,进知制诰,龙图阁直学士、知开封府,以枢密直学士再知福州,知泉州,翰林学士、三司使
吕溱	扬州	进士第一	通判亳州,出知蕲、楚、舒三州。复修起居注

续表

姓名	籍贯	出身	任职经历
王素	莘县	赐进士出身	屯田员外郎。出知鄂州。擢知谏院。擢天章阁待制、淮南都转运按察使。改知渭州,降华州,又夺职徙汝。俄悉还其故,迁龙图阁直学士。以枢密直学士知开封府。出知定州、成都府。复知开封。出知许州。召拜端明殿学士,复知渭州。换澶州观察使、知成德军,改青州观察使。以学士知太原府。入知通进、银台司,转工部尚书
余靖	韶州曲江	举进士起家	为赣县尉,知新建县。擢集贤校理。徙监泰州税,知英州,迁太常博士,复为校理、同知礼院。右正言。出知吉州。改将作少监,分司南京,居曲江。再迁卫尉卿、知虔州,丁父忧去。起靖为秘书监、知潭州,改桂州,诏以广南西路委靖经制。就迁靖给事中,又迁尚书工部侍郎。加集贤院学士,徙知潭州,又徙青州。知广州,官至工部尚书
彭思永	庐陵	进士第	知南海、分宁县,通判睦州。知潮州、常州。入为侍御史。湖北转运使。加直史馆,为益州路转运使。寻为户部副使,擢天章阁待制、河北都转运使、知瀛州。知江宁府,御史中丞,出知黄州,改太平州。熙宁三年,以户部侍郎致仕
张存	冀州	举进士	为安肃军判官。改著作佐郎、知大名府朝城县。殿中侍御史,侍御史。历京东、陕西、河北转运使,陕西都转运使。龙图阁直学士,知泽州,知成德军,复学士。入知开封府,复使河北。降知汀州。夺职知池州,又徙郴。久之,乃复职,以吏部侍郎致仕
郑獬	安州安陆	进士第一	通判陈州,入直集贤院、度支判官、修起居注、知制诰。出知荆南。判三班院。权发遣开封府。出为侍读学士、知杭州,徙青州。提举鸿庆宫

续表

姓名	籍贯	出身	任职经历
陈襄	福州侯官	举进士	调浦城主簿,摄县事。知河阳县,荐为秘阁校理、判祠部。知常州,入为开封府推官,盐铁判官,出知明州,同修起居注,知谏院,改侍御史知杂事,知制诰,寻直学士院。出知陈州,知杭州
钱公辅	常州武进	第进士甲科	通判越州,为集贤校理、同判吏部南曹。历开封府推官、户部判官、知明州。同修起居注,进知制诰。擢副枢密。谪为滁州团练使,起知广德军。神宗立,拜天章阁待制、知邓州,复知制诰。知谏院。罢谏职,旋出知江宁府。徙扬州。以病乞越,改提举崇福观
孙洙	广陵	未冠擢进士	迁集贤校理、知太常礼院。兼史馆检讨、同知谏院。知海州。寻干当三班院。同修起居注,进知制诰,翰林学士
丰稷	明州鄞县	登第	谷城令,知封丘,监察御史,著作佐郎、吏部员外郎,提点利州、成都路刑狱,殿中侍御史,国子司业、起居舍人,太常少卿、国子祭酒,知颍州、江宁府,知河南府,御史中丞,工部尚书兼侍读,改礼部,以枢密直学士守越
吕诲	开封	进士第	由屯田员外郎为殿中侍御史,以宣使判延州,出知江州,召为侍御史改同知谏院,兵部员外郎兼侍御史知杂事,知蕲州、知晋州、知河中府,御史中丞,出知邓州
刘述	湖州	举进士	御史台主簿,知温、耀、真三州,提点江西刑狱,兵部员外郎,改荆湖南北、京西转运使,刑部郎中,侍御史知杂事,吏部郎中,出知江州,提举崇禧观
刘琦	宣城		以都官员外郎通判忻州,贬为通判邓州而卒
钱顗	常州无锡		宁海军节度推官,知赣、乌程二县,以金部员外郎为殿中侍御史里行

续表

姓名	籍贯	出身	任职经历
郑侠	福州福清	进士高第	调光州司法,监安上门
何郯	本陵州人,徙成都	进士第	由太常博士为监察御史,转监察御史,转殿中侍御史,加直龙图阁、知汉州,进集贤院修撰、知梓州,擢天章阁待制,还判银台司,迁龙图阁直学士,为河东都转运使,历知永兴、河南,再知梓州,提举成都玉局观
吴中复	兴国永兴	进士及第	知峨眉县,通判潭州,监察御史,殿中侍御史,知泽州、瀛洲,移河东都转运使,知江宁府,历成德军、成都府、永兴军,提举玉龙观,起知荆南
陈荐	邢州沙河	举进士	华阳尉。从韩琦定州、河东幕府。秘阁校理、判登闻检院、知太常礼院,天章阁待制,知制诰、知谏院,龙图阁直学士、河北都转运使,判流内铨,太常寺、权主管御史台,出知蔡州,召为宝文阁学士兼侍读,进资政殿学士,提举崇福宫
王猎	长垣	累应进士不第	永兴蓝田主簿,徙林虑令,入为吴王潭王宫教授、睦亲广亲宅讲书、诸王侍讲。拜天章阁待制兼侍讲。龙图阁直学士、知滑州
孙思恭	登州	擢第	宛丘令,国子直讲,加秘阁校理,侍讲,直集贤院,擢天章阁待制,出知江宁府、邓州,移单州,管干南京留司御史台
齐恢	蒲阴	进士第	历通判陈州,提点成都府路刑狱,徙河东。户部判官。出知相州,纠察在京刑狱
杨绘	绵竹	进士上第	通判荆南。以集贤校理为开封推官,知眉州,徙兴元府,召修起居注、知制诰、知谏院,翰林学士、御史中丞,罢为侍读学士、知亳州,历应天府、杭州。再为翰林学士。贬荆南节度副使。起知兴国军。再知杭州

续表

姓名	籍贯	出身	任职经历
刘庠	彭城	荫补,复中进士第	将作监主簿,高密广平院教授,监察御史里行,殿中侍御史,右司谏,除集贤院修撰,河东转运使,天章阁待制、河北都转运使,移知真定府,又为河东都转运使,召知开封府,龙图阁直学士、知太原府,知成都府,徙秦州,降知虢州,移江宁府、滁州、永兴军,枢密直学士、知渭州
朱京	南丰	进士甲科	教授亳州、应天府,入为太学录,监察御史,湖北、京西、江东转运判官,提点淮西刑狱
张亢	家于临濮	进士及第	为广安军判官、应天府推官。改大理寺丞、签书西京判官事。通判镇戎军,起为如京使、知安肃军。知渭州,知鄜州,知瀛州,知代州。降知磁州。知寿州,知和州,知筠州。知卫州,知怀州
景泰	普州	进士起家	补坊州军事推官,尚书屯田员外郎通判庆州,迁都官,知成州,换左藏库使,知宁州,徙原州
蒋偕	华州郑县	举进士	补韶州司理参军,以秘书省著作佐郎为大理寺详断官。通判同州,历知汾、泾二州,徙知原州。迁北作坊使兼本路钤辖。知忻州,徙冀州。降知霸州,知恩州。降知坊州
史方	开封	应《周易》学究不中	三班奉职,右班殿直。知邵州,知澧州,迁右侍禁
卢鉴	金陵	累举进士不中	三班奉职。知仪州。知利州。提点河东路刑狱,历知保州、广信军、原州,知庆州,知环州。知丹州。环庆路钤辖兼知环州,知秦州
李渭	其先西河人,后家河阳	进士起家	临颍县主簿,太常博士。郓州兵马都监,徙知宪州,又知凤州兼阶、成州钤辖。迁军器库副使,历知原、环、庆三州。贬为知汝州,知磁州

续表

姓名	籍贯	出身	任职经历
王果	深州饶阳	举明法	历大理寺详断官，审刑院详议官。知永宁军，知保州。知陇州。知定州，徙知密州。又知忻州、鄜州，知沧州
郭谘	赵州平棘	举进士	历通利军司理参军、中牟县主簿，改大理寺丞、知济阴县。迁殿中丞、知馆陶县。擢通判镇戎军，为崇仪副使、提举黄御河堤岸。知丹、利二州。知冀州，徙忻州，除益州路兵马钤辖，累迁英州刺史，鄜延路兵马钤辖，以西上阁门使知潞州
侍其曙		荫补	殿前承旨，改右班殿直。咸平中，以阁门祇侯为苏、杭、湖、秀等州都巡检使。迁左侍禁，领东西排岸司。改内殿崇班。迁内殿承制，再迁如京副使、知登州。知桂州，知滑州，知郓州
康德舆	河南洛阳	荫补	三班奉职。知原州、庆州，知保州，徙真定府定州路总管，历知代、石、仪三州。复领果州团练使、知冀州，徙赵州。徙陈州钤辖
张昭远	沧州无棣		擢左班殿直、寄班祗候。知狄山军。知瀛州，知定州，知雄州。知成德军，知代州
王安石	抚州临川	进士上第	擢签书淮南判官，再调知鄞县，通判舒州。为群牧判官，知常州。移提点江东刑狱，入为度支判官，纠察在京刑狱，知江宁府，参知政事，罢为观文殿大学士
王安礼	抚州临川	早登科	著作佐郎、崇文院校书。迁直集贤院，出知润州、湖州，召为开封府判官直舍人院、同修起居注。进知制诰。以翰林学士知开封府，拜中大夫、尚书右丞。转左丞。以端明殿学士知江宁府，加资政殿学士，历扬、青、蔡三州。失学士，移舒州。还职，知永兴军。知太原府

续表

姓名	籍贯	出身	任职经历
李清臣	魏县	举进士	调邢州司户参军、和川令。以秘书郎签书平江军判官集贤校理、同知太常礼院。通判海州。久之,还故官,出提点京东刑狱。同修起居注,进知制诰、翰林学士。拜吏部尚书。右正言,朝奉大夫。拜尚书右丞,尚书左丞。罢为资政殿学士、知河阳,徙河南、永兴。知真定府。拜中书侍郎。以大学士知河南,寻落职知真定府。坐夺学士。徽宗立,入为门下侍郎,出知大名府
安焘	开封	登第	蔡州观察推官。荆湖北路转运判官、提点刑狱兼常平、农田水利、差役事。移使京东路。知审刑院,知陈州。户部尚书,知枢密院事。知郑州,徙颍昌及河南府,知大名
张璪	滁州全椒	未冠登第	历凤翔法曹、缙云令。同编修中书条例,授集贤校理、知谏院、直舍人院。以集贤殿修撰知蔡州,复知谏院兼侍御史知杂事。出知河阳。翰林学士,拜参知政事,改中书侍郎。以资政殿学士知郑州,徙河南、定州、大名府,进大学士,知扬州
蒲宗孟	阆州新井	进士第	调夔州观察推官。著作佐郎。馆阁校勘、检正中书户房兼修条例,进集贤校理。馆阁校勘、检正中书户房兼修条例,进集贤校理。尚书左丞
黄履	邵武	举进士	调南京法曹,监察御史里行。同修起居注,进知制诰、同修国史。以礼部尚书召对阙中。迁御史中丞。徙为翰林学士。知越州,历舒、洪、苏、鄂、青州、江宁、应天、颍昌府。御史中丞。尚书右丞。罢知亳州。召为资政殿学士兼侍读,复拜右丞

续表

姓名	籍贯	出身	任职经历
蔡挺	宋城	进士第	调虔州推官。陵州团练推官。通判泾州，徙鄜州。知博州。开封府推官、提点府界公事。降知滁州，贬秩停官。稍起知南安军，提点江西刑狱，提举虔州盐。改陕西转运副使，进直龙图阁、知庆州，加天章阁待制、知渭州。右谏议大夫。龙图阁直学士。枢密副使
王韶	江州德安	进士第	调新安主簿、建昌军司理参军。管干秦凤经略司机宜文字。改著作佐郎，太子中允、秘阁校理。进右正言、集贤殿修撰。以龙图阁待制知熙州。进左谏议大夫、端明殿学士。观文殿学士、礼部侍郎。召为枢密副使。罢职知洪州，落职知鄂州。复知洪州
薛向		荫补	太庙斋郎，为永寿主簿，权京兆户曹。邠州司法参军。知鄜州。河北提点刑狱。入为开封度支判官，权陕西转运副使、制置解盐。罢知汝州。甫数月，复以为陕西转运副使，进为使。罢知绛州，再贬信州，移潞州。以为江、浙、荆、淮发运使。迁天章阁待制。权三司使。右谏议大夫。进龙图阁直学士。加枢密直学士、给事中、知定州。召同知枢密院。斥知颍州。又改随州
章楶	建州浦城	荫补， 后试礼部第一	孟州司户参军。知陈留县，陕西提举常平，京东转运判官，提点湖北刑狱，成都路转运使。以直龙图阁知庆州。知同州。知应天府，知广州。知渭州。知河南。拜同知枢密院事，授资政殿学士、中太一宫使

续表

姓名	籍贯	出身	任职经历
邓绾	成都双流	举进士,为礼部第一	稍迁职方员外郎。通判宁州。除集贤校理、检正中书孔目房,寻同知谏院。迁侍御史知杂事、判司农寺。擢御史中丞。加龙图阁待制。迁翰林学士,仍为中丞。斥知虢州。逾岁,为集贤院学士、知河阳,元丰中,以待制知荆南、陈、陕,徙永兴军,改青州。进龙图阁直学士、知邓州。徙扬州
李定	扬州	登进士第	为定远尉、秀州判官。知谏院,遂拜太子中允、监察御史里行。以集贤校理、检正中书吏房、直舍人院同判太常寺。加集贤殿修撰、知明州。召拜宝文阁待制、同知谏院,进知制诰,为御史中丞。罢知河阳,留守南京,召为户部侍郎。以龙图阁学士知青州,移江宁府。谪居滁州
舒亶	明州慈溪	试礼部第一	调临海尉。审官院主簿。迁奉礼郎。擢为太子中允、提举两浙常平。权监察御史里行。加集贤校理。同修起居注,改知谏院。进知杂御史、判司农寺,超拜给事中、权直学士院。逾月,为御史中丞。知南康军
蹇周辅	成都双流	特奏名,再举进士	知宜宾、石门二县,通判安肃军,为御史台推直官。擢开封府推官,出为淮南转运副使,改使福建。大理寺少卿,迁三司度支副使。以集贤殿修撰为河北都转运使,进宝文阁待制,召为户部侍郎、知开封府。刑部侍郎。罢知和州。徙庐州
徐铎	兴化莆田	熙宁进士第一	签书镇东军判官,以给事中直学士院。迁礼部侍郎。以龙图阁待制知青州。落职知湖州。拜礼部尚书。进吏部尚书
王广渊	大名成安	进士	大理法直官、编排中书文字。除直集贤院。为群牧、三司户部判官,加直龙图阁。出知齐州,改京东转运使,徙使河东,擢宝文阁待制、知庆州。进龙图阁直学士、知渭州

续表

姓名	籍贯	出身	任职经历
王陶	京兆万年	进士第	太常丞,除太子中允。为监察御史里行。知卫州,改蔡州。明年,复以右正言召。知永兴军。枢密直学士,拜御史中丞。徙翰林学士,旋出知陈州,入权三司使。以侍读学士知蔡州,历河南府、许、汝、陈三州
王子韶	太原	中进士第	擢监察御史里行,出知上元县,迁湖南转运判官。贬知高邮县。由司农丞提举两浙常平。入礼部员外郎,以入省后期,改库部。历吏部郎中、卫尉少卿,迁太常谏官。改卫尉卿。出知沧州。入为秘书少监。又出知济州,复以太常少卿召,进秘书监,拜集贤殿修撰、知明州
何正臣	临江新淦	赐出身, 复中进士第	为御史里行。得五品服,领三班院。加直集贤院,擢侍御史知杂事。除宝文阁待制、知审官东院,尚书省建为吏部侍郎。出知潭州。后历刑部侍郎、知宣州
陈绎	开封	中进士第	为馆阁校勘、集贤校理,同判刑部,为陕西转运副使,入直舍人院、修起居注、知制诰,拜翰林学士,以侍讲学士知邓州。召知通进、银台司,权开封府。出知滁州。郊祀恩,复知制诰,言者再论之,得秘书监、集贤院学士。知广州。加龙图阁待制、知江宁府,贬建昌军
任颛	青州寿光	举进士, 得同学究出身	卫尉丞。擢盐铁判官。出为京西转运使,改知凤翔府。留判三司凭由司。进直史馆,迁河东转运使。入为盐铁副使,擢天章阁待制。知潭州。进龙图阁直学士、知渭州。降为待制。还学士,徙徐州,以太子宾客致仕

续表

姓名	籍贯	出身	任职经历
李参	郓州须城	荫补	以荫知盐山县。通判定州,知荆门军。历知兴元府,淮南、京西、陕西转运使。召为盐铁副使,以右谏议大夫为河北都转运使。移使河东,知荆南。群牧使。加集贤院学士、知瀛州。再迁枢密直学士、知秦州。判西京御史台,起知曹、濮二州
郭申锡	魏县	进士第	晋陵尉。知博州。御史台推直官。迁知庆州事。召为侍御史,遂知杂事。盐铁副使。黜知濠州。旋加直史馆、知江宁府,再副盐铁,进天章阁待制、知邓州河中。以给事中致仕
傅求	考城	进士甲科	通判泗州。徙大名府。擢知宿州,提点江西、益州刑狱,为梓州路转运使。进秩,徙陕西。召为户部副使。进天章阁待制,陕西都转运使,加龙图阁直学士、知庆州。入判太常寺,权发遣开封府,迁枢密直学士、知定州,复以龙图阁学士权开封。出知兖州
张景宪	河南	荫补	淮南转运副使。徙京西、东转运使。户部副使。加集贤殿修撰,为河东都转运使。改知瀛州,知河阳。徙同州,以太中大夫卒
窦卞	曹州冤句	进士第二	通判汝州。知绛州,开封府推官。知深州。进天章阁待制,判昭文馆、将作监。夺职,提举灵仙观
张瑰	滁州全椒		除秘阁校理、同知太常礼院。判吏部南曹,为开封府推官、知洪州。徙两浙转运使,加直史馆、知颍州、扬州,即拜淮南转运使。入修起居注、知制诰。出知黄州。还判流内铨。进左谏议大夫、翰林侍读学士。出濠州。历应天府、河南、河阳,请为太平州

续表

姓名	籍贯	出身	任职经历
孙瑜	博平	荫补	将作监主簿，为崇文检讨、同知礼院、开封府判官。加秘阁校理、两浙转运使。下迁知曹州。还其元资，徙知蔡州。更相、兖、潍、单四州，累官工部侍郎
许遵	泗州	第进士，又中明法	擢大理寺详断官、知长兴县。为审刑院详议官，知宿州、登州。出知寿州，再判大理寺，请知润州，又请提举崇福宫。寻致仕
卢士宗	潍州昌乐	举《五经》	历审刑院详议、编敕删定官，提点江西刑狱。加直龙图阁、天章阁待制、判流内铨。进龙图阁直学士、知审刑院、通进银台司。出知青州，知沂州。以礼部侍郎致仕
钱象先	苏州	进士高第	权大理少卿，河北、江东转运使。进待制、知审刑院，加龙图阁直学士，出知蔡州。徙知河南府、陈州，复兼侍讲、知审刑院。复知许、颍、陈三州，以吏部侍郎致仕
韩璹	卫州汲县	登进士第	知定州安喜县。为开封司录。提点利州路、河北刑狱，梓州路转运使。入为盐铁副使，以右谏议大夫知澶州。降太常少卿。复故官太中大夫，判将作监，转正议大夫致仕
杜纯	濮州鄄城	荫补	泉州司法参军。审刑详议官。检详三司会计。监池州酒。久之，为大理正。除河北转运判官。召为刑部员外郎、大理少卿，擢侍御史。改右司郎中，寻知相州，徙徐州，陕西转运使。还，拜鸿胪、光禄卿，权兵部侍郎，谢病，以集贤院学士提举崇福宫，改修撰
杜常	卫州	中进士第	调河阳司法参军事。河东转运判官，提点河北刑狱，知梓、青、郓、徐州、成德军。崇宁中，至工部尚书，以龙图阁学士知河阳军

续表

姓名	籍贯	出身	任职经历
谢麟	建州瓯宁	登第	调会昌令。再调石首令,通判辰州。由太常博士改西上阁门副使。加果州刺史,知荆南、泾、邠二州。以朝议大夫、直秘阁知潭州,加直龙图阁,历徙江宁、凤翔府、渭桂二州
王宗望	光州固始	荫补	夔州路转运副使。河北都转运使,知郓州
王吉甫	同州	举明经,练习法律,试断刑入等	为大理评事,累迁丞、正、刑部员外郎、大理少卿。知齐州、梓州。历提点梓州路京畿刑狱、开封少尹、知同、邢、汉三州
孙长卿	扬州		秘书省校书郎。迁官知楚州粮料院。通判河南府。知和州,提点益州路刑狱,江东、淮南、河北转运使。改陕西都转运使。逾年,知庆州。加集贤院学士、河东都转运使,拜龙图阁直学士、知定州。转兵部侍郎
周沆	青州益都	进士第	知渤海县。通判凤翔,初置江西转运判官。知沂州。历开封府推官。湖南转运使,加直史馆、知潭州。河东转运使。陕西都转运使,改河北。徙河东转运使,知庆州。进枢密直学士、知成德军。以户部侍郎致仕
李中师	开封	举进士	集贤校理、提点开封府界。擢度支判官,为淮南转运使。徙河东转运使,陕西都转运使,知澶州、河南府。召为群牧使。权发遣开封府
罗拯	祥符	进士第	历官知荣州。选知秀州,为江西转运判官、提点福建刑狱。迁转运使改江、淮发运副使。转为使。加天章阁待制。居职七年,徙知永兴军、青、颍、秦三州

续表

姓名	籍贯	出身	任职经历
马仲甫	庐江	举进士	知登封县。通判赵州,知台州,为度支判官。出为夔路转运使。徙使淮南。由户部判官为发运使。拜天章阁待制、知瀛州秦州。守亳、许、扬三州,纠察在京刑狱,复知扬州
王居卿	登州蓬莱	进士	知齐州,提举夔路、京东刑狱。知扬州,改京东转运使。河北都转运使。知秦州、太原府
孙构	博平	中进士第	广济军判官,知黎州,擢知真州。迁度支判官。录功加直昭文馆。徙湖北转运使。进集贤殿修撰,赐三品服。拜右谏议大夫、知桂州。以疾提举崇福宫
张诜	建州浦城	进士第	通判越州。知襄邑县,擢夔路转运判官。加直集贤院,改陕西转运副使。直龙图阁、知秦州。迁天章阁待制、知熙州。加龙图阁直学士、知成都府,徙杭州。累官正议大夫
苏寀	磁州滏阳	擢第	兖州观察推官。为大理详断官。知单州,提点梓州益州路刑狱,利州路转运使。湖北、淮南、成都路转运使,知凤翔。纠察在京刑狱,又出知潭州、广州,知河南府。入知审刑院
马从先	祥符	进士	由进士累官太常少卿、知宿州。知寿州,由太子宾客转工部侍郎致仕
沈遘	钱塘	荫补, 举进士廷试第二	以荫为郊社斋郎。通判江宁府,除集贤校理,修起居注,知制诰。知越州,徙杭州。召知开封府,迁龙图阁直学士,拜翰林学士、判流内铨
李大临	成都华阳	登进士第	为绛州推官。知广安军,徙邛州。开封府推官,纠察在京刑狱。以工部郎中出知汝州。徙知梓州,加集贤殿修撰,复天章阁待制
吕夏卿	泉州晋江	举进士	为江宁尉。直秘阁、同知礼院。历史馆检讨、同修起居注、知制诰。出知颍州

续表

姓名	籍贯	出身	任职经历
祖无择	上蔡	进士高第	知南康军、海州,提点淮南广东刑狱、广南转运使。知袁州。权知开封府,知郑、杭二州。知信阳军
程师孟	吴县	进士甲科	累知南康军、楚州,提点夔路刑狱。徙河东路。为度支判官,知洪州。判三司都磨勘司。出为江西转运使。加直昭文馆、知福州。徙广州。为给事中、集贤殿修撰、判都水监。知越州、青州
张问	襄阳	进士起家	通判大名府。擢提点河北刑狱。徙江东、淮南转运使,加直集贤院、户部判官,复为河北转运使。河东转运使。贬知光化军,复为河北转运使。知沧州。历知河阳、潞州。元祐初,为秘书监、给事中,累官正议大夫
苗时中	其先自壶关徙宿州	荫补	以荫主宁陵簿。调潞州司法参军。以司农丞使梓州路,广西转运副使,梓州转运副使。河东转运使,知桂州,户部侍郎
韩贽	齐州长山	登进士第	殿中侍御史。知睦州。改知谏院,进天章阁待制。出知沧、瀛二州,迁龙图阁直学士、河北都转运使。入判都水监,权开封府。知河南府,还知审刑院、纠察在京刑狱,知徐州,以吏部侍郎致仕
楚建中	洛阳	进士第	知荥河县。主管鄜延经略机宜文字。提点京东刑狱。夔路、淮南、京西转运使。知沧州。陕西都转运使,知庆州、江宁、成德军
张颉	先金陵人,徙鼎州桃源	进士第	调江陵推官。知益阳县,累迁开封府判官、提点江西刑狱、广东转运使。寻擢江、淮制置发运副使,改知荆南,复徙广西转运使。以直集贤院知齐、沧二州,进直龙图阁、知桂州。罢职知均州。知凤翔、广州,召为户部侍郎。以宝文阁待制出为河北都转运使,徙知瀛州

续表

姓名	籍贯	出身	任职经历
卢革	湖州德清	十六登第	知龚州。知婺、泉二州,提点广东刑狱、福建湖南转运使。知宣州。以光禄卿致仕
滕元发	东阳	举进士	通判湖州。开封府推官。知谏院。御史中丞。除翰林学士、知开封府。以翰林侍读学士出知郓州。徙定州。历青州、应天府、齐、邓二州。黜为池州,未行,改安州,为湖州。知苏州,知扬州
李师中	楚丘	举进士	知洛川县,转太子中允、知敷政县,权主管经略司文字。提点广西刑狱。知济、兖二州。迁直史馆、知凤翔府。拜天章阁待制、河东都转运使。削职知舒州。徙洪、登、齐,复待制、知瀛州。贬和州团练副使安置。还右司郎中
陆诜	余杭	进士起家	签书北京判官。加集贤校理、通判秦州。判太常礼院、吏部南曹,提黠开封县镇。提点陕西刑狱。徙湖南、北转运使,直集英院,进集贤殿修撰、知桂州。召为天章阁待制、知谏院,道除知延州,徙知秦凤。罢知晋州。知真定,改龙图阁学士、知成都
赵卨	邛州依政	进士第	汾州司法参军。郭逵宣抚陕西,辟掌机宜文字。又徙逵帅鄜延。除集贤校理。迁提点陕西刑狱。权宣抚判官。加直龙图阁、知延州。擢天章阁待制。降为直龙图阁、知桂州。后复天章阁待制、权三司使。为河东转运使,黜知相州。既而镌职知淮阳军,居数月,尽复故职。知庆州。迁龙图阁直学士,复帅延安。迁枢密直学士。拜端明殿学士,迁太中大夫

续表

姓名	籍贯	出身	任职经历
孙路	开封	进士及第	司农丞。通判河州,徙兰州。除陕西转运判官。为吏部、礼部员外郎,侍讲徐王府。迁右司郎中,以直龙图阁知庆州。加宝文阁待制。进龙图阁直学士,徙知熙州。召拜兵部尚书,以龙图阁学士知成都。未行,坐他事削职,知兴国军。历太原、河南、永兴军、河中府
游师雄	京兆武功	进士第	仪州司户参军,迁德顺军判官。为宗正寺主簿。迁军器监丞。陕西转运判官、提点秦凤路刑狱。陕西转运使。知邠州,改河中府,知熙州,徙知陕州
穆衍	河内人,徙河中	进士第	调华池令。后知淳化。改陕西转运判官,金部、户部员外郎。三迁左司郎中。以直秘阁为陕西转运使,加直龙图阁、知庆州,徙延安
杨佐	家于宣	及进士第	陵州推官,累迁河阴发运判官、干当河渠司,出为江、淮发运使。召为盐铁副使,拜天章阁待制,复判都水,知审官院,权发遣开封府
李兑	许州临颍	登进士第	由屯田员外郎为殿中侍御史。改同知谏院。进侍御史知杂事,擢天章阁待制、知谏院。出知杭州
沈立	历阳	举进士	签书益州判官,提举商胡埽。迁两浙转运使。召为户部判官。迁京西北转运使,加集贤修撰、知沧州,进右谏议大夫、判都水监. 出为江、淮发运使。知越州、杭州、审官西院、江宁府
张掞	齐州历城	举进士	知益都县。知莱州掖县。通判永兴军,为集贤校理,四迁为龙图阁直学士、知成德军。入判太常、司农寺,户部侍郎致仕

续表

姓名	籍贯	出身	任职经历
张焘	濮州临濮	举进士	通判单州。知沂、潍二州。复提点河北刑狱，摄领澶州，复提点河东、陕西、京西刑狱，淮南转运使，户部副使，迁天章阁待制、陕西都转运使。加龙图阁直学士、知成都府，改知瀛州。判太常寺，知邓、许二州，复判太常，知通进、银台司，提举崇福宫，由给事中易通议大夫
俞充	明州鄞人	登进士第	淮南转运副使，成都路转运使。召判都水监、进直史馆，加集贤殿修撰、提举市易，天章阁待制、知庆州
刘瑾	吉州	进士第	为馆阁校勘。通判睦州，为淮南转运副使。河北转运使，拜天章阁待制、知瀛州，镇广州，改虔州。废于家。逾年，复待制、知江州，历福州、秦州、成德军
阎询	凤翔天兴	擢进士第，书判拔萃科	累迁秘书丞，为监察御史里行，降监河阳酒税，累迁为盐铁判官。加直龙图阁、知梓州。徙河东转运使，进集贤殿修撰、知河中府，罢职知商州。转右谏议大夫，改邠、同二州，提举上清太平宫
葛宫	江阴	举进士	授忠正军掌书记，召试学士院，进两阶。知南充县，徙知滁、秀二州，积官秘书监、太子宾客。转工部侍郎
张田	澶渊	登进士第	知应天府司录，通判广信军，谪监郢州税。久之，通判冀州。摄度支判官。出知蕲州。俄提点湖南刑狱，改知湖州，徙庐州，移桂州。熙宁初，加直龙图阁、知广州
荣諲	济州任城	举进士	盐铁判官，为开封府判官。知澶州。京东转运使，又使成都府路。知洪州
李载	黎阳	登进士第	调冀州推官。知大名冠氏县，知齐州。为信阳军。改常州。知祥符县，历知虢州、涟水军
姚涣	世家长安，家普州	进士第	监益州交子务，知峡州。徙知涪州，终光禄卿

续表

姓名	籍贯	出身	任职经历
朱景	河南偃师	举进士	调荥泽簿,知陇州汧源县。累迁知汝州,知寿州,秩禄视提点刑狱。再迁光禄卿
李琮	江宁	登进士第	调宁国军推官,知阳武县,擢利州路、江东转运判官,以户部判官使江、浙,进度支判官,淮南转运副使,徙梓州路,黜知吉州,历相、洪、潞三州,入为太府卿,迁户部侍郎,以宝文阁待制知杭州、永兴军、河南、瀛州
朱寿隆	密州诸城	荫补	以荫知九陇县,知宿州,提点广西刑狱,历盐铁度支判官、夔路转运使,复为盐铁判官、京东转运使,以少府监知扬州
卢士宏	新郑	荫补	以父任屡更州县,所至著清名,知信阳军,徙知汉州,知洋州,由三司开拆司理夔州路转运使,知广州,知郑州,未几,以光禄卿致仕
单煦	平原	举进士	举进士,知洛阳县,转知昌州,徙清平军使,为御史台推直官,乞外迁,知濮、合二州,累官光禄卿
杨仲元	管城	进士第	调宛丘主簿,知泽州沁水县,知郧乡县,历知光、虞、虢三州,官光禄卿,改中散大夫
余良肱	洪州分宁	进士第	调荆南司理参军,改大理寺丞,出知湘阴县,知虔州,知南康军,为三司使判官,改知明州,留提举汴河司,改太常少卿、知润州,光禄卿、知宣州
潘夙	郑王美从孙	荫补	授仁寿主簿,知韶州,擢江西转运判官,提点广西、湖北刑狱,迁转运使,徙知滑州,改湖北转运使,知桂州,谪监随州酒税。起知光化军,易端州刺史,再迁徙鄜州。召对,还司封郎中、直昭文馆,复知桂州,徙河北转运使,历度支、盐铁副使,知河中府,知潭州。再迁光禄卿,知荆南、鄂州

续表

姓名	籍贯	出身	任职经历
徐禧	洪州分宁	不事科举	授镇安军节度推官、中书户房习学公事。擢太子中允、馆阁校勘、监察御史里行。出为荆湖北路转运副使。元丰初，召知谏院。御史中丞，左迁为给事中
沈起	明州鄞县	进士高第	调滁州判官，与监真州转般仓。知海门县。监察御史。出通判越州，改知蕲、楚二州。京东提点刑狱。改开封府判官，为湖南转运使。召为三司盐铁副使，直舍人院。加集贤殿修撰、陕西都转运使。罢知江宁府。入知吏部流内铨。拜天章阁待制、知桂州。贬为团练使，安置郢州，徙越，又徙秀而卒
刘彝	福州	进士第	为邵武尉，调高邮簿，移朐山令。制置三司条例官属。除都水丞。为两浙转运判官。知虔州。加直史馆，知桂州。贬均州团练副使，安置随州
熊本	番阳	进士上第	抚州军事判官，稍迁秘书丞、知建德县。通判戎州，泰凤路都转运使。知制诰。除龙图阁待制、知桂州。知洪州，知杭州、江宁府，再知洪州
萧注	临江新喻	举进士	摄广州番禺令。擢礼宾副使、广南驻泊都监。知邕州。贬泰州团练副使。起为右监门将军、邠州都监。熙宁初，以礼宾使知宁州，知桂州
陶弼	永州		以功得阳朔主簿。调阳朔令。摄兴安令。知宾、容、钦三州，换崇仪副使，迁为使，知邕州。徙鼎州。知辰州，迁皇城使。授忠州刺史。康州团练使，复知邕州。西上阁门使，留知顺州

续表

姓名	籍贯	出身	任职经历
司马光	陕州夏县	宝元初,中进士甲科	签苏州判官事,签书武成军判官事,改大理评事,补国子直讲,馆阁校勘,同知礼院。通判并州。改直秘阁、开封府推官。修起居注,判礼部。同知谏院。改天章阁待制兼侍讲、知谏院。进龙图阁直学士,擢为翰林学士,以端明殿学士知永兴军,徙知许州,判西京御史台归洛,加资政殿学士,起知陈州,留为门下侍郎。拜尚书左仆射兼门下侍郎
吕公著	寿州	恩补奉礼郎,登进士第	召为翰林学士、知通进银台司。解银台司。起知河阳,除资政殿学士、定州安抚使。元祐元年,拜尚书右仆射兼中书侍郎。拜司空、同平章军国事
范镇	成都华阳	举进士,吏部奏名第一	调新安主簿,西京留守国子监东监直讲。召试学士院,为馆阁校勘。超授直秘阁,判吏部南曹、开封府推官。擢起居舍人、知谏院。罢知谏院,改集贤殿修撰,纠察在京刑狱,同修起居注,遂知制诰。出知陈州。神宗即位,复为翰林学士兼侍读、知通进银台司。以银青光禄大夫再致仕,累封蜀郡公
苏轼	眉山	试礼部	福昌主簿,除大理评事,签书凤翔府判官。入判登闻鼓院,权开封府推官,通判杭州,知密州,徙知徐州,知湖州,黄州团练副使,知登州,礼部郎中,起居舍人,翰林学士,侍讲,龙图阁学士知杭州,翰林承旨,知颍州,扬州,兵部尚书兼侍读,礼部尚书知定州,知英州,贬宁远军节度副使,惠州安置。又贬琼州别驾
苏辙	眉山	登进士科	商州军事推官,大名推官,河南推官,齐州掌书记,签书南京判官,谪监筠州盐酒税,知绩溪县。右司谏,中书舍人,吏部尚书,御史中丞,拜尚书右丞,进门下侍郎,知汝州

续表

姓名	籍贯	出身	任职经历
吕大防	蓝田	进士及第	冯翊主簿,永寿令。知青城县,盐铁判官,监察御史里行,出知休宁县,通判淄州,知泗州,为河北转运使,河东安抚判官,知制诰,知延州,知临江军,知华州,知泰州,徙永兴,知成都府,翰林学士权开封府,吏部尚书,尚书右丞,贬舒州团练副使安置循州
刘挚	永静东光	嘉祐中,擢甲科	历冀州南宫令。监察御史里行,擢侍御史。夺职知黄州,再贬光禄卿,分司南京,蕲州居住。贬鼎州团练副使,新州安置
苏颂	泉州南安,徙润州丹阳	进士第	历宿州观察推官、知江宁县。调南京留守推官。召试馆阁校勘,同知太常礼院。迁度支判官。命为淮南转运使。召修起居注,擢知制诰、知通进银台司、知审刑院。知婺州,知亳州,加集贤院学士、知应天府,权知开封府,贬秘书监、知濠州。知河阳,改知沧州。召判尚书吏部兼详定官制,拜刑部尚书,迁吏部兼侍读,拜右仆射兼中书门下侍郎
王存	润州丹阳	庆历六年进士	嘉兴主簿,上虞令,密州推官,国子监直讲,秘书省著作佐郎,知太常礼院,国史编修官,修起居注,右正言知开封府,枢密直学士,兵部尚书,户部尚书,中大夫,尚书右丞,知蔡州,知扬州,吏部尚书,除知大名府改知杭州
孙固	郑州管城	擢进士第	磁州司户参军,霍邑令,秘书丞,审刑详议官,工部郎中天章阁侍制,知通进银台司,出知澶州,知审刑院,知开封,同知枢密院事,知河阳,知河南府,徙郑州府,知枢密院事

续表

姓名	籍贯	出身	任职经历
赵瞻	亳州永城	举进士第	孟州司户参军,万泉令,知夏县,知永昌县,知威州,尚书屯田员外郎,侍御史,通判汾州,迁司封员外郎、知商州,提点陕西刑狱,开封府推官,出为陕西转运副使,改永兴军转运使、知同州,知沧州,户部侍郎、中大夫同知枢密院事
傅尧俞	郓州须城人,徙济源	登第	监西京税院事,知新息县,太常博士,监察御史,殿中侍御史,起居舍人,右司谏,同知谏院。出知和州,知庐州,河北转运使,改知江宁府,徙许州、河阳、徐州,给事中,吏部侍郎,御史中丞,知陈州,复为吏部侍郎、御史中丞
梁焘	郓州须城	举进士中第	编校秘阁书籍,迁集贤校理、通判明州,检详枢密五房文字。出知宣州,提点京西刑狱,召为工部郎中,迁太常少卿、右谏议大夫。出为集贤殿修撰、知潞州,召为左谏议大夫,以龙图阁直学士知郑州。入权礼部尚书,为翰林学士。拜尚书右丞,转左丞。罢为资政殿学士、同醴泉观使。改知颍昌府。绍圣元年,知郓州。黜知鄂州,再贬少府监。分司南京。明年,三贬雷州别驾,化州安置
王岩叟	大名清平	乡举、省试、廷对皆第一	调栾城簿、泾州推官,韩琦留守北京,辟管勾国子监,又辟管勾安抚司机宜文字,监晋州折博、炼盐务。知定州安喜县。监察御史,迁左司谏兼权给事中,侍御史,改起居舍人,不拜,以直集贤院知齐州,进权吏部侍郎、天章阁待制、枢密都承旨。中书舍人,复为枢密都承旨、权知开封府,拜枢密直学士、签书院事。罢为端明殿学士、知郑州,徙河阳

续表

姓名	籍贯	出身	任职经历
郑雍	襄邑	进士甲科	调兖州推官。召试秘阁校理、知太常礼院。通判峡州，知池州，复还太常礼院，历开封府判官。改嘉王、岐王府记室参军。用久次，以转运使秩留。擢为起居郎，进中书舍人，徙右谏议大夫，御史中丞，拜尚书右丞，改左丞。以资政殿学士知陈州，徙北京留守。夺职知郑州。数日，改成都府。元符元年，提举崇福宫
孙永	世为赵人，徙长社	荫补，擢进士第	荫补将作监主簿，调襄城尉、宜城令，太常博士，诸王侍讲，河北、陕西都转运使，知秦州，降天章阁待制、知和州，以详定编敕审官东院召还，复学士、知瀛洲，枢密直学士、知开封府，罢为提举中太一宫，判军器监，知太原，判将作监，端明殿大学士，起知陈州，徙颍昌
元绛	钱塘	再举登第	调江宁推官，摄上元令。知永新县，知通州海门县，擢江西转运判官、知台州，度支判官，以直集贤院为广东转运使，两浙、河北转运使，知福州，徙广、越、荆南，知开封府，参知政事。罢知亳州、知颍州。明年，加资政殿学士、知青州，过都，留提举中太一宫。太子少保致仕
许将	福州闽县	举进士第一	签书昭庆军判官，通判明州。进知制诰，知审官西院、直学士院、判尚书兵部，进翰林学士、权知开封府。黜知蕲州。以龙图阁待制起知秦州，改扬州，又改郓州。进翰林学士、权知开封府，黜知蕲州。明年，以龙图阁待制起知秦州，改扬州，又改郓州。召为兵部侍郎。知成都府。罢为资政殿学士、知定州，移扬州，又移大名府。入为吏部尚书。拜尚书左丞、中书侍郎

续表

姓名	籍贯	出身	任职经历
邓润甫	南康建昌	进士第	为上饶尉、武昌令。知谏院、知制诰。迁翰林学士。落职知抚州。移杭州,以龙图阁直学士知成都府。为吏部尚书。以龙图阁学士知亳州。除端明殿学士、礼部尚书。知蔡州,移永兴军。以兵部尚书召。拜尚书左丞
林希	福州	举进士	调泾县主簿,为馆阁校勘、集贤校理。同知太常礼院。通判秀州。历秘书少监、起居舍人、起居郎,进中书舍人。知苏州,更宣、湖、润、杭、亳五州。知成都府。迁礼部,吏部尚书、翰林学士,擢同知枢密院。罢知亳州,移杭州。旋以端明殿学士知太原府。徙大名。夺职知扬州,徙舒州
蒋之奇	常州宜兴	因伯父荫补,擢进士第	太常博士、监察御史,殿中侍御史,监道州酒税改监宣州税,福建转运判官,淮东转运副使,历江西、河北、陕西副使。进天章阁待制、知潭州。改集贤殿修撰、知广州,徙河北都转运使、知瀛州,户部侍郎,出知熙州,知开封府。知庆州,知杭州
陆佃	越州山阴	礼部奏名	蔡州推官,国子监直讲,吏部侍郎,礼部尚书,知颍州、邓州,知江宁府,知秦州,改海州,移知蔡州,礼部侍郎,吏部尚书,尚书右丞、左丞,罢知亳州
吴居厚	洪州	进士第	武安节度推官,大理丞,提举河北常平,京东转运判官、副使、都转运使,江淮发运使,户部侍郎、尚书,以龙图阁学士知开封府,罢知和州,知开封府,尚书右丞
温益	泉州	进士第	大宗正丞、利州路湖南转运判官,工部员外郎,出知福州,徙潭州,龙图阁待制知开封府,吏部尚书,尚书右丞

续表

姓名	籍贯	出身	任职经历
孙觉	高邮	登进士第	合肥主簿,右正言,通判越州,知通州,同修起居注,知审官院,出知广德军,徙湖州。徙庐州,改右司谏。知苏州,徙福州,连徙亳、扬、徐州。知应天府,太常少卿,秘书少监,右谏议大夫,吏部侍郎,御史中丞,龙图阁学士兼侍讲
李常	南康建昌	擢第	江州判官、宣州观察推官,右正言、知谏院,通判滑州,知鄂州,徙湖、齐二州,住南西路提点刑狱,太常少卿、礼部侍郎、户部尚书,御史中丞,出知邓州,徙成都
孔文仲	临江新喻	举进士	余杭尉,台州推官,秘书省校书郎,进礼部员外郎,中书舍人
李周	冯翊	登进士第	调长安尉。洪洞令,知云安县,通判施州,提点京西刑狱、职方郎中,太常少卿,秘书少监,陕西转运使,知邠州。徙凤翔府、河中府、陕州
鲜于侁	阆州	举进士	江陵右司理参军,调黟令,摄治婺源,通判绵州,签书永兴军判官,利州路转运判官,知扬州,罢主管西京御史台、太常少卿,左谏议大夫
顾临	会稽		国子监直讲,出权湖南转运判官,提举常平,开封府推官,知颍州,河东转运使、给事中,河北都转运使,历刑、兵、吏三部侍郎兼侍读,知定州,徙应天、河南府
李之纯	沧州无棣	登进士第	度支判官,江西转运副使,成都路转运使,右司郎中,太仆卿,知沧州,河北都转运使、知瀛州、知成都府,为户部,三迁御史中丞
王觌	泰州如皋	进士第	编修三司令式删定官,润州推官,司农寺主簿、丞,太仆丞,太常丞,右正言,进司谏,右司员外郎。出知润州、苏州,徙江淮发运使,刑、户二部侍郎,徙河阳,贬少府少监,分司南京,又贬鼎州团练副使,工部侍郎,御史中丞,以龙图阁学士知润州,徙海州

续表

姓名	籍贯	出身	任职经历
马默	单州成武	登进士第	调临濮尉,知须城县、监察御史里行,除知登州,知曹州,三司盐铁判官,出知济、兖二州,提点京东刑狱,知徐州,河北都转运使
刘安世	魏县	登进士第	洺州司法参军,秘书省正字,右正言,起居舍人兼右司谏,左谏议大夫
邹浩	常州晋陵	进士第	调扬州、颍昌府教授。太常博士,右正言
陈瓘	南剑沙县	中甲科	湖州掌书记,签书越州判官,摄通判明州,太学博士,秘书省校书郎,改知无为军,还为著作郎,迁右司员外郎兼权给事中,出知泰州,除名窜袁州、廉州,移郴州
任伯雨	眉州眉山	中进士第	调施州清江主簿,知雍丘县,大宗正丞,擢左正言,度支员外郎,寻知虢州,削籍编管通州
陈次升	兴化仙游	进士第	知安丘县,监察御史,提点淮南、河东刑狱,左司谏谪南安军,召为侍御史,右谏议大夫,知颍昌府,偏管循州
陈师锡	建州建阳	太学	昭庆军掌书记,知临安县,监察御史,出知宿迁县,秘书省校书郎,工部员外郎,提点开封县镇,罢知解州。历考功员外郎,知宣州、苏州,殿中侍御史,出知颍、庐、滑三州,监衡州酒
彭汝砺	饶州鄱阳	进士第一	保信军推官、武安军掌书记、潭州军事推官,大理寺丞,监察御史里行,江西转运判官,提点京西刑狱,权吏部尚书,知江州
吕陶	成都	进士第	铜梁令,知太原寿阳县,通判蜀州,知广安军,召为司门郎中,殿中侍御史,梓州边右谏议,右司郎中、起居舍人,中书舍人知陈州,徙河阳、潞州,贬库部员外郎,复集贤殿修撰、知杭州

续表

姓名	籍贯	出身	任职经历
张庭坚	广安军	进士高第	成都观察推官，通判汉州，著作佐郎，右正言。通判陈州，编管虢州，徙鼎州、象州，久之，复故官
龚夬	瀛州	进士	签书河阳判官，监察御史，通判相州，知洺州，拜殿中侍御史。削籍，编管房州等地
孙谔	睢阳	登进士第	哲信主簿，国子直讲，太常博士、丞，利梓路转运判官，礼部员外郎，右正言，出知广德军，徙唐州，提点湖南刑狱，右司谏，左司谏
陈轩	建州建阳	进士第二	平江军节度推官，礼部郎中，中书舍人，龙图阁待制知庐州，知杭州、江宁颍昌府，兵部侍郎兼侍读，龙图阁直学士知杭州、福州
江公望	睦州	进士	由太常博士拜左司谏，出知淮阳军，知寿州
常安民	邛州	入太学举进士	应天府军巡判官，成都府教授，知长洲县，大理、鸿胪丞，太常博士、丞，宗正丞，开封府推官、监察御史，通判温州，提点永兴军路刑狱
孙鼛	钱塘	荫补	武平尉，越州司法参军，知偃师县，签书西川判官、提举广东常平，福建转运判官召为屯田员外，出提点江东刑狱，少府少监、户部郎中，太仆卿、殿中少监，知曹州，徙郓州，提崇鸿庆宫，起知单州
吴时	邛州	进士	知华州郑县，工部员外郎，改礼部，太仆少卿。出知耀州，提举广东常平。中书舍人、给事中
李昭	济南	进士第	徐州教授，秘书省正字、校书郎，通判潞州，开封推官，提点永兴、京西、京东路刑狱，出知沧州
吴师礼	钱塘	太学上舍赐第	泾县主簿，知天长县，开封府推官。擢右司谏，改右司员外郎。知宿州

续表

姓名	籍贯	出身	任职经历
王汉之	衢州常山	进士甲科	秀州司户参军,知金华、渑池二县,知真州。开封府推官,历工、吏、礼三部员外郎,太常少卿。礼部侍郎,转户部,以显谟阁待制知瀛州。徙江宁、河南府.不至,而为苏、潭、洪三州。召拜兵部侍郎,知定州,知江宁
黄廉	洪州分宁	进士第	历州县。除司农丞。擢利州路转运判官,复丞司农。为监察御史里行,提点河东刑狱,户部郎中,左司郎,起居郎,召为户部郎中。进为左司郎中,迁起居郎、集贤殿修撰、枢密都承旨。改陕西都转运使。拜给事中
朱服	湖州乌程	熙宁进士甲科	知润州,徙泉、婺、宁、庐、寿五州。召为中书舍人,拜礼部侍郎。谪知莱州。加集贤殿修撰,再为庐州;越两月,徙广州。黜知袁州。贬海州团练副使,蕲州安置。改兴国军
张舜民	邠州	中进士第	为襄乐令。改监郴州酒税。以馆阁校勘为监察御史,左迁监登闻鼓院。通判虢州,提点秦凤刑狱。陕西转运使,知陕、潭、青三州。右谏议大夫,知定州,改同州
盛陶	郑州	进士第	监察御史,出签书随州判官,侍御史,出知汝州,徙晋州,太常少卿、礼部侍郎、中书舍人,以龙图阁待制知应天府、顺昌府、瀛州
章衡	浦城	进士第一	通判湖州,直集贤院,改盐铁判官,同修起居注。出知汝州、颍州,判太常寺,出知郑州,复判太常,知审官西院,知通进银台司、直舍人院,知澶州,徙知成德军,历秀、襄、河阳、曹、苏州,以待制知扬、庐、宣、颍州
颜复	鲁县	赐进士	校书郎、知永宁县,国子直讲。太常博士、礼部员外郎,进起居舍人兼侍讲,转起居郎,中书舍人兼国子监祭酒

续表

姓名	籍贯	出身	任职经历
孙升	高邮	进士第	签书泰州判官,监察御史、殿中侍御史,出知济州,提点京西刑狱,金部员外郎、殿中侍御史,侍御史,由起居郎擢中书舍人,直学士院,以天章阁待制知应天府,知房州、归州
韩川	陕县	进士上第	历开封府推官,监察御史,殿中侍御史知颍州,知颍州、知虢州。由坊州、郢州贬屯田员外郎,岷州团练副使,知青、襄二州
龚鼎臣	郓之须城	进士第	平阴主簿,孟州司法参军,秦宁军节度掌书记、举为秘书省著作佐郎、知莱芜县,徙知濮阳县,秘书丞,知安丘县,转太常博士、知渠州,起居舍人,同知谏院,判登闻检院。户部员外郎兼侍御史知杂事,转吏、礼二部郎中,知应天府,知江宁,判太常寺兼礼仪事,判吏部流内铨、太常寺,知兖州,复判太常寺,留守南京,谏议大夫、京东东路安抚使、知青州
郑穆	福州侯官	举进士	寿安主簿,国子监直讲,太常博士,通判汾州,诸王侍讲,出知越州,管勾杭州洞霄宫,给事中兼祭酒
席旦	河南	举进士	齐州司法参军,郑州河阳教授,敕令所删定官,右正言,右司谏,左转吏部员外郎,改太常少卿,迁中书舍人、给事中,御史中丞兼侍讲。知宣州,户部侍郎,还吏部,显谟阁直学士知成都府,知郑州,黜知滁州,复知成都,知永兴,复知成都
乔执中	高邮	入太学 擢进士	须城主簿,提举湖南常平,转运判官,司农丞,提点开封县镇,提点京西北路刑狱,吏部郎中,权给事中,任给事中、刑部侍郎
傅楫	兴化仙游	进士第	扬州司户参军,摄天长令,转福清丞,知龙泉县,太常博士,司封员外郎,历监察御史、国子司业、起居郎,拜中书舍人,龙图阁待制知亳州

续表

姓名	籍贯	出身	任职经历
沈畸	庐陵	进士第	调望江令,知高安县,改亲贤宅教授,提举淮西常平,将作少监、监察御史,改吏部员外郎,知蕲州
徐勣	宣州南陵	举进士	吴江尉,桂州教授,通判通州,宝文阁待制兼侍讲,中书舍人知太平州。加龙图阁直学士,留守南京
张汝明	世为庐陵,徙居真	入太学,登进士第	历卫真、江阴、宜黄、华阴四县主簿,杭州司理参军,亳州鹿邑丞,监察御史,司门员外郎,出通判宁化军,责监寿州麻步场。签书汉阳判官,晚知岳州
黄葆光	徽州黟县	赐进士出身	由徐州司理参军为太学博士、秘书省校书郎,擢监察御史、左司谏,徙符宝郎,复拜侍御史,贬知昭州立山县,职方员外郎、知处州
石公弼	越州新昌	登进士第	卫州司法参军,涟水丞、知广德县、宗正寺主簿,监察御史、殿中侍御史。由右正言改左司谏、侍御史,徙太常少卿,迁起居郎兼定王、嘉王记室、御史中丞,兵部尚书兼侍读,以枢密直学士知扬州,知襄州。责秀州团练副使、台州安置
毛注	衢州西安	举进士	知南陵、高苑、富阳三县,监察御史,主客员外郎、殿中侍御史、侍御史、左谏议大夫
洪彦升	饶州乐平	登第	常熟尉,郴州判官,签书镇东军节度判官,擢提举常平、监察御史、殿中侍御史,迁给事中,出知滁州,知吉州,知潭州
钟傅	饶州乐平	本书生	兰州推官,干当熙河、泾原、秦凤三路公事、责监永州税
陶节夫	饶州鄱阳	进士第	广州录事参军,知新会县,陕西转运副使、继知延安府。龙图阁直学士。徙洪州、江宁府,历青、秦二州,太原府。知永兴军

续表

姓名	籍贯	出身	任职经历
毛渐	衢州江山	进士第	知宁乡县,著作佐郎、知安化县,司农丞、提举京西南路常平,知高邮军、迁广东转运判官,徙荆湖北路转运判官,历提点江西刑狱、江东、两浙转运副使,加集贤校理,入为吏部右司郎中,陕西转运使
王祖道	福州	进士第	韩城尉,知松阳、白马二县,司农丞、监察御史,改司封员外郎,知汀、泉、福三州,入为户部、吏部员外郎,左司谏,出知海州,拜秘书少监、再为福州,加直龙图阁、知桂州
张庄	应天府	擢进士第	历提举司、讲议司检讨官,提举荆湖、夔州等路香盐事,改提举荆湖北路常平,荆湖北路提点刑狱,进龙图阁直学士、广南西路转运副使,知融州,知桂州,责舒州团练副使、永州安置,贬连州,移和州。起知荆南府,徙江宁,历知渭、亳、襄州、镇江东平府
赵遹	开封		以发运司勾当公事为梓州路转运司判官。加直秘阁。升转运副使,授龙图阁直学士,为转运正使。加龙图阁直学士、熙河兰湟经略安抚使,拜兵部尚书。以提举醴泉观兼详定一司敕令。出知成德军,拜延康殿学士。命提举嵩山崇福宫。起知中山、顺昌、应昌府
赵挺之	密州诸城	进士上第	通判德州,秘阁校理、迁监察御史,通判徐州,知楚州,国子司业,历太常少卿,权吏部侍郎,除中书舍人、给事中,礼部侍郎,御史中丞,吏部尚书拜右丞,进左丞、中书门下侍郎,尚书右仆射

续表

姓名	籍贯	出身	任职经历
张商英	蜀州新津		通川主簿,辟知南川县,以检正中书礼房擢监察御史,责监荆南税,馆阁校勘、检正刑房,责监赤岸盐税,开封府推官,出提点河东刑狱,右正言、左司谏,徙左司员外郎、责监江宁酒,起知洪州,为江淮发运副使,入权工部侍郎,迁中书舍人。河北转运使,降知随州,吏部、刑部侍郎,尚书右丞,转左丞,罢知亳州,削籍知鄂州。起知杭州,尚书右仆射
刘正夫	衢州西安	太学优选	太学录、太常博士,左司谏,起居舍人、中书舍人,给事中、礼部侍郎,知河南府。工部尚书、拜右丞,进中书侍郎
何执中	处州龙泉	进士高第	调台、亳州二州判官,知海盐县,太学博士,中书舍人、兵部侍郎。尚书右丞,中书门下侍郎,尚书左丞
郑居中	开封	进士	都官礼部员外郎,起居舍人,中书舍人,罢知和州,徙颍州、给事中、翰林学士,同知枢密院,知枢密院
张康国	扬州	进士第	知雍丘县,提举两浙常平,福建转运判官,吏部左司员外郎,起居郎,中书舍人、翰林学士,尚书左丞,知枢院事
朱谔	秀州华亭	进士第二	忠正军推官,太常丞、殿中侍御史,侍御史,给事中,御史中丞。兵、礼、吏三部尚书,拜右丞
刘逵	随州随县	进士高第	调越州观察判官,罢知亳州
林摅	福州人,徙苏	荫补	敕令检讨官,屯田、右司员外郎,起居舍人、作书舍人,出知颍州,开封尹,兵部尚书、同知枢密院、尚书左丞、中书侍郎,黜知滁州,知扬州,徙大名府,观文殿大学士、庆远军节度使
管师仁	处州龙泉	中进士第	通判醴州,知建昌军,擢右正言、左司谏,起居郎、中书舍人、给事中,工部侍郎,改吏部,进刑部尚书,知扬州、定州,吏部尚书、同知枢密院

续表

姓名	籍贯	出身	任职经历
侯蒙	密州高密	进士及第	宝鸡尉，知柏乡县，知襄邑县，监察御史，殿中侍御史，侍御史，迁刑部尚书，改户部、尚书左丞、中书侍郎，罢御史中丞，知亳州
唐恪	杭州钱塘	以荫登第	调郴尉，知榆次，提举河东常平、江东转运判官，右司员外郎、起居舍人，降直龙图阁、知梓州，知沧州，龙图阁待制、知扬州，户部侍郎，户部尚书，罢知滁州，以延康殿学士知潭州，知杭州
李邦彦	怀州	太学上舍	符宝郎、校书郎，出知河阳，起居郎，中书舍人、翰林学士承旨，尚书右丞、左丞，出知邓州，提举亳州明道宫
余深	福州	进士及第	太常博士，著作佐郎，监察御史、殿中侍御史，辟雍司业，吏部尚书拜尚书左丞，以资政殿学士知青州，复为门下侍郎，出为镇江军节度使、知福州，降中大夫，临江军居住
薛昂	杭州	登元丰八年进士第	太学博士、校书部、著作佐郎，殿中侍御史，中书舍人兼侍讲，给事中兼大司成，出知江宁，徙河南。久之，提举嵩山崇福宫。复自尚书右丞为左丞，迁门下侍郎授彰化军节度使、祐神观使，改特进，充资政殿大学士、知应天府。以金紫光禄大夫致仕
吴敏	真州	辟雍私试首选	擢浙东学事司干官，为秘书省校书郎，右司郎官。中书舍人、同修国史，改给事中，罢为古文殿修撰、提举南京鸿庆宫，复为给事中、权直学士兼侍讲，迁知枢密院事，出知扬州，再贬崇信军节度副使、涪州安置，提举洞霄宫，复观文殿大学士，为广西、湖南安抚使
王安中	中山阳曲	进士及第	瀛洲司法参军，大名县主簿，秘书省著作郎，自秘书少监除中书舍人御史中丞，尚书右丞，左丞，授庆远军节度使、河北河东燕山府路宣抚使、知燕山府

续表

姓名	籍贯	出身	任职经历
王襄	邓州南阳	擢进士第	库部员外郎,光禄少卿,出察访陕西。还,为显谟阁待制、权知开封府。迁龙图阁直学士、吏部侍郎,出知杭州;未至,改海州;又改应天府,徙郓州。召为礼部尚书,移兵部,出知颍州,改永兴军。徙汝州,俄夺学士,提举南京鸿庆宫。以集贤殿修撰知潭州,改兵部侍郎,使高丽。历工部、吏部尚书,拜同知枢密院事。以延康殿学士罢知亳州;提举嵩山崇福宫。久之,起知郢州,复学士秩,寻加资政殿学士,徙知淮宁府,复提举崇福宫。起为河南尹,知河南府,降宁远军节度副使,永州安置
赵野	开封	登进士第	监察御史、居殿中侍御史,试起居舍人兼太子舍人,中书舍人、给事中、大司成,拜刑部尚书、翰林学士,尚书右丞,升左丞,门下侍郎,提举嵩山崇福宫,降安远军节度副使,邵州安置。复起知密州
曹辅	南剑州	进士第	以通仕郎中词学兼茂科,历秘书省正字,编管郴州,监察御史、殿中侍御史,左谏议大夫、御史中丞,签书枢密院事
耿南仲	开封	登第	提举两浙常平、河北西路,改转运判官,提点广东及夔州路刑狱,荆湖江西两路转运副使,户部员外郎、辟雍司业,罢知衢州,以礼部员外郎为太子右庶子、改定王、嘉王侍读,太子詹事、徽猷阁直学士,宝文阁学士,资政殿大学士、签书枢密院事,尚书左丞、门下侍郎,罢观文殿大学士、提举杭州洞霄宫
何栗	仙井	进士	校书郎,提举京畿学事,主客员外郎,起居舍人,中书舍人兼侍讲,出知遂宁府,御史中丞,徽猷阁待制知泰州,尚书右丞、中书侍郎,资政殿学士领开封尹
孙傅	海州	登进士第	秘书省正字、校书郎,监察御史、礼部员外郎,秘书少监,中书舍人,尚书右丞,同知枢密院

续表

姓名	籍贯	出身	任职经历
陈过庭	越州山阴	中进士第	馆陶主簿，澶州教授、知中牟县，国子博士，擢祠部、户部、吏部、右司员外郎，太常少卿，起居舍人，中书舍人，礼部侍郎，御史中丞兼侍读，罢知蕲州，责海州团练副使，黄州安置，御史中丞，礼部尚书。右丞、中书侍郎
张叔夜	开封	荫补	兰州录事参军，知襄城、陈留县，知安肃军，知舒、海、泰三州，库部员外郎、开封少尹，右司员外郎，贬监西安草场，秘书少监，中书舍人、给事中，礼部侍郎，以徽猷阁待制再知海州，龙图阁直学士、知青州，知邓州，签书枢密院事
聂昌	抚州临川	太学上舍释褐	相州教授，召除秘书郎，右司员外郎，以直龙图阁为湖南转运使，太府卿、户部侍郎，开封尹，复为户部，罢知德安府，谪崇信军节度副使，安置衡州，显谟阁直学士、知开德府，户部尚书、领开封府，同知枢密院
张阁	河阳	进士第	卫尉主簿迁祠部员外郎，徙吏部，宗正少卿、起居舍人，提举崇福宫，给事中、殿中监，翰林学士，龙图阁待制知杭州，兵部尚书兼侍读
张近	开封	进士第	累迁大理正、发运使，提举河北东路常平、西路刑狱，刑部员外郎、大理少卿，以集贤院修撰知瀛州，出镇高阳，显谟阁待制、直学士，知太原府，提举洞霄宫
郑仅	徐州彭城	进士第	大名府司户参军、司法参军，冠氏令，知福昌县，提举京东常平，户部员外郎，太府卿，加直龙图阁，为陕西都转运使，进集贤殿修撰、显谟阁待制，改知庆州，徙秦州，复为都转运使，召拜户部侍郎，改吏部侍郎、知徐州。以显谟阁直学士、通议大夫卒

续表

姓名	籍贯	出身	任职经历
宇文昌龄	成都双流	进士甲科	荣州推官,迁大理丞,提举秦凤路常平,改两浙,监察御史,比部员外郎,改吏部员外郎,出京西转运副使,左司员外郎,太常少卿,改直秘阁、知梓州,历寿州、河中府、邓、郓、青三州,刑部侍郎,户部侍郎,以宝文阁待制知开封府,复为户部侍郎,知青、杭、越三州
许几	信州贵溪	入太学,擢第	调高安、乐平主簿,知南陵县,提举京西常平,开封府推官,将作监,太仆卿、户部侍郎,以显谟阁待制知郓州,知婺州,进枢密直学士、河北都转运使、徙知成德军,知太原府,贬永州团练副使,安置袁州
程之邵	眉州眉山	荫补	新繁主簿,入为三司磨勘官,除广东转运判官,提举利、梓路常平,罢知祥符县,知泗州,夔州路转运判官,知凤翔府、郑州,主管茶马,连加直龙图阁、集贤殿修撰,三进秩,为熙河路都转运使
龚原	处州遂昌	进士高第	国子丞、太常博士,秘阁校理,两浙转运判官,国子司业,秘书少监,起居舍人,权工部侍郎,以集贤院修撰知润州,入为秘书监,进给事中,知南康军、改州,知扬州,历兵、工部二侍郎,宝文阁待制、知庐州,夺职居和州
崔公度	高邮		和州防御推官,为国子直讲,光禄丞。知阳武县。集贤校理,知太常礼院,知海州,历兵、礼部郎中、国子司业,秘书少监、起居郎,知颍、润、宣、通四州,以直龙图阁卒
蒲卣	阆州	中进士第	历利州司户参军、三泉主簿、知合江金水县,通判文州,提举湖北、京西常平,提点湖南刑狱,知鼎、辽、陇、宁四州,复提举潼川路刑狱

续表

姓名	籍贯	出身	任职经历
沈铢	真州扬子	进士高第	起为太学博士、秘书省正字、崇政殿说书,拜右司谏,辞,改起居郎、权中书舍人。真拜中书舍人兼侍讲,俄引疾,以龙图阁待制知宣州卒
路昌衡	开封祥符	起进士	陕西转运副使,知广州,徙荆南,知潭州,知庆州,知开封府,知瀛州,知永兴军,知成都,知滁州、定州,知开封府
谢文瓘	陈州	进士甲科	教授大名府,秘书省正字,考功、右司员外郎,起居舍人、给事中,出知濮州,再谪邵武军,移处州,集英殿修撰、知济州
陆蕴	福州侯官	登进士第	礼部员外郎,转吏部,迁辟雍司业、太常少卿,黜知瑞金县,迁大司成,擢御史中丞,以龙图阁待制知福州,改建州,提举鸿庆宫
黄寔	陈州	登进士第	历司农主簿,提举京西、淮东常平,提点梓州路、两浙刑狱,京东、河北转运副使,知陕州,为江淮发转运副使,太仆卿,宝文阁待制、知瀛州、定州
姚祐	湖州长兴	进士第	除夔州路转运判官,右正言,左司谏,进殿中监,知江宁府。以直学士知郑州,改秦州,殿中监,吏部侍郎,工部尚书,加龙图阁学士,为大名尹,工部尚书,徙礼部,知太原府
楼异	明州奉化	进士高第	汾州司理参军,知泗州,知秀州,知明州,知平江府
沈积中	常州	赐进士出身	河北转运使,知河间、真定府,罢为提举上清宝箓宫
李伯宗	河阳	进士第	知内丘、咸阳、太康县,左迁通判相州,历大理卿,知同州,陕西都转运使
汪澥	宣州旌德	登进士第	调鼎州司理参军、知黟县,以显谟阁待制知婺州,改颍昌,又改陈、寿二州,徙应天府

续表

姓名	籍贯	出身	任职经历
何常	京兆	进士第	为开封府兵曹,通判原州。陕西转运判官、熙河转运副使,徙成都路。知秦州
叶祖洽	邵武	进士第	判登闻检院。职方员外郎、兵部员外郎,提点淮西刑狱。知洪州,知定州,知亳州
时彦	开封	举进士第	签书颍昌判官,秘书省正字,累及集贤校理,右司员外郎,提点河东刑狱,河东转运使,知广州,拜吏部侍郎,徙户部,为开封尹,迁工部尚书,进吏部
霍端友	常州武进	策进士第一	授宣义郎,秘书省校书郎,著作佐郎,起居郎,中书舍人,给事中、大司成、礼部侍郎,以显谟阁待制知平江,改陈州,官至通议大夫
俞栗	江宁	以上舍生赐进士第	殿中侍御史,除显谟阁待制、知蔡州,出为襄州,拜给事中,御史中丞,改翰林学士、迁兵部尚书,以枢密直学士知开德府,述古殿直学士、知江宁府
蔡嶷	开封	诸科	秘书省正字,迁起居舍人,中书舍人,给事中,出知和州,显谟阁待制、知杭州,提举洞霄宫,起知建宁府,学士承旨,礼部尚书,单州团练副使,房州安置,复龙图阁直学士,知杭州,夺职罢归
贾易	无为	进士甲科	调常州司法参军,为太常丞、兵部员外郎,左司谏,出知怀州,徙广德军,提点江东刑狱,召拜殿中侍御史,提点淮东刑狱,为侍御史,出知宣州,除京西转运副使,徙苏州、徐州,加直秘阁,累谪保静军行军司马,郓州安置,太常少卿,进右谏议大夫,权刑部侍郎,历工部、吏部,以宝文阁待制知邓州

续表

姓名	籍贯	出身	任职经历
董敦逸	吉州永丰	登进士第	调连州司理参军、知穰县，知弋阳县，梓州路转运判官，监御史，湖北转运判官，改知临江军，监察御史，知兴国军，徙江州，加直龙图阁、知荆南，左谏议大夫，户部侍郎
上官均	邵武		北京留守推官、国子直讲，监察御史里行，谪知光泽县，监都进奏院，开封府推官，复为监察御史，礼部员外郎，展殿中侍御史，出知广德军，改提举河北东路刑狱，左正言，工部员外郎，提点京东淮东刑狱，历梓州淮南转运副使、知越州，入为秘书少监，起居郎，中书舍人，以龙图阁待制知永兴军，知襄州
来之邵	开封咸平	登进士第	由潞州司理参军为刑部详断官，大理评事，监察御史，左迁将作丞，太府丞、提举秦凤常平、利州成都路转运判官，开封府推官，复拜监察御史，殿中侍御史，刑部侍郎，以直龙图阁出知蔡州
叶涛	处州龙泉	进士乙科	为国子直讲，太学正，迁博士，秘书省正字，中书舍人，校书郎，起居舍人，罢知光州
杨畏	其先遂宁人，父徙洛阳	擢进士第	成纪主簿，郓州教授，除西京国子监教授，监察御史里行，左转宗正丞，出提点夔州路刑狱，工部员外郎，监察御史，殿中侍御史，侍御史，以宝文阁待制知真定府，落职知虢州，知郢州，复集贤修撰、知襄州，移荆南，提举洞霄宫
崔台符	蒲阴	中明法科	大理详断官，群牧判官，河北监牧使，入判大理寺，历知审刑院，判少府监，拜右谏议大夫，为大理卿，刑部侍郎，光禄大夫，出知潞州，又贬秩徙相州，监牧使

续表

姓名	籍贯	出身	任职经历
杨汲	泉州晋江	登进士第	调赵州司法参军,主管开封府界常平,权都水丞,提点淮西刑狱,提举西路常平,召判都水监,为大理卿,迁刑部、户部侍郎,以宝文阁待制知庐州,落职知黄州,历徐、襄、越州,户部侍郎
吕嘉问		荫补	权户部判官、管诸司库务,出知常州,检正中书户房,知江宁府,徙润州,吏部郎中,光禄卿,黜知淮阳军,宝文阁待制、户部侍郎,加直学士、知开封府,罢知怀州,分司南京,光州居住,郢州安置
李南公	郑州	进士及第	调浦江令,知长沙县,提举京西常平,提点陕西河北刑狱、京西转运副使,屯田员外郎,罢主管崇福官,河北转运副使,加直秘阁,知延安府,宝文阁待制、知瀛州,户部、吏部侍郎,户部尚书、历知永兴军、成都、真定、河南府、郑州,擢龙图阁直学士
董必	宣州南陵	登进士第	提举湖南常平,工部员外郎,出知江州,湖南转运判官、提举河北刑狱,召为左司员外郎
虞策	杭州钱塘	登进士第	调台州推官、知乌程县、通判蕲州,提举利州路常平,湖南转运判官,监察御史,右正言,迁左司谏,侍御史、起居郎、给事中,以龙图阁待制知青州,改杭州,户部侍郎,历刑部、户部尚书,知永兴军、成都府,入为吏部尚书,加龙图阁学士、知润州
郭知章	吉州龙泉	举进士	广西幕府,知浮梁、分宁县,知海州、濮州,提点梓州路刑狱,监察御史,殿中侍御史,左司员外郎,左司谏,权工部侍郎,中书舍人,集贤院修撰、知和州,加宝文阁阁直学士、知太原府,刑部尚书、知开封府,罢知邓州

续表

姓名	籍贯	出身	任职经历
刘拯	宣州南陵	进士及第	知常熟县，监察御史，石江东淮西转运判官、提点广西刑狱，右正言，给事中，知濠州，改广州，加宝文阁待制，罢知蕲州，徙润州，吏部尚书，以枢密直学士知润州
钱遹	婺州浦江	进士甲科	洪州推官，通判越州。殿中侍御史。提举湖北常平。御史中丞。左转户部侍郎，工部尚书，知颍昌府。黜知滁州，知宣州
许敦仁	兴化	进士第	入为校书郎，擢监察御史，亟迁右正言、起居郎，起居郎、舍人，迁殿中监，拜御史中丞
吴执中	建州松溪	登嘉祐进士第	历官州县，提举河南常平，河东、淮南、江东转运判官，提点广东刑狱，御史中丞。黜知滁州，知越州。知扬州，御史中丞。迁礼部尚书，知越州。寻降待制，又夺职
吴材	处州龙泉	中进士第	青溪主簿，咸平尉，知江都县，太学博士，右正言，左司谏，进起居郎，给事中、吏部侍郎，天章阁待制知光州，工部侍郎
刘昺	开封东明	进士科	太常博士，秘书省正字、校书郎，大司乐，给事中，工部尚书，显谟阁学士知陈州，夺职罢郡，户部尚书，太子宾客，还户部，加宣和殿学士、知河南府，长流琼州
宋乔年	开封雍丘	荫补，赐进士第	提举开封镇界常平，改提点京西北路刑狱，京畿都转运使，开封尹，知河南府。知陈州
强渊明	杭州钱塘	进士第	调海州司法参军，知确山县，通判保定军。知永兴军，徙郑、越二州。礼部尚书。以疾，改延康殿学士、提举醴泉观兼侍读、监修国史
蔡居厚	抚州临川	进士第	累官吏部员外郎。右谏议大夫。改户部侍郎。知秦州。知沧、陈、齐三州，应天、河南尹。知汝州，知东平府

续表

姓名	籍贯	出身	任职经历
蒋静	常州宜兴	进士第	调安仁令。知陈留县,罢去。擢职方员外郎,迁国子司业。进祭酒,为中书舍人。以显谟阁待制知寿州,徙江宁府,徙睦州,知洪州
贾伟节	开封	进士第	两浙转运判官。拜户部侍郎,改刑部。以显谟阁直学士提举醴泉观
崔鶠	雍丘人,父毗,徙居颍州,遂为阳翟人	登进士第	凤州司户参军,筠州推官。调绩溪令。相州教授。通判宁化军,殿中侍御史。右正言
张根	饶州德兴	少入太学,甫冠,进士第	调临江司理参军、遂昌令。通直郎。亲贤宅教授,通判杭州,提举江西常平,淮南转运使、加直龙图阁,责监信州酒
任谅	眉山人,徙汝阳	登高第	调河南户曹。为怀州教授,提举夔路学事,历京西、河北、京东,改转运判官,提点京东刑狱。加直秘阁,徙陕西转运副使。加徽猷阁待制、江淮发运使,坐削籍归田里,复右文殿修撰、陕西都转运使。寻复徽猷阁待制,进直学士。知京兆府,知渭州
周常	建州	中进士第	补国子直讲、太常博士。教授扬州。年末五十即致仕。起为太常博士,兼崇政殿说书,迁著作佐郎。起居舍人。贬监郴州酒。徽宗立,召为国子祭酒、起居郎,进中书舍人、礼部侍郎。以宝文阁待制出知湖州。寻又夺职,居要州。复集贤殿修撰
何灌	开封祥符	武选登第	为河东从事。府州、火山军巡检。知宁化军、丰州,徙熙河都监,提点河东刑狱,迁西上阁门使、领威州刺史、知沧州。夺所迁官,仍再贬秩,罢去。知岷州,徙河州,复守岷,改知兰州。改廓州防御使。迁同州观察使、浙东都钤辖,改浙西。以知易州,迁宁武军承宣使、燕山路副都总管,又加龙、神卫都指挥使。迁步军都虞候。拜武泰军节度使、河东河北制置副使

续表

姓名	籍贯	出身	任职经历
李熙靖	常州晋陵	擢第， 又中词学兼茂	选为辟雍录、太学正，升博士。为兵部员外郎。右司员外郎。太常少卿。拜中书舍人，出知拱州。改显谟阁待制、提举醴泉观
王云	泽州	举进士	擢秘书省校书郎，出知简州，迁陕西转运副使。入为兵部员外郎、起居中书舍人。罢为徽猷阁待制、知唐州。召拜刑部尚书
梅执礼	婺州浦江	进士第	第进士，调常山尉未赴，以荐为敕令删定官、武学博士。历军器、鸿胪丞，比部员外郎，改度支、吏部，进国子司业兼资善堂翊善，迁左司员外郎，擢中书舍人、给事中。迁礼部侍郎。以显谟阁待制知蕲州，又夺职。明年，徙滁州，复集英殿修撰。徙知镇江府，召为翰林学士，道除吏部尚书，旋改户部
程振	饶州乐平	入太学， 以诸生右职除官	为辟雍录，升博士。迁太常博士. 提举京东、西路学事。京西提举常平，监察御史
朱胜非	蔡州	崇宁二年 上舍登第	靖康元年，为东道副总管，权应天府，建炎改元，试中书舍人兼权直学士院。除尚书右丞。迁中书侍郎。命为控扼使，已而拜宣奉大夫、尚书右仆射兼御营使。观文殿大学士、知洪州，寻除江西安抚大使兼知江州。降授中大夫，分司南京，江州居住。除兼侍读，寻拜尚书右仆射、同中书门下平章事。起知湖州

续表

姓名	籍贯	出身	任职经历
吕颐浩	其先乐陵人,徙齐州	中进士第	密州司户参军。河北转运副使,河北都转运使。知扬州。除户部侍郎兼知扬州,进户部尚书。进吏部尚书。改江东安抚兼知江宁府。尚书右仆射、中书侍郎兼御营使,改同中书门下平章事。除镇南军节度、开府仪同三司、醴泉观使。寻除江东安抚、制置大使兼知池州。淮南宣抚,领寿春府、徐庐和州、无为军。拜少保、尚书左仆射、同中书门下平章事兼知枢密院事。除都督江、淮、荆、浙诸军事,开府镇江。除湖南安抚、制置大使兼知潭州。除颐浩少保、浙西安抚制置大使、知临安府、行宫留守。进封成国公。江东安抚制置大使兼知建康府。除醴泉观使
范宗尹	襄阳邓城	宣和三年上舍登第	累迁侍御史、右谏议大夫。出知舒州。责置鄂州。既,召为中书舍人,迁御史中丞,拜参知政事。授通议大夫、守尚书右仆射、同中书门下平章事兼御营使,落职,未几,命知温州
范致虚	建州建阳	举进士,为太学博士	左正言,通判郢州。起居舍人,中书舍人。改兵部侍郎。贬通州。复官,入为侍读、修国史,寻除刑部尚书、提举南京鸿庆宫。迁尚书右丞,进左丞。起知东平府,改大名府。知邓州,改河南府。复移邓州、提举亳州明道宫。知京兆府。徙知邓州。寻加观文殿学士,复知京兆府。复知邓州。落职,责授安远军节度副使,英州安置
吕好问	寿州	荫补	两监东岳庙,司扬州仪曹。召为左司谏、谏议大夫,擢御史中丞。出好问知袁州。下迁吏部侍郎。进兵部尚书。除尚书右丞。除资政殿学士、知宣州、提举洞霄宫,以恩封东莱郡侯

续表

姓名	籍贯	出身	任职经历
李光	越州上虞	登进士第	调开化令,知平江府常熟县,改京东西学事司管勾文字,除太常博士,迁司封,司勋员外郎,迁符宝郎,擢右司谏,侍御史,监汀州酒税,擢秘书少监、知江州,知宣州,徽猷阁待制、知临安府,提举临安府洞霄宫,知婺州,户部侍郎,吏部尚书,宝文阁待制、知湖州,知平江、台州、温州,江西安抚、知洪州兼制置大使,吏部尚书,参知政事,资政殿学士、知绍兴府,责授建宁军节度副使,滕州安置
许翰	拱州襄邑	中进士第	给事中,提举江州太平观,翰林学士,御史中丞,知亳州,提举南京鸿庆宫,尚书右丞兼权门下侍郎,以资政殿大学士提举洞霄宫
许景衡	温州瑞安	登进士第	监察御史,殿中侍御史,左正言,太常少卿兼太子谕德,中书舍人,落职予祠,给事中,御史中丞,尚书右丞,罢为资政殿大学士、提举杭州洞霄宫
张悫	河间乐寿	登进士第	累迁龙图阁直学士、计度都转运使,权大名尹兼北京留守、马步军度总管,户部尚书,除同知枢密院事
张所	青州	登进士第	历官为监察御史,兵部郎中,责为凤州团练副使
陈禾	明州鄞县	举进士	累迁辟雍博士,监察御史、殿中侍御史,左正言,给事中,谪监信州酒,复起知广德军,知和州,知秀州,知舒州
蒋猷	润州金坛	举进士	御史中丞兼侍读,兵部尚书兼礼制局详议官,改工部、吏部尚书,知婺州,刑部尚书兼资善堂翊善,兵部尚书,累官正议大夫
白时中	寿春	登进士第	累官为吏部侍郎。坐事,降秩知郓州,已而复召用。政和六年,拜尚书右丞、中书门下侍郎。宣和六年,除特进、太宰兼门下,封崇国公,进庆国

续表

姓名	籍贯	出身	任职经历
徐处仁	应天府谷熟县	中进士甲科	为永州东安县令。知济州金乡县。除宗正寺丞、太常博士。擢监察御史,迁殿中、右正言、给事中。摄开封府,进户部尚书,继拜中大夫、尚书右丞。以资政殿学士知青州,徙知永兴军。寻改知河阳,落职知蕲州。久之,以显谟阁直学士知颍昌府。夺职,提举鸿庆宫。复延康殿学士、知汝州,再奉鸿庆祠、知徐州,召为醴泉观使。除侍读。出知扬州。未几,以疾奉祠归南都。起为应天尹,徙大名尹。进观文殿学士,召为宝箓宫使,特升大学士。以观文殿大学士为中太一宫使。寻知东平府,提举崇福宫。起为大名尹、北道都总管
冯澥	普州安岳	登进士第	除澥知枢密院事,充副使,不果行,寻除尚书左丞。建炎初,除资政殿学士、知潼川府
宇文虚中	成都华阳	登大观三年进士第	历官州县,入为起居舍人、国史编修官、同知贡举,迁中书舍人
汤思退	处州	试博学宏词科	绍兴十五年,以右从政郎授建州政和县令,试博学宏词科,除秘书省正字。自是登郎曹,贰中秘,秉史笔。绍兴二十五年,由礼部侍郎除端明殿学士、签书枢密院事,除知枢密院事。明年,拜尚书右仆射;又二年,进左仆射。以观文殿大学士奉祠
朱倬	闽县	登进士第	常州宜兴簿,福建、广东西财用所属官,出教授越州,通判南剑,除知惠州,国子监丞,浙西提举,右正言,御史中丞,参知政事,尚书右仆射
王纶	建康	登进士第	平江府昆山县主簿,历镇江府、婺州,敕令所删定官,监察御史,知兴国军,起居舍人兼崇政殿说书,寻兼权礼部侍郎,同知枢密院事,知福州,知建康府

续表

姓名	籍贯	出身	任职经历
王之望	襄阳谷城	初以荫补，后登进士第	教授处州，出知荆门县，提举湖南茶盐，改潼川路转运判官，户部侍郎
徐俯	洪州分宁	荫补	通直郎，司门郎，右谏议大夫，翰林学士、签书枢密院事。兼权参知政事，提举洞霄宫，知信州
沈与求	湖州德清	登政和五年进士第	明州通判，监察御史，殿中侍御史，直龙图阁知台州，侍御史，御史中丞，湖南安抚、知潭州，出知镇江府兼浙西安抚，出知明州
翟汝文	润州丹阳	登进士第	秘书郎，责监宿州税，著作郎，起居郎，出知襄州，移知济州，复知唐州，知陈州。召拜中书舍人，迁给事中。出守宣州。召为吏部侍郎，出知庐州，徙密州，召为翰林学士，改显谟阁学士、知越州兼浙东安抚使。召为翰林学士兼侍讲，除参知政事、同提举修政局
王庶	庆阳	崇宁五年举进士第	知泾州保定县。通判怀德军。为陕西运判兼制置解盐事。鄜延经略使兼知延安府。移恭州。起复知兴元府、利夔路制置使。升徽猷阁直学士。徙知成都，改嘉州。落职奉祠。寻起知遂宁，固避得请。除湖北安抚使、知鄂州。复显谟阁待制、知荆南府、湖北经略安抚使，又复直学士。以兵部尚书，拜枢密副使。以资政殿学士知潭州。被命夺职，徙家居焉
辛炳	福州侯官	登元符三年进士第	累官至监察御史兼权殿中侍御史。知袁州，知无为军。直龙图阁、知潭州。以侍御史召。除御史中丞
郑望之	彭城	登崇宁五年进士第	陈留簿累迁枢密院编修官，历开封府仪、工、户曹，除驾部员外郎兼金部。假尚书工部侍郎，罢为提举亳州明道宫。责海州团练副使，连州居住。户部侍郎，寻转吏部侍郎。寻兼主管御营司参赞军事。以集英殿修撰再领亳州明道宫。起知宣州

续表

姓名	籍贯	出身	任职经历
张邵	乌江	登宣和三年上舍第	为衢州司刑曹事。转五官,直龙图阁,假礼部尚书,充通问使。升秘阁修撰,主管祐神观。台州崇道观。以敷文阁待制提举江州太平兴国宫。知池州
洪皓	番易	登政和五年进士第	为秀州司录。迁皓五官,擢徽猷阁待制,假礼部尚书,为大金通问使。除徽猷阁直学士、提举万寿观兼权直学士院。出知饶州。罢为提举江州太平观。除饶州通判。责濠州团练副使,安置英州
张九成	其先开封人,徙居钱塘	进士	授镇东军签判。以太常博士召。既至,改著作佐郎,迁著作郎,除浙东提刑。召除宗正少卿、权礼部侍郎兼侍讲,兼权刑部侍郎。谪守邵州。落职。谪居南安军。起知温州
胡铨	庐陵	高宗策士淮海时中选	转承直郎。枢密院编修官。监广州盐仓。复奉议郎、知饶州。除吏部郎官。迁秘书少监,擢起居郎。兼权中书舍人、同修国史。除宗正少卿。兼国子祭酒,寻除权兵部侍郎。提举太平兴国宫。乾道初,以集英殿修撰知漳州,改泉州。工部侍郎。宝文阁待制,留经筵。升龙图阁学士、提举太平兴国宫,转提举玉隆万寿宫,进端明殿学士
廖刚	南剑州顺昌	登崇宁五年进士第	自漳州司录除国子录,擢监察御史。出知兴化军。右正言。除本路提点刑狱。寻召为吏部员外郎,迁起居舍人、权吏部侍郎兼侍讲,除给事中。权户部侍郎,寻迁刑部侍郎。徽猷阁直学士、知漳州。拜御史中丞

续表

姓名	籍贯	出身	任职经历
李迨	东平人,未冠入太学,因居开封	荫补	初调渤海县尉。累迁通判济州。改金部郎。以中散大夫直龙图阁,为御营使司参议官兼措置军前财用。权户部侍郎。加显谟阁待制,为淮南、江、浙、荆湖等路制置发运使。知筠州。移信州,寻提举江州太平观。以旧职除两浙路转运使,寻加徽猷阁直学士,升龙图阁直学士,为四川都转运使兼提举成都等路茶事,并提举陕西等路买马。京畿都转运使。复龙图阁待制、知洪州
赵开	普州安居	登元符三年进士第	除讲议司检详官。除成都路转运判官,兼宣抚处置使司随军转运使,提举江州太平观
李邴	济州任城	中崇宁五年进士第	累官为起居舍人,试中书舍人。除给事中、同修国史兼直学士院,迁翰林学士。提举南京鸿庆宫。除徽猷阁待制、知越州。再落职,提举西京嵩山崇福宫。复徽猷阁待制。兵部侍郎兼直学士院。尚书右丞,改参知政事。资政殿学士、权知行台三省枢密院事。以本职提举杭州洞霄宫。起知平江府。坐累落职。升资政殿学士
富直柔	河南	荫补,以父任补官,赐同进士出身	除秘书省正字。著作佐郎,寻除礼部员外郎、起居舍人,迁右谏议大夫。迁给事中。迁御史中丞。除端明殿学士、签书枢密院事。特迁朝奉郎。自是寄禄官三丞除二府者,迁员外郎,自直柔始,遂为例。监察御史。除同知枢密院事。以本官提举洞霄宫。起知衢州。以失入死罪,落职奉祠。寻复端明殿学士
冯康国	遂宁府	为太学生	知万州、湖北转运判官。入为都官员外郎。迁右司员外郎,除直显谟阁、知夔州。丁母忧,起复,除都大主管川陕茶马

续表

姓名	籍贯	出身	任职经历
常同	邛州临邛	登进士第	除大理司直,辟元帅府主管机宜文字,太常博士,大宗丞,知柳州,殿中侍御史,除起居郎、中书舍人、史馆修撰,集英殿修撰、知衢州,徽猷阁待制、提举江州太平观,礼部侍郎,御史中丞,除显谟阁直学士、知湖州,提举江州太平观
张致远	南剑州沙县	中进士第	枢密院计议官,两浙转运判官,广东转运判官,监察御史,殿中侍御史,侍御史,户部侍郎,吏部侍郎,复为户部侍郎,给事中,显谟阁待制知台州,改知福州,给事中,出知广州,显谟阁待制致仕
薛徽言	温州	登进士第	枢密院计议官,以权监察御史宣谕湖南,出知兴国军,入为郎,迁右司,擢起居舍人
陈渊	南剑州沙县	赐进士出身	枢密院编修官,监察御史,右正言,主管台州崇道观
魏矼	和州历阳	宣和三年 上舍及第	除详定一司敕令所删定官,擢监察御史,迁殿中侍御史。侍御史,除直龙图阁、知泉州,以亲老辞,知建州。寻召还,丐祠,不允,除权吏部侍郎
潘良贵	婺州金华	太学上舍	释褐为辟雍博士,迁秘书郎。除提点荆湖南路刑狱,主管江州太平观,除考功郎,迁左司。以直龙图阁知严州。到官两月,请祠,主管亳州明道宫。起为中书舍人。以集英殿修撰提举江州太平观。起知明州。期年,除徽猷阁待制、提举亳州明道宫
吕本中	寿州	荫补	承务郎,主济阴簿,秦州士曹,大名府帅司干官,枢密院编修官,职方员外郎,祠部员外郎,赐进士出身,擢起居舍人兼权中书舍人,主管太平观,太常少卿,中书舍人,提举太平观

续表

姓名	籍贯	出身	任职经历
向子諲	临江		补假承奉郎，三迁知开封府咸平县，除江、淮发运司主管文字，淮南转运判官，右司员外郎，不就，以直秘阁为京畿转运副使，寻兼发运副使，迁直龙图阁、江淮发运副使，知潭州，知鄂州，主管荆湖东路安抚司，提举江州太平观，知广州，知江州，进徽猷阁待制，徙两浙路为都转运使，户部侍郎，以徽猷阁直学士知平江府
陈规	密州安丘	中明法科	安陆令，除直龙图阁、知德安府，除德安府、复州、汉阳军镇抚使，徽猷阁待制，徽猷阁直学士，显谟阁直学士，徙知池州、沿江安抚使，龙图阁直学士、知庐州，提举江州太平观，知德安府，改知顺昌府，枢密直学士，移知庐州兼淮西安抚
季陵	处之龙泉	政和二年上舍第	太学博士，知舒城县，除太常寺簿，比部员外郎，尚书右司员外郎、太常少卿，起居郎，中书舍人，除知温州，命知临安府，户部侍郎，右文殿修撰
卢知原	湖州德清	荫补	以父任知歙县，累迁梓州路转运副使，提点京东刑狱，江西转运副使，除直秘阁，为江淮荆浙等路发运使，升秘阁修撰、提举河北，复龙图阁、知温州，擢右文殿修撰、管内安抚使，两浙转运使，徽猷阁待制、知临安府
陈桷	温州平阳	廷对第三	文林郎、冀州兵曹军，军迁尚书虞部员外郎，提举福建刑狱，主管江州太平观，金部员外郎，太常少卿，知泉州，两浙西路提刑，福建转运副使，太常少卿，权礼部侍郎，知襄阳府，充京西南路安抚使，秘阁修撰、提举江州太平兴国宫
李璆	开封	进士第	调陈州教授，国子博士，出知房州，责监英州清潭镇，以集英殿修撰知吉州，四川实抚制置使

续表

姓名	籍贯	出身	任职经历
李朴	虔之兴国	登绍圣元年进士第	调临江军司法参军,虔州教授,汀州司户。罢为肇庆府四会令。改承事郎,知临江军清江县、广东路安抚司主管机宜文字。除著作郎,国子祭酒,
王衣	济南历城	荫补,中明法科	历深、冀二州法曹掾,入为大理评事,升寺正。为刑部员外郎,为司勋郎中,迁大理少卿,大理卿,权刑部侍郎
刘珏	湖州长兴	登崇宁五年进士第	擢监察御史,坐言事知舒州,留为尚书主客员外郎,太常少卿,除中书舍人,提举亳州明道宫,复为中书舍人,给事中,吏部侍郎,龙图阁直学士、知宣州,吏部尚书
胡舜陟	徽州绩溪	大观三年进士	历州县官,为监察御史,侍御史
沈晦	钱塘	宣和间进士廷对第一	除校书郎,迁著作佐郎。真为给事中。除集英殿修撰、知信州。中书舍人,知明州,移处州,移守婺州,进徽猷阁待制,降集英殿修撰、提举临安府洞霄宫。寻复徽猷阁待制、知宣州,移知建康府,论罢。绍兴四年,起知镇江府、两浙西路安抚使,寻提举临安府洞霄宫,起为广西经略兼知静江府。进徽猷阁直学士,除知衢州,改潭州,提举太平兴国宫
刘一止	湖州归安	登进士第	为越州教授。参知政事李邴荐为详定一司敕令所删定官,秘书省校书郎,监察御史,罢为主管台州崇道观。迁起居郎,召为祠部郎、知袁州,改浙东路提点刑狱,为秘书少监,复除起居郎,擢中书舍人兼侍讲。迁给事中,提举江州太平观。进敷文阁待制

续表

姓名	籍贯	出身	任职经历
胡交修	常州晋陵	登崇宁二年进士第	授泰州推官,试词学兼茂科。除编类国朝会要所检阅文字。迁太常博士、都官郎,徙祠部,迁左司官,拜起居舍人、起居郎。除右文殿修撰、知湖州。改徽猷阁待制、提举杭州洞霄宫。进给事中、直学士院兼侍讲。寻以徽猷阁待制提举太平观。召为给事中、刑部侍郎、翰林学士、知制诰兼侍读。久之,迁刑部尚书。除宝文阁学士、知信州。改提举江州太平兴国宫。召还,除兵部尚书、翰林学士兼侍讲。复请补外,除端明殿学士、知合州
綦崇礼	高密人,后徙潍之北海	上舍第,登重和元年进士	调淄县主簿,为太学正,迁博士,改宣教郎、秘书省正字,除工部员外郎,寻为起居郎、摄给事中,除试尚书吏部侍郎,寻兼直学士院。以徽猷阁直学士知漳州。徙知明州,召为吏部侍郎兼权直学士院,兵部侍郎、权直学士院,以宝文阁直学士知绍兴府
章谊	建州浦城	登崇宁四年进士第	补怀州司法参军,通判杭州。仓部员外郎,驾部员外郎,殿中侍御史,大理卿,权吏部侍郎,改刑部侍郎兼详定一司敕令,徽猷阁直学士,枢密都承旨,加龙图阁学士,刑部尚书,户部尚书,除龙图阁学士、知温州,移守平江,复为户部尚书,江南东路安抚使、知建康府
韩肖胄	相州安阳	荫补	荫补承务郎,历开封府司录,赐同上舍出身,除卫尉少卿,除直秘阁、知相州,知江州,入为祠部郎,迁左司,工部侍郎,吏部侍郎,端明殿学士、同签书枢密院事,充通问使,知温州,提举临安府洞霄宫,起知常州,提举万寿观,寻签书枢密院事,资政殿学士、知绍兴府
陈公辅	台州临海	上舍及第	平江府教授,权应天府少尹,除秘书郎,右司谏,斥监合州税,除尚书左司员外郎,吏部员外郎,左司谏,礼部侍郎,知处州

续表

姓名	籍贯	出身	任职经历
张鸓	福州	举进士	守南剑州,以直龙图阁学士知虔州,进秘阁修撰
胡松年	海州怀仁		出知平江府,中书舍人,给事中,吏部尚书
李稙	泗州临淮		知潭州湘阴,鄂州通判,通判荆南府,户部员外郎,除知桂阳军,知徽州,知镇江府,京西河北路计度转运使,提刑江西,江南东路转运使兼知建康军府兼本路安抚使,主管行宫留守司事
何铸	余杭	登政和五年进士第	历官州县,入为诸王宫大小学教授、秘书郎。拜监察御史,寻迁殿中侍御史。擢右谏议大夫,寻拜御史中丞,为端明殿学士、签书枢密院事为报谢使。既返命,谪徽州。复使知温州。未几,以端明殿学士提举万寿观兼侍读。除资政殿学士、知徽州。居数月,提举江州太平兴国宫
王次翁	济南	礼部别头试第一	授恩州司理参军,历婺州教授、辟雍博士,出知道州,广西转运判官,出知处州,吏部员外郎,秘书少监,起居舍人,中书舍人,工部侍郎兼侍讲,御史中丞,参知政事
杨愿		登绍兴二年进士第	宣和末补太学录,修职郎,御营司辟机宜文字,历新昌县丞、越州判官,枢密院编修官,迁计议官,通判明州,监察御史,改司封员外郎,迁右司,起居舍人兼权中书舍人,权直学士院,御史中丞,升端明殿学士、签书枢密院及兼参知政事,提举太平观,起知宣州
楼炤	婺州永康	登政和五年进士第	调大名府户曹,改西京国子博士、辟雍录。淮宁府司仪曹事,改尚书考功员外郎,擢右司郎中,左司员外郎,寻迁殿中侍御史,迁起居郎,以秘阁修撰知温州,除中书舍人,给事中,知绍兴府,知宣州

续表

姓名	籍贯	出身	任职经历
勾龙如渊	永康军导江	政和八年登上舍第	沉浮州县二十年，秘阁校书郎，历著作佐郎，祠部员外兼礼部、起居舍人，除中书舍人兼侍读，兼直学士院，除御史中丞
薛弼	温州永嘉	登政和二年进士第	怀州刑曹、杭州教授，监左藏东库，光禄寺丞，湖南转运判官，除户部郎官，再知荆南，秘阁修撰、陕西转运使，以左司郎官召知虔州，移黄州，知广州
罗汝楫	徽州歙县	政和二年进士	监登闻鼓院，进大理丞，刑部员外郎，监御史，殿中侍御史，兼权中书舍人，除左谏议大夫，御史中丞，吏部尚书，龙图学士、知严州
萧振	温州平阳	政和八年进士第	信州仪曹，调婺州兵曹兼功曹，监察御史，除提点浙西刑狱，宗正少卿，侍御史，知绍兴府，改兵部，除徽猷阁待制、知湖州，知台州，谪居池州，敷文阁待制、知成都府，安抚制置使，复谪池阳，复知成都府
范如圭	建州建阳	登进士第	武安军节度推官，秘书省正字，通判邵州，通判荆南府，知泉州
吴表臣	永嘉	大观三年进士	通州司理，监察御史，右正言，知信州，提点浙西刑狱，秘书少监，吏部尚书，知婺州
王居正	扬州	入太学，贡举次选	礼部员外郎，知婺州，太常少卿，知饶州，知吉州，知温州
晏敦复	抚州临川	进士	御史台检法官，知贵溪县，通判临江军，权吏部侍郎兼详定一司敕令，给事中
黄龟年	福州永福	崇宁五年进士	洺州司理参军，(靖康元年)礼部员外郎，监察御史，殿中侍御史，太常少卿
程瑀	饶州浮梁	入太学，试为第一	(北宋时)校书郎，兵部员外郎，(高宗时)提点江东刑狱，太常少卿，知严州，兵部侍郎，兵部尚书，知信州

续表

姓名	籍贯	出身	任职经历
张阐	永嘉	宣和六年进士	严州兵曹掾兼治右狱,秘书省正字,御史台检法官,吏部员外郎,权工部侍郎兼侍讲,工部尚书
洪拟	镇江丹阳	登进士甲科	起居郎,知温州
赵逵		绍兴二十年类省试奏名,殿试第一	校书郎,签书剑南东川,著作郎,起居郎,中书舍人
张焘	饶之德兴	政和八年进士第三人	建炎初,通判湖州;中书舍人,吏部尚书,知成都府兼本路安抚使
黄中	邵武	初以祖荫补官,绍兴五年擢进士第二人	保宁节度使推官,校书郎,国子司业,礼部侍郎兼给事人
孙道夫	眉州丹棱	十八入辟雍,因奏事赐出身	左丞奉郎,秘书正字,权礼部郎官,迁校书郎,知怀安军,知资州,知蜀州,太常少卿,知绵州
曾几	先赣州人,后徙河南府	以兄殉职补将仕郎,入太学,赐上舍出身	提举湖北,徙广西判运,江西提刑,又改浙西,广西转运副使,徙荆南路,浙东提刑,知台州
曾开	先赣州人,后徙河南府	崇宁间登进士第	真州司户,知潭州,湖南安抚使,知平江府,广东经略安抚使,知镇江府,刑部侍郎
勾涛	成都新繁	崇宁二年进士	嘉州法掾,(建炎初)通判黔州,兵部郎中,中书舍人,给事中,知池州,知潭州,荆湖北路安抚使
李弥逊	苏州吴县	登大观三年第	淮南转运副使,知饶州,知吉州,试户部侍郎,知端州,知漳州
李弥大		登崇宁三年进士	校书郎,监察御史,知淮宁府,吏部侍郎,权知绍兴府,试户部尚书,知静江府,工部尚书
陈俊卿	兴化	绍兴八年进士	泉州观察推官,校书郎,监察御史,南书右仆射,知福州,判建康府兼江东安抚
虞允文	隆州仁寿	绍兴二十三年进士第	通判彭州,权知婺州、渠州,秘书丞,礼部郎官,兵部尚书,参知政事

续表

姓名	籍贯	出身	任职经历
辛次膺	莱州	政和二年进士	宰浦城,湖州运判,右正言,湖南提刑,权给事中,御史中丞
陈康伯	信之弋阳	中上舍丙科累迁太学正	敕令所删定官,通判衢州,提举江东常平,茶盐,户部司勋郎中,知泉州,吏部侍郎兼刑部,吏部尚书,参知政事
梁克家	泉州晋江	绍兴三十年廷试第一	平江签判,秘书省正字,中书舍人,参知政事,右丞相兼枢密使,知建康府,知福州
汪澈	浮梁	进士第	教授衡州、沅州,秘书正字,校书郎,监察御史,殿中侍御史,侍御史,参知政事,知建康府,知鄂州兼安抚使,知宁国府
叶义问	严州寿昌	建炎初进士	临安府司理参军,饶州教授(摄郡),知宁江县,通判江州,殿中侍御史,侍御史,吏部侍郎
蒋芾	常州宜兴	绍兴二十一年进士第二	累迁起居郎,参知政事、同知国用事,右仆射、同中书省门下平章事兼枢密使
叶颙	兴化军仙游	绍兴元年进士	广州南海县主簿(摄尉),知信州贵溪县,知绍兴府上虞县,将作监簿,知处州,知常州,尚书郎,吏部侍郎、尚书,参知政事
叶衡	金华	绍兴十八年进士	福州宁德簿,摄尉,知临安府於潜县,知常州,太府少卿,户部侍郎,知荆南,知成都,知建康府,除户部尚书,拜参知政事,右丞相兼枢密使
葛邲	丹阳,徙吴兴	荫补上元丞,登进士第	著作郎,侍御史,中书舍人,给事中,刑部侍郎,参知政事,左丞相,判绍兴府
钱端礼	临安	以父恩补官	通判明州,知临安府,户部侍郎,吏部侍郎,户部尚书,参知政事
魏杞	寿春	以祖荫入官,绍兴二十年进士	知宣州泾县,太府寺主簿,宗正少卿,参知政事,右仆射兼枢密使

续表

姓名	籍贯	出身	任职经历
周葵	常州宜兴	宣和六年进士	徽州推官,监察御史,殿中侍御史,出知湖州、平江府,知绍兴府,礼部侍郎,知抚州、太平州、婺州,户部侍郎,参知政事
施师点	上饶	太学舍选	临安府教授,礼部侍郎,给事中,参知政事,知泉州,知隆兴府,江西安抚使
萧燧	临江军	绍兴十八年进士	平江府观察推官,静江府察推,靖州教授,起居郎,左司谏,右谏议大夫,出知严州、婺州,刑部尚书吏部尚书,参知政事
龚茂良	兴化军	绍兴八年进士	南安簿,邵武司法
刘珙		荫补为承务郎,登进士乙科	监绍兴府都税务,礼部郎官,吏部员外郎,中书舍人,出知泉州,改衢州,知潭州、湖南安抚使,参知政事,知隆兴府,江西安抚使,知荆南府、湖北安抚使,再知潭州,知建康府、江东安抚使
王蔺	庐江	乾道五年进士	信州上饶簿,鄂州教授,四川宣抚司干办公事,宗正丞,出守舒州,起居舍人,礼部侍郎,礼部尚书,参知政事
黄祖舜	福州福清	登进士	军器监丞,通判泉州,刑部侍郎兼详定敕令司,给事中,同知枢密院事
王大宝	潮州	廷试第二	南雄州教授,知连州,知袁州,知温州,提点福建刑狱,提点广东刑狱,礼部侍郎,兵部侍郎,礼部尚书
金安节	休宁	宣和六年由太学擢进士	洪州新建县主簿,司农丞,殿中侍御史,知严州,浙西提点刑狱,大理卿,礼部侍郎,给事中,吏部尚书
王刚中	饶州乐平	绍兴十五年进士	某州推官,洪州教授,著作佐郎,知成都府,礼部尚书
李彦颖	湖州德清	绍兴十八年进士	余杭主簿,建德丞,富阳丞,御史台主簿,礼部侍郎,吏部侍郎、尚书,参知政事,知绍兴府,知婺州

续表

姓名	籍贯	出身	任职经历
范成大	吴郡	绍兴二十四年进士	户曹,吏部郎官,知处州,礼部员外郎,中书舍人,知静江府,四川制置使,吏部尚书,参知政事,知明州
黄洽	福州侯官	太学生试春官第	绍兴府,观察判官,通判福州,太常丞,右正言,侍御史,右谏议大夫,御史中丞,参知政事
汪应辰	信州	绍兴五年进士	镇东军签判,秘书省正字,通判袁州,通判静江府,吏部郎官,吏部尚书,知福州,知成都府,吏部尚书,知平江府
王十朋	温州乐清	进士	绍兴府签判,著作郎,知严州,司封郎中,国于司业,侍御史,知饶州,知衢州,知湖州,知泉州
吴芾	台州仙居	进士	秘书正字,通判处,越之郡,监察御史,殿中侍御史,知绍兴府,刑部侍郎,知临安府,知太平州,知隆兴府
陈良翰	台州临海	绍兴五年进士	知温州瑞安县,监察御史,右正言,知建宁府,福建转运副使,提点江东刑狱,提点浙西刑狱
杜莘老	眉州	进士	梁山军教授,敕令册定官太常寺主簿,殿中侍御史,知遂宁府,监察御史
周执羔	信州代阳	宣和六年进士	湖州司士曹事,抚州宜黄县丞,通判湖州,通判平江府,将作监丞,吏部侍郎,知眉州,阆州、夔州,知饶州,知婺州,礼部侍郎
王希吕	宿州	乾隆五年进士	秘书省正字,右正言,知庐州,江西转运副使,起居郎,中书舍人,给事中,兵部尚书,吏部尚书
陈良祐	婺州金华	绍兴二十四年进士	太学录,监察御史,福建路转运副使,左司谏,礼部侍郎,吏部尚书,知徽州,知建宁府

续表

姓名	籍贯	出身	任职经历
李浩	先居延昌,后迁临川	绍兴十二年进士	饶州司户参军,襄阳府观察推官,金州教授,太常寺主簿,太常丞,礼部郎官,知台州,大理卿,知静江府兼广西安抚,礼部侍郎
陈橐	绍兴余姚	登太学上舍第	宁州教授,台州士曹,越州新昌令,监察御史,江西通判,知台州,刑部侍郎,知处州,知广州
胡沂	绍兴余姚	绍兴五年进士甲科	吏部员外郎,殿中侍御史,礼部侍郎兼权尚书,知处州
唐文若	眉山	进士	通判洋州,通判遂宁府,起居郎,知邵州,知饶州,知温州,宗正少卿,知汉州,知江州
李焘	眉州丹棱	绍兴八年进士	华阳簿,雅州推官,知双流县,知荣州,潼川府路转运判官,兵部员外郎,湖北转运副使,帅潼川兼知庐州,江西转运副使,知遂宁府
尤袤	常州无锡	绍兴十八年进士	嘉兴令,将作监丞,大宗正丞,知台州,江东提举常平,迁江西漕兼知隆兴府,江东提刑,吏部郎官,中书舍人,知婺州,太平州,给事中,吏部尚书
谢谔	临江军新喻	绍兴二十七年进士	乐安县尉,吉州录事参军,知袁州分宜县,监察御史。侍御史,御史中丞
颜师鲁	漳州龙溪	进士	知莆田,福清县,江东提举,浙西提举,吏部侍郎。吏部尚书,知泉州
袁枢	建安	吏部试第一	温州判官,太学录,严州教授,太府丞,吏部郎官,知处州,大理少卿,知常德府,知江陵府
李椿	洺州永年	以父泽补官	宁国军节度推官,监登闻鼓院,知鄂州,广西提刑,湖南转运副使,司弄卿,知临安府,知婺州,礼部侍郎,知太平州
刘仪凤	普州	绍兴二年进士	果州、荣州椽,秘书丞,吏部员外郎,兵部侍郎,知汉州,果州

续表

姓名	籍贯	出身	任职经历
张孝祥	历阳乌江	绍兴二十四年进士	镇东军节度判官,秘书省正字,校书郎,知抚州,知平江府,中书舍人,知静江府,知潭州
李衡	江都	进士	吴江主簿,知溧阳县,监察御史,知婺州
王自中	温州平阳	进士	舒州怀宁主簿,严州分水令,知光化军,知信州
家愿	眉山	绍圣元年进士	高宗时知阆州,知双流县,知彭州
张纲	润州丹阳	徽宗时,太学上舍及第	校书郎,著作佐郎,江东提刑,监察御史,给事中,礼部侍郎,吏部尚书,参知政事
张大经	建昌南城	绍兴十五年进士	知吉州龙泉县,知仪真,提举湖南常平,提点湖北刑狱,移江东,监察御史,大理少卿,侍御史,礼部尚书
蔡洸	仙游	荫补,中法科	将仕郎,大理评事,出知吉州,刑部郎,知镇江府司农少卿,试户部尚书,知宁国府
莫濛	湖州归安	荫补为将仕郎,两魁法科	大理评事,提举广南市舶,大理寺正,户部员外郎,知光化军,湖北转运判官,知鄂州,知扬州,大理少卿兼详定司敕令官,刑部侍郎,临安府少尹,知鄂州
周淙	湖州长兴	荫补为郎	通判建康府,知楚州,知维扬,两浙转运副使,知临安府
刘章	衢州龙游	绍兴十五年进士	镇江军签判,秘书郎,司封员外郎,工部侍郎,知信州
沈作宾	吴兴归安	以父任官,中刑法科	江西提刑司检法官,大理评事,通判绍兴府、知台州,大理正,刑部郎,淮南转运判官,知绍兴府,两浙转运副使,工部侍郎,知镇江府,知宁国府,知潭州,知平江府,知建宁府,江西安抚使兼知隆兴府

续表

姓名	籍贯	出身	任职经历
周必大	庐陵	绍兴二十年进士	徽州户曹,教授建康府,监察御史,起居郎,给事中,知南剑州,提点福建刑狱,秘书少监,中书舍人,参知政事,右丞相,左丞相
留正	泉州永春	绍兴十三年进士	南恩州阳江尉、清海军节度判官,知循州,考功郎官,起居舍人,中书舍人,给事中,知绍兴府,知赣州,知隆兴府,知成都府,参知政事,右丞相,左丞相
胡晋臣	蜀州	绍兴二十七年进士	成都通判,秘书省校书郎,知汉州,潼川路提点刑狱,度支郎,侍御史,给事中,参知政事
赵汝愚	余干(宗室)	进士第一	签书宁国军节度判官,秘书省正字,知信州、台州,除江西转运判官,吏部郎,知成都府,知福州,吏部尚书,参知政事,右丞相
彭龟年	临江军清江	乾道五年进士	袁州宜春尉,吉州安福丞,太学博士,御史台主簿,起居舍人,中书舍人,吏部侍郎
黄裳	隆庆府普成	乾道五年进士	巴州通江尉,兴元府录事参军,秘书郎,起居舍人,中书舍人,给事中,礼部尚书
罗点	抚州崇仁	淳熙三年进士	定江节度推官,校书郎,秘书郎,起居舍人,兵部尚书
黄度	绍兴新昌	隆兴元年进士	知嘉兴县,监察御史,右正言,知婺州,太常少卿,知福州,知建康府兼江淮制置使,礼部尚书
林大中	婺州永康	绍兴三十年进士	知抚州金溪县,太常寺主簿,监察御史,殿中侍御史,知宁国府,知赣州,给事中,知庆元府,吏部尚书
陈骙	台州临海	绍兴二十四年进士	秘书少监,出知赣州,易秀州,秘书监,中书舍人,知宁国府,改知太平州,知袁州,吏部侍郎,礼部尚书,参知政事

续表

姓名	籍贯	出身	任职经历
黄黼	临安余杭	进士	太常博士,提举江东常平茶盐,两浙路转运判官
詹体仁	建宁浦城	隆兴元年进士	饶州浮梁尉,泉州晋江丞,太学录,户部员外郎,知福州,知静江府,知鄂州
胡纮	处州遂昌	淳熙年间进士	秘书郎,监察御史,起居舍人,工部侍郎
何澹	处州龙泉	乾道二年进士	国子司业,兵部侍郎,右谏议大夫,知泉州,知明州,御史中丞,参知政事,知福州,知隆兴府,知建康府
林栗	福州福清	绍兴十二年进士	崇仁尉,太常博士,出知江州,吏部员外郎,太常少卿,知湖州,知兴化军,夔路提点刑狱,知夔州,广南西路转运判官,知潭州,知隆兴府
高文虎	四明	绍兴庚辰进士	平江府吴兴县主簿,太常博士,知建昌军,中书舍人,知建宁府
陈自强	闽县	淳熙五年进士	太学博士,秘书郎,御史中丞,右丞相
郑丙	福州长乐	绍兴十五年进士	积官至吏部尚书、浙东提举
京镗	豫章	绍兴二十七年进士	监察御史,中书门下省检正诸房公事,工部侍郎,知成都府,刑部尚书,左丞相
谢深甫	台州临海	乾道二年进士	嵊县尉,昆山丞,知处州青田县,大理丞,江东提举常平,右正言,知临安府,工部侍郎兼详定敕令官,知建康府,御史中丞,参知政事,右丞相
许及之	温州永嘉	隆兴元年进士	温州教授,敕令所删定官,知温州,考功郎兼礼部,起居郎兼中书舍人,给事中,知婺州,知宁国府,吏部尚书,参知政事

续表

姓名	籍贯	出身	任职经历
李大性	端州四会	荫补	湖北提刑司干官,主管吏部架阁文字,大理司直,敕令所删定官,通判楚州,大宗正丞,提举浙东常平,浙东提刑兼知庆元府,吏部郎中,户部侍郎,知绍兴府,户部尚书,出知平江,移知福州,又移知江陵,刑部尚书兼详定敕令
任希夷	先眉州,家邵武	淳熙三年进士	建宁县浦城簿,太常寺主簿,礼部尚书兼给事中
徐应龙	建州浦城	淳熙二年进士	衡州法曹、湖南检法官,知瑞州高安县,知南恩州,吏部侍郎,刑部尚书
庄夏	泉州	淳熙八年进士	知赣州兴国县,太学博士,吏部员外郎,出知漳州,中书舍人
王阮	江州	隆兴元年进士	南康都昌主簿,永州教授,知濠州,知抚州
王质	郓州,徙兴国	绍兴三十年进士	太学正,敕令所删定官
陆游	越州山阴	荫补登将仕郎	福州宁德簿,敕令所删定官,大理寺司直,通判建康府,易隆兴府,通判夔州,礼部郎中
方信孺	兴化军	荫补	番禺县尉,萧山丞,知韶州,淮东转运判官兼提刑,知真州
王柟	大名	荫补	通州海门尉,知楚州,太府卿
史浩	明州鄞县	绍兴三十年进士	绍兴余姚县尉,温州教授,宗正少卿,起居郎,尚书右仆射,知绍兴府、浙东安抚使,知福州,右丞相
王淮	婺州金华	绍兴三十年进士	台州临海尉,校书郎,监察御史,右正言,知建宁府,淮西提刑,中书舍人,参知政事,右丞相,左丞相
赵雄	资州	隆兴元年类省试第一	秘书省正字,中书舍人,礼部侍郎,参知政事,右丞相,知江陵府,宁武军节度使

续表

姓名	籍贯	出身	任职经历
权邦彦	河间	登崇宁四年太学上舍第	调沧州教授，入为太学博士，改宣教郎，除国子司业。改都官郎中、直秘阁、知易州，移相州，复召为都官郎中。知冀州。知荆南府，改东平府。除宝文阁直学士兼知江州、本路制置使。知建康府。改江、淮等路制置发运使。兵部尚书兼侍读。除端明殿学士、签书枢密院事。兼权参知政事
程松	池州青阳	登进士第	调湖州长兴尉。知钱塘县。干办行在诸军审计司、守太府寺丞。迁监察御史，擢右正言、谏议大夫。除同知枢密院事。以资政殿大学士知成都府、四川制置使。诏落职，降三官，筠州居住，再降顺昌军节度副使，澧州安置。又责果州团练副使、宾州安置
陈谦	温州永嘉	乾道八年进士	授福州户曹、主管刑工部架阁文字，迁国子录、敕令所删修官、枢密院编修官。通判江州，知常州，提举湖北常平。加直焕章阁，除户部郎中，总领湖、广财赋。提点成都府路刑狱，移京西运判，复直焕章阁。迁司农少卿、湖广总领，除宣抚司参谋官。夺职，罢。后复知江州
张岩	大梁，徙家扬州，绍兴末渡江，居湖州	登乾道五年进士第	历官为监察御史，进殿中侍御史，累迁给事中，除参知政事。罢为资政殿学士、知平江府，旋升大学士、知扬州。为参知政事兼同知国用事。迁知枢密院事。明年，除督视江、淮军马
徐谊	温州	乾道八年进士	太常丞，知徽州，提举浙西常平，刑部侍郎，知临安府，知建康府
吴猎	潭州醴陵	登进士第	知常州无锡县，监察御史，知江陵府，四川安抚制置使兼知成都府
项安世	家江陵	淳熙二年进士	秘书正字，户部员外郎，湖广总领

续表

姓名	籍贯	出身	任职经历
薛叔似		游太学,解褐国子录	江东转运判官,知赣州,知隆兴府,知庐州
刘甲		淳熙二年进士	知江陵府,知庐州,知兴元府,知潼川府
杨辅	遂宁	乾道二年进士甲科	知眉州,知江陵府,知成都府,知建康府兼江淮制置使
刘光祖	简州阳安	进士	潼川提刑司检法,知果州,江西提刑,知眉州,潼川路提刑,权知泸州
余端礼	衢州龙游	进士第	知湖州乌程县,监察御史,大理少卿,知建康府,礼部尚书,参知政事
李壁	眉州丹棱	以父任入官,登进士第	著作佐郎兼刑部郎,参知政事,知遂宁府
丘崈	江阴军	隆兴元年进士	知秀州华亭县,知鄂州,提点江东刑狱,知平江府,四川安抚使兼知成都府,知庆元府,知建康府,刑部尚书
倪思	湖州归安	乾道二年进士中博学宏词科	礼部侍郎,知绍兴府,知太平州,知泉州,建宁府,兵部尚书,知镇江府
宇文绍节	成都广都	补官仕州县九年,进士第	知庐州,知镇江府,兵部尚书,知江陵府,礼部尚书
李蘩	崇庆晋原	进士第	南迁后,隆州判官,知永康军,知利州,提点成都路刑狱兼提举常平,知兴元府
郑瑴	建州	政和八年进士	监察御史,御史中丞
仇悆	益都	大观三年进士	知建康军,沿海制置使,知庐州,浙东宣抚使,知明州,湖南安抚使,山西都转运使
高登	漳浦	宣和间太学生	富川主簿,静江府古县令

续表

姓名	籍贯	出身	任职经历
娄寅亮	永嘉	政和二年进士	监察御史
宋汝为	丰县	以进言补官	通判处州
王信	处州丽水	入太学，登绍兴三十年进士第	温州教授，敕令所删定官，知永州，太常少卿，知湖州，知绍兴府，知鄂州，知池州
汪大猷	庆元府鄞县	以父恩补官，登绍兴十五年进士第	金华县城，知昆山县，礼部员外郎，权刑部侍郎，知泉州，知隆兴府，江西安抚使
袁燮	庆元府鄞县	入太学，登进士第	江阴尉，知江州，提举江西常平，权知隆兴，礼部侍郎，知温州
吴柔胜	宣州	淳熙八年进士	都昌簿，太学博士，知随州，湖北运判兼知鄂州，知太平州
游仲鸿	果之南充	淳熙二年进士	四川制置司干办公事，知中江县，监登闻鼓院，知洋州，知嘉定府
李祥	常州无锡	隆兴元年进士	钱塘县主簿，濠州录事参军，司理庐州，主管户部架阁文字，太学博士，刑部郎官
王介	婺州金华	绍熙元年进士	签书昭庆军节度判官厅公事，太学博士，通判绍兴府，知邵武军，知广德军，度支郎官，兵部郎官，中书舍人，知嘉兴府，知襄阳府，知庆元府兼沿海制置使
宋德之	蜀州	以应举擢庆元二年外省第一	潼川路转运判官，湖北路提刑，兵部郎官
杨大全	眉之青神	乾道八年进士	温江尉，监登闻鼓院，太常寺主簿
辛弃疾	齐之历城	少师蔡伯坚	乾道四年，通判建康府，知滁州，提点江西刑狱，知江陵府兼湖北安抚，知隆兴府兼江西安抚，知潭州兼湖南安抚，福建提点刑狱，大理少卿，知福州兼福建安抚使
何异	抚州崇仁	绍兴二十四年进士	石城主簿，知萍乡县，监察御史，湖南转运判官，浙西提点刑狱，知夔州，刑部侍郎，工部尚书

续表

姓名	籍贯	出身	任职经历
刘宰	金坛	绍熙元年举进士	江宁尉,真州司法,泰兴令,通判建康府,太常丞
刘爚	建阳	乾道八年进士	山阴主簿,饶州录事,蒲城令,知闽县,知德庆府,提举广东常平,浙西提点刑狱,权刑部侍郎,权工部尚书
柴中行	余干	绍熙元年进士	抚州军事推官,广西转运司干官,知光州,京西转运使兼提点刑狱,湖南提点刑狱,知赣州
李孟传		恩补	楚州司户参军,知象山县,知江州,知处州,广西提点刑狱,浙东提点刑狱
赵方	衡山	淳熙八年进士	蒲圻尉,知枣阳县,知随州,提举京西常平兼转运判官、提点刑狱,湖北转运判官兼知鄂州,知江陵府,京湖制置使兼知襄阳府
张运	信之贵溪	以太学生登宣和三年进士第	通判鼎州,桂阳监,知达州,度支郎中,大理少卿,刑部侍郎,知太平州
柳约	秀州华亭	大观三年上舍进士	徽州司录,通判宿州,监察御史,知严州,知蔡州
李舜臣	隆州井研	乾道二年进士	知饶州德兴县,宗正寺主簿
孙逢吉	吉州龙泉	龙兴元年进士	郴州司户,知萍乡县,秘书郎
章颖	临江军	以兼经中乡荐,上万言书	道州教授,通判赣州,侍御史,知衢州,知赣州,刑部侍郎,礼部尚书
商飞卿	台州临海	由太学登进士第	监察御史,户部侍郎
刘颖	衢州西安	绍兴二十七年进士	溧阳主簿,知铅山县,知常熟县,提举浙西常平茶盐,提点浙西刑狱,户部郎中,淮东总领,知泉州
徐邦宪	婺州义乌	绍熙四年登进士第	秘书郎,知临安府,知江州

续表

姓名	籍贯	出身	任职经历
李宗勉	富阳	开禧元年进士	通判嘉兴府，知台州，知婺州，监察御史，左司监，工部侍郎兼给事中，参知政事，左丞相
袁甫	庆元府鄞县	嘉定七年进士第一	通判湖州，知徽州，知衢州，提举江东常平，知建宁府，中书舍人，知鄂州，礼部侍郎
刘黻	乐经	太学生	知庆元府，刑部侍郎，中书舍人
王居安	黄岩	淳熙十四年进士	徽州推官，江东提刑司干官，知兴化军，著作郎，知太平州，浙西提刑，知隆兴府，知温州，知福州
崔与之	广州	绍熙四年进士	浔州司法参军，淮西提刑司检法官，知建昌之新城，广西提刑，金部员外郎，权发遣扬州事，知成都府，广东经略安抚兼知广州
洪咨夔	於潜	嘉定二年进士	如皋主簿，通判成都府，知龙州，监察御史，殿中侍御史，礼部侍郎，刑部尚书
许奕	简州	庆元五年进士第一	签书剑南东川节度判官，礼部侍郎，吏部侍郎，知泸州，知建宁府，知潼川府
陈居仁	兴化军	以荫为铅山尉，绍兴二十一年进士	秘书丞，礼部郎官，知徽州，检正中书门下省，诸房公事，中书舍人，知鄂州，知建宁府，知镇江，知福州
刘汉弼	上虞	嘉定九年进士	秘书省正字，知嘉兴府，知温州，太常少卿
杜范	黄岩	嘉定元年举进士	婺州司法，大理司直，监察御史，殿中侍御史，知宁国府，吏部侍郎，礼部尚书，右丞相
杨简	慈溪	乾道五年进士	富阳主簿，绍兴府司理，知嵊县，知乐平县，秘书郎，知温州，驾部员外郎
张虙	慈溪	庆元二年进士	太学正，太常博士，国子监丞，秘书丞，知南康，国子监祭酒
吕午	歙县	嘉定四年进士	乌程主簿，当涂县丞，知余杭县，知龙阳县，监察御史，知泉州，浙东提刑

续表

姓名	籍贯	出身	任职经历
吴昌裔	中江	嘉定七年进士	知华阳县,通判眉州,权汉州,太常少卿,大理少卿,知婺州
汪纲	黟县	以祖任入管,淳熙十四年中铨试	镇江府司户参军,桂阳军干阳县令,知弋阳县,知兰溪县,知太平县,知高邮军,户部员外郎,提点浙东刑狱,知绍兴府、主管,浙东安抚司公事兼提点刑狱
陈宓	兴化	以父任官	知安溪县,知南康军,知南剑州
高定子	邛州蒲江	嘉泰二年举进士	郪县主簿,中奖县丞,知夹江县,知绵州,刑部郎中,江南东路转运判官,礼部侍郎,礼部尚书,参知政事
高斯得	邛州蒲江	绍定二年进士	通判绍兴府,通判台州,太常博士,知严州,浙东提点刑狱,湖南提刑,礼部郎中,福建东路转运副使,秘书监,知建宁府,参知政事
张忠恕	汉州绵竹	以祖任官	通判沅州,知澧州,知湖州,知宁国府,知鄂州,湖北转运判官兼知鄂州
唐璘	古田	游太学,嘉定十年举进士	吴县尉,知晋陵县,通判建康府,监察御史,知嘉兴府,江东运判,知广州,广东经略安抚使
娄机	嘉兴	乾道二年进士	含山主簿,於潜县丞,知西安县,通判饶州,太学博士,秘书郎,监察御史,太常少卿,吏部侍郎,礼部尚书,参知政事
沈焕	定海	乾道五年进士	知婺源,通判舒州
舒璘	奉化	乾道八年进士	知平阳县,通判宜州
曹彦约	都昌	淳熙八年进士	辰溪令,知乐平县,知汉阳,权知鄂州兼湖广总领,改提点刑狱,迁湖南转运判官,知潭州,湖南安抚,礼部侍郎,知利州,知常德府,知隆兴府,江西安抚,知成都

续表

姓名	籍贯	出身	任职经历
范应铃	丰城	开禧元年进士	永新尉，衡州录事，知崇仁县，通判抚州，通判蕲州，知吉州，广西提刑，江西提举常平，湖南转运判官兼安抚司
徐经孙		宝庆二年进士	浏阳主簿，通判潭州，监察御史，福建提刑，福建安抚使，刑部侍郎兼给事中
汤畴	浏阳	淳熙十四年进士	知常州，大理少卿
蒋重珍	无锡	嘉定十六年进士第一	签判奉国军，秘书省正字
牟子才	井研	嘉定十六年进士	嘉定府洪雅县尉，通判吉州，通判衢州，著作郎，知太平州，知温州，权礼部尚书
朱貔孙	浮梁	淳祐四年进士	江东安抚司干办公事，主簿尚书刑，工部架阁文字，监察御史，大理少卿，殿中侍御史，知袁州，知福州，福建安抚使
欧阳守道	吉州	淳祐元年进士	赣州司户，秘书省正字，校书郎
杜杲	邵武	以父任官	闽尉，江山丞，庐州节度推官，知六安县，知定远县，知濠州，知安丰军，淮西转运判官，权刑部尚书，知太平州，知建康府
王登	德安	淳祐四年进士	兴山主簿，京西提点刑狱
杨掞	抚州临川	进士	麻城尉，潭州节度推官
陈咸		淳熙二年进士	内江县尉，知果州南充县，知览州，知普州
赵汝谈		淳熙十一年进士	浙东安抚司干办公事，通判嘉兴府，知无为军，湖北提举常平，知温州，吏部侍郎，刑部尚书
赵汝谠		荫补，后登嘉定元年进士第	恩补承务郎，江西提点刑狱，知温州

续表

姓名	籍贯	出身	任职经历
赵希錧		庆元二年进士	汀州司户,升州推官,大理寺丞,成州团练使,潭州观察使
赵善湘		庆元二年举进士	金坛县丞,知余姚县,通判婺州,判无为军兼淮南转运判官,淮西提点刑狱,知常州,知湖州,知和州,知庐州,知镇江府,大理卿兼权刑侍郎,知建康府,知庆远府,知绍兴兼浙东安抚使
赵与懽		嘉定七年进士	会稽尉,建宁司户参军,摄浦城县,大理评事,知安吉州,知临安府,浙西安抚使,户部尚书,知温州
赵必愿		嘉定七年举进士	知崇安县,知全州,知常州,知处州,知泉州,知台州,知婺州,度支郎中,司农少卿,敕令所删修官,权户部尚书,知福州,福建安抚使
史弥远		淳熙六年补承事郎,淳熙十四年举进士	大理司直,刑部郎官,知池州,提举浙西常平,秘书少监,权刑部侍郎,礼部尚书,参知政事,右丞相
郑清之	庆元府鄞县	嘉泰十年登进士第	峡州教授,起居郎,工部侍郎,给事中,知制诰兼侍读,参知政事,右丞相兼枢密使
史嵩之	庆元府鄞县	嘉定十三年进士	兴化军司户参军,京西、湖北路制置司干办公事,通判襄阳府,知枣阳军,京西转运判官,大理少卿,大理卿,刑部侍郎,知隆兴府,参知政事
董槐	濠州定远	嘉定六年进士	靖安主簿,广德军录事参军,镇江观察推官,主管刑部架阁文字,通判镇江府,提点湖北刑狱兼权知常德府,知潭州,沿江制置使兼知江州,广西运判兼提点刑狱,兵部侍郎,给事中,参知政事,右丞兼枢密使
叶梦鼎	台州宁海	太学上舍两优释褐	信州军事推官,秘书省正字,权知袁州,江西提举常平兼知吉州,礼部侍郎,知赣州,知建康府,吏部侍郎,吏部尚书参知政事

续表

姓名	籍贯	出身	任职经历
马廷鸾	饶州乐平	淳熙七年进士	池州教授,主管户部架阁,将作少监,中书舍,礼部侍郎,参知政事
傅伯成	先济源,迁居晋江	登隆兴元年进士第	调连江尉。知闽清县。知连江县,召为将作监,进太府寺丞。出知漳州,两为部使者,迁工部侍郎。左迁吏部侍郎。以集英殿修撰知建宁府,以宝谟阁待制知镇江府,除宝谟阁直学士、通奉大夫致仕
曾三复	临江	乾道六年进士	知池州,知常州。监察御史,起居郎兼权刑部侍郎
黄畴若	隆兴丰城	淳熙五年举进士	授祁阳县主簿。调柳州教授,又调灵川令。用举考改知庐陵县。召赴都堂审察,差监行在都进奏院。监察御史。权户部侍郎,进华文阁待制、知成都府。以焕章阁学士致仕
袁韶	庆元府	进士	吴江丞、知桐庐县,右司郎官、接伴金使,临安府尹,参知政事
危稹	抚州临川	淳熙十四年举进士	调南康军教授。调临安府教授。入为武学谕,改太学录。迁武学博士,又迁诸王宫教授。迁秘书郎、著作佐郎,兼吴益王府教授。升著作郎兼屯田郎官。出知潮州。提举千秋鸿禧观。久之,知漳州。提举崇禧观
程公许	叙州宣化	举进士	授华阳尉,再调绵州教授。改秩知崇宁县,差通判简州。辟为通判施州,行户房公事。授大理司直,迁太常博士。迁秘书丞兼考功郎官,著作佐郎,兼权尚左郎官兼直舍院,迁著作郎。迁将作少监。兼国史编修、实录检讨。迁秘书少监。兼直学士院,拜太常少卿。寻以直宝谟阁知袁州,后以旧职提举玉局观。擢为起居郎兼直学士院。兼权中书舍。权礼部侍郎,差充执绥官。迁中书舍,进礼部侍郎。以宝章阁待制知建宁府。权刑部尚书

续表

姓名	籍贯	出身	任职经历
罗必元	隆兴进贤	嘉定十年进士	咸宁尉,抚州司法参军,崇仁丞。调福州观察推官。知余干县。通判赣州。改知汀州,以直宝章阁兼宗学博士致仕
王遂	王韶玄孙,镇江府金坛	嘉泰二年进士	富阳主簿。知邵武军。改知安丰军,迁国子监主簿,又迁太常寺主簿,拜监察御史。迁右正言,寻拜殿中侍御史。差知遂宁府。四川安抚制置副使兼知成都府。差知平江府。知庆元府,知太平州。知泉州,改知温州、宁国府。知建宁府。差知隆兴府兼江西转运副使。改知太平州,复知隆兴
吴渊	宣城	嘉定七年举进士	调建德县主簿,改差浙东制置使司干办公事。知武陵县,知扬子县,添差通判真州。刑部郎官。知平江府,提点浙西刑狱。知江州,差知镇江府。知太平州,寻兼江东转运使。知隆兴府。江西安抚使兼知江州,知平江府。江东安抚使兼知建康府。知福州。知平江府。知宁国府。知江陵府。参知政事
汪立信	六安	登进士第	通判建康府,京西提举常平,知昭信军、权淮东提刑。差知池州、提举江东常平、权知常州、浙西提点刑狱。寻改知江州。差知镇江,知潭州。权兵部尚书、荆湖安抚制置、知江陵府
向士璧	常州	绍定五年进士	累通判平江府,为淮西制置司参议官,知高邮军,知安庆府,知黄州,迁淮西提点刑狱兼知黄州,知峡州。湖南安抚使兼知潭州。进兵部侍郎兼转运使,余依旧职
胡颖	潭州湘潭	登进士第	历官知平江府兼浙西提点刑狱,移湖南兼提举常平。以枢密都承旨为广东经略安抚使。移节广西,寻迁京湖总领财赋

续表

姓名	籍贯	出身	任职经历
冷应澂	隆兴分宁	宝庆元年进士	调庐陵主簿，调静江府司录参军，知万载县，通判道州。迁登闻鼓检院。知德庆府，诏升本道提举常平兼转运使，加直秘阁。知广州
曹叔远	温州瑞安	绍熙元年进士	国子学录，通判涪州，后守遂宁，为工部郎，出知袁州。以太常少卿召，权礼部侍郎
王万	家世婺州，生长濠州	登嘉定十六年进士第	添差通判镇江府。监察御史，出为福建提点刑狱
马光祖	婺州金华	宝庆二年进士	新喻主簿，知余干县，差知高邮军，差知处州，监登闻鼓院。出知处州。浙东提举常平。浙西提点刑狱。知镇江。江西转运副使兼知隆兴府。知太平州。权江东转运使。拜户部尚书兼知临安府。知建康府，知江陵府。提领户部财用兼知临安府。差知福州。再以沿江制置、江东安抚使知建康。参知政事
乔行简	东阳	登绍熙四年进士第	知通州。淮西转运判官，知嘉兴府。淮南转运判官兼淮西提点刑狱、提举常平。浙西提点刑狱兼知镇江府。权刑部尚书。知枢密院事。拜左丞相
范钟	婺州兰溪	嘉定二年举进士	添差通判太平州，知徽州。迁刑部郎官。拜端明殿学士、签书枢密院事。参知政事。知枢密院事，特拜左丞相兼枢密使，封东阳郡公。提举洞霄宫
游似	顺庆岳池	嘉定十四年进士	大理司直，大理寺丞。夔路转运判官，潼川提点刑狱兼提举常平。吏部尚书。参知政事。知枢密院事兼参知政事。拜右丞相兼枢密使
谢方叔	威州	嘉定十六年进士	监察御史。差知衡州，除宗正少卿，又除太常少卿兼国史编修、实录检讨。权刑部侍郎。参知政事。左丞相兼枢密使。授观文殿大学士、提举洞霄宫

续表

姓名	籍贯	出身	任职经历
吴潜	宣州宁国	嘉定十年进士第一	签广德军判官。添差通判嘉兴府。知建康府。权江西转运副使兼知隆兴府。知太平州,知庆元府,知平江府。知镇江府。知临安府。知福州。徙知绍兴府。参知政事。判庆元府。左丞相,进封庆国公。改封许国公。谪建昌军,寻徙潮州,责授化州团练使、循州安置
程元凤	徽州	绍定元年进士	差江西转运司干办公事。迁太学博士,改宗学博士。进秘书丞兼权刑部郎官。右司郎官。知饶州。右曹郎官。监察御史。侍御史,判平江府。右丞相兼枢密使
江万里	都昌	入太学,以舍选出身	知吉州,兼提举江西常平茶盐。江西转运判官兼权知隆兴府。刑部侍郎。权吏部尚书。知建宁府兼权福建转运使。知福州兼福建安抚使。知太平州兼提领江淮茶盐兼江东转运使。左丞相
王爚	绍兴新昌	登嘉定十三年进士第	知常熟县,通判泰州,差知滁州。知瑞州。太府寺丞,秘书少监,罢为福建提点刑狱,差知温州。差知宁国府。礼部尚书,权吏部尚书,知平江府。参知政事,左丞相
陈宜中	永嘉	太学生,免省试	绍兴府推官、户部架阁、秘书省正字、校书郎,数年迁监察御史。浙西提刑。知福州。刑部尚书。同知枢密院事。知枢密院兼参知政事。右丞相
文天祥	吉之吉水	举进士	宁海军节度判官,刑部郎官。知瑞州,改江西提刑。湖南提刑,改知赣州。知平江府。知临安府。右丞相
宣缯	庆元府	太学两优释褐	秘书省校书郎,知吉州、福建提点刑狱。吏部侍郎,权兵部尚书。参知政事

续表

姓名	籍贯	出身	任职经历
薛极	常州武进	荫补 后特赐同进士 出身	上元主簿。通判温州，知广德军。迁大理正、刑部郎官，敕令所删修官。权刑部尚书。参知政事兼同知枢密院事。知绍兴府兼浙东安抚使
陈贵谊	福州福清	庆元五年 进士	瑞州观察推官。太社令。知江阴军，提举江西常平。知徽州。为宗正少卿兼侍讲，兼权直学士院。寻迁起居舍。迁中书舍，升兼直学士院。礼部侍郎。参知政事
曾从龙	泉州晋江	擢进士第一	知信州。为吏部侍郎，权刑部尚书。参知政事。知建宁府。为湖南安抚使。知隆兴府。沿江制置使兼知建康府。知枢密院事兼参知政事
郑性之	福州	嘉定元年 进士第一	知赣州，知隆兴府。知建宁府。吏部侍郎。参知政事
李鸣复	泸州	嘉定二年 进士	历官权发遣金州兼乾办安抚司公事。司农寺丞，迁军器少监、大理少卿，权刑部尚书兼给事中。参知政事。知绍兴府。知福州、福建安抚使
邹应龙		庆元二年 进士	权知赣州，江西提点刑狱。刑部尚书。知太平州
余天锡	庆元府昌国	嘉定十六年 举进士	监慈利县税。户部侍郎兼知临安府、浙西安抚使。知婺州，知宁国府，知福州。召为吏部尚书。知绍兴府、浙东安抚使
许应龙	福州闽县	入太学，嘉定元年 举进士	汀州教授。秘书郎兼权尚右郎官。知潮州。召为礼部郎官。试吏部侍郎，权兵部尚书
徐荣叟	建州浦城	嘉定七年 举进士	通判临安府，江东提点刑狱，知婺州。知静江府兼广西经略安抚使。权礼部尚书兼权吏部尚书

续表

姓名	籍贯	出身	任职经历
别之杰	郢州	嘉定二年进士	差知澧州、知德安府。知江陵府、湖北安抚副使。知真州,知江宁府、湖北安抚副使,京西转运判官兼提点刑狱。知太平州。沿江制置使兼知建康府。湖南安抚使兼知潭州。参知政事。知绍兴府
刘伯正	饶州余干	开禧元年举进士	太平主簿,通判枣阳军。枢密院编修官,监察御史。左司谏,右正言。知广州兼广东经略安抚使。知太平州。礼部侍郎。参知政事
李性传	隆州井研	嘉定四年举进士	太常寺丞。权刑部侍郎。知饶州,改知宁国府。权吏部尚书。观文殿学士致仕
陈韡	福州侯官	登开禧元年进士第	差知真州、淮东提点刑狱。知宝应州。知南剑州。福建提点刑狱。进右文殿修撰,依旧提点刑狱、招捕使兼知建宁府。进宝章阁待制、知隆兴府。兼知赣州。进华文阁待制、江西安抚使。知隆兴兼江西安抚使。江东安抚使、知建康府。知建康府。知潭州。知福州
王伯大	福州	嘉定七年进士	知临江军。知信阳军,改知池州兼权江东提举常平。知婺州。起居郎兼权刑部侍郎。刑部尚书。参知政事。以资政殿学士知建宁府
应㒓	庆元府昌国	嘉定十六年,试南省第一,遂举进士	宗正寺丞兼权礼部郎官。差知台州。参知政事。以资政殿学士知平江府
徐清叟	建州浦城	嘉定七年进士	历主管户部架阁,迁籍田令。迁军器监主簿。迁太常博士。知泉州,知静江府。知温州,知婺州。知袁州,知绍兴府、两浙东路安抚使。知潭州,知广州。权兵部尚书兼侍读。参知政事。出知泉州

续表

姓名	籍贯	出身	任职经历
李曾伯	覃怀人，后居嘉兴	赐同进士出身	知襄阳县。濠州通判，鄂州通判。度支郎官。江东转运判官。知扬州。入朝任华文阁待制、宝章阁直学士、进擢权兵部尚书。落职予祠。知静江府。知江陵府。进龙图阁学士。授四川宣抚使。进资政殿学士、参知政事。改湖南安抚大使、知潭州兼节制广南
王埜	婺州金华	以父荫补官，登嘉定十二年进士第	辟议幕参赞，摄邵武县，后复摄军事。枢密院编修兼检讨。为两浙转运判官。为江西转运副使、知隆兴府，知镇江府，兼都大提举浙西兵船。拜端明殿学士、签书枢密院事，封吴郡侯
蔡抗	建阳	绍定二年进士	著作佐郎兼侍右郎官，兼枢密院编修官。江东提点刑狱，移浙东提点刑狱。知隆兴府。同知枢密院事，拜参知政事
张磻	福州	嘉定四年进士	国子祭酒。差知婺州。权刑部尚书兼侍读。拜参知政事
马天骥	衢州	绍定二年进士	知吉州。知绍兴府。差知庆元府。改知池州兼江东提举常平。改知广州。知衢州。知福州、福建安抚使。知平江府。又改知庆元府
朱熠	温州平阳	端平二年武举第一	差知沅州，改横州，知雷州。差知兴国军。迁左谏议大夫。知枢密院事兼参知政事。知庆元府
饶虎臣	宁国	嘉定七年进士	差知徽州。福建转运判官，浙东提点刑狱。以两浙转运使权礼部侍郎。参知政事
皮龙荣	潭州醴陵	淳祐四年进士	差知嘉兴府。刑部侍郎，荆湖南路转运使，权刑部尚书兼翊善。参知政事。罢为湖南安抚使，判潭州
沈炎	嘉兴	宝庆二年进士	嵊县主簿，知金华县。通判和州。右谏议大夫。同知枢密院事，兼权参知政事

续表

姓名	籍贯	出身	任职经历
杨栋	眉州青城	绍定二年进士第二	知兴化军。迁福建提点刑狱,权知福州,差知滁州,知建宁府,知太平州,知婺州。参知政事。知庆元府
姚希得	潼川	嘉定十六年进士	授小溪主簿。盘石令。更调嘉定府司理参军。改知蒲江县。迁行在都进奏院,通判太平州,改福州。召为国子监丞,迁太府寺丞,时暂书拟金部文字兼沂靖王府教授。迁知大宗正丞兼权金部郎官。进秘书丞,寻迁著作郎,授江西提举常平。江西提点刑狱,广西转运判官兼权静江府,知静江府。知庆元府。知建康府、江东安抚使、行宫留守。参知政事。知潭州、湖南安抚使
包恢	建昌	嘉定十三年举进士	调金溪主簿。光泽主簿。添差通判台州。通判临安府,知台州。知建宁。广东转运判官,浙西提点刑狱。知隆兴府兼江西转运。改湖南转运使。权刑部侍郎,知平江府。知绍兴。刑部尚书
常挺	福州	嘉熙二年进士	校书郎。改秘书郎兼考功郎官,出知衢州,拜监察御史兼崇政殿说书。工部侍郎、给事中。知漳州,改知泉州。吏部尚书。参知政事
陈宗礼	建昌军南丰	淳祐四年举进士	调邵武军判官。拜太常少卿,以直宝谟阁、广东提点刑狱进直焕章阁,迁秘书监。拜侍御史,直龙图阁、淮西转运判官,迁刑部尚书。兼侍讲,拜殿中侍御史。权礼部侍郎兼给事中。迁礼部侍郎,寻权礼部尚书。知隆兴府。依旧职广东经略安抚使兼知广州,加端明殿学士、签书枢密院事,寻兼权参知政事

续表

姓名	籍贯	出身	任职经历
常楙	邛州临邛	入太学，淳祐七年举进士	婺州推官。知嘉定县。签书临安府判官，主管城南厢。添差临安通判。知广德军。拜监察御史。迁司农卿，寻为两浙转运使。迁户部侍郎。兼中书门下省检正诸房公事，兼刑部侍郎。以集英殿修撰知平江。改浙东安抚使。寻以刑部侍郎召。兼给事中。以宝章阁待制提举太平兴国宫。拜吏部尚书，进端明殿学士、提领户部财用
家铉翁	眉州	荫补，赐进士出身	知常州。浙东提点刑狱，大理少卿，知建宁府兼福建转运副使，权户部侍郎兼知临安府
李庭芝	先汴，后徙随之应山县，又徙随	举进士，中第	辟孟珙幕中，主管机宜文字。起为制置司参议，移镇两淮，知濠州。权知扬州。知峡州。夺情主管两淮制置司事。以京湖制置大使督师援襄阳。罢居京口。参知政事
刘才邵	吉州庐陵	以大观二年上舍释褐	为赣、汝二州教授，复为湖北提举学事管干文字。宣和二年，中宏词科，迁司农寺丞。靖康元年，迁校书郎。迁秘书丞，历驾部员外郎，迁吏部员外郎，典侍右选事。迁军器监，既而迁起居舍，未几，为中书舍兼权直学士院。出知漳州。召拜工部侍郎兼直学士院，寻权吏部尚书
许忻	拱州	宣和三年进士	吏部员外郎。荆湖南路转运判官。知邵阳
应孟明	婺州永康	少入太学，登隆兴元年进士第	乐平县丞。详定一司敕令所删定官。拜大理寺丞。出为福建提举常平，除浙东提点刑狱，改使江东。进直秘阁、知静江府兼广西经略安抚。迁浙西提点刑狱。权吏部侍郎
曾三聘	临江新淦	乾道二年进士	调赣州司户参军，累迁军器监主簿。迁秘书郎。兼考功郎，后知郢州。差知郴州，改提点广西、湖北刑狱，皆辞不赴

续表

姓名	籍贯	出身	任职经历
徐侨	婺州义乌	淳熙十四年举进士	调上饶主簿。江东提点刑狱。迁秘书少监、太常少卿。迁工部侍郎,辞益坚,遂命以内祠侍读
程珌	徽州休宁	绍熙四年进士	昌化主簿,知富阳县,江东转运判官。迁浙西提举常平。权吏部侍郎。知建宁府。知福州兼福建安抚使
牛大年	扬州	庆元二年进士	历官将作监主簿。知黎州,浙东提点刑狱
陈仲微	瑞州高安,先居江州	嘉泰二年举进士	调莆田尉,迁海盐丞。改知崇阳县,通判黄州,复通判江州,迁干办诸司审计事,知赣州、江西提点刑狱,以言罢。久之,起知惠州,迁太府寺丞兼权侍右郎官。江东提点刑狱
梁成大	福州	开禧元年进士	通判扬州,寻迁宗正寺簿。拜监察御史。拜右正言,左司谏,迁宗正少卿。权刑部侍郎,提举千秋鸿禧观
吴泳	潼川	嘉定二年进士	权刑部尚书。知宁国府,知泉州
徐范	福州侯官	进士第	授清江县尉,辟江、淮制置司准备差遣。差主管户部架阁,改太学录,迁国子监主簿。添差通判泽州
李韶	苏州吴县	举进士	调南雄州教授。调庆元。迁主管三省架阁文字,迁太学正,改太学博士。添差通判泉州。改知道州。提举福建市舶。权工部侍郎、正言,迁起居舍。以集英殿修撰知漳州。宝章阁直学士知泉州,仍旧职提举鸿庆宫
王迈	兴化军仙游	嘉定十年进士	潭州观察推官。通判漳州,通判赣州,知邵武军
史弥巩	不详	嘉定十年进士	知溧水县,提点江东刑狱,司封郎中,知婺州
陈埙	庆元府鄞	嘉定十年进士	太常博士,通判嘉兴府,知常州,知衢州,福建转运判官,浙西提刑

续表

姓名	籍贯	出身	任职经历
赵与篙	湖州	嘉定十三年进士	知嘉兴府，两浙转运判官，知庆元府，浙西提刑，司农卿兼知临安府，刑部侍郎兼详定敕令官，知绍兴府，平江府，知建康府，知扬州，知镇江府
李大同	婺州东阳	嘉定十六年进士	殿中侍御史，权刑部侍郎，进工部尚书，知平江府
黄昫	隆兴分宁	举太学进士	知卢阳县，通判处州，知台州
杨大异	醴陵	登嘉定十三年进士第	衡阳主簿，吉州户曹，通判溧阳，知登闻鼓院，大理寺丞，知澧洲，提点广东刑狱，提点广西刑狱
徐鹿卿	隆兴丰城	嘉定十六年进士	福建安抚司干办公事，知尤溪县，宰泉州南安，敕令删修官，江东转运判官，礼部侍郎
赵逢龙	庆元之鄞	宝庆二年进士	历知兴国、信、衢、衡、袁五州，提举广东、湖南、福建常平
赵汝腾	不详	宝庆二年进士	知温州，江东提点刑狱，知婺州，礼部尚书，知绍兴府，浙东安抚使，知泉州
孙梦观	庆元府慈溪	宝庆二年进士	知嘉兴府，知泉州，知建宁府
洪天赐	泉州晋江	宝庆二年进士	广州司法，潮州司理，知古田县，通判建宁府，大理少卿，知漳州，广东转运判官，福建安抚使
黄师雍	福州	入太学，宝庆二年举进士	知兴化军，知邵武军，监察御史
徐元杰	信州上饶	绍定五年进士	知安吉州，知南剑州，太常少卿兼给事中
孙子秀	越州余姚	绍定五年进士	吴县主簿，知金坛县，通判庆元府浙西提点刑狱兼知常州，浙东提刑兼知婺州，浙西提刑，江东提刑
李伯玉	饶州余干	端平二年进士第二	知南康军，湖北提点刑狱，福建提举常平，淮西转运判官

续表

姓名	籍贯	出身	任职经历
刘应龙	瑞州高安	嘉熙二年进士	饶州录事参军,知崇仁县,湖南提举常平,广南东路转运判官,知隆兴府兼江西转运副使,知广州,广东经略安抚使
潘昉	福州闽	端平二年策进士	衢州推官,通判溧州
洪芹	饶州鄱阳	荫补后登进士第	南平司法,通判南剑,礼部侍郎,知宁国府
赵景纬	临安府於潜	入太学,登淳祐元年进士第	知台州,太府少卿
冯去非	南康都昌	淳祐元年进士	干办淮东转运司,治仪真
徐霖	衢州西安	淳祐四年,试礼部第一	秘书省正字,迁秘书省著作部,知抚州,知衡州,知袁州,知汀州
徐宗仁	信州永丰	淳祐十年进士	国子监主簿,知宁国府
陈塏	嘉兴	不详	知德安府,江西提点刑狱,知安庆府,湖南提点刑狱,知隆兴府,江西安抚使,浙西提点刑狱,知平江府,知太平州,知溧州兼湖南安抚使
杨文仲	眉州彭仙	入太学,宝祐元年登进士第	通判台州,通判扬州,知衡州,太常少卿
谢枋得	信州弋阳	举进士,中乙科	以江东提刑知信州

附录二:宋代皇帝年号一览表

庙号	姓名	年号	公元纪年
太祖	赵匡胤	建隆	960 年 1 月—963 年 11 月
		乾德	963 年 11 月—968 年 11 月
		开宝	968 年 11 月—976 年 10 月
太宗	赵光义	太平兴国	976 年 10 月—984 年 11 月
		雍熙	984 年 11 月—987 年
		端拱	988 年—989 年
		淳化	990 年—994 年
		至道	995 年—997 年
真宗	赵恒	咸平	998 年—1003 年
		景德	1004 年—1007 年
		大中祥符	1008 年—1016 年
		天禧	1017 年—1021 年
		乾兴	1022 年
仁宗	赵祯	天圣	1023 年—1032 年 11 月
		明道	1032 年 11 月—1033 年
		景祐	1034 年—1038 年 11 月
		宝元	1038 年 11 月—1040 年 2 月
		康定	1040 年 2 月—1041 年 11 月
		庆历	1041 年 11 月—1048 年
		皇祐	1049 年—1054 年 3 月
		至和	1054 年 3 月—1056 年 9 月
		嘉祐	1056 年 9 月—1063 年
英宗	赵曙	治平	1064 年—1067 年
神宗	赵顼	熙宁	1068 年—1077 年
		元丰	1078 年—1085 年

续表

庙号	姓名	年号	公元纪年
哲宗	赵煦	元祐	1086年—1094年4月
		绍圣	1094年4月—1098年5月
		元符	1098年6月—1100年
徽宗	赵佶	建中靖国	1101年
		崇宁	1102年—1106年
		大观	1107年—1110年
		政和	1111年—1118年10月
		重和	1118年11月—1119年2月
		宣和	1119年2月—1125年
钦宗	赵桓	靖康	1126年—1127年4月
高宗	赵构	建炎	1127年5月—1129年2月
	赵旉	明受	1129年3月—4月
	赵构	绍兴	1131年—1162年
孝宗	赵昚	隆兴	1163年—1164年
		乾道	1165年—1173年
		淳熙	1174年—1189年
光宗	赵敦	绍熙	1190年—1194年
宁宗	赵扩	庆元	1195年—1200年
		嘉泰	1201年—1204年
		开禧	1205年—1207年
		嘉定	1208年—1224年
理宗	赵昀	宝庆	1225年—1227年
		绍定	1228年—1233年
		端平	1234年—1236年
		嘉熙	1237年—1240年
		淳祐	1241年—1252年
		宝祐	1253年—1258年
		开庆	1259年
		景定	1260年—1264年

续表

庙号	姓名	年号	公元纪年
度宗	赵禥	咸淳	1265 年—1274
恭帝	赵显	德祐	1275 年—1276 年 4 月
端宗	赵昰	景炎	1276 年 5 月—1278 年 4 月
	赵昺	祥兴	1278 年 5 月—1279 年 2 月

参考文献

一、古籍文献

[1]（清）徐松辑：《宋会要辑稿》，中华书局1997年影印本。
[2]（宋）（托名）陈襄：《州县提纲》，四库全书本。
[3]（元）马端临：《文献通考》。
[4]（宋）陈淳：《北溪大全集》，四库全书本。
[5]（宋）杨万里：《诚斋集》，四库全书本。
[6]（宋）杨简：《慈湖遗书》，四库全书本。
[7]（宋）袁说友：《东塘集》，四库全书本。
[8]（宋）李心传：《建炎以来朝野杂记》。
[9]（宋）李心传：《建炎以来系年要录》。
[10]（宋）刘宰：《漫塘集》，四库全书本。
[11]《名公书判清明集》，中华书局1987年版。
[12]（宋）谢深甫：《庆元条法事类》，续修四库全书本。
[13]《宋大诏令集》，中华书局1986年版。
[14]（元）脱脱、阿鲁图：《宋史》，中州古籍出版社1996年版。
[15]（清）陆心源：《宋史翼》，中华书局1991年版。
[16]《宋刑统》，薛梅卿点校，法律出版社1999年版。
[17]（宋）方大琮：《铁庵集》，四库全书本。
[18]（宋）文天祥：《文山集》，四库全书本。
[19]（宋）李昂英：《文溪存稿》，四库全书本。
[20]（宋）彭龟年：《止堂集》，四库全书本。
[21]（宋）包拯：《包拯集》，中华书局1963年版。
[22]（宋）程颢、程颐：《二程集》，中华书局1981年版。
[23]（五代）和凝、和蒙：《疑狱集》。
[24]（宋）黄榦：《勉斋集》，四库全书本。
[25]（宋）黎靖德：《朱子语类》，中华书局1986年版。
[26]（宋）李焘：《续资治通鉴长编》，中华书局1989年版。
[27]（宋）李觏：《李觏集》，中华书局1981年版。

[28](宋)刘克庄:《后村先生大全集》,四部丛刊本。

[29](宋)楼钥:《攻媿集》,四部丛刊本。

[30](宋)吕本中:《官箴》,四库全书本。

[31](宋)罗大经:《鹤林玉露》,四库全书本。

[32](宋)石介:《徂徕石先生文集》,中华书局1984年版。

[33](宋)司马光:《涑水记闻》,中华书局1989年版。

[34](明)王夫之:《宋论》,中华书局1964年版。

[35](宋)魏了翁:《鹤山先生大全集》,四部丛刊本。

[36](宋)谢维新编:《古今合璧事类备要》,四库全书本。

[37](宋)叶适:《叶适集》,中华书局1962年版。

[38](宋)真德秀《真文公忠文集》,四部丛刊本。

[39](宋)朱熹:《朱文公文集》,四部丛刊本。

[40](宋)庄绰:《鸡肋集》,四库全书本。

二、著作

[1][德]马克斯·韦伯:《论经济与社会中的法律》,张乃根译,中国大百科全书出版社1998年版。

[2][德]马克斯·韦伯:《儒教与道教》,王容芬译,商务印书馆1995年版。

[3][德]马克斯·韦伯:《新教论理与资本主义精神》,黄晓京、彭强译,四川人民出版社1985年版。

[4][德]马克斯·韦伯:《支配社会学》,康乐、简惠美译,广西师范大学出版社2004年版。

[5][法]孟德斯鸠:《论法的精神》(上),商务印书馆1961年版。

[6][美]D.布迪、[美]C.莫里斯:《中华帝国的法律》,朱勇译,江苏人民出版社1993年版。

[7]高道蕴、高鸿钧等编:《美国学者论中国法律传统》,中国政法大学出版社1994年版。

[8][美]伯尔曼:《法律与宗教》,梁治平译,生活·读书·新知三联书社1991年版。

[9][美]德沃金:《法律帝国》,李常青译,中国大百科全书出版社1996年版。

[10][日]棚濑孝雄:《纠纷的解决与审判制度》,王亚新译,中国政法大学出版社1994年版。

[11][日]滋贺秀三等著,王亚新、梁治平编:《明清时期的民事审判与民间契约》,法律出版社 1998 年版。

[12]陈光中、沈国峰:《中国古代司法制度》,群众出版社 1984 年版。

[13]陈涛:《中国法制史》,陕西人民出版社 2001 年版。

[14]陈植锷:《北宋文化史述论》,中国社会科学出版社 1992 年版。

[15]程维荣:《中国审判制度史》,上海教育出版社 2001 年版。

[16]费孝通:《乡土中国》,北京大学出版社 1998 年版。

[17]郭成伟:《官箴书点评与官箴书研究》,中国法制出版社 2005 年版。

[18]郭东旭:《宋代法制研究》,河北大学出版社 2000 年版。

[19]黄宗智:《民事审判与民间调解:清代的表达与实践》,中国社会科学出版社 1998 年版。

[20]金诤:《科举制度与中国文化》,上海人民出版社 1990 年版。

[21]瞿同祖:《瞿同祖法学论著集》,中国政法大学出版社 1998 年版。

[22]李交发:《中国诉讼法史》,中国检察出版社 2002 年版。

[23]梁治平:《寻求自然秩序中的和谐:中国传统法律文化研究》,中国政法大学出版社 1997 年版。

[24]林端:《儒家伦理与法律文化》,中国政法大学出版社 2002 年版。

[25]刘俊文主编:《日本学者研究中国史论著选译(第八卷　法律制度)》,中华书局 1992 年版。

[26]刘馨珺:《明镜高悬——宋代县衙的狱讼》,台北,五南图书出版公司 2005 年版。

[27]苗书梅:《宋代官员选任和管理制度》,河南大学出版社 1996 年版。

[28]屈超立:《宋代地方政府民事审判职能研究》,巴蜀书社 2003 年版。

[29]汪世荣:《中国古代判词研究》,中国政法大学出版社 1997 年版。

[30]王云海主编:《宋代司法制度》,河南大学出版社 1992 年版。

[31]贾玉英:《宋代监察制度》,河南大学出版社 1996 年版。

[32]王晓龙:《宋代提点刑狱司研究》,河北大学出版社 1996 年版。

[33]贾文龙:《卑职与高峰:宋朝州级属官司法职能研究》,人民出版社 2014 年版。

[34]贾文龙:《宋代地方法治问题研究》,人民出版社 2021 年版。

[35]薛梅卿:《宋刑统研究》,法律出版社 1997 年版。

[36]薛梅卿、赵晓耕主编:《两宋法制通论》,法律出版社 2002 年版。

[37]赵晓耕:《宋代法制研究》,中国政法大学出版社 1994 年版。

[38]巩富文:《中国古代法官责任制度研究》,西北大学出版社 2002 年版。

[39]叶孝信主编:《中国民法史》,上海人民出版社 1993 年版。

[40]余英时:《士与中国文化》,上海人民出版社 1997 年版。

[41]余英时:《朱熹的历史世界》,生活·读书·新知三联书店 2004 年版。

[42]张晋藩、邱远猷:《科举制度史话》,中华书局 1980 年版。

[43]张晋藩:《中国法律的传统与近代转型》,法律出版社 1997 年版。

[44]张晋藩、郭成伟主编:《中国法制通史》(第五卷),法律出版社 1999 年版。

[45]张晋藩主编:《中国司法制度史》,人民法院出版社 2004 年版。

[46]张晋藩主编:《中国民事诉讼制度史》,巴蜀书社 1999 年版。

[47]张晋藩:《中国监察法制史稿》,商务印书馆 2007 年版。

[48]张立文:《宋明理学研究》,中国人民大学出版社 1985 年版。

[49]张中秋:《中西法律文化比较研究》,南京大学出版社 1999 年版。

[50]那思陆:《中国审判制度史》,上海三联书店 2009 年版。

[51]祝尚书:《宋代科举与文学考论》,大象出版社 2006 年版。

[52][美]包弼德:《斯文:唐宋思想的转型》,刘宁译,江苏人民出版社 2001 年版。

三、期刊论文

[1]陈景良:《试论宋代士大夫司法活动中的人文主义批判之精神》,载《法商研究》1997 年第 5 期。

[2]陈景良:《试论宋代士大夫的法律观念》,载《法学研究》1998 年第 4 期。

[3]陈景良:《试论宋代士大夫司法活动中的德性原则与审判艺术》,载《法学》1997 年第 6 期。

[4]陈景良:《讼师与律师:中西司法传统的差异及其意义》,载《中国法学》2001 年第 3 期。

[5]陈景良:《宋代司法传统的现代解读》,载《中国法学》2006 年第 3 期。

[6]陈景良:《宋代司法传统的叙事及其意义——立足于南宋民事审

判的考察》,载《南京大学学报(哲学·人文科学·社会科学版)》2008年第4期。

[7]陈景良:《宋代“法官”、“司法”和“法理”考略——兼论宋代司法传统及其历史转型》,载《法商研究》2006年第1期。

[8]陈景良:《唐宋州县治理的本土经验:从宋代司法职业化的趋向说起》,载《法制与社会发展》2014年第1期。

[9]陈景良:《释“干照”——从“唐宋变革”视野下的宋代田宅诉讼说起》,载《河南财经政法大学学报》2012年第6期。

[10]陈景良:《何种之私:宋代法律及司法对私有财产权的保护》,载《华东政法大学学报》2017年第3期。

[11]陈景良:《执事者务以民事为急给断由:南宋司法公正的制度实践》,载《人民论坛》2020年第21期。

[12]陈景良:《从人生智慧的角度重新认识中国法文化的价值》,载《江海学刊》2002年第3期。

[13]陈景良:《人文精神与中国传统法律的历史借鉴》,载《河南省政法管理干部学院学报》2000年第2期。

[14]陈景良:《讼学、讼师、士大夫——宋代司法传统的转型及其意义》,载《河南省政法管理干部学院学报》2002年第1期。

[15]程民生:《论宋代私有财产权》,载《中国史研究》2015年第3期。

[16]戴建国:《宋代的公证机构——书铺》,载《中国史研究》1988年第4期。

[17]邓建鹏:《健讼与贱讼:两宋以降民事诉讼中的矛盾》,载《中外法学》2003年第6期。

[18]邓勇:《论中国古代法律生活中的“情理场”——从〈名公书判清明集〉出发》,载《法制与社会发展》2004年第5期。

[19]霍存福:《宋代法官的职业操守——对府州司理参军、司法参军的履职考察》,载《北方论丛》2016年第6期。

[20]屈超立:《论宋代转运司的司法职能》,载《浙江学刊》2003年第4期。

[21]郭东旭:《宋代的诉讼之学》,载《河北学刊》1988年第2期。

[22]贺卫方:《中国古代判决的风格与精神——以宋代判词为基点兼与英国比较》,载《中国社会科学》1990年第6期。

[23]孔学:《〈名公书判清明集〉所引宋代法律条文述论》,载《河南大学学报(社会科学版)》2003年第2期。

[24]梁风荣:《论我国古代传统的司法调解制度》,载《河南大学学报(社会科学版)》2001 年第 4 期。

[25]莫家齐:《宋代土地交易法规述略——〈名公书判清明集〉研究之一》,载《法学季刊》1987 年第 4 期。

[26]王志强:《〈名公书判清明集〉法律思想初探》,载《法学研究》1997 年第 5 期。

[27]王志强:《宋代司法裁判中的价值取向》,载《中国社会科学》1998 年第 6 期。

[28]许怀林:《宋代民风好讼的成因分析》,载《宜春学院学报》2002 年第 1 期。

[29]杨廷福、钱元凯:《宋朝民事诉讼制度论略》,载中州书画社编:《宋史论集》,中州书画社 1983 年版。

[30]赵晓耕:《两宋法律中的田宅细故》,载《法学研究》2001 年第 2 期。

[31]王晓龙、杜敬红:《宋代监司对宋代法律文明建设的贡献》,载《河北大学学报》2012 年第 11 期。

[32]王静:《清代州县的民事审判》,吉林大学 2005 年博士学位论文。

[33]赵静:《司法判词的表达与实践》,复旦大学 2004 年博士学位论文。

[34]高珣:《南宋民事法制与社会变迁》,华东政法学院 2003 年硕士学位论文。

[35]牛杰:《宋代民众法律观念研究》,河北大学 2004 年硕士学位论文。